"十四五"职业教育国家规划教材

"十二
经全国

高职高专 *汽车检测与维修技术* 专业系列教材

汽车服务理念与技巧

（第三版）

主　编　叶　芳　邓长勇

副主编　杨　平

主　审　曹建国

重庆大学出版社

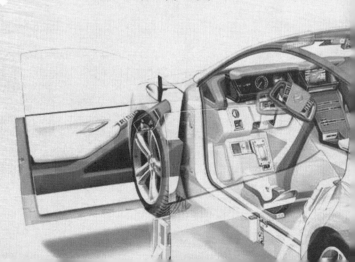

内 容 提 要

本书以培养在一线工作的高素质高技能汽车服务应用型人才为目标,从客户服务这个角度出发,讲述从业人员应有的服务意识、理念、礼仪、流程和技巧,主要内容有汽车服务内涵、汽车服务理论与服务战略、服务基本礼仪、汽车 4S 企业管理与组织、汽车销售服务、汽车售后服务、汽车维修服务、汽车金融服务以及汽车美容与装饰服务。

本书可作为高职高专汽车技术服务与营销专业的必修课教材,也可以作为汽车制造类、汽车维修类专业的选修课教材,还可作为汽车后市场企业人员的工作参考书。

图书在版编目(CIP)数据

汽车服务理念与技巧 / 叶芳,邓长勇主编. -- 3 版
. -- 重庆:重庆大学出版社,2021.11(2024.12 重印)
高职高专汽车检测与维修技术专业系列教材
ISBN 978-7-5624-8815-6

Ⅰ.①汽… Ⅱ.①叶…②邓… Ⅲ.①汽车工业—商
业服务—高等职业教育—教材 Ⅳ.①F407.471.6

中国版本图书馆 CIP 数据核字(2021)第 222372 号

汽车服务理念与技巧
(第三版)

主 编 叶 芳 邓长勇
副主编 杨 平
主 审 曹建国
策划编辑:周 立

责任编辑:周 立 范 琪 版式设计:周 立
责任校对:王 倩 责任印制:张 策

*

重庆大学出版社出版发行
出版人:陈晓阳
社址:重庆市沙坪坝区大学城西路 21 号
邮编:401331
电话:(023) 88617190 88617185(中小学)
传真:(023) 88617186 88617166
网址:http://www.cqup.com.cn
邮箱:fxk@ cqup.com.cn(营销中心)
全国新华书店经销
重庆华林天美印务有限公司印刷

*

开本:787mm×1092mm 1/16 印张:20.5 字数:502 千
2011 年 7 月第 1 版 2021 年 11 月第 3 版 2024 年 12 月第 4 次印刷
印数:7 001—8 000
ISBN 978-7-5624-8815-6 定价:49.00 元

第三版前言

汽车工业地位在国家举足轻重,是我国重要的支柱产业。我国汽车工业经过十多年的高速发展,又经历了"十三五"的平台调整期,产业正在或已经进入到转型升级阶段。"十四五"期间,汽车工业发展重要的是从产业转型全面进入高质量发展阶段。汽车产业生态将被重新构建,由链式向网状生态演变,向汽车加服务转型。汽车产品与能源、交通、信息、消费升级等领域融合,朝着电动化、智能化、网联化、共享化发展。传统营销模式也将与线上智能销售和交互等新模式相融合。以新能源汽车产业为中心的新型产业生态逐步构建完成,产品经济性和使用便利性持续提升,市场环境大幅改善,产品渗透率显著提高。

汽车产业的转型升级推动汽车后市场的发展和进步,市场不断地向产业链上游延伸,与生产相关的各个环节发生关系,影响着汽车服务的品牌、渠道、供应链、商业模式以及企业管理方式。但是中国汽车服务发展速度不仅与匹配汽车市场的快速成长还存在差距,而且还与适应产业转型升级带来的影响也存在差距。我国汽车后市场发展空间巨大,服务行业急需大量高素质、高技能的汽车服务应用型人才。

本书旨在培养一线工作的高素质高技能汽车服务应用型人才,讲述从业人员应有的服务意识、理念、礼仪、流程和技巧。

本书为第三版,在第二版的基础上进行了以下几方面内容更新:

一是根据近几年国内外汽车市场的发展,更新了当前国内外汽车市场的发展特点和前景。

二是增加了新能源汽车市场发展特点,新能源汽车技术对售后服务、维修服务等的影响和变化。

三是更新了汽车服务人员职业化仪容仪表礼仪。

1

四是紧密衔接汽车各品牌的服务营销战略,对汽车销售核心流程和技巧训练进行了内容修订。

五是更新了汽车售后法规、政策与新技术对售后服务的影响。

六是根据汽车保险新规更新了汽车保险产品内容,以及带给汽车保险产品的变化及影响。

七是为了便教利学,校企合作共同开发教材资源,本书同步配套了92个职业岗位业务流程视频、课件、案例、习题库、试题等教学资源,学生通过扫描二维码就可以在线浏览,满足学生个性化学习需求,教师也可以在线备课。更新了知识目标、能力目标、素质目标、案例、任务实施、任务评价、复习思考题等,使本书内容紧跟市场形势,帮助汽车服务从业人员更好地建立服务理念,规范服务行为,提高服务水平,训练服务技巧,更好地满足他们的能力训练需求。

本书由重庆工商职业学院与重庆中汽西南汽车有限公司、神龙汽车有限公司相关服务管理人员共同组织策划编写。本书由重庆工商职业学院叶芳、重庆移通学院邓长勇任主编,杨平任副主编,感谢参编徐斌、任毅为本书编写作出的贡献。全书由重庆工商职业学院教授曹建国主审。

本书在编写过程中,汽车行业的众多同行提出了很多建议,在此表示衷心的感谢!在编写过程中,作者参阅了大量文献资料和专著,借鉴了不少宝贵的资料。在此,向本书所参考、借鉴资料的原作者致以谢意。

鉴于编著者水平有限,书中难免有不妥或错误之处,敬请广大读者批评指正。

编　者
2021 年 6 月

第二版前言

随着中国汽车市场的日趋成熟,汽车保有量的迅猛增加,汽车服务已经成为汽车企业发展的重要策略而越来越被重视。但是中国汽车服务发展速度并没有与市场的快速成长相匹配,反而在一定程度上制约了汽车行业的发展。我国汽车后市场发展空间巨大,服务行业急需大量高素质、高技能的汽车服务应用型人才。

本书旨在培养一线工作的高素质高技能汽车服务应用型人才,讲述从业人员应有的服务意识、理念、礼仪、流程和技巧。本书经过改版修订,进行了以下几方面内容更新:一是根据近几年国内外汽车市场的发展,更新了当前国内外汽车市场的发展特点和前景。二是当前国内市场汽车 4S 专卖店、汽车超市等发展迅猛,根据国内市场汽车 4S 店的实际情况,更新了汽车 4S 店的组织机构及功能。三是紧密衔接汽车各品牌的服务营销战略,对汽车销售核心流程和技巧训练进行了内容修订。四是紧密结合汽车售后服务政策与体系的改变,增加了"汽车三包"的内容详解。五是随着汽车美容装饰市场的迅猛发展,增加了汽车美容装饰新技术的内容讲解。同步更新了学习目标、能力目标、案例、复习思考题等,使本书内容紧跟市场形势,帮助汽车服务从业人员更好的建立服务理念,规范服务行为,提高服务水平,训练服务技巧,更好地满足他们的能力训练需求。

本书由重庆工商职业学院与重庆中汽西南汽车有限公司相关服务管理人员共同组织策划编写。本书由重庆工商职业学院叶芳、邓长勇任主编,徐杰任副主编,感谢参编徐斌、任毅、黄超群为本书编写作出的贡献。全书由重庆工商职业学院教授曹建国主审。

本书在编写过程中,汽车行业的众多同行提出了很多的建议,在此表示衷心的感谢!在编写过程中,作者参阅了大量文献资料和专著,借鉴了不少宝贵的资料。在此,向本书所参考、借鉴资料的原作者致以谢意。

　　鉴于编著者水平有限,书中难免有不妥或错误之处,敬请广大读者批评指正。

编　者

2014 年 2 月

第一版前言

我国汽车工业经过 50 多年的建设和发展取得了举世瞩目的成就,成为世界汽车制造大国和消费大国。但从整体而言,我国汽车工业的建设规模、产销总量和社会效果与世界发达国家还有很大的差距。国际上盛行的 4S 专卖店与"汽车综合服务超市"型的汽车维修市场相结合的汽车服务营销模式在我国基本上还处于起步阶段。相比之下,传统的服务模式难以满足消费者在使用汽车时日益增长的各类需求,我国现代汽车服务企业的服务理念、服务体系、服务技巧等均相对比较落后,服务市场还不完善。汽车产业的发展越来越依靠汽车服务系统的完善与提高,由此,客户服务已经成为汽车企业发展的重要策略,是企业长期生存的命脉。汽车服务行业急需大量高素质高技能的汽车服务应用型人才。

本书以培养在一线工作的高素质高技能汽车服务应用型人才为目标,从服务客户这个角度出发,讲述从业人员应有的服务意识、理念、礼仪、流程和技巧,为该行业从业人员或即将从事这个行业的人员提供指导性建议,帮助他们建立服务理念,规范服务行为,提高服务水平,训练服务技巧,从而促进行业的发展。

本书共 9 章,全面系统地阐述了汽车服务的内涵,汽车服务理论与服务战略,服务基本礼仪,4S 店的组织管理,以及汽车销售、售后、维修、金融、美容装饰的服务流程和技巧。为了便于学习,本书在形式上采用学习目标、能力目标、案例、复习思考题等。

本书可作为高等院校汽车营销专业的必修课教材,也可作为汽车制造、汽车维修专业的选修课教材,还可作为汽车后市场企业人员的工作参考书。

本书由重庆工商职业学院与重庆中汽西南汽车有限公司相关服务管理人员共同组织策划编写。重庆工商职业学院汽车工程系叶芳任主编，重庆工商职业学院汽车工程系邓长勇任副主编，参加编写的还有重庆中汽西南当代汽车有限公司服务经理徐斌，重庆博众汽车销售服务有限公司服务总监任毅和重庆工商职业学院汽车工程系黄超群。全书由重庆工商职业学院汽车工程系教授曹建国主审。

　　本书在编写过程中得到汽车行业的众多同行们提出的不少好建议，在此表示衷心的感谢！在编写过程中，作者参阅了大量文献资料和专著，借鉴了不少宝贵的资料。在此，向本书所参考、借鉴资料的原作者致以谢意。

　　鉴于编著者水平有限，书中难免有不妥或错误之处，敬请广大读者批评指正。

编　者
2011 年 5 月

目录

模块一 汽车服务理论

模块三　汽车 4S 店组织机构

模块四　汽车服务内容

模块一
汽车服务理论

项目 **1**

认识汽车服务

知识目标

1.了解我国汽车产业的发展趋势。

2.掌握汽车服务的内涵。

3.了解汽车服务业对国民经济的拉动作用。

能力目标

1.对比国外汽车服务发展的特点,分析我国汽车服务的特点。

2.掌握汽车服务涉及的领域和基本内容。

素质目标

1.认识汽车服务发展特点,结合实际了解当地区域汽车服务市场。

2.培养调研分析、自主学习的能力。

目标岗位

岗位名称	岗位描述	岗位能力要求	岗位能力训练目标
汽车后市场服务人员	汽车销售顾问(见项目5)	1.熟悉我国和地区区域内汽车产业发展特点; 2.熟悉汽车后市场发展现状与趋势; 3.理解汽车后市场服务内容; 4.理解汽车4S店的功能职责; 5.具有良好的服务意识和服务态度; 6.具备良好的服务礼仪; 7.具备良好的服务技能,能提供规范的服务行为; 8.具有良好的沟通和表达能力、应变能力和解决问题的能力,心理素质佳; 9.良好的团队协作精神和客户服务意识; 10.熟悉相关政策和制度	1.能阐述国内外汽车产业的发展现状与发展趋势; 2.能阐述近年来我国新能源汽车的发展特点; 3.能说明汽车后市场服务体系的模式和特点; 4.能阐述汽车服务的内涵; 5.能描述汽车服务的基本内容
	汽车服务顾问(见项目6)		
	汽车机电维修工(见项目7)		
	汽车保险专员(见项目8)		
	汽车装饰美容工(见项目9)		

2

经过70多年的发展,我国已成为世界汽车工业大国,汽车产业成为我国国民经济重要的支柱产业之一。我国汽车工业的高速发展,为汽车服务行业提供了巨大的市场。2020年中国汽车产业产值约8万亿元,而汽车后市场行业规模约1.5万亿元。一个成熟的汽车市场,汽车服务市场的产值应占整个产业产值的1/4。在汽车产业利润中,汽车销售利润占10%,零部件供应利润占20%~30%、汽车服务领域贡献50%~60%的利润。由此可见,中国的汽车服务市场仍具有巨大的发展空间。

【课程内容】
案例导入

我国汽车市场发展特点

我国汽车市场在经历了十年的快速发展,汽车保有量已达到2.6亿多辆,乘用车需求量也逐渐趋于饱和状态。从产业规模看,中国汽车产量从2016年的2 812万辆增长至2020年的2 523万辆;同期,中国汽车销量从2 803万辆增长至2 531万辆。2020年初,汽车产销量都有所下降,但自2020年4月以来,汽车销量持续保持增长,全年汽车销量达到2 531万辆,销量蝉联全球第一。

分析原因,自2018年开始,消费主力减少,近年来我国城市公共交通的完善、高铁线路网的扩散、城市限行等影响从而造成了汽车销量相对低迷的状态。2019年7月1日后,根据环境保护部与原国家质检总局发布的《轻型汽车污染物排放限值及测量方法(中国第六阶段)》的要求,为积极响应国家助力打赢"蓝天保卫战"的号召,全国21省市发文宣布提前实施国六排放标准,但也加速了汽车产业的洗牌。2020年,新冠疫情的爆发让变革中的汽车行业雪上加霜。

2021年我国汽车产销量达到2 610万辆,同比增长3.1%,结束了连续三年的负增长。2022年,中国汽车产销量预计将达2 750万辆。"十四五"期间,宏观经济的复苏、中低收入群体经济状况好转、国家政策层面的政策支持等因素都将促进中国汽车市场的良好发展。2025年,中国汽车市场有望达到3 000万辆左右。

整体来看,我国汽车市场发展呈现以下特点:

(1)乘用车仍是汽车主流消费车型

从市场消费结构来看,乘用车仍是我国汽车行业主流消费车型,2020年,我国乘用车销量为2017.8万辆,占汽车总销量的79.72%,乘用车销量为513.3万辆,占汽车总销量的20.28%。

(2)中国新能源汽车产销大放异彩

新能源汽车产业已上升至国家发展战略的高度,2020年,国家出台多项政策鼓励新能源汽车发展,降低了新能源企业的进入门槛,提高了产品要求,完善了强制性标准,延长了新能源汽车财政补贴。

国务院常务会议通过了《新能源汽车产业发展规划(2021—2035年)》,为未来15年的发展打下了坚实的基础。同时,地方层面也纷纷出台政策鼓励新能源汽车消费。国家与地方的政策体系逐渐成形,给予了新能源汽车行业发展极大的政策支持。

据中汽车统计数据显示,2020年,新能源汽车产销分别完成136.6万辆和136.7万辆,同比分别增长7.5%和10.9%。

从新能源汽车消费结构来看,目前,我国新能源汽车主要以纯电动汽车和插电式混合动力汽车为主,2020年,我国纯电动汽车销量为110.5万辆,占新能源汽车总销量的81.63%,插电式混合动力汽车销量为25.1万辆,占新能源汽车总销量的18.37%。

(3)国民经济持续增长,居民消费升级拉动了汽车市场需求

随着国民经济总量的持续增长以及全面建设小康社会的落实,居民收入持续增加将会推动消费结构升级,汽车消费的带动作用依然存在,家庭以便携出行、自驾旅游为目的的购车,都会带动汽车行业的发展。

中国全国汽车保有量大约在2.6亿辆左右,千人汽车保有量从原来不到10辆快速增长到180多辆,达到全球平均水平。目前发达国家千人汽车保有量总体在500~800辆的水平,考虑到人口规模、区域结构和资源环境的国别差异,中国未来随着居民收入不断提高,消费不断升级,城市化逐步推进,中国千人汽车保有量仍然还有较大的增长空间。

(4)汽车升级换代周期缩短带来新的市场机遇

随着中国消费者对汽车品质要求的提高以及整体需求的多元化,中国乘用车市场已经进入多元化、个性化的发展阶段。汽车生产商为保持其竞争优势,适应客户需求,不断加快汽车更新换代的速度。全新车型开发周期已由原来的4年左右缩短为1~3年,改款车型由原来的6~24个月缩短至4~15个月。汽车车型更新换代速度加快以及新车上市后的持续升级改款需求,为汽车行业提供了市场空间。

(5)"节能环保"政策促进了新能源汽车的市场需求

随着全球性能源短缺、气候异常和环境污染等问题日益突出,各国加强了对可再生能源产业发展的重视和扶持。新能源汽车既是解决能源环境制约的重要途径,也是提升国家汽车产业竞争力的着力点。中国将新能源汽车产业列为战略新兴产业之一,出台了全方位激励政策,从研发环节的政府补助、生产环节的双积分,到消费环节的财政补贴、税收减免、再到使用环节的不限牌不限购,运营侧的充电优惠等,几乎覆盖新能源汽车整个生命周期。新能源汽车市场为汽车企业带来了广阔的市场空间。

(6)全球化采购策略为中国汽车行业企业提供了广阔空间

在竞争日益激烈的市场环境中,全球化采购、全球化生产、全球化市场的"全球化"策略已成为各大汽车整车厂、跨国大型一级供应商的主流战略。世界各主要汽车制造厂商几乎都已深度涉足中国市场,将中国汽车市场看作其全球战略的重要一环。全球化采购、全球化生产、全球化市场为中国汽车上下游企业融入汽车产业链的全球分工,分享全球市场的红利提供了更多的发展机遇。

案例思考:了解我国汽车市场发展特点,体会汽车服务市场的发展空间。

任务1.1　国内外汽车产业的现状与发展

🎤 任务描述

汽车产业是我国国民经济长期的支柱产业,汽车产业的高速发展为汽车服务行业提供了巨大的市场,汽车服务业的完善与提高又促进了汽车产业的发展。

本任务学习的目标就是帮助学习者了解国内、国际汽车产业的发展特点和趋势。

 岗位能力训练目标

1.能阐述我国汽车产业的现状与发展。
2.能说出近年来我国新能源汽车的发展特点。
3.能阐述世界范围内汽车市场的发展方向。

1.1.1　我国汽车产业的现状与发展

国家"十五"规划以来,在全面建设小康社会目标的激励下,通过增加汽车的使用来提高工作效率和生活质量的进程大大加快(有人将 2002 年称为中国汽车的普及元年),私人汽车消费已逐渐成为汽车市场发展快慢的主导因素。在"十五"规划中已经非常明确地将汽车产业作为我国国民经济长期的支柱性产业,在这种方向性工业政策的支持下我国的汽车工业取得了长足的发展。2005 年我国汽车产销量继续快速增长,全年生产汽车 570.7 万辆,销售汽车 575.82 万辆。进入"十一五"以来,汽车产业的发展速率比"十五"计划期间有了更大的提高,2006 年我国以 726 万辆的汽车产销量首次超过日本,跻身全球第二的新车销售大国,2009 年我国以 1 364 万辆的汽车销量超过美国,成为全球第一的汽车产销国。2010 年我国汽车产销量双双超过 1 800 万辆,连续第二年成为全球第一。"十二五"期间,我国加快推进企业兼并从组,构建自主品牌为主导的汽车产业格局,掌握核心技术和新技术发展趋势,鼓励发展节能环保和新能源汽车,推动外向型国际化发展,全面提高国际竞争力,推动现代汽车服务业的发展。2015 年中国汽车产销量均超过 2 450 万辆,连续七年蝉联全球第一。"十三五"期间,我国汽车工业保持着平稳发展的态势,总体体量跃上新台阶,产销量维持在 2 500 万辆左右,更在新冠疫情困难面前实现率先反弹,拉动和促进了我国经济的整体复苏。2020 年中国汽车保有量达 2.81 亿辆,汽车市场呈现优胜劣汰的结构性变化,汽车产业向高质量发展转型。2021 年是我国"十四五"规划的开局之年,汽车产业仍将在国民经济恢复和发展中起到至关重要的作用。在高质量发展理念的指引下,汽车业的发展要依托技术创新和产业结构升级。汽车工业将朝着电动化、网联化、智能化、共享化转型发展,2020 年成为无人驾驶车辆商业化元年,并从此进入爆发式增长。新能源汽车产业成为战略性新兴产业,2021 年新能源汽车保有量达到 384 万辆,占汽车总量的 1.37%,不仅呈现爆发式增长,也由生产管理向服务管理转变覆盖。2022 年 10 月党的二十大胜利召开,为汽车产业带来了新的发展契机,增强了行业自信。党的二十大报告中提到关于"积极稳妥推进碳达峰碳中和""深入推进能源革命"等战略要求对新能源汽车的发展、强化新能源汽车产业供应链和打造产业链新生态都具有积极的助推作用,必将为汽车产业发展带来新的活力。尤其是对实体经济的重视,也将进一步提升汽车产业作为国民经济支柱性产业的地位,有助于从业人才的聚集与发展。

面对这样的市场,未来几年,汽车服务中的维修业务增长空间巨大,但我国目前的汽车服务能力无法完成这样规模的产值,除了硬件方面的原因外,还存在很多国外汽车服务行业不存在或者说可以忽略不计的因素,如在汽车使用与维护方面有观念上和认识程度上的问题,还有社会文化背景不同的原因。有不少私人乘用车车主自己可应付一般的小毛病和更换机油之类的工作,在国外即使这样的小问题大多数车主还是会进入服务站处理,而在我国这些是无法计算产值的。另外,还存在统计方面的问题,这是因为有很多不上规模和没有注册登记的汽车维修作坊的产值很难有准确的数据,再有熟人之间的帮忙存在一部分简单的汽车维护和更换零部件的活动,这部分的劳务活动理应归结为汽车服务行业的产值,但在中国文化背景下这些产值是无法归入统计的。因此,上述有关汽车服务产值的统计结果与预测相比较有一定的差距。虽然如此,我国目前的汽车服务产值还是与应该具有的规模相差甚远。

随着我国汽车消费量的爆炸式发展和汽车保有量的迅速增长,是否可以认定我们属于汽车大国、强国了呢? 现在衡量一个国家汽车产业的发展水平,已不能只用汽车研发能力和产能这样一个传统的标准了,应该也必须包括汽车综合服务的质量标准。一个运作高效、功能健全、网点众多、满足各类用车需要的现代化汽车综合服务体系是汽车产业健康发展的重要因素。从发达国家的成功经验来看,汽车产业的发展越来越依靠汽车服务系统的完善与提高,也就是说软硬件在对汽车产业发展的贡献率至少在统计结果上发生变化。按照汽车发展比较成熟的国家统计的平均数据分析,汽车产业的利润有 70% ~ 75% 来自汽车服务领域(从业人员超过整个汽车产业总就业人口的 80% 以上);汽车制造领域所产生的利润只占 20% ~ 30%,用的劳动力不到整个行业的 20%。这是因为新技术的发展在不断提高自动化程度,相比之下汽车服务领域不仅产业规模大,经济利润可观而且还具有很强的吸纳劳动力的能力。汽车服务业涉及的内容非常宽泛,服务门类繁多,技术进步对吸纳劳动力的消极影响不明显,因此,该行业能长期提供相对稳定增长的就业岗位(是继餐饮服务业的第二大吸纳劳动力的产业),并且能够产生比较好的社会效益。综上所述,汽车服务除了是汽车工业发展的重要保障体系外,从国情的角度看也是非常适合我们这个劳动力资源大国的产业之一。

1.1.2 国际汽车产业的特点与发展趋势

所谓国际汽车市场,是指各国或各地区之间汽车产品交换的场所,并通过国际贸易把各国国内市场连接起来的整体,还包括国际汽车工业之间在金融、投资、技术等方面的合作与贸易等。

随着科技的发展,国际分工的进一步深化,国际汽车工业在不断进步,汽车市场也在不断壮大。全球汽车产销量超 9 000 万辆,汽车的保有量也在增长。与其他产品的国际市场一样,汽车国际市场也具有其自身的特点。

①轿车占据国际汽车市场的主导地位。据有关统计资料表明,在国际汽车市场中轿车占 72% ~ 73% 的市场份额,商用汽车不足 30%。有些国家的汽车市场中轿车的份额更高,有的甚至维持在 90% 以上,如德国、法国等;在美国汽车市场,轿车占 60% 以上;而我国汽车市场,轿车仅占 50% 左右。

②国际汽车市场在多个层次上表现出"三足鼎立"之势。从地区范围上看,国际汽车市场主要集中在西欧、北美、亚洲(中国、日本、韩国)3 个地区。北美汽车销售量,约占汽车总销售

量的 1/3,西欧约占 1/4,亚洲约占 1/10;从各国产销量情况看,近年来国际汽车市场一直表现为中国、美国、日本分居前三位。

③世界汽车出口格局发生改变。自 20 世纪 80 年代以来,汽车出口量超过 20 万辆的国家有 10 个,他们是日本、德国、法国、加拿大、西班牙、美国、韩国、意大利、英国、瑞士。日、德长期居于汽车出口前 2 位,年出口量均在 200 万辆以上。2021 年,中国汽车出口 201.5 万辆,同比增长 101%,全球排名仅次于日本的 382 万辆和德国的 230 万辆,超越韩国位居第 3。至 2022 年 8 月,中国累积汽车出口量达 191 万辆,超越了德国,成为全球第二大汽车出口国,仅次于日本。特别是新能源汽车,成为出海增长新动能。党的二十大之后,新能源汽车及其相关上下游产业链有望引领中国汽车迈向全新的阶段。

据统计,世界最大的汽车进口国是美国。在世界汽车进出口贸易中,美国是“小出大进”,日本、韩国是“大出小进”,欧洲共同体则介于上述两者之间为“大出大进”。

④竞争、兼并、联合的局面日趋明显。

⑤传统汽车生产大国在国际汽车市场上的地位缓慢下降,而一些发展中国家的地位正稳步提高。

⑥主要汽车生产国的汽车市场显现出明显的买方市场特征,市场趋于饱和。

总之,国际汽车市场是错综复杂的、竞争激烈的,要想使本国的汽车产品打入国际市场,必须从各方面进行努力,以创新技术、提高质量、降低成本,增强在国际市场上的竞争能力。只有这样,才能在国际市场上占一席之地。

从世界范围来看,汽车产品市场将向以下 3 个方向发展:

①汽车朝着新四化发展,即电动化,网联化,智能化,共享化。电动化指的是新能源动力系统领域,智能化指的是自动驾驶或者驾驶辅助系统,网联化则是车联网系统的布局,而共享化指的是汽车共享与移动出行。在汽车新四化当中,主要是以电动化作为基础,以网联化实现大数据的收集和处理,从而一步步进化到智能化出行,或将成为汽车实现自动驾驶终极目标的可行途径。

②在能源的利用上将向新能源环保型汽车发展。目前世界上呼声最高的是电动汽车和燃料电池汽车。

③为适应新的消费需求,满足大规模定制的需要,在汽车的类别、品种、规格、形式、等级等方面呈现出了多样化、个性化和小型化的状态。

国际汽车市场的激烈竞争,相比较于当前汽车服务市场,其投入相对较大,利润相对较少,这使得各大汽车公司在汽车产业链上的发展投入更多在汽车服务市场上。

汽车服务市场一直被称为汽车产业链上最大的利润“奶酪”。根据对全球排名前 10 位的汽车公司近 10 年的利润情况分析,在一个完全成熟的国际化的汽车市场,汽车的产销利润约占整个汽车业利润的 45%,有 55% 的利润来自汽车零部件产销及其服务领域。举例来看,在 2002 年,全球汽车商(包括生产、销售、服务)总利润大约 8 万亿美元,其中就有近 4 万亿美元利润产生于跟汽车服务有关的市场。美国这个世界最大的汽车市场,其汽车售后服务业年产值高达 1 400 亿美元。

案例1.1　美国汽车服务业的特点及发展趋势

美国的汽车服务概念形成于20世纪初期。20年代开始出现专业的汽车服务商,从事汽车的维修、配件、用品销售、清洁养护等工作,著名的PEPBOYS、AUTOZONE、NAPA等连锁服务商,都是在这一时期开始创业。时至今日,他们已经成为美国汽车服务市场的中坚力量。PEPBOYS已经有500多家大型汽车服务超市,每家面积近2 000平方,被称为汽车服务行业的沃尔玛;AUTOZONE发展了3 000多家面积七八百平方的汽车服务中心;而NAPA的终端更达到10 000多家,被称为汽车服务行业的7-11。经过近百年的发展,美国的汽车服务业已经成为在汽车产业链中占据重要位置的产业,其规模达到近2 000亿美元,而且是整个汽车产业链中利润最丰厚的部分。

(1)美国汽车服务业的特点

连锁技术的充分应用是美国汽车服务业最大的特点。在美国几乎不存在单个的汽车服务店,大到全业务的PEPBOYS汽车服务超市,小到单一功能的洗车店,无不以连锁的形式经营。即使一个人刚刚创业,开了一个小店,那在他的计划里也是半年内达到何种规模。事实上在美国这样成熟的市场里,新开张的单店、小店是难以生存的,该行业新的进入者都是拥有雄厚资金实力的,一出手便是遍地开花。几乎每一家汽车服务商都有强大的背景,如有汽车麦当劳之称的AC-德科就隶属于通用汽车。

连锁经营在这一行业再次充分地展示了它强大的生命力及独特的魅力。这种模式不但完全满足了汽车服务行业发展与扩张的需要,而且保证了服务的专业化、简单化、标准化和统一化,得到了从业者和消费者的普遍欢迎。

美国连锁经营的规范化确实值得中国同行学习。例如,一个人驾车周游全美,他选择了AUTOZONE作他的汽车服务商,那么他在全美国(甚至包括墨西哥)都能得到一致的服务。从导购小姐的微笑,到各工位的操作程序,到各项服务的价格;从外面的招牌,到店内的布局,到员工的服装,他的感受是基本相同的。也正因为如此规范,连锁店在美国才能得到消费者的普遍认同。如果说连锁经营是服务商开拓市场的武器,那么,规范化则是这个武器是否有效的有力保证。

美国不仅有数千平方的PEPBOYS连锁店的大型卖场,也有AUTOZONE这样的一站式汽车服务中心;更有星罗棋布、分散在大街小巷的便利型连锁店,如NAPA;还有各式各样的专业店,如专业贴膜、专业喷漆、专业装音响等。多种业态各有优势、相互补充,满足不同层次消费者的不同需要,各有自己的生存与发展空间。

在美国经营会形成这样一种情况,如一家PEPBOYS的大卖场周围一般都会聚集很多小店,每间一两百平方,有修换轮胎的,有改装底盘的,贴太阳膜的,等等。每家都充分地把自己的优势发挥到极致,又与其他的商家相结合,成行成市,一起满足消费者的要求。分工已从生产领域扩展到了服务领域,消费者更依赖专业化,而不再相信全能(大卖场是专业的销售汽车用品,并非提供所有各项汽车服务)。

在美国,汽车用品已经成为普通的日常用品,进入沃尔玛等普通超市,消费者越来越习惯于在这样的地方购买清洁用品、养护用品等,自己动手进行护理与清洗。只有在需要做一些比较专业的处理时才会到专业的服务店里进行。这是因为在美国,人工的费用比较高,一瓶清洁剂花不了多少钱,但服务费却奇高,加上自己动手别有一番乐趣。于是汽车护理DIY(DO IT YOURSELF)渐成时尚,汽车用品也随之变成了日常用品。

（2）美国汽车服务业的发展趋势

1）用品销售将更加超市化

专业化汽车用品超市也好，普通超市也好，总之，用品的超市化将会加剧，汽车服务中心的用品销售业务在不久的将来会被彻底分割出来。在中国风行的汽车美容业务在美国会日益萎缩。

2）分工更加细

应该说美国汽车服务业的分工已经很细，但还会进一步加剧，一站式的汽车服务中心除非在特别的地理位置，否则空间会越来越小。在某一领域（如贴膜、音响等）特别专业的服务商会得到更大的发展空间。

3）这一行业的进入条件会更高

这一市场已经相当成熟，除非有雄厚的资金去进行购并，否则很难打破由很多连锁网络组成的这张大网。这一市场在相当的时间内表现都会比较稳定。

4）信息技术的应用

电子商务正逐步成为包括 PEPBOYS，AUTOZONE，NAPA 等汽车服务商的一致选择，电子的虚拟网络与实际的连锁网络及配送网络相结合，以不可预测的倍数扩大了企业发展的空间，美国人也越来越习惯于在电子网络上接受服务并进行支付。事实上，PEPBOYS 已把电子网络的经营置于比传统的连锁网络更为重要的位置。

案例思考：美国汽车服务业的特点与发展对我国汽车服务业有哪些方面的借鉴作用？

理解提升：查阅资料，思考总结

对比中美汽车行业，描述一下我国汽车服务业的发展特点和具备的优势。

_____

_____

_____

任务 1.2　我国汽车后市场综合服务体系

任务描述

目前，我国的汽车产业总体处于快速发展时期，后市场产生的利润至少要超过前市场1倍以上，因此，迫切需要明确汽车后市场在整个汽车行业市场中的重要地位，在全国范围内培育并逐步形成极具竞争实力的汽车后市场综合服务体系。

本任务学习的目标就是帮助学习者了解我国汽车后市场服务的现状、服务理念、模式、服务范围和竞争优势。

岗位能力训练目标

1.能说出汽车后市场服务体系的模式。
2.能描述汽车后市场的服务范围。
3.能阐述汽车后市场的发展特点和竞争优势。

1.2.1　汽车后市场服务业在国民经济中的地位

由于消费者的强烈需求和汽车服务企业竞争日益激励,提高服务质量成为企业能否生存与发展的核心竞争力之一。服务体系建设的重要性和必要性已提升到关系企业生死存亡、兴旺发展的高度。

(1)服务是汽车消费的必要保障

汽车是一种大宗耐用消费品,需要经常性的保养、维修服务,才能保证日常的安全使用和正常行驶,服务是基本条件,没有汽车综合服务也就没有汽车消费。

(2)建设完善的汽车综合服务体系有助于企业全面提升竞争力

在当前汽车品牌花样翻新、产品质量和功能上的差距越来越小,在产品同质化日趋严重的情况下,汽车外型、动力、配置等硬件对构成竞争优势的作用在减小,更能吸引消费者的另一个重要因素就是完善的服务。企业必须真正地以客户为中心,技术与服务并举,通过高质量的服务,将产品的技术优势和品质转化成用户利益,赢得顾客并留住顾客,才能从竞争中脱颖而出,而谁不前进,谁就会在残酷的竞争中被淘汰出局。今后国内乘用车行业的竞争必定会逐步从性价比竞争转向涵盖价格、质量、售后服务及品牌形象等在内的综合能力的竞争。对于企业来说,谁能拥有完善的服务体系,谁就能提高用户对品牌的认知度和满意度,提升品牌的综合竞争力,从而促进产品的销售和企业发展。

(3)建设完善的汽车综合服务体系给广大消费者带来的好处

一方面,"买车、买服务"已成为越来越多消费者的共识,消费者对服务越来越关注;另一方面,目前消费者对汽车售后服务反映较多的维修技术差、服务人员素质低、管理落后、配件假冒伪劣、收费混乱等方面的问题,随着厂家在售后服务方面的深层次竞争和服务体系的逐步完善,肯定会得到根本解决,从而给消费者带来更为方便、质优价廉的维修和服务,解除消费者的后顾之忧,促进消费。

(4)服务是未来汽车市场的利润中心和竞争焦点

随着国内汽车市场暴利时代临近终结,想要在汽车销售中获得超额利润的可能性会越来越小,中国汽车产业将逐步从产品制造业转型为消费服务产业,利润点将集中到售后服务上来。对企业,特别是对经销商而言,整车销售的利润已经很低,售后服务的重要性在企业经营中便变得更为明确,因为售后服务对企业经济收益起着举足轻重的作用,在售后服务领域的失利,也就意味着整体经营的失利。

汽车服务对汽车工业来说也起着非常重要的作用,一个运作高效、功能健全、网点众多、能够满足广大汽车用户要求的现代汽车综合服务体系是汽车工业发展的关键环节,可以极大地支撑汽车工业地发展,是汽车工业整体竞争实力的重要组成部分。总之,汽车服务的以上特点,决定了其在国民经济中具有重要的地位与作用。

从全球来看,汽车服务已成为第三产业中最富活力的产业之一,我国也不例外。汽车服务每年完成的产值以数千亿元计。随着经济发展和汽车普及进程的加快,我国的汽车服务产业还会继续壮大。我国的汽车消费市场很有可能达到美国的水平,成为全球最大的汽车市场之一。这种情况表明,我国的汽车综合服务尚有很大的发展潜力,蕴藏着巨大的市场潜力和利润空间。当然,在这个发展过程中,汽车服务也将成为我国国民经济的重要组成部分,其完成的产值和利润将是汽车工业本身的数倍,对国家经济的贡献将得到大大地提高。

1.2.2 我国汽车后市场服务的现状

汽车后市场服务是指汽车从经销商出售给顾客开始,直至该汽车报废送至回收站为止,为该汽车提供全过程的各项服务。汽车后市场服务包括车辆保险、上牌、年检、养护、维修、配件更换、装具添置、清洗加油、泊车管理、违章处罚及信息提供等的一切服务。通过调查摸底,目前我国汽车后市场的经营服务模式还存在很多弊端,主要表现在以下两个方面:

(1)规模小、经营分散、缺乏行业组织性

新车销售、二手车交易、租赁、配件及用品供应、汽车改装、美容养护、检测维修、金融信贷、保险、俱乐部等环节各自为政,分散经营。企业间各自花费大量的时间和费用去收集、分析有关的政策法规、市场环境等信息,所得资料的置信水平较低,因而导致企业在进行一系列决策时产生偏差甚至重大失误,给企业发展带来严重的负面影响,也使企业经营难以形成规模效应。其直接后果是难以提升市场竞争力和保持企业的可持续发展后劲。尤其是在同进入汽车后市场行业的外贸、合资企业竞争中不占优势。事实证明,只有上规模、上水平,才能与国外相关企业抗衡。

(2)服务水平较低

我国的汽车服务虽然开展了很多具体的甚至较为全面的服务类别,但总体服务水平还有待提升。当前服务意识不足、服务能力的欠缺、服务手段单一、服务态度参差不齐、服务行为不够规范等是导致服务水平不足的主要因素。这些问题和差距主要有以下八个方面:

①行业基础薄弱。

我国汽车服务行业底子薄,服务项目的类别不多,而且发展缓慢。

②服务理念落后。

与国外汽车服务相比,目前我国汽车服务的服务理念落后是最大的差距。

③综合素质不高。

一是服务企业的技术素质不高;

二是汽车服务行业的从业人员素质不高;

三是缺乏高素质的管理人员。

④市场秩序有待进一步规范。

一是市场运作秩序,尤其在流通领域,混乱发展的局面表现明显;

二是价格体系和执行混乱,在汽车流通领域,存在随意加价销售的行为;

三是市场竞争秩序需要规范。

⑤服务能力不足。

一是服务主体的服务能力不足,突出表现在各类服务主体的投资能力和资本运作实力不足;

二是行业服务的能力不足,部分呈现服务项目少、服务规模小、层次水平低、自由分散发展的格局。

⑥管理方式有待更新。

在我国的汽车服务内,无论是服务主体运作管理的微观层次,还是服务行业综合管理的宏观层次,均一定程度存在管理滞后的问题。

⑦制度法规不全。

一是缺乏有效的指导服务主体开展各项汽车综合服务的行业规范;

二是服务领域的政策制定、宏观政策管理法规尚不健全。

⑧服务效率低下。

由于以上差距,最终的结果是导致我国汽车服务在行业总体上,表现出效率不高、效益较差、行业积累能力较弱和自我发展能力相对不足等特点。

党的二十大胜利召开为改善行业环境,提高服务水平带来了机会。二十大报告指出,"教育、科技、人才是全面建设社会主义现代化国家的基础性、战略性支撑","培养造就大批德才兼备的高素质人才,是国家和民族长远发展大计",表明了人才在国家和民族发展中的基础性、战略性地位。汽车"新四化"对人才的能力与需求提出了新的要求,汽车人才培养供给侧和产业需求侧的矛盾愈加凸显,人才培养变革势在必行。对于企业而言,应积极发挥人才培养的主体作用,推进存量人才知识更新,加速转型,增量人才适应转型,应对当前汽车行业对复合型人才、创新型人才的巨大需求。

二十大报告强调了做好人才工作的价值主张,即"坚持尊重劳动、尊重知识、尊重人才、尊重创造",做到"真心爱才、悉心育才、倾心引才、精心用才"。以新能源、智能网联汽车技术为代表的汽车产业链及后市场正是一块充满着跨界融合、创变发展的创新热土。二十大精神的贯彻落地,必将为汽车后市场服务带来新气象。

1.2.3 汽车后市场服务体系的构建模式

(1)汽车后市场经营服务理念和模式

在政府主管部门的主导下,制订汽车后市场行业服务的总体规则和标准,建立汽车后市场服务的准入制度,在规范的行业制度下,形成良性的行业竞争,把行业发展、车主满意度作为一切工作的出发点和落脚点,这是汽车后市场经营服务的基本理念。所有参加汽车后市场经营服务的从业人员均要保有上述经营服务理念、良好的服务态度和服务技能。

"4S"模式,已经成为中国汽车后市场服务发展模式的主流。这种模式源于欧洲,它具有信息的专业化、连续性以及规范性,能够适应汽车后市场的发展;另一种模式是"连锁经营"。"连锁经营"模式整合了各个品牌汽车的资源,打破纵向垄断,在价格、服务透明的基础上,有效提供汽车后市场发展的需求,切实解决车主提出的各种问题。这两种模式都有各自的优点,能够促进中国汽车后市场的良性发展。

（2）服务范围

汽车后市场综合服务体系是为了提供给车主更规范、更合理、更全面的服务,车主用最合理的代价,享受汽车带给他们的方便、舒适(图 1.1)。服务范围可分为硬件和软件两个方面。

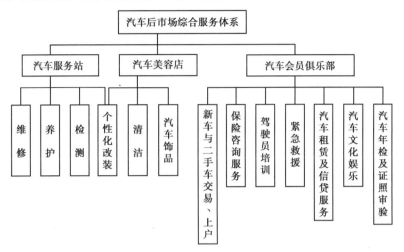

图 1.1　汽车后市场综合服务体系

1）硬件方面

①车辆维修。

汽车后市场体系应以维修作为服务的重点之一和主要利润来源之一。维修应更强调专业性、技术性、便利性,在保证维修质量的前提下尽量满足顾客便利的需求。前台接待人员要主动热情地为客户解答疑问和提供相关服务;维修人员要经过专业技能培训,有相应的资格证书才能上岗,在维修中,严格遵守各项维修制度;汽车维修的专业设备要齐全完备,用法要规范,尽可能减少维修对汽车使用的影响。

②车辆维护保养。

蓄电池检测

汽车维护保养倡导以"养"代"修","汽车七分养三分修"逐渐为有车一族认可。任何一辆汽车,其技术状况都将随着行驶里程增加而变坏。良好的维修保养可以延缓技术状况变坏的趋势,减少车辆可能出现的使用故障,增加车辆的使用寿命。新的维护保养理念在客户中的推广,不仅是从事汽车后市场服务人的一种责任,而且对客户、对汽车服务公司、对环境都是有好处的。这也是汽车后市场服务的新的经济增长点。

③定期检测。

车主大多数不懂车内结构及性能。他们很希望在车辆出现问题之前了解车辆现在的使用状况,会不会出现危险等。定期检查无疑会解决车主的疑惑。这要求汽车服务机构要及时和定期与客户联系,掌握和了解客户的车辆状况,给客户一种安全、放心的感觉。

④个性化改装。

在我国,汽车改装经营者资质难以认证,而汽车用户对于改装知识了解不多,改装后质量和安全性也无从评定,其潜在风险之大不言而喻,因此在客户要求进行个性化改装的时候,在保证行车安全的前提下,尽量帮助客户达成自己的愿望,在这方面建立规范化的市场体制非常必要。

13

⑤汽车美容。

随着人们生活水平的提高、审美观的加强,对车辆的美观、个性和舒适性的要求也越来越高,汽车美容业因此也得到了迅猛发展,成为汽车后市场服务体系中的一个重要组成部分。

2)软件方面

软件方面大体涵盖以下7个内容:

①新车及二手车交易上户。

汽车后市场中汽车服务机构,根据顾客的经济能力、驾驶喜好、安全要求、经济型以及用途,为其提供专业的咨询,使顾客以最合理的方式获得适合自己驾驶的汽车。当车主需要置换汽车时,也能得到专业的鉴定,为顾客省事,减少风险。在车辆交易后,为顾客提供代上牌照、上户等服务。

②保险咨询服务。

根据顾客的实际情况,为顾客设计买车时适宜的保险组合,并对事故定损和保险索赔进行实务指导,减少顾客发生交通事故时的损失。

③驾驶员培训。

进行驾驶员培训以及有关汽车维修保养等相关专业知识培训。

④紧急救援。

车辆在行驶过程中出现问题,只需拨打电话就可以享受综合服务体系提供的诸如换胎、开锁、急送油、拖车牵引和快速维修等服务。

道路救援

⑤汽车租赁及信贷。

综合服务体系可以根据自身的实力选择开辟租赁交易市场或为顾客提供租赁信息服务,并为顾客买车等提供信贷服务。

汽车租赁

⑥汽车文化娱乐。

具有相同爱好的车迷聚在一起,交朋友,谈经验,是快节奏工作之余紧张心情得以释放的好方法。基于这一点,综合服务体系可提供诸如汽车发展史浏览,名车浏览、资料阅读、国家汽车消费政策新动向介绍,以及组织参加汽车旅游、越野拉力赛、聚会等。

雪铁龙 WRC

⑦汽车年检及证照审验。

为顾客代办车辆年检、驾驶证年审和代缴有关税费、违章费用等。

1.2.4 汽车后市场服务体系的竞争优势

将汽车后市场中各项服务有机地综合在一起,形成一定规模的综合服务体系后,企业所体现的竞争优势很快得到显现。

(1)提供质优价廉的服务成为可能

一方面,企业着眼于长远发展,会将提供优质服务放在首位。另一方面,由于综合服务体系对内部加盟企业实施统一管理模式、统一技术标准和技术支持方式、统一服务价格,以减少不正当竞争;统一进货渠道,以从根本上杜绝假冒伪劣;统一物流配送,以降低运输成本;统一宣传品牌,以节约宣传费用等。这些无疑都会使综合服务体系的服务能力得到提升,并使经营成本得以降低,从而形成自己的价格优势。

（2）建立品牌化经营方式

实现品牌化经营是当今市场条件下对企业提出的新的战略经营方式。品牌是服务质量的载体，其本身就具有一定的商业价值。由于目前国内汽车后市场各子行业本身多而散，实力薄弱，一直处于竞争无序状态，且品牌观念落后，因而很难形成自己的品牌，也就谈不上品牌化经营。而今后的汽车后市场综合服务体系在形成的初期就聚集了一定的规模和资金实力，这为品牌的形成提供了基本条件。加上其服务质量的优化和价格等优势以及统一的品牌宣传，必将最终形成品牌化经营。

雪铁龙品牌宣传

（3）建立规模化的运作方式

规模化经营已是大势所趋，毋庸置疑。综合服务体系借助"以点带面"和"点点连锁"的经营策略，以质优价廉、全面便捷的服务为首要任务，一定会在顾客中形成自己良好的口碑，以此来扩大顾客规模群，实现规模化经营。为此，服务网应统一服务价格，统一原材料进货渠道，引进先进设备和先进的管理理念，设立跟踪服务流程，努力使顾客得到方便、快捷的服务，使经营网络不断延伸，积累起雄厚的资金，使规模不断扩大。

（4）增强企业核心竞争力

在我国加入世贸组织后，随着国外汽车修理服务业的大举进入，判别一个企业的核心竞争能力高低的标准也会有所变化。规模化、便利性、价格优势、服务质量、品牌化等将会是关键所在。综合服务体系的建立一定会使我国汽车市场在这几个方面的实力得到极大的提升，进而担负起与国外汽车企业竞争的重任。

1.2.5 汽车后市场服务体系的发展趋势

在先进服务理念指导下，我国的汽车服务将全面形成以人为本和充分满足私人消费需求为导向的新型服务体系。

在不断巩固现有服务业务的基础上，一批新兴服务业务将得以开展，部分传统业务的服务方式将发生变革。汽车服务始于新车的销售，一直到其报废回收的全过程。在这个很长的时间过程中，汽车服务体系几乎承担了各个环节的全部服务工作。目前，我国的汽车服务体系还没有完全达到要求，其功能体系还不是很健全。因而，随着今后服务市场的发展和这个市场的细分化，我国的汽车服务必然扩展到服务和贸易的方方面面，一批新兴服务业务的出现是必然趋势。

在继续坚持厂商主导发展方向的同时，汽车厂商的销售服务体系将建成与国际惯例接轨的功能和更加完善的服务体系。在这个销售服务体系中，专卖店是其基本的服务单元。专卖店的功能在坚持"四位一体"的同时，将会增加旧车交易、废旧车辆回收、汽车租赁、汽车二次物流、用户跟踪、市场调查、实施客户关系管理、服务代理、电子商务、互联网+服务等新的功能。专卖店要统一门面颜色、统一作业标准、统一企业名称、统一专用设备、统一配件供应、统一技术培训，塑造良好的企业形象。这个销售服务体系也应包括各类后勤服务中心，比如维修培训中心、零部件供应中心、物流管理中心等，依托这些中心强化整个服务体系的后勤管理。将推行服务市场的目标责任管理制度，进一步明确各个服务主体的职责权利及其市场服务范围，强化责任管理。

在服务人员素质和技术设备等核心内容上,服务主体的服务素质将普遍得到提高。

在努力改进现有服务缺陷的基础上,服务市场的快速增长将给我国的汽车服务带来广阔商机。一是在汽车贷款、汽车租赁和汽车保险等汽车金融服务领域,将会向规模扩大和纵深发展的方向演变,服务主体将组建自己的汽车金融服务体系;二是在汽车销售、配件经营、旧车交易、物流配送、电子商务、互联网+等汽车流通服务领域,服务商机的增加将十分明显;三是汽车综合服务的主体向集团化、规模化、标准化、专业化等方向发展。

在国内国际的两个服务市场上,我国的汽车综合服务将与国内国际的同业者展开全面充分的市场竞争。

案例1.2 "汽车服务"行业在中国内地的发展趋势

(1)以养代修

随着我国汽车工业的迅速发展,以及消费者"爱车、养车意识"的不断提高,越来越多的车主会更加重视对车辆的日常保养,而不是等到车辆损坏以后再到修理厂或4S店进行大修。目前,"以养代修"概念在北京、广州等大城市已经得到了一定的普及,并正在以飞快的速度辐射到各个地级城市,甚至乡镇……用不了多久,汽车养护的热潮将会遍及我国的各个角落,以高级汽车养护产品为核心竞争力的"综合性服务中心"将会主导汽车服务市场。

(2)一站式服务

汽车服务企业成功的标志是"人气旺盛",而聚揽人气的重点在于"满足用户更多的需求"。只有"一站式服务"才能做到这一点。例如,在"北美之光汽车服务中心",无论车主需要汽车美容,还是日常养护,或是精品装饰、快速修理……都可以得到满足。汽车服务店是一个长期的投资项目,只有做好一站式服务,不断积累老客户、回头客,店面的营业额才能稳步增长。

(3)规范化管理

传统汽车修理行业的发展模式是"师父带徒弟"模式,这种模式根本满足不了汽车连锁服务在全国的迅速发展。我们必须将传统的经验转变为一系列标准的细化的服务流程,如怎样洗车打蜡、怎样接待客户等,然后根据我国各地的区域特性进行快速"克隆"。总部在保证全国统一服务风格的基础上,为各地连锁店量身定制出一整套的盈利模式,并进行全国统一规范管理。

(4)差异化营销

中国的汽车服务行业已经发展了近10个年头,可是至今也没有一个国际或者国内的品牌真正成为行业内公认的"领头羊"。因为大家都在做同一件事情,服务项目缺乏创新性,最后只能打"价格战",进入恶性循环。真正的连锁总部应该在提供产品、设备等必要条件的基础上,不断研发新产品、新项目,炒作新理念,创造高利润服务体系。

上海通用惯用的"差异化营销"是以"实用、空间大"的旅行车实施,除了上海通用赛欧S-RV,派力奥周末风等经济型旅行车外,中级以上的国产车中还没有出现能够打动人的适合城市家庭的高品质旅行车。凯越旅行车的出现,恰好是对这一细分空白市场的有效补充,从中也可看到上海通用对市场准确的把握能力。

(5)多元化发展

随着我国信息产业的迅速发展,任何"暴利"性质的经营活动都将不复存在。只靠销售产品获取差价利润的时代已经过去,汽车服务品牌只有进行全方位、多角度的经营才能够在市场的激烈竞争中立于不败之地。例如,总部坐落于北京东方广场的"北美之光汽车服务连锁机构"多元化战略将包括直营店建设、特许连锁发展、专业技术人才培训、知名品牌产品代理、汽车文化相关产业发展等,志在为汽车服务市场打造强势品牌。

案例思考:我国汽车服务业的发展将依托于哪些具体形式?

案例1.3 中国汽车后市场发展趋势

(1)汽车后市场逐渐成熟,产业生态丰富化,多种服务形式共生

庞大的汽车保有量和持续增长态势,对原有的以4S体系为代表的汽车养护行业造成冲击,其零整比高、死库存、流转效率低、信息不对称等问题日益暴露。对于我国目前正在成长中的汽车后市场来说,借鉴先进经验无疑有着重要意义,以美国汽车后市场行业模式为例,完善的供应链、成熟的管理和运营模式、合理的4S体系占比,都为我国汽车后市场发展起到指导作用。随着汽车后市场的不断成熟,其产业生态不断丰富,随着途虎、天猫等互联网养车品牌纷纷入场,线上市场渗透率逐年增加,我们不难意识到汽车后市场行业数字化转型、整合升级是大势所趋。

(2)汽车转为存量市场态势下,汽车市场的重心从前端销售向后端服务转移是大势所趋

我国汽车销量增速放缓,汽车存量市场的时代即将呈现,这使得我国的汽车平均年龄逐渐提高,汽车维修保养市场具有巨大潜力。由此,我国汽车后市场正处于爆发前期,将会迎来快速发展。汽车销量的增速放缓,新增用户红利会逐渐减少,就需要考虑如何做好用户的留存,如何提高客户的信任度和忠诚度。另外,随着汽车存量市场的进一步深入,车龄的进一步增加,围绕汽车生命周期将会衍生出一些细分行业,包括维修保养、二手车、汽车金融和其他板块。

(3)新能源汽车时代,能量补给模式在不同场景将多样化并存

内燃机汽车的能量补给模式较单一,汽车在加油站、加气站将燃油或者天然气燃料以固定模式注入动力系统,燃料燃烧产生热能并最终转化为机械能。而电动汽车的电能补给因涉及多重电压转换和电池材料特性的双重瓶颈,同时不同类型汽车的用能需求各异,呈现多样化特点。

(4)具有互联网基因的汽车后市场连锁体系将逐渐形成

汽车后市场电商的融入速度在不断加快,在我国汽车后市场将形成具有互联网基因的汽车后市场连锁体系。

①精耕细作,企业进入精细化运营阶段,汽车后市场电商开启综合实力比拼阶段。

②维修保养服务电商将向纵深化方向发展,产业链延伸和供应链建设是重点。汽车后市场维修保养服务电商不断加大线下维修保养服务的门店布局,不断提高门店服务质量。

③维修保养服务与车险服务相结合具有天然的优势。

④汽车后市场成商家"必争之地",汽车后市场电商参与主体更加丰富化,汽车后市场电

商经过几年的摸索和发展,已经形成了较为成熟的商业模式,并且市场发展的关键成功要素也较为清晰。

⑤消费者线上网购汽配用品和维修保养服务的习惯进一步养成。汽车后市场电商用户渗透率逐年提高,消费者已经初步养成在电商平台选购一些简单易安装的汽配用品,对于一些装饰类车品的购买,汽车后市场电商平台将会成为车主消费者的重点选购渠道。未来随着后市场电商平台的线下服务的不断完善及应用场景的不断丰富,车主消费者消费习惯有望进一步互联化。

案例思考:结合所在区域,分析汽车后市场的发展特点。

理解提升:查阅资料,思考总结

阐述一下新能源汽车后市场服务项目与传统汽车服务项目有哪些异同?

_____

_____

_____

任务1.3　汽车服务的内涵

任务描述

什么是汽车服务?怎样理解汽车服务产业?汽车服务包含哪些内容?这是本任务要解决的核心问题。

岗位能力训练目标

1.能阐述汽车服务的内涵。
2.能说出汽车服务的基本内容。

1.3.1　狭义的及广义的汽车服务

汽车作为一种机械与电子结合日趋紧密、完善的产品,它起到延伸个人活动空间、提高工作效率和生活质量的作用(主要指乘用车)。首先由于产品的复杂程度高,对汽车管理的需要,再加上追求高效率(使用的深度与广度)地使用汽车产品时要面临越来越多的专业知识,使得绝大多数人在使用过程中无法独自处理上述问题,于是汽车服务随之产生。汽车产品随着技术的进步越来越完善、功能也越来越强大,对人类生存、发展的作用也就日益突出,无论是使用的领域还是方式都在不断变化,因此对汽车服务的要求不论是范围还是深度都越来越广、越来越高。汽车服务的概念是动态的,同时也有狭义和广义之分。

（1）狭义的汽车服务

狭义的汽车服务,是指从新车出厂进入销售流通领域,直至其使用后回收报废的各个环节所涉及的全部技术的和非技术的各类服务和支持性服务。例如,汽车维修、汽车养护、汽车停靠、配件和精品零售、汽车保险、汽车融资、汽车资信、汽车广告、汽车娱乐、汽车文化、汽车回收与再造、汽车救援等。

（2）广义的汽车服务

广义的汽车服务延伸至汽车生产领域的有关服务,如原材料供应、工厂保洁、产品外包设计、新产品测试、产品质量认证及新产品研发前的市场调研、道路规划和交通法规的制定等,甚至还延伸至汽车使用环节的其他特殊服务,如汽车运输服务、出租汽车运输服务、醉酒代驾等。

由上述分析可知,汽车服务泛指新车出厂后进入流通、销售、购买、使用直至报废回收各环节的各类服务工作组成的所有服务体系。由于汽车服务主要涉及的是服务性工作,以提供服务产品为其基本经营特征,因此,它属于第三产业的范畴。

1.3.2　汽车服务的内涵

汽车服务产业是由所有从事汽车服务的主体所组成的产业,"服务"是这个产业的本质特征。从产业链上各个环节前后秩序上划分,可按汽车服务的先后顺序将服务划分为汽车的售前、售中、售后 3 个方面的服务(图 1.2)。

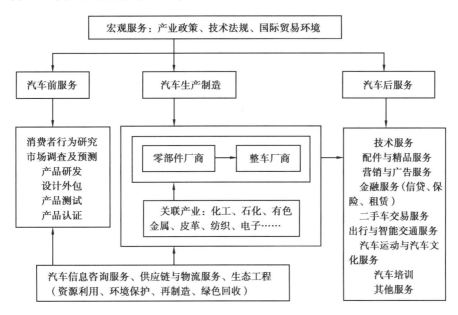

图 1.2　汽车服务的内涵

售前服务是指产品开发、设计、质量控制与市场调查等成品出厂前的服务;售中服务是指促成销售、实现交易的服务,包括销售咨询、广告宣传、牌照代理、贷款与保险资信等服务;售后服务是指整车出售及其后与乘用车使用相关的各类服务。资料表明,在一个成熟的汽车市场中,汽车的销售利润占整个汽车业利润的 20% 左右,零部件供应利润占 20% 左右,而 50%~60% 的利润是从服务中产生的,需要说明的是目前汽车维修产生的利润大约占服务利润总额的 50%,以后会有所下降。通过提供汽车服务已成为汽车制造商的主要利润来源,也构成了汽车产业可持续发展的重要支柱。与国外大的汽车公司相比,我国的汽车公司的服务业收入在整个收入中的比重较低。

按照汽车产业发展的一般规律,当产销达到一定规模后,在汽车业的利润构成中,汽车服务一定会超越汽车制造业,成为汽车产业利润的主要来源。例如,汽车商品的购买多数是在固定的供应点被消费者购买,具有一次性特点;而汽车服务作为消费品,会在不同时间和地点被消费者重复使用与购买,具有可观的贸易性;由于这种差异,使服务供应者可以多次重复向汽车服务消费者索价,同时服务提供者可以利用自己独特的服务,在与消费者的讨价还价中索取较高的服务价格,正是由于这一特定的索价机制,保证了汽车服务拥有客观的市场利润。与此同时,汽车服务是汽车产业链上的重要环节,一般处于汽车产业链的末端,作为连接汽车生产者与使用者的纽带,在信息沟通上具有一定的优势,从而保证汽车服务提供者既可以从生产者获得利润反馈,又可向消费者索取高价,进而维持汽车服务的价格地位。当然这种情况不可能永远持续下去,按照经济学的理论,资金总是会流向高于平均收益的产业,进来的企业多了就会由于竞争而导致价格下降,降到社会投资的平均水平后趋于稳定。对于汽车服务行业,从短期看平均利润只会提高不会下降,因为存在比较严重的供需不平衡问题。

1.3.3 汽车服务产业链环节分析

汽车服务产业链的构成,主要包括以下 5 个方面:

(1)原材料供应产业

这些产业涵盖了为汽车制造业提供的所有最基本的原始材料,这一部分是汽车产品的最底层环节,涉及的范围也比较广泛。

(2)元器配件供应产业

这一部分产业构成了整装汽车产品的基本逻辑部件,它们在相关技术和工程技术人员的支持下,有机地结合成汽车的初级产品。例如,专用玻璃、控制系统、空调、车载音响、轮胎、汽车外壳专用钢板等。

(3)技术支撑产业

该产业主要涉及设计汽车整装产品和局部产品所需要的各个方面的技术。它不仅包括在元器件基础上组装成汽车初级产品的过程中所需要的技术,而且也包括生产元器件产业过程中涉及的相关技术。

(4)策划宣传、咨询、销售产业

只有实现产品本身被消费者所接纳并完成交易,才能保证其他各环节的良性循环。为实现这关键的一步,生产商有必要进行相应的广告宣传和服务咨询并建立销售渠道,这一产业链在实现交易最终完成的过程中充当着不可替代的角色。在具体实现中,可采取各种不同的方式,如广告策划宣传、销售渠道的建立等,而这些又形成了不同的子产业链,这些子产业链既可以集成到汽车生产企业内部,也可以是独立的产业商。

(5)售后服务产业

从宏观意义上来说,现代所言及的汽车服务大多数情况下偏重于对汽车的售后服务。这一部分包含的范围广、产业多、层次深,而且这一部分是真正意义上的"服务"业,是更能够代表第三产业内涵的产业群,而前面的许多部分更多的是偏重于"制造"业。

从微观意义上来说,以上每一个产业还都涵盖着更加细致的活动,都或多或少地涉及研发/设计、采购、生产、销售和服务5个方面,而每一个方面的每一个环节都涉及许多的价值链单元,这些价值链单元又构成了一个庞大的价值链体系。产业链单元之间都是通过信息流、物质流和资金流联系起来的。

作为一般乘用车的使用者,提起汽车服务首先想到的是汽车的售后服务,尤其是汽车的维修服务。其实,汽车服务涵盖的工作内容非常广泛,不仅仅是指汽车的售后维修服务。不同的经济发展水平直接导致人们对汽车消费有不同的服务需求,一个人在经济发展水平不高的非洲拥有一辆乘用车所需要的服务和一个人在欧洲拥有一辆乘用车所需要的服务,无论在数量还是质量上都是相差甚远的,而且随着人们对汽车消费水平的提高,对汽车服务也会提出更多更高的要求。因此,汽车服务的内容及其工作水准也处于不断地发展之中。

1.3.4　汽车服务的基本内容

(1)汽车技术服务

维修服务、售后服务、检测服务(以恢复使用性能为核心)、美容与装饰服务(以满足个性化需求为核心)、产品试验与认证、再生与回收解体服务等(满足环保与资源再生为核心)。

(2)汽车贸易服务

汽车营销、二手车交易、进出口贸易、配件经营、物流配送等。

(3)汽车金融服务

信贷服务、租赁服务、保险服务。

(4)汽车政府公共服务

智能交通服务(以交通导航为核心)、政策与法律管理(以保护产业发展和规范市场环境为核心)。

(5)汽车文化服务

俱乐部、汽车运动、静态文化和动态文化服务。

中国智能交通
协会宣传

(6)汽车的延伸服务

信息资信服务、驾驶培训服务、场地服务、故障救援服务、广告与展会服务。

在对上述基本内容的描述中可知,在目前汽车技术水平的基础上汽车技术服务内容占了整个汽车综合服务的大部分比例,其他部分随汽车生产技术、环保、管理等方面的需要在逐步增加比重。特别是在汽车使用过程中,心理需要的比重增加得尤其快,这可以从汽车俱乐部、汽车杂志、汽车运动等活动的增加与形式的多样化中得到证明。今后汽车服务的内容将随着社会的发展不断丰富,一些新兴的服务项目将会不断涌现。

1.3.5　汽车服务的分类

①按照服务的技术密集程度,汽车服务可分为技术型服务和非技术型服务。技术型服务包括汽车厂商的售后服务、汽车维修检测与养护服务、智能交通服务、汽车故障救援服务等,其他服务为非技术型服务。

②按照服务的资金密集程度,汽车服务可分为金融类服务和非金融类服务。金融类服务包括汽车消费信贷服务、汽车租赁服务和汽车保险服务等,其他服务为非金融类服务。

③按照服务的知识密集程度,汽车服务可分为知识密集型服务和劳务密集型服务。知识密集型服务包括售后服务、维修检测服务、智能交通服务、信息咨询服务、汽车广告服务及汽车文化服务等;劳务密集型服务则包括汽车物流服务、废旧汽车的回收与解体服务、汽车驾驶培训服务、汽车展会服务、场地使用服务及代办各种服务手续的代理服务等,其他服务则是介于知识密集型服务和劳务密集型服务之间的服务。

④按照服务的作业特性,汽车服务可分为生产作业型的服务、交易经营型的服务和实体经营型的服务。生产作业型的服务包括汽车物流服务、售后服务、维修检测服务、美容装饰服务、废旧汽车的回收与解体服务、汽车故障救援服务等;交易经营型的服务包括汽车厂商及其经销商的新车销售服务、旧车交易服务、汽车配件营销与精品销售服务等,其他服务为实体(企业)经营型的服务。

⑤按照服务的载体特性,汽车服务可分为物质载体型的服务和非物质载体型的服务。物质载体型的服务是通过一定的物质载体(实物商品或设备设施)实现的服务,如上述的技术服务、生产作业型的服务、交易经营型的服务、汽车租赁服务、汽车广告服务、汽车文化服务、展会服务、场地使用服务等;非物质载体型的服务没有明确的服务物质载体,如汽车信贷服务、保险服务、汽车信息咨询服务、汽车俱乐部等。

理解提升：查阅资料，思考总结

描述一下你体验过的一次汽车服务? 说说服务满意度如何? 有哪些不足之处?

_____

_____

_____

篇末案例　从"卖汽车"到"卖服务"

在汽车业的新一轮竞争中,汽车服务贸易将是竞争的核心和焦点之一,汽车服务战呼之欲出。实际上,在以技术、广告、价格等产车要素为平台的"第一竞争擂台"上,国内汽车厂商热火朝天地开打的同时,也正或明或暗地较劲售后服务,为进入"第二竞争擂台"热身。上海通用汽车在1997年成立伊始,引进世界先进制造技术的同时,也把世界先进的汽车营销理念和体制介绍到中国。上海通用汽车以"以顾客为中心"为宗旨,逐步建立并精心培育、维护的服务品牌"别克关怀",以"比你更关心你"的良好形象赢得了市场及用户的广泛赞誉,并获得了最佳服务意识奖。近几年来推出一系列售后服务套餐——"3月赛欧免费检查""5月清凉一夏空调免检""7月别克心脏呵护活动"。全国107家别克授权售后服务中心在盛夏到来之际为所有的别克(包括赛欧)提供免费的发动机全面检测服务。尤其是推出的个性化服务新产品——"星月服务",全国所有别克特约售后服务中心的服务时间,统一延长至晚10点,全年不休,让顾客真正体会到"买别克车,买的不仅仅是车,更是一种服务、一种享受。"

上海大众在全国有24个服务中心,每个中心配有两名专业管理人员,负责现场管理和技术支持;提供24 h免费电话及建立客户服务中心。就维修站的布点数量来说,上海大众在全国有500多家,在北京每5千米就有一家特约维修站;配件价格便宜,如POLO车的前风窗玻璃,进口件的价格是1 628.14元,而国产件才909.23元,要比进口件低700多元。上海大众还将进一步加强全天候营销服务网络建设,实行24 h服务的维修站将从原来的1 050家增加到2 000家。尤其值得一提的是一汽-大众汽车有限公司决策者以整合营销战略为契机,陆续在全国完成了数十家一汽-大众四位一体的国际标准销售服务展厅的建设,做好了与国际市场接轨的前期准备。

业内人士大胆预言,在汽车服务业里,连锁店肯定会唱主角。连锁店的好处就是合理布局,统一旗号,小型化、专业化服务更对市场胃口,客户一旦心有所属,掏钱也会慷慨起来。

目前,杭州的汽车俱乐部已初具连锁的雏形,但毕竟还不是原汁原味。不过俱乐部在涉足连锁业后,不仅会敲榔头铁锤,还会帮您填单缴费。有人推算,杭   的60%都将是这类"汽车保姆"的囊中之物。只要一两年时间,原先灰头土脸的汽车   遍地开花了。

无锡的各路汽车经销商们正努力寻求新的利润空间。于是   经销商迅速从单纯的销售汽车,转向集销售、保养维修、配件供应、信   的服务模式,即业内所称的"四位一体",直接与国际先进的汽车营销模式   方面,无锡汽车经销商们还为广大购车者提供许多特色服务。无锡商业大厦东方汽   ,在无锡最早推出"分期付款"和"零首付",在办理购车、保险、上牌等手续中,东方汽车公司更是提供"一条龙"的快捷服务,"两小时内全搞掂,汽车轻松开回家"。

另外,一些汽车企业也在汽车服务业上迈开步子,"八仙过海,各显神通"。上汽五菱:在售出每一辆五菱车的同时,把优良的服务、郑重的承诺送到用户手中,将原来"1年或2万千米"的质量保证期延长至"2年或4万千米",还开展了优惠服务活动月,免费为用户检查、调整车辆,"三包"外车辆零件只收成本费,使用户得到真正的实惠。南亚汽车:从今年初开始,对北京市所有英格尔、优尼柯用户全面发放"免费保养卡",用户可在年底之前,享受两次免费保养服务以及零配件9折优惠。吉利汽车:低价位抢市场,打好售后服务牌,根据化油器车转入电喷时代这一变化,率先向全国吉利汽车维修站推出电喷车的保养与维修技术培训,旨在为用户提供良好服务。北京汽修一厂:作为亚洲最大的汽车修理厂在扶植原有品牌店同时,积极建立新的品牌专卖店,分别与南亚集团、一汽轿车、一汽金杯等厂商建立了派力奥、宝来、雪弗兰等几种新车型的四位一体服务站,并提供菜单式快速服务,免去用户繁多的业务手续,随到随修,一单到底。

案例思考:结合本章内容和案例材料分析各大汽车企业战略转移的方向及涉及的主要业务?

任务实施

任务实施工单
实训项目1　理解汽车服务的内涵

姓名		班级		日期	
指导教师				成绩	

1.实训目标
　(1)对比国外汽车服务发展的特点,分析我国汽车服务的特点。
　(2)理解汽车服务的内涵。
　(3)理解汽车服务涉及的领域和基本内容。

2.实训步骤
　(1)通过互联网查阅资料的方式了解我国汽车服务的特点。
　(2)分组讨论汽车服务的内涵。
　(3)通过互联网查阅资料和走访调研的方式了解当地汽车市场服务涉及的领域和内容。

3.讨论并回答
　(1)对比国外汽车服务发展的特点,分析我国汽车服务的特点。

　(2)当地有哪些汽车生产制造整车厂商？有哪些汽车零部件厂商？有哪些汽车售后服务企业？有哪些汽车售前服务企业？

　(3)当地的汽车服务企业可以提供哪些具体的服务内容？

任务评价

实训考核评价表					
姓名		班级		小组	
指导教师				总成绩	
实训项目1 理解汽车服务的内涵					
评价内容	占比	检验指标		考核记录	评分
任务完成情况	40%	1.检查训练真实、完整、有效			
		2.完成任务过程情况			
		3.任务完成质量			
		4.任务完成贡献度			
职业知识与技能	40%	1.能描述我国汽车产业的发展现状			
		2.能描述汽车服务的内涵			
		3.能描述汽车服务涉及的领域和内容			
职业素养	20%	1.团队合作能力			
		2.现场管理能力			
综合评议与建议					

复习思考题

1.1 我国汽车服务的现状存在哪些问题?

1.2 我国汽车服务产业的发展趋势怎样?

1.3 我国汽车后市场服务体系由哪些内容构成?

1.4 汽车服务的内涵是什么?

项目 2
汽车服务理论与服务战略

知识目标

1.掌握汽车服务企业的性质。

2.学习汽车服务企业的一般性竞争战略及其在服务竞争中的特点。

3.学习汽车服务企业服务质量的内涵、测量及管理方法。

能力目标

1.掌握汽车服务企业的服务内涵。

2.掌握服务补救的内涵、成因及服务的对策。

素质目标

1.建立正确的服务理念,端正服务态度。

2.注重服务质量,提高服务品质,培养积极正确的服务意识。

目标岗位

岗位名称	岗位描述	岗位能力要求	岗位能力训练目标
汽车后市场服务人员	汽车销售顾问(见项目5)	1.熟悉我国和地区区域内汽车产业发展特点;	1.具有良好的服务意识和服务态度;
	汽车服务顾问(见项目6)	2.熟悉汽车后市场发展现状与趋势; 3.理解汽车后市场服务内容;	2.能阐述服务理念的内涵,会分析企业应用的典型的服务理念及带来的优势;
	汽车机电维修工(见项目7)	4.理解汽车4S店的功能职责; 5.具有良好的服务意识和服务态度; 6.具备良好的服务礼仪;	3.会分析企业的服务竞争环境和竞争优势;
	汽车保险专员(见项目8)	7.具备良好的服务技能,能提供规范的服务行为;	4.能说出服务期望与服务感知之间的差距;能分析汽车服务企业的服务质量管理方法;
	汽车装饰美容工(见项目9)	8.具有良好的沟通和表达能力、应变能力和解决问题的能力,心理素质佳; 9.良好的团队协作精神和客户服务意识; 10.熟悉相关政策和制度	5.能分析服务失误的原因,能提出服务补救的措施

当前市场的竞争越来越激烈,产品日益供过于求,商品本身的差异越来越小,很多企业在关注战略问题、成本问题、技术问题、人才问题的同时,越来越注重"客户服务"这个企业长期生存的命脉。事实上,客户才是企业真正的老板,如果企业丧失了客户,就失去了生存的基础。因此,给客户提供卓越而周到的服务是企业发展的重要策略,企业必须重视客户服务。企业的竞争可分为 3 种境界:产品竞争、服务竞争和文化竞争。在产品都比较雷同的情况下,服务就显得异乎寻常的重要。唯有提供各种各样的服务,增加产品的附加值,企业才能具有竞争优势。可见,服务决定了企业的竞争地位,越来越成为企业的核心竞争力之一。

【课程内容】
案例导入

从米店小老板到塑胶大王

1917 年 1 月 18 日,台北县新店的一个贫苦农家喜添新丁,这就是后来被尊为"经营之神"的王永庆。

当时,祖籍在福建省安溪县的王家过着十分艰难的生活,几代人都以种茶为生,只能勉强糊口。王永庆的父亲王长庚整日照看茶园,微薄的收入勉强支撑着一个家庭的正常开销。9 岁那年,王长庚不幸患病只得卧床休养,王永庆开始用自己瘦小的肩膀帮助母亲分担生活的重担。

15 岁那年,王永庆小学毕业,先到茶园做杂工,后到台湾南部嘉义县的一家小米店当了一年学徒。第二年,王永庆作出人生中第一个重要决定,开米店自己当老板,启动资金则是父亲向别人借来的 200 块钱。

问题随之而来,王永庆的小店开张后没有多少生意,原因是隔壁的日本米店具有竞争优势,而城里的其他米店又拴住了老顾客。不过,16 岁的王永庆展现了超强的营销能力,不仅挨家挨户上门推销自己的大米,而且还免费给居民掏陈米、洗米缸,照现在的话说,王永庆向嘉义县老百姓提供的是针对性极强的个性化服务,在维系客户关系上逐渐占了上风。此外,当时大米加工技术比较落后,出售的大米掺杂着米糠、沙粒和小石头,买卖双方都是见怪不怪。王永庆在每次卖米前都把米中杂物拣干净,买主得到了实惠,一来二往便成了回头客。有篇文章说,起初王永庆的米店一天卖米不到 12 斗,后来一天能卖 100 多斗。

几年下来,米店生意越来越火,王永庆筹办了一家碾米厂,同时完成了个人资本的原始积累。从那个时候起,王永庆的命运发生了变化。

案例思考:服务理念对于企业发展有什么重要作用?

任务 2.1　汽车服务企业的性质及服务理念

任务描述

越来越多的汽车企业认识到,要提高销量,仅仅向客户提供高品质的实物产品是不够的,还要提供良好的服务。汽车服务企业坚持自己的服务理念既能满足用户对服务的要求,也能为企业赢得市场竞争优势和主动地位。

本任务学习的目标就是帮助学习者理解汽车服务企业的性质和服务内涵,掌握汽车企业常用的服务理念。

 岗位能力训练目标

1.会分析企业的服务性质。
2.能阐述服务理念的内涵。
3.会分析企业应用的典型的服务理念及带来的优势。

2.1.1 汽车服务企业的性质及服务内涵

为了阐明汽车服务企业的性质,首先来了解一下美国管理学家罗杰·施米诺设计的一个服务过程矩阵,如图2.1所示。在该矩阵中,他根据影响服务传递过程性质的两个主要维度,对服务进行了分类。用垂直维度衡量劳动力密集程度,即劳动力成本与资本成本的比率。因此,资本密集型服务,如航空公司和医院位于矩阵的上半区,因为它们在厂房和设备上的投资大大高于其劳动力支出;劳动力密集型服务,如学校、零售业、会计和法律服务业,则位于矩阵的下方,因为它们的劳动力成本消耗高于其资本成本消耗。按照"服务工厂""服务作坊""大众化服务""专业服务"4个象限的内容进行了说明。两个维度是分别独立的说明不同企业在劳动力成本与资本成本之间的比例不同给企业带来的特点。

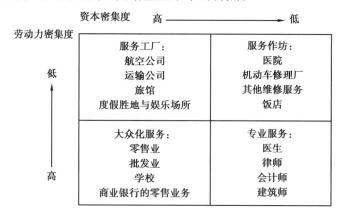

图 2.1　服务过程矩阵

水平维度衡量的是企业与客户之间的相互作用及定制程度。定制是一个营销变量,它指因顾客个人需求的特殊性而影响企业要为其传递服务的性质和个性化程度的能力。若服务是标准化而不是定制化的,顾客与服务提供者之间就不需要多少交互。例如,在麦当劳就餐,吃的都是制成品,个性化程度低,且顾客与服务提供者之间发生的交互很少;而在饭店吃饭就基本上属于定制服务,顾客会因为自己的饮食习惯和当时的兴趣要求饭店提供符合特殊口味的饮食,如牛排会因为习惯而要求七成熟或五成熟,菜辣与不辣,口味是否偏重或轻的问题等。与之相似的是医疗诊断,医生与病人必须在诊断与治疗阶段充分交互才能取得令人满意的结果。病人也希望自己被当作个性化的人来对待,希望得到与自己的需要相符的治疗。然而需要指出的是,高度定制所需要的交互,给服务传递过程的管理带来了潜在的问题,主要涉及提供服务的成本升高与顾客是否愿意为自己的特殊需求支付额外的费用问题。

神龙公司
样板工厂

为反映具体服务的性质,服务过程矩阵的 4 个象限被赋予了不同的名称。"服务工厂"提供标准化服务,具有较高的资本投资,劳动力成本消耗远远小于资本成本消耗,它更像是一家流水线生产厂。"服务作坊"则允许有更多的服务定制,但它们是在高资本环境下经营的,汽车特约维修站就属于典型的"服务作坊"作业,资本成本虽然小于航空公司但还是大于一般的服务性企业。"大众化服务"的顾客在劳动力密集的环境中得到无差别的服务,但那些寻求"专业性服务"的顾客则会得到经过特殊训练的专家为其提供的个性化服务。例如,对于汽车服务行业来说,无论是汽车美容店、汽车快修店,还是大型的 4S 汽车专卖店,都是为具体客户提供定制化服务的。虽然也许车的品牌是一样的,但是不同客户在使用汽车产品的方式上有差异,如有的客户喜欢黑色的,有的喜欢红色的等。汽车生产商给汽车喷涂的各种不同颜色的漆,也是一种满足客户不同定制要求的行为。汽车服务商在定制方面比汽车生产商走得更远,这是因为消费者的需求是一个动态的,在买车的时候也许喜欢浅颜色的内饰,过了一段时间后也许会喜欢深颜色的内饰,汽车内饰的改装也属于汽车服务的一项内容,这种由于需求改变而形成的"客户的不断重复消费"是汽车服务最大的行业特点。因此,谁可以按照行业标准满足客户的定制化需求,谁就会在争取客户的竞争中占据先机。"专业服务"是完全的定制化服务,在这个领域里不可能有完全一样的服务内容,在这个象限里的医生、律师、会计师、建筑设计师在他们的工作中永远没有完全一样的工作对象。

任何一种服务组织的经理,不管是服务工厂、服务作坊、大众化服务,还是专业性服务,都面临着同样的挑战(图 2.1)。高资本需求的服务(即劳动力少),如航空公司和医院,要保持竞争力就必须密切关注技术发展(如购买最新的飞机、超过目前水平的医疗诊断设备)。高资本投资也要求管理人员要合理对待客户的需求,以便能充分利用设备,从而降低成本提高效率。劳动力密集的服务企业的经理,如医疗和法律职业,必须将注意力集中到人事方面。定制程度的高低直接影响控制服务质量的能力和成本,同时也影响顾客对服务的感知。例如,德国大众汽车公司为了尽可能迎合更多客户的需求,在汽车生产过程中尽可能满足了客户为自己定制汽车的要求,奥迪的生产线目前能满足近 4 000 种不同配置的轿车(这方面与戴尔计算机公司非常相像),通过专业咨询公司对该项服务满意度的调查,结果令大众管理层感到惊喜,客户愿意为了满足个性需求而支付额外的费用。按照传统生产模式为满足个性需求而生产的汽车会由于大幅度增加的成本让客户望而生畏,现在由于公司采取精确生产,计算机网络化管理从而降低了在总装过程中转换不同配置的成本,才使得增加的成本在客户能容忍的限度之内。当然也还是存在一些个性需求由于成本的问题而不得不放弃的情况,如需要按照自己的想象得到与众不同的发动机,这种定制化所需要增加的成本就不是绝大多数消费者能承受的。通过上述描述,已经基本清楚了提供汽车服务的企业是属于向顾客提供

精益求精的生产
管理过程

"服务作坊"类型的服务,虽然具有明显的定制化倾向,但是与医生和患者的关系比较,其定制化程度还是要低一些。科学技术的进步导致定制化服务程度提高是一种必然趋势。

由上述可知,汽车服务企业都是为定向客户提供定制化服务的。那么,这些企业应该采取的服务战略是什么呢? 为了说明这个问题,首先来了解什么是服务战略。

服务战略是指对顾客具有重要意义的、对企业又是可行的,有关企业提供服务方面的明确的原则或方法。上述定义主要是定性的描述,在具体实施过程中有的时候很难确定哪些服务是绝大多数客户都认为是最重要的,哪些是他们认为可有可无的。例如,在汽车销售方面,按照逻辑推理客户最重要的需求应该是销售顾问能为他(她)按照合理的价格选择一辆适合他(她)需求的车,至于购买场所是否够得上富丽堂皇、接待标准是否达到五星级酒店标准,就一般客户来说并不是重要的,也不是必需的,多数人也不想在4S店为了感官上的享受而支付额外的购车费用。当然对于购买超级豪华轿车的客户来说,为支付在讲究的购买场所购车所增加的费用由于仅仅占全部购车费用极少的一部分,享受和车的品质与价格相符的服务就相对重要了。另外一个重要的原因就是汽车消费者是否成熟。对于成熟的汽车消费者来说,虽然个性化需求更为多样,但是基本原则不变。无论是简单的代步还是显示身份与成功都属于购车需求,最能满足需求的是用合理的价格得到合适的车,这是热情服务所不能代替的。

简而言之,服务战略即为顾客制订提供满意服务的根本方法,知顾客所需,供顾客所求,它可以说是一种纲领,是企业在服务营销管理方面的经营理念。汽车服务战略是指汽车服务企业的服务战略。制订汽车企业的服务战略时,首先要考虑汽车服务活动的内容、企业的经营理念、服务的传递方式等。汽车服务活动可分为两个层次:谁或什么是服务的直接接受者、服务的有形性。这样可得出4种可能的类型(图2.2):

①作用于顾客的有形活动,如客运、适当的接待形式。

②作用于顾客财产的有形活动,如汽车美容、汽车修理、二手车交易。

③作用于顾客思想的无形活动,如汽车俱乐部、汽车杂志、汽车运动、汽车文化。

④作用于顾客财产的无形活动,如汽车金融服务、汽车品牌的宣传。

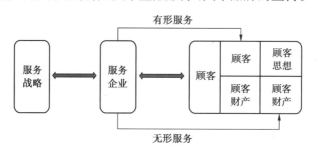

图2.2 服务活动类型

汽车服务企业(尤其是乘用车的4S店)一般都有机会与客户建立起长期的业务关系和人际关系,因为成为汽车服务企业客户的直接原因是与汽车服务企业进行过交易行为,而且在交易过程中经常是业务关系与人际关系的同时交叉进行。相反,制造企业通常由于使用了由经销商、批发商或零售商构成的分销渠道而与最终消费者相隔离。对服务组织来说,了解客户是一个重要的竞争优势。虽然汽车制造企业在设计一款汽车时也需要对认定的消费群体进行了解,但那是从群体的共性来考虑问题,而对于汽车服务企业来说主要是从个体来考虑问题。拥有一个包括客户姓名、地址、职业和服务要求的数据库,使得在对汽车制造企业设计某款汽车时所认定的消费群体提供服务的过程中,能给予每个客户特别的关注成为可能,并且使得这些定制的关注有了客观依据。目前汽车服务企业也是按照上述原则在做的。例如,企业在进行汽车销售时,当交易成功就会告知客户他(她)已经拥有了本企业的会员资格,客户将从会员资格中长期受益(如汽车俱乐部会员),因为年固定费用相对客户来说属于比较方便的一种形式(有的汽车服务企业还会免除一定的会费),并且他们知道自己作为重要客人不时地会得到些额外的好处(如对频繁惠顾的客户的奖励)。由于服务过程中生产与消费同时进行,客户常常是服务过程的参与者,因此对于汽车服务企业来说,就存在用定制服务来满足客户个性化需求的机会,特别是在汽车配置选择、汽车美容和汽车改装方面尤为明显。服务能力和提供服务的及时性和有效性对服务企业的管理者提出了挑战,因为他们无法为未来的销售而生产和储存服务。即便如此,由于管理水平和行业特点等原因,需求和供给失衡的程度在各服务行业间还是存在很大差异。例如,在某些定制化程度比较高的领域,客户对服务者为了提高及时性而事先准备好的产品并不领情,如装饰公司事先准备的各类设计样板。即使是在小饭馆吃碗面条,多数人也不愿意拿事先什么佐料都已经放好的面(除非有急事需要尽快得到食品)。

在服务业中,应该对投入和资源进行区分。对于汽车服务企业来说,投入是客户本身,资源是服务经理可调用的辅助物品、劳动力和资本(厂房、设备、流动资金)。因此,服务系统的运转有赖于该系统与作为服务过程参与者(客户)之间的交互。由于客户通常是凭自己的判断上门来的,而且他们对服务系统有着独特的需求,因此,将企业服务能力与客户需求相匹配也是一个挑战,在很多情况下客户对服务结果的不满意就是由于服务能力与需求不匹配造成的。对某些服务业来说,如银行,服务的重点是信息处理而不是纸币。在这种情形中,信息技术,如计算机转账,网上自助银行可以替代实物的工资发放、存款、存款转账、网上支付等。这样,顾客在很多情况下就没有必要亲自到银行去了。在讨论汽车服务企业运营的特性时,有必要区别其与银行服务的不同,汽车服务多数是需要处理汽车本身存在的问题,因此必须到现场才能提供服务,对于类似银行的这种例外将做出适当的解释。

2.1.2　服务的参与者

客户是作为参与者出现在汽车服务过程中,这要求服务经理必须重视交易环境与设施的设计。这在传统的制造作业中是没有的。汽车是在燥热、嘈杂的工厂中制造出来的(当然这种描述是相对汽车服务企业经营环境而言),而购买过程中的客户并不会刻意地去考虑这一点,因为他们首先看到的是放在经销商环境幽雅的样品陈列室中的成品。顾客的参与要求企业必须注意服务设施的物质环境及人文环境,这一点对工厂来说并不显得非常必要(不同的企业文化对此有不同的标准)。对于顾客来说,享受服务是一种发生在服务设施环境中的经历,如果服务设施的设计符合消费者的需要,就意味着提高了服务质量。对内部装饰、陈设、布局、采光、噪声乃至颜色的关注都能够影响客户对服务的感知,可以比较一下在一个老式汽车站和在机场候机厅的感觉。当然,旅客是不许进入机场后台作业区的(如行李区),那里类似于工厂的环境。尤其当客户看到自己的车在与展厅环境有巨大反差的车间里被拆得七零八落时,那种感受是不舒服的。然而,有些创新的汽车服务企业已开放了它们的后台作业区,以便公众监督和提高服务的可信度（在一些特约服务站汽车修理车间，客户可以在等候区从窗户看到他们的工作情况）。

在提供服务时值得重视的一点是，顾客在服务过程中可以发挥积极的作用。我们生活中的一些例子可以说明，顾客的知识、经验、动机乃至诚实都会直接影响服务系统的效果：

①超市和打折商店的普及表明，顾客在零售过程中愿意扮演主动的角色。

②病人治疗记录的准确性在很大程度上影响医生的诊断和治疗效果。

③教学效果很大程度上取决于学生自身的学习自觉性、努力程度和参与意识。

由于市场竞争的原因，越来越多的服务企业愿意为客户提供更多的定制服务，我们前面也阐述了为客户定制的服务是有一定限度的，这是由于服务成本会随定制化程度提高而提升，为确保在各种情况下供需双方都较为满意，在确定定制化程度时需考虑下列问题：

①需求波动的性质如何？它是否有可预测的周期性？（如快餐店每日的用餐需求，节假日期间对客运需求增加幅度是否可以精确预测）

②是什么原因导致需求的波动？如果这些原因属于顾客习惯或偏好，市场营销是否可以改变这些因素？（如节假日前会有很多客户为了驾车外出旅游的目的来4S店检修车辆，以保证驾车外出的顺利）

③改变服务能力或供给水平存在哪些机会？在高峰时间能否雇用临时工？（在周期性需求的低谷和高峰之间如何确定、安排企业的服务能力）

服务能力和需求的管理对于服务企业的经营成功是非常重要的。服务传递方式可从地理因素（距离）和与客户交互作用（情感与沟通）的程度两个方面进行分析。在多场所服务中，保证服务的质量和一致性非常重要，如麦当劳、沃尔玛在全球各地都按照统一的服务质量标准向客户提供服务，丰田、本田、奥迪等公司的汽车服务企业在全国也是按照统一的服务标准和程序向客户提供服务。在这里强调服务标准的统一与服务质量的一致性并不是削弱定制服务的多样性，而是强调在客户选择的定制服务类型的前提下，无论形式如何，每个具体环节上的服务质量要一致。随着互联网技术的发展，远距离交易、线上交易变得越来越普遍，因为它们给客户提供了方便和高效的服务传递，不但降低了客户取得产品或服务时的体力与精力成本，也降低了企业提供产品和服务的成本。例如，互联网和APP的使用使得企业可以将它们的服务定制化，同时也降低了顾客与服务人员面对面交流的数量。上述分类方法对于生成战略方案和避免行业"近视症"非常有益。提供服务的企业在制订服务战略前，对行业内竞争性质与程度要有一个必要的、清醒的认识，才不至于使企业在日后的经营中陷入困境。

2.1.3　汽车企业服务理念

越来越多的汽车企业认识到，要提高销量，仅仅向客户提供高品质的实物产品是不够的，还要提供良好的服务。汽车不同于一般商品，部件多、技术复杂、使用环境要求高，价格高，消费者要求也高。汽车企业普遍重视产品质量、在零部件配套和生产过程中的质量把关，但对售中售后的服务尚待加强改进。

什么是服务？服务是"为他人做事，并使他人从中受益"的过程，是一种有偿或无偿的活动。服务分为功能性服务和心理服务。功能性服务主要是指为顾客提供方便，为顾客解决各种各样的实际问题。心理服务是指让顾客经历愉快的人际交往,让顾客得到心理上的满足。服务具备不可感知性、不可分离性、品质差异性、不可储存性和所有权的不可转让性。服务不是商品,商品有形,服务无形,服务不可储存,不能申请专利,不容易进行展示和沟通;服务的提供与顾客的满意取决于员工的行动,服务质量取决于许多不可控因素,无法确知提供的服务是否与计划或宣传相符。商品的生产与消费是相分离的,而服务具备生产和消费的同步性,顾客参与并影响交易,顾客之间也会相互影响,员工行为也会影响服务的结果,服务的供应和需求难以同步进行,服务不能退货或转售,也难以进行大规模生产,但在以服务营销为主的市场中服务是利润的源泉。

什么是顾客? 国际化标准组织将顾客分为两类:外部顾客和内部顾客。外部顾客包括最终消费者、使用者、受益者或采购方。内部顾客包括股东、经营者、员工。另外,根据"接受产品的组织或个人"这一定义,在一道生产线中,接收上道工序的产品的下一道工序可理解为上一道工序的顾客。上一道工序也是员工,当然也是顾客,是公司的顾客。产品的实现目标不同,顾客也不同,顾客是相对的。

对于汽车服务企业,顾客是光临企业(4S 店)有消费能力和有潜在消费能力的人。顾客是企业的朋友,是企业服务的对象。要提供优质的服务,企业员工必须把顾客当人来尊重,而不是当物品来摆布,不能把顾客当作品头论足的对象,不能把顾客当作"达成某种目的"的工具。顾客是企业利润的来源,顾客对企业最大的惩罚就是"再也不到店里来了"。顾客不一定永远是对的,但让顾客带着不满意离去,那就是服务员工的错。顾客的错并不重要,重要的是顾客满意,才有心情购物,与顾客争高低、比输赢是服务员工不明智的选择。这是端正员工的服务态度所必须意识到的。

对比于前些年,现在的顾客期望越来越高,更加关注在购车过程中自己能享受的服务,对服务细节有了更多的要求,追求更好的服务质量,同时他们认为现在汽车服务企业的服务水平并未完善,许多员工欠缺优质服务理念,并不在乎是否给顾客提供了优质服务。顾客需要的是什么? 什么是企业或企业员工让顾客满意的行为? 端正员工的服务态度,增强员工的服务意识,规范员工的服务行为,是企业提供优质服务的关键因素。

服务理念就是汽车服务企业用来指导服务工作的思维方式,是服务工作的指导思想,是企业经营哲学在服务工作上的具体反映,或者说是汽车厂商的经营观念或营销观念在服务工作上的具体化。提供汽车服务的企业坚持自己的服务理念,其根本目标就是要能够充分满足用户对服务的要求和为厂商赢得市场竞争的优势与主动地位,并将这种哲学理念作为导向贯彻到各项服务工作的具体环节中去。循规蹈矩、装模作样的服务形式会使客户感觉没有诚意。树立新的服务理念,提供优质服务,才能在汽车市场上抓住客户,成就一番作为。以下是当前汽车企业常采用的 6 种指导企业服务的服务理念(图 2.3):

(1)客户满意度理念

客户是企业最大的投资者,坚持客户第一的原则,这是市场经济本质的要求。汽车服务的经营目的是为社会大众服务,为客户服务不断满足各个层次车主的需要。任何企业都以追求经济效益为最终目的,如何实现自己的利润目标,从根本上讲必须满足客户的需求、愿望和利益,才能获得企业自身所需的利润,客户满意可为企业创造价值,企业经营活动的每一个环节都必须

中国汽车行业
客户满意度发布

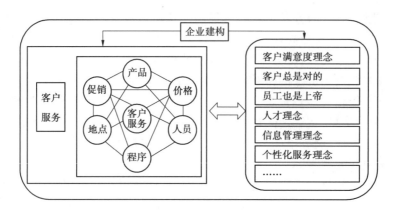

图 2.3 服务理念构建

眼里有客户。

客户为什么会购买我们公司的汽车？客户为什么在我们网点购买汽车？客户为什么会在我手里购买汽车？究其根本原因，就在于"满意"二字。客户满意度 CSR（Consumer Sati factional Research），也称客户满意指数，是对服务性行业的顾客满意度调查系统的简称，是一个相对的概念，是客户期望值与客户体验的匹配程度。换言之，就是客户通过对一种产品可感知的效果与其期望值相比较后，所形成的愉悦或失望的感觉状态。当客户期望值大于真实体验时，客户会对提供的服务感到失望，即不满意；当客户期望值小于真实体验时，会给客户意外惊喜，通常客户会对提供的服务感到非常满意；当客户期望值相当于真实体验时，客户通常会对提供的服务感到一般满意。满意的客户会给我们带来更多的销售机会。一个不满意的客户产生的抱怨的影响力，会让你损失约 21 个潜在客户，而且需要约 3 个满意的客户才能抵消。同样，顾客没有抱怨并不一定表明顾客很满意，即使规定的要求符合顾客的愿望并得到满足，也不能确保顾客很满意。可用"顾客满意度杠杆"来整体提升满意度：一个杠杆即是一项服务，如果这些服务被客户感受到并默记在脑海中，类似于杠杆作用，就会对满意度产生很大的影响。如果实施了这些服务，我们客户的整体满意度就会有所提高；如果不实施这些服务，我们客户的整体满意度要下降。

东风雪铁龙汽车售后服务为顾客推出了"家一样的关怀"的售后服务理念，而且在服务流程和服务标准上也追求与全球同步。如今不管你走进哪一家东风雪铁龙的服务维修网点和用户休息室，都可以看到张贴于明显位置的服务流程、服务承诺、定期保养、首次保养及服务介绍、驾驶技巧的宣传画和宣传小册子。工作人员的优质服务落实并体现在主动关怀、全程关怀、诚挚关怀、专业关怀、紧急关怀、温馨关怀、全面关怀的 7 项服务承诺中。而九大步骤则从用户进入服务站接待到故障诊断和检查、维修工作、质量检查、开具发票……直到把保养、维修好的车交付给用户，整个维修过程中有专门的接车员一直全程陪伴用户，用户再也不用像以往那样手里拿着"派工单"在维修厂转着找修车师傅了。针对时间紧张的客户，东风雪铁龙还提供了快修服务，而快修依然也有完整的流程。所有这些服务流程完全是按照法国雪铁龙的维修保养九大步骤同步采用的，目的是让中国用户真正感受到来自法国雪铁龙血统的欧洲品质和世界品质的一流售后服务。全心全意为客户服务，最大限度让客户满意，这样才能在激烈的市场竞争中获得持久的发展。

(2)"客户总是对的"理念

"客户总是对的"体现的是把顾客置于工作中心的服务思路,是建立良好的客户关系的关键所在,在处理客户抱怨时,这是必须遵循的黄金准则。"没有客户的错,只有自己的错",尽管不一定符合客观实际,然而在企业与客户这种特定的关系中,只要客户的错不会构成企业的重大经济损失,就要将"对"让给客户,"得理也让人、客户总是对的"这并不意味着客户的绝对正确,而是意味着客户得到了绝对的尊重。客户品尝到了"上帝"滋味的时候,就是企业提升知名度、信誉度、拥有更多的忠诚客户,更大的市场更大的发展的时候。

案例 2.1　客户总是对的

"客户总是对的"这是服务行业的一种要求。必须遵循以下 3 条原则:

①站在客户的角度考虑问题。例如,有一次一个客户到维修站修车,交款的时候收款的工作人员将两张 20 元面额的钞票找给他时,他却不高兴地说:"我不要整的,要的都是 10 元票面的。"这显然是客户不对,因为他并没有说明他要何种票面的人民币。但是作为服务行业的工作人员,和客户这种特定的角色关系中,我们即使"得理"也要"让人",这就是"客户总是对的"的实质。

②应设法消除客户的抱怨和不满,不应把对产品或服务有意见的客户看成讨厌的人。"人非圣贤,孰能无过",更何况是接受服务的顾客呢。例如,客户上维修站修车在价格方面肯定有抱怨,但是对于这样的客户,我们只有站在客户立场向顾客说明他的消费物超所值,他所花的钱都用在什么地方了,客户也会通情达理的。我们把"对"让给客户,积极进行换位思考,实施优质服务,客户也变得"可爱"了,我们的目的也达到了。

③切忌同客户发生任何争吵。与顾客发生争吵,企业绝不会是胜利者,只会是失败者,因为失去客户也就意味着失去信誉和利润。如上例,如果我们收款员说:"谁让你没有说清楚",这就意味着把"不对"推给了客户,把"对"留给了自己。简单的一句话,也就使客户无形的流失了。而如果我们对客户说:"对不起,我再给您换过。"这样就既包含了客户的"不对"也将"对"让给了客户,体现了"客户总是对的",客户就会感觉服务的无限周到。

(3)"员工也是上帝"的理念

客户的满意,必须要有优秀的员工来服务。只有优秀的员工才能创造客户的满意,只有做到员工至上,才能做到把客户放到第一位。"员工也是上帝"的理念告诉我们,满意的员工才能创造客户的满意。企业善待员工,员工才能理解客户第一的理念,才能善待企业和企业的客户。企业要想让自己的员工使车主有百分之百的满意度,必须从满足员工的需要开始,一般来说,人的基本需要可以分为 3 个层次:较低的层次是生存和享受的需要;较高的层次是对人和人之间的感情的需要;更高的层次是提高自我评价的需要、自我实现的需要。因此在工作中,企业要尽量做到满足员工求知需要、发挥才能的需要、享受权利的需要、实现自我价值的需要,关心爱护员工,调动员工积极性,激发奉献精神,满足员工自尊心,使员工真正成为创造客户满意的生力军。

员工至上和客户第一是统一的,相辅相成的。员工是以劳动技能和智慧作为投资投入企业,劳动力是一种智慧资本、知识资本、技能资本,是企业资产的组成部分,员工希望企业发展自身也能发展。客户也是企业的最大投资者,他们投资了车源,投资了服务对象,也希望企业发展能更好地给自己的车辆做好售后服务,因此,投资关系上他们是统一的。企业要提高服务水平从而创造服务的差别优势,就必须善待内部顾客员工,只有当员工、同事成为上帝时,员工才能善待企业的顾客。从而真正实现"顾客就是上帝"的宗旨。把员工也视为上帝,把同事也当成顾客服务,只有这样我们的企业才能真正提升服务优势。

(4)全新的人才理念

企业的发展离不开客户的满意度,没有优质的服务就没有客户,优质的服务就必须有高素质的人才,企业必须有全新的人才理念,想办法培养人才,留住人才。当前维修人才流动性很大,这不仅是事实,也是与企业管理理念有关的,很多企业不愿意花钱去培养人才,一怕花钱,二怕留不住,结果人财两空。以联想的柳传志为例,他为了培养现在神州数码的郭为,让他在企业内部的所有部门都当过一年的老总。对于杨元庆,那更是尽心竭力的提携和帮助。有这么一个事实,就是20世纪90年代那批联想的员工,就算离开了联想工作能力也不错,他们出去以后也给联想树立了很好的口碑。企业不应该认为两条腿的人多的是,这些错误的思想会使得大量的汽车服务人才流失,对企业乃至整个行业都是巨大的损失。

(5)全新的信息管理理念

信息对任何企业来说都是至关重要的,全新的信息管理观念对于汽车售后服务来说尤其重要,如何管理售后信息和收集信息是企业发展的关键,如维修保养信息管理、配件供求信息、信息反馈信息、汽车维修技术信息、客户基本信息等。通过良好的信息管理,主动联系客户,主动给客户带去问候及提醒保养,一对一顾问式服务,利用信息的优势,提供最优质的服务,满足客户的需要,也使企业获得最大的利润。以全新的售后服务理念,迎接售后服务的新时代。

(6)个性化服务理念

个性化服务是一种有针对性的服务方式,根据用户的设定来实现,依据各种渠道对资源进行收集、整理和分类,向用户提供和推荐相关信息,以满足用户的需求。从整体上说,个性化服务打破了传统的被动服务模式,能够充分利用各种资源优势,主动开展以满足用户个性化需求为目的的全方位服务。个性化服务可以改善与顾客之间的关系、培养顾客忠诚;个性化服务更能针对客户特有的特征提供专业性的服务;个性化服务体现了一种人文精神,使客户感觉受到特有的尊重。这是当前众多企业采用的服务理念之一。

案例2.2 秉承个性化服务理念 宝马客户永远是第一

随着汽车销售量的增长,消费者对于售后服务的需求也更加多元化和个性化,宝马作为豪华汽车品牌在售后服务上追求的也是豪华品质。宝马为了满足日益增长的客户需求,在中国积极推进和优化售后服务,举办了"以客户需求为主导,客户满意度交流"活动,在活动现场,北京燕宝汽车总经理莫国材表示:"北京燕宝秉承个性化服务理念,为广大消费者提供系列特色服务,对宝马来说客户永远是第一位的。"

(1)预约服务:把时间还给车主

燕宝推出的3项预约快修通道服务,只要一个电话,即可享受专用工位、专用快修服务顾问、专用服务技师团队的专业服务,自己合理分配时间,把时间还给车主。按照预约的时间来到燕宝,将有专人引领至专用停车位,并至专用快修顾问处办理手续,而强大的数据库支持,通过读取车钥匙的信息,即可了解该车辆的行驶信息、历史维修记录等信息,减少沟通环节,节省手续办理时间。值得一提的是门口的提示牌，清楚地记录了预约的车主信息、时间、车牌号码和专用服务柜台，方便车主办理手续，服务细致入微，让人感觉温暖体贴。燕宝率先推出的 1 h 快速更换机油机滤服务，承诺 1 h 内完成机油机滤的更换，超时免单，不仅为爱车提供了专业的呵护和保养，还为车主带来了高效、准时、准确的服务。而宝马全国统一服务项目"预约快修通道"服务，由经验丰富的燕宝服务人员提供优质的 12 个项目的保养服务，并承诺最长等待时间不超过 2 h。

燕宝特别推出的预约快速喷漆服务，保证爱车在遇到碰、撞、刮、蹭事故后，可通过快速喷漆流水线缩短维修时间，1 件或 2 件喷漆承诺一天取车。

(2) 车间服务：轻松目睹维修全过程

来到燕宝的工作区域，第一印象就是干净整洁、工作有序，900 m² 的配件库，上千种配件满足日常保养维修的需要，特殊配件的预定也只需一天时间，不会耽误爱车的维修时间。

进入车间，通过透明的大玻璃隔断，让休息区的车主可以了解维修进度。机修车间，燕宝为车主准备了 17 个机修工位，以保证预约车辆的准时交车。钣金、喷漆车间和电路车间独立分隔，各项检测设备定期更新升级，还有宝马不惜增加成本也一直坚持的水性漆喷漆服务，为保护环境作出社会贡献。而印象最深刻的就是宝马系统化的管理，车间内的一台计算机最引人注意，每一台进店维修保养的车辆信息均有纪录，同时记录了维修人员的信息和维修进度以及预计完成的时间，系统的管理将工作时间合理分配，既提高了工作效率，又节省了车主的等待时间。

(3) 贴心服务：让等待不再漫长

北京燕宝在保证专业的维修技术的同时，为了满足日益个性化的消费需求，特别推出了个性化的特色服务。为了不耽误车主上班和周末的时间，特别将营业时间延长至每日 21:00，下班后也可轻松给爱车做保养和维修，并享受精心准备的温馨晚餐、茶点饮料等贴心服务。而出差期间将爱车送到燕宝维修或保养，车主还将尊享免费机场接送服务，既节省时间又方便出行。

将爱车送到燕宝维修保养吧，在客户休息区来点茶点、上网冲浪、视听大片、享受专业的足底按摩服务，如果您是高尔夫运动爱好者，燕宝还准备了专车接送至高尔夫球场 VIP 专享区，享受碧草蓝天下尽情挥杆的乐趣，让等待不再漫长。

(4) 车主心语

车主杨先生表示：燕宝一直以"言、心、行"为服务要求的原则。我觉得言指的是沟通，燕宝在沟通上做得很细致、耐心，如简单的温馨提示，什么时间该做什么，让我能及时地进行维修保养。

心是一种确认，行自然是实施，这两点也都是基于沟通的基础上完成的，了解客户的需求再付诸实施。例如，宝马透明的车间，即使我们不了解换的什么配件，但只要能看到就会感觉很放心；另外，燕宝在细致的服务上也是别具新意，燕宝的专业按摩服务和免费的高尔夫都是其他品牌没有的特色服务，这些都是用心、用行的要求完成的。

另外，宝马一直关注公益事业，我经常参加北京燕宝组织的公益活动。为灾区儿童做心灵辅导师，圆灾区儿童的奥运梦想。我也希望能有更多的宝马车主加入宝马的公益活动中来。

"客户永远是第一位的"说起来很简单的一句话,但是燕宝不仅把这句话用在宣传语上,也踏踏实实印在了企业文化上。从预约服务的一小时快修,到个性化的贴心服务,从接待人员的礼貌用语到车间服务的专业化管理,都把客户的需求放在第一位,想客户所想,做客户所需。只有在全程体验过后才了解到燕宝永远把客户放在第一位的真正含义。

案例思考:分析该案例中个性化服务的各项措施的优劣之处。

案例2.3 克莱斯勒300C服务理念领跑国内汽车市场

2007年,北京奔驰-戴姆勒克莱斯勒汽车有限公司与克莱斯勒(中国)汽车销售有限公司联合推出了克莱斯勒/Jeep服务品牌——"关爱随行"。作为双方在华推出的首个售后服务品牌,"零时有约""一路随行""健康车检""双重救援"和"技师认证"5项基本服务内容已逐渐为克莱斯勒300C等克莱斯勒品牌产品用户和消费者所熟悉。这个以"责任"为核心的售后服务品牌也以全新的高起点、细致周到"关爱"服务和全面超越竞争对手的维修保养承诺成了国内汽车市场上新的"领跑者"。

作为世界级汽车生产厂商,北京奔驰-戴克深知产品品质直接关系着用户生活质量和人身安全,不仅在生产制造过程中严把质量关,更将周到而极富人性化的产品维护工作融入售后服务之中。"一路随行"和"健康车检"就把"方便""系统""超值""贴心"作为主要的用户利益点,对车尽力,提供"终身制"的产品保养与免费检修服务。"一路随行"根据产品使用工况的不同为用户提供了A、B、C 3种备选的保养"套餐",不仅做到项目清晰,更达到了价格透明,同时也在保养工时上做出了较为严格的规范;"健康车检"则将30项免费的全车检查列入了用户每次到店都能享受的常规服务项目中,做到未雨绸缪,及时消除产品隐患,保证车辆持久、正常运行。

用户作为企业服务的核心对象,一直被视为"上帝"。因此,"关爱随行"把为用户提供更加人性化的售后服务摆在了首要位置。"零时有约"坚持把用户时间放在首位,通过预约开展非工作时间保养与小修。考虑到300C用户大多是事业繁忙的成功人士,还特意把预约维修服务时间延迟到次日零时,最大限度地帮助用户节约时间。"双重救援"不仅为用户提供了紧急情况下的道路救援"双保险",更以一系列超值附加服务赢得了人心。杭州车主李放对"零时有约"服务感到很满意:"以前我总是因为工作忙而忽略了对车的保养,常常是等我忙完了,维修商也下班了。'零时有约'刚推出,我这车就享受了一回'午夜保养',一点都不耽误工作。"同样奔走于长江三角地区的上海用户徐楚在一次出差途中被撞追尾,是"双重救援"帮了他的大忙。"当时车上就我一个人,一方面要修车,一方面又要赶时间,幸亏当地救援公司及时赶到,不仅迅速完成了拖车工作,还为我免费提供了差旅和返程的费用,让我及时赶到武汉出席产品洽谈会,真是'因祸得福'!"

优质的备件供应是保障快速高效售后服务的基础。北京奔驰-戴克覆盖全国的营销网络为各地用户提供了可靠的零配件更换保证,同时,为防止不明来历的非纯正备件给用户带来损失,北京奔驰-戴克还给每一个正品备件都贴上了防伪标识,供用户在更换产品零部件时明确分辨。北京奔驰-戴克还表示,为避免因使用非纯正备件而引发车辆故障和暂停保修,希望用户在换件时不要贪图便宜,一定要"验明正身",才是对自身利益最好的保护。

克莱斯勒300C上市以来,就一直将"公益""和谐"作为产品形象亮点,凸显企业及产品的社会责任意识;"关爱随行"中的"技师认证"也通过不断完善提高维修商工作人员的技术水平来达到更好地为产品、用户服务的目的。通过各种公益性活动体现企业的社会责任感,彰显企业文化,形成差异化的服务与营销,使用户持续感受到企业和品牌对产品的投入,俨然已成为北京奔驰-戴克良好企业形象的有力证明。

"关爱随行"为克莱斯勒/Jeep品牌产品提供着全方位、人性化的优质售后服务。服务的核心是"责任",在目前这样一个市场竞争白热化的领域,"关爱随行"服务品牌的推出自然也寄托着北京奔驰-戴克对于突破同质化的努力和对未来广阔市场的期许。专家评论,对于售后服务与产品生产这两条企业发展缺一不可的双行线,许多厂商都已认识到他们各自的重要性,而在当下售后服务已成为企业众多核心竞争力元素中的重中之重时,将企业的责任贯穿其中,无疑体现出北京奔驰-戴克对售后服务的高度重视。"关爱随行"服务品牌的推进,也必将使北京奔驰-戴克以"责任"形象典范成为这一市场上全新的领跑者。

案例思考:思考个性化服务对企业实行服务营销有何重要作用?

汽车服务中用车客户为最直接接触者,客户又是企业利益的主导者,客户满意与否,关系着企业的生死存亡,因此从根本上说,加大汽车服务的整改力度是非常重要和有着深远意义的。可以说没有顾客,企业就没有了效益。企业要想有效益,企业的一切工作必须以顾客满意为中心,做好服务。随着顾客向着高素质、高文化、高层次、高自我保护意识的转变,服务这样的顾客就更需要优质服务和符合时代进步和潮流的经营管理理念。以全新的服务理念,将服务从"被动式维修"带入"主动式关怀"的新时代,一切以顾客的满意为中心,必须在提供优质服务的同时,也同步采用现代的经营理念、管理思想、服务理念和服务流程等先进的新理念。

实训演练：思考讨论、方法总结、话术演练

如何对待客户投诉问题? 你会用怎样的方法和步骤处理?

_____

_____

_____

拓展阅读:服务竞争战略

任务 2.2　服务质量

 任务描述

　　服务质量主要取决于顾客的感受和认识,服务质量比产品质量更难管理,优良的服务质量可以提高顾客认知价值且是成本最低的途径。重视服务质量管理的企业有利于占据服务竞争优势。

　　本任务学习的目标就是帮助学习者理解汽车服务企业服务质量的内涵、测量及管理方法。

岗位能力训练目标

1.能阐述汽车服务企业服务质量的内在含义。
2.能说出服务期望与服务感知之间的差距。
3.能分析汽车服务企业的服务质量管理方法。

　　为了统一对产品质量和服务质量的认识,人们赋予质量以新的内涵。从总体上来说,质量的概念应包含两个方面,即技术质量和功能质量。还可以按照产品质量和使用质量来划分。例如,我们都知道奔驰车比吉利车质量好,但是,购买吉利车的客户不会在使用过程中要求自己的车具有和奔驰车同样的性能,他会按照购买吉利车的期望值去使用它,如果自己的车在使用过程中能达到甚至超过自己购买时的期望值,我们说在使用质量上奔驰车与吉利车同样好(前提是奔驰车的使用质量也能满足客户的期望值)。如果按照技术质量和功能质量来分析,前者指产品或服务的技术性能,属于硬的方面,后者指产品或服务的消费感受,属于软的方面。对于产品来说,总体质量主要取决于技术质量;就服务而言,功能质量的重要性远远高过技术质量,即服务质量主要取决于顾客的感受和认识。当顾客觉得企业的服务满足了他的需求时,他会对服务质量评价较高,反之则较低。由于服务比有形产品有着更多难以把握、难以标准化的特征,服务质量比产品质量更难管理,但同时也是提高顾客认知价值并且成本最低的途径。对服务企业而言,质量评估是在服务传递过程中进行的。在服务过程中,顾客与服务人员要发生接触。顾客对服务质量的满意可以定义为:将对所接受的服务的感知与对服务的期望相比较。当感知超出期望时,服务被认为具有特别质量,顾客表示出高兴和惊讶。当没有达到期望时,服务注定是不可接受的。当期望与感知一致时,质量是满意的。服务期望受到口碑、个人需要和过去经历的影响,由于心理因素和情绪方面的原因,有些人很容易就可以产生满足感,有些人则特别难以产生满足感。

2.2.1　服务质量要素

　　服务质量要素是营销研究人员在对几类不同的服务进行充分研究后总结出来的,他们确定了顾客是按构成服务各因素的相对重要性由高到低来判断服务质量的,前面我们已经描述过企业提供给客户的服务可以有很高程度的定制化,虽然不同的客户有不同需求,提出要求的服务内容也不相同,但是我们可以最大限度地找到他们对质量判定的共性,通过大量的样本可以把评价各类服务的质量标准归纳为 5 个可以量化的基本方面:可靠性、响应性、保证性、移情性及有形性。

(1)可靠性

可靠性是指可靠地、准确地履行服务承诺的能力。可靠性的要求时刻发生在顾客要求提供服务的时候,如我们在路边店修车时,对他们修车的可靠性认可程度是很低的,大故障肯定不敢轻易让路边店给我们提供服务,如果我们把车放在 4S 店修理对其可靠性的认可程度就要高得多。可靠的服务行动是顾客所希望的,它意味着服务以相同的方式、无差错地准时完成,而不是碰运气。在每天几乎同一时间收到邮件或其他信息是大多数人的期望。可靠性要求不仅是对修理岗位上服务质量要求,也包括行政办公室,在那里要求准确地开列账单和记录。

(2)响应性

响应性是指帮助顾客并迅速向他们提供服务的愿望。让顾客等待,特别是无原因的等待,会对质量感知造成不必要的消极影响。出现服务失败时,迅速解决问题会给质量感知带来积极的影响,按照菲利普·科特勒的统计,对与顾客发生的异议及时进行处理,会导致客户重新购买的比例提高 45%;如果处理的结果能让顾客满意,这个比例会提高到 95%。

(3)保证性

保证性是指员工所具有的知识、礼节以及表达出自信与可信的能力。保证性包括如下特征:完成服务的能力,对顾客的礼貌和尊敬,与顾客有效的沟通,将顾客最关心的事放在心上的态度。

(4)移情性

移情性是设身处地地为顾客着想和对顾客给予特别的关注,换句话说就是如果我是有这种要求的客户,我最希望服务人员用什么样的态度来对待我。移情性有下列特点:接近顾客的能力、敏感性和有效地理解顾客需求。例如,服务员为误车的顾客着想并努力找出解决问题的方法。

(5)有形性

有形性是指有形的设施、设备、人员和沟通材料的外表。有形的环境条件是服务人员对顾客更细致的照顾和关心的有形表现。对这方面的评价(如洁净)可延伸至许多方面,如客户看到修理工具是否清洁,修理工具是否摆放有序,地面是否有各类修理过程残留的油类和积水,更换下来的损坏零件是否随意堆放在工作场地上,管理人员桌面上的计算机是否有灰尘,鼠标及鼠标垫是否干净,桌面上的文件是否摆放整齐,修理工在没有进行修理操作时衣服是否干净,等等。以上这些都将影响正在接受服务的顾客(如汽车修理店顾客等待室中喧哗的客人)的行动。

顾客从这 5 个方面将预期接受的服务与已经接受的服务进行比较,最终形成自己对服务质量的判断(图 2.4)。期望值与感知度之间的差距是服务质量的量度。从满意度看,既可能是正面的,也可能是负面的。

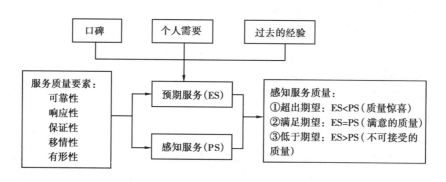

图 2.4　服务质量要素

2.2.2　服务质量范围

全面观察服务系统对于识别服务质量指标是十分重要的。对于一个汽车服务系统,可从内容、过程、结构、产出及影响 5 个方面考察质量。

(1)内容

主要考察服务系统是否遵循了标准程序。对日常服务而言,标准作业流程已经制订,希望服务者遵守这些既定程序。

(2)过程

主要考察服务中的事件顺序是否恰当。基本的原理是要保持活动的逻辑顺序和对服务资源的协调利用。顾客和服务人员间的交互过程应得以监控,也包括服务人员之间的交互作用和沟通。检查表是常用的测量方法,对于急救服务,如汽车求援,可通过实战演习来检测团队的工作。通过这些活动发现和解决协调性和行动顺序上的问题。

(3)结构

检查服务系统的有形设施和组织设计是否能保证低成本地满足工作需要。不过,有形设施和辅助设备只是结构的一部分,人员资格和组织结构设计也是重要的质量因素。通过与设定的质量标准相比较,可决定有形设施是否充足。人员聘用、晋升资格等都要达到标准。反映组织控制质量效果的一个指标是采用主动的自我评估程序和成员对他们同事工作的了解。

(4)结果

检查服务会导致哪些状况的改变。服务质量的最终测量要反映最终结果。顾客抱怨是反映质量结果的最有效的指标之一。对汽车服务而言,通常的假设是:除非抱怨水平开始上升,否则现状就是可以接受的。通过跟踪一些指标(如抱怨数量)就可监视服务结果质量的变化,目前已经有很多 4S 店由于竞争的缘故开始注重客户抱怨的变化并尽可能使其量化,这样才能有针对性地改变服务过程中让顾客不满的环节。

(5)影响

根据对所收集到的信息进行分析可知道公司所提供的服务对顾客的长期影响是什么。值得注意的是影响必须包括对服务易获性的衡量,迫切需要那些能规划、出色和创新地提供服务的管理者。

2.2.3 服务质量测试

测量服务期望与服务感知之间的差距是那些服务领先的服务企业了解顾客反馈的经常性的工作过程。测量服务质量是一项挑战,因为顾客满意是由许多无形因素决定的,众多无形因素通过不同的组合就能产生不同的感觉,而不同的顾客由于性格、气质方面的差异即使在相同因素的作用下也许会有相反的感觉,这就是为什么说测试服务质量是一项挑战的原因。通过服务质量差距模型,我们可将服务质量差距按照以下5个方面进行评价:

①顾客期望和管理部门感觉的差距。

②管理部门感觉和服务质量期望的差距。

③服务质量的规格和服务交付的差距。

④服务交付和与顾客的外部沟通的差距。

⑤所期望的服务和感觉到的服务的差距。

从第1至第4项的差距是公司内的差距,而第5项的差距是顾客看到的服务质量的不足。差距①是顾客期望和管理部门感觉的差别。研究显示,服务提供部门和管理部门对服务的要求和顾客的期望往往是有差别的,造成这种差别的原因很多,从公司的角度看提供某种程度的服务已经能满足客户基本要求,这种判断的前提是公司服务人员对工作性质、工作流程非常了解、熟练,对服务结果的预测也比较准确。作为客户,对我们前面所说的可靠性方面的影响总是希望能有更可靠的保障来完善提供的服务,因此,他们的预期与要求总是高于公司管理部门的感觉。差距②是管理部门对顾客期望感觉的预测和服务质量规格之间的差别。管理部门为服务质量设置规格是基于他们所确信的顾客需求,无论如何这并不一定准确。因此,许多服务企业已经把重点放在了技术质量上,而事实上顾客感觉到的有关交付服务的质量问题比技术质量问题更加重要。丰田公司在这方面已经领先,他们在5年前就开始强调无论是汽车产品还是服务产品的销售中,客户感觉质量对满意度的重要性了。差距③是服务质量的规格和服务交付的差别。当服务交付体系严重依赖于人员时,这对服务就是最重要的。一个服务如果是包含在顾客在场时立即执行和交付,就特别难以保障质量规格得到满足,如接待顾客时的微笑,按照沃尔玛的服务质量规格,微笑需要露八颗牙齿,在接待顾客时由于是即时发生并完成的,因此这种质量规格并不容易掌握与测量,这是许多服务行业的常见情况。差距④是服务交付和与顾客的外部沟通的差别。在外围沟通不理想的前提下,顾客在服务区流程结束时总认为还有一些事没做,或者说自己的一个期望需求没有被满足。通常这是由于服务提供者不充分与顾客沟通的结果。差别⑤代表了实际业绩表现与顾客感觉到的服务之间的差别。对服务质量的主观判断受许多因素影响,所有这些都可以改变对已经交付服务的感受。服务质量差距模型提供了一个框架,可以用以扩展进一步理解服务质量问题的原因,识别服务质量缺陷,确定弥补差距的方法。

2.3.4 服务质量管理规划

芬兰著名营销学家格鲁努斯认为:采用优质服务竞争策略的企业应从以下6个方面制订服务质量管理规划:

(1)服务概念

管理人员应首先确定公司的商业任务是什么?明确本公司应为哪些细分市场服务,应解决顾客的哪些问题(对于汽车服务公司来说这样的问题比较容易解决,因为基本属于 4S 店的服务形式)。然后,管理人员应根据商业任务,为服务工作确定一系列具体的指导原则。这些指导原则称为服务概念。美国哈佛大学教授赫斯凯特提出"战略服务观念"观点。他认为,服务性公司管理人员应确定目标细分市场;根据目标细分市场顾客的需要,确定服务概念,制订经营策略、服务概念,设计服务操作体系,支持经营策略。管理人员应根据目标细分市场的需要和市场竞争情况,确定本公司的市场定位。服务概念和经营策略之间的纽带是服务性公司为最大限度地扩大顾客感觉中的服务价值,并努力弥合客户对服务的感觉与服务费用之间的差别而采取的各种经营方针和操作程序。经营策略和服务操作体系之间是需要一些具体的流程来建立联系的,服务操作体系的设计工作一定要在经营策略的指导下进行,这样才能保证设计出的服务体系能将两者融为一体。所有管理人员,无论他们在企业组织结构中处于哪一个层次,都应为服务人员树立榜样。服务概念必须是企业内部全体员工普遍同意、普遍接受的价值观和道德标准,否则服务人员的行为就不可能一致,在这里价值观起到很重要的作用,没有共同的价值观管理人员就无法确定工作重点。各个职能部门就不可能加强合作,共同实现公司的经营目标。

(2)顾客期望

顾客根据自己的期望与自己感觉中的实际服务效果来判断服务质量。优质服务指顾客感觉中的服务效果符合或超过他们的期望。广告、公关等传统营销活动对顾客的期望会产生极大的影响。管理人员必须认真研究本企业是否愿意、是否能够履行自己在市场沟通活动中作出的各种承诺。如果向顾客作出本企业无法履行的承诺,则必然会使顾客不满。因此,在市场沟通活动中管理顾客的期望,是服务性企业质量管理工作的一个不可缺少的环节。

(3)服务过程

在向服务对象面对面地提供服务的过程就是服务人员和顾客相互接触、相互交往、相互影响的过程。顾客感觉中的服务质量不仅与服务结果有关,而且与服务过程有关。有些企业采用高新技术,可为顾客提供优质服务,但是,服务过程中服务人员的行为和态度往往会对顾客感觉中的整体服务质量产生更大的影响。因此,管理人员不仅应研究本企业应为顾客提供什么服务,更应研究本企业如何为顾客服务。在绝大多数服务性行业中,相互竞争的企业都可使用类似的技术,为顾客提供相同的服务内容。因此,要取得竞争优势,管理人员必须高度重视服务过程质量管理工作。

(4)内部营销

在大多数情况下,顾客感觉中的服务质量是由服务人员和顾客相互交往过程决定的。无论企业的传统营销活动多么有效,如果服务人员不能为顾客提供优质服务,企业的一切营销活动都必然变得毫无意义。因此,管理人员必须加强内部营销工作,形成以服务文化为核心的企业文化,激励全体员工做好服务工作。

(5)有形环境

管理人员必须根据优质服务的需要,确定服务工作中应使用的设备、技术和服务操作体系,并通过培训工作,使服务人员掌握必要的技能。

(6)顾客参与服务过程

在大多数服务性企业中,顾客可以说是"兼职服务人员",服务性企业往往要求顾客完成一部分服务工作任务,要求顾客配合服务人员做好服务工作。可见,服务质量不仅与服务人

员有关,而且与顾客的行为和态度有关。要获得优质服务,顾客必须尊重服务人员的劳动,愿意积极参加服务活动,理解自己应完成的工作任务,明确自己在服务工作中的角色。要提供优质服务,服务性企业应向顾客提供必要的信息,帮助顾客扮演好"兼职服务人员"角色,并通过一系列鼓励措施(例如较低的售价),激励顾客积极参与服务活动。在大多数服务性企业里,顾客不仅会与服务人员直接接触,而且会与其他顾客接触。要提高顾客感觉中的服务质量,服务性企业还必须加强顾客消费行为管理,防止某些顾客的行为引起其他顾客的反感。

案例2.4　本田汽车售后质量管理

本田系列及广州本田汽车维修、保养业务,本田系列及广州本田汽车质量担保索赔及信息反馈,代办汽车保险、理赔业务,特设24 h维修、电话预约和上门服务,完善的汽车保养年审提示及跟踪服务。

维修人员经广州本田汽车公司及日本本田技研工业株式会社严格专业的培训后上岗,按工作规范要求开展各项工作,配备了专业的维修保养设备及全套本田、广州本田专用工具,按日本本田全面质量管理理论实施质量管理,使用广州本田提供的纯正零部件,为用户提供专业化服务。

本田公司售后服务部按本田全面质量管理(TOM)体系实施作业质量管理,制订了完善的《质量控制和质量管理制度》,设定质量控制和质量管理的目标,建立起质量管理组织机构,明确质量管理人员职责,并把质量管理责任直接落实到作业流程的每个环节,通过日常的教育和说明及定期召开质量分析会,设定考核指标等措施提高全员的质量意识,通过规范作业流程标准来保证每台来店车辆从接待开始就进入质量控制范畴。例如,在接待时对故障的描述和记录,以及询问故障表现状态时涉及的必要的信息;在作业过程实施三级检验制度;全部零部件均采购于生产厂家,纯正零部件的来源渠道也保证了零部件的质量,作业结束交车后,通过质量跟踪体系了解作业的质量表现,发现用户对产品质量的疑问及故障未排除情况及时采取措施予以解决,并定期通过质量小组的分析会把出现的问题的原因分析出来,采取必要的措施予以解决,并把分析体系作为改善工作的依据和质量管理的根据。在工具设备方面通过管理制度的制订并落实,确保工具设备始终处于良好的工作状态以利于质量的控制。在工作过程中,制订了作业项目的工作标准,把每个车型的维修手册作为作业的指导标准。通过指派员工参加厂家组织的技术培训,培训后内部普及培训,员工的自修考核,鼓励员工参加岗位资格考试和参加技术竞赛,开展内部技术竞赛及制订了保养、大修、钣喷过程检查规范表并在工作中落实等措施确保作业环节中的每个步骤都能按技术标准和技术规范完成作业,最终达到控制作业质量的目的。

案例思考:通过质量管理提高服务质量应从哪些方面进行?应该采取哪些措施?

实训演练:小组讨论、互评

讨论一下从哪些方面为某汽车品牌企业制订服务质量管理规划?试着形成服务质量管理规划总体方案。

任务 2.3　服务补救的内涵及意义

 任务描述

服务质量的核心在于服务可靠性,产品质量和服务可靠形成互补,推动企业树立良好的市场声誉和口碑。服务补救有利于服务质量的改进,在服务失误后,及时、恰当、准确的服务补救可以缓解顾客的不满情绪,有利于恢复顾客满意度和忠诚度。

本任务学习的目标就是帮助学习者掌握服务补救的内涵、成因及服务补救措施。

岗位能力训练目标

1.能说出服务补救的内涵。
2.能阐述服务补救的意义。
3.能分析服务失误的原因。
4.能提出进行服务补救的措施。

2.3.1　服务补救的内涵

补救(Recovery)这一概念最先是由埃策尔(Etzel)和西尔弗曼(Silverman)于1981年在分析如何获得顾客的高维系率(或者称为忠诚度)时提出的,后来,众多相关学者又进行了进一步的研究。格伦罗斯(Gronroos)认为服务补救(Service Recovery)是指当服务失误发生后,服务提供方针对顾客的抱怨内容和不满意的程度所采取的反应和行动,亦可称之为对顾客抱怨的处理。服务补救有广义和狭义之分。狭义的服务补救,是指服务提供方在提供服务的过程中出现失误后所做出的一种即时和主动性反应(更多情况是做被动反应),主要强调即时性和主动性这两个特点。广义的服务补救,则是指针对服务系统中可能导致失误或已发生失误的任一环节所采取的一种特殊措施,它不仅包括失误的实时弥补,也涵盖了对服务补救需求的事前预测与控制,以及对顾客抱怨和投诉的处理。广义的服务补救强调的是从服务全过程,通过有效实施服务补救策略,来重视提高整个服务系统运作水平的目标。菲恩斯塔尔(Firnstahl)1989年认为,服务补救虽然有时成本昂贵,但可视为改善服务系统的机会,因为这样会带来更多顾客的满意。同时,由于服务提供系统的改善,相应也会引起成本下降(降低失误率就是相抵了服务成本)。博肖夫(Boshoff)1999年则认为持续不良的服务提供会对企业的生存与成长造成相当不好的影响。塔克西(Tax)等人2000年将服务补救定义为一种管理过程:首先要发现服务失误,分析失误原因;然后在定量分析的基础上,对服务失误进行评估并采取恰当的管理措施予以解决。还有学者提出,服务补救是服务企业在发生服务失误后所做出的一种即时和主动性反应,服务补救与顾客抱怨管理是极其不同的。上述看法从不同角度对服务补救的内涵进行了探讨。总之,服务补救的实质可概括为在服务失误后,服务提供方为提高顾客满意度,减少顾客流失而采取的一种提高服务质量的功能与活动,其主要目的在于修正与弥补服务过程中的某些瑕疵造成的服务质量下降。

2.3.2 服务补救的意义

可靠性是服务质量的核心属性。服务性企业必须以100%的可靠性作为目标,逐渐形成优质服务的市场声誉。有良好市场声誉的服务性企业,会在服务工作中偶尔出现不可避免的差错之后全力以赴为顾客提供优质补救性服务。例如,有不少商店、超市和公司作出承诺"发生差错双倍赔偿",这些都体现了公司在经营策略上重视服务补救对公司发展的意义,只有观念上重视才能在措施上有针对性,才能恢复顾客对公司和公司产品的信任感。如果服务性企业经常发生差错就很难通过补救性服务恢复顾客的信任感,如顾客对拥有庞大售后服务队伍的公司总是不太信任的,再好的售后服务也比不上产品不出问题,有这样的广告语"我们公司最闲的人就是售后服务人员"。产品质量与服务可靠形成互补,只有如此,企业的市场声誉才会好,相关的偶然性补救性服务就越有效。在追求个性化需求、强调定制化服务的今天,如何迎合顾客的个性化需求,如何处理个性化需求服务和服务成本之间的矛盾,如何有效控制顾客的服务质量需求等,这充分说明服务本身是一个不断积累经验的过程。因此,服务补救对于服务质量的改进具有十分重要的意义。服务补救直接关系到顾客满意度和忠诚度。当企业提供了令顾客不满的服务后,这种不满能给顾客留下深刻的印象,但随即采取的服务补救会给顾客留下更深的印象。尽管与有形产品不同,许多服务是不可以重新生产的,但恰当、及时和准确的服务补救可以缓解顾客不满情绪,并部分恢复顾客满意度和忠诚度,在极个别情况下甚至可以大幅度提升顾客满意度和忠诚度。TAPP(美国技术支持计划研究协会)经过研究发现,在批量购买中,未提出批评的顾客重购率为9%;抱怨未得到解决的为19%;抱怨得到解决的为54%;抱怨得到快速解决的,其重购率达到了92%。从这组数据中也可以得出这样一个结论,任何服务都不可能是十全十美的,如果客户不抱怨并不证明是好事,也许服务质量问题严重到顾客根本不相信你能改正的地步了,因此顾客选择了不再购买而不是抱怨。有抱怨的即使不解决他们的抱怨,重复购买的比例还要大于没有抱怨的,顾客的抱怨证明他们希望公司的服务能再提高质量,属于基本满意的。成功的服务补救措施对企业收入和利润增长的影响是巨大的和长期的,服务补救的投资回报率在不同的行业中可为30%~150%。令人遗憾的是许多汽车服务企业有意或无意地忽视了服务补救策略的制订和运用。原因无非两大类:一种是认为服务补救会增加成本,影响了短期利润的实现,认为如果为顾客提供补救性服务,往往需中断正常的服务程序,降低劳动生产率和盈利率,同样也会影响到企业的短期利润的实现,作为职业经理人为了让股东得到满意分红不得不把短期利益放在重要位置上。因此,不少企业管理人员在管理过程中往往会不自觉地贬低补救性服务的重要性,不愿尽力解决服务质量问题,以便得到顾客的谅解;而是消极地应付顾客的投诉,使不满的顾客更加失望。这样做的结果确实可以降低短期内公司的营运成本,提高了利润率,但是负面影响是造成本公司与这些顾客之间的关系彻底破裂。另一种是认为本行业顾客流通性强、流量大,不需要特别在意顾客的忠诚度,而且即使部分顾客流失对企业的影响也不大。其实,服务差错发生之后,顾客会更重视服务质量。根据社会心理学家的研究,在正常的服务过程中,当顾客的经历完全符合他们的期望,顾客通常会处于"无意识状态"。服务差错使顾客从无意识状态中清醒过来,迫使顾客开始注意服务工作情况,服务性公司如何纠正差错呢? 要及时采取补救性服务措施,补救得越快补救的成本越低,补救的效果越好,在补救的同时要及时与顾客沟通,向顾客表明服务企业高度重视服务质量和顾客的满意程度,有效地影响顾客对服务性企业的看法。与满意的顾客打交道,是比较容易的;要将不满的顾客转变为企业的忠诚顾客就比较困难。与可靠的服务相比较,服务性企业更难提供优质的补救性服务。

2.3.3 服务失误的原因

造成服务失误的原因非常复杂,大体上可从服务提供者、顾客自身以及随机因素的影响这 3 个方面来分析。其具体关系如图 2.5 所示。

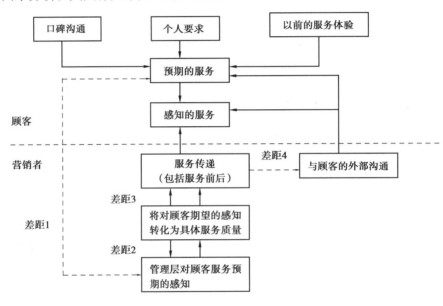

图 2.5　服务失误的原因分析

(1)服务提供者的原因

从服务提供者的角度来看,服务质量差距的变化是造成服务失误的最重要原因。蔡特哈姆尔·瓦勒里(Vazeithaml)等人 1988 年提出了服务质量差距模型,专门用来分析质量问题的根源。他们认为,在顾客和服务提供者之间存在着与服务质量相关的 5 种差距:

①管理者认识差距。
②服务质量规范差距。
③服务交互差距。
④营销沟通差距。
⑤顾客感知服务质量的差距。

其中,前 4 个差距是由于服务机构本身的问题造成的。明确这些差异是制订战略、战术以及保证期望质量和感知质量一致的理论基础。第 5 个差距往往是由服务企业员工的不合理言行造成的。

员工的不合理言行可大体分为两类:一是对顾客的需求偏好反应不当;二是自身行为不

当。任何顾客都会有自己的需求偏好,但企业不可能对所有顾客的所有需求偏好做到无微不至地注意和事先准备,顾客需求偏好未被满足一般不会直接导致顾客的极大不满和服务失败。但是,若员工应对顾客需求偏好请求反应不当,则会直接导致顾客不满和服务失败的发生。实际工作中,企业员工最易犯的错误主要是:对顾客合理的需求偏好敷衍搪塞,消极应付;将顾客合理的需求偏好误认为不合理而予以拒绝;对顾客的不合理需求偏好反应过激或过于直接。服务剧场理论认为,公司前台员工就好比活跃在舞台上的演员,他们的一言一行都会影响顾客的满意度。员工的不当行为主要表现为对顾客缺乏应有的尊重与重视,如言辞刻薄、举止粗鲁、表情傲慢无礼等。它主要是由员工的不合理心态所致,身处卖方市场或服务意识尚处卖方市场的员工易犯此类错误。目前几乎所有的汽车综合服务公司无论是否处于卖方市场的状态都在努力培训前台员工的表演意识,在工作中不让员工的不良习惯影响顾客对服务的满意度。

(2)顾客方面的原因

由于服务具有生产与消费的同时性特点,在很多情况下,顾客对服务失误也具有不可推卸的责任。在顾客的服务期望中,既有显性期望,也有隐性期望,还有模糊的期望。顾客有时无法准确表述自己对服务的期望,由此形成的后果是服务结果的失败。服务结果一旦失败,再好的服务过程都不会有任何意义。另外,服务企业总是会面临一些顾客的不正确言行,如果缺乏有效控制,轻则影响个别顾客的满意度,重则导致大量顾客的不满。按其殃及对象来划分,顾客的不正确行为可分为两类:一是殃及其他顾客的行为;二是殃及自身的行为。顾客某些自利行为会殃及其他顾客中的绝大多数,若不及时制止,则会导致其他顾客的极大不满。对此类不和谐情形,服务组织应首先予以事先控制,即尽量将价值观不一致的顾客相隔离,避免顾客间的直接冲突(类似于足球场上不同观点的球迷需要分开观看比赛一样)。顾客是服务生产过程的重要组成部分,其能力与配合意识直接影响到服务的效果。一个顾客可能因缺乏正确享用服务的能力而导致服务失败,目前社会整体诚信度不高也是导致顾客猜疑而不配合服务的原因之一。

(3)随机因素的影响

在有些情况下,随机因素也会造成服务失误。由于随机因素,特别是不可抗力造成的服务失误是不可控因素(如地震,高空坠物都可能导致已经修理好的车再次遭到损失)。因此,服务补救的重点不是在服务结果的改进上,而是如何及时、准确地将服务失误的原因等信息传递给顾客,并从功能质量上予以有效的"补偿"。随机因素造成服务失误发生后,会造成顾客流失和不满意顾客,"不良口碑"的形成与传播的根源都是顾客不满意。大多数企业通常将注意力放在前一类后果上,而对"不良口碑"问题缺乏足够的认识,影响舆论导向可对公司的美誉度起到事半功倍的积极效果。实际上,口头传播是消费者普遍接受和使用的信息收集手段,由于服务产品具有较高的不可感知性和经验性等特征,顾客在购买服务产品前,相关信息更多地依赖人际渠道获得,广告宣传的说服力远远低于人际的传播。菲茨西蒙斯(Fitzsimmons)1998年研究发现,当企业出现服务失误导致顾客不满意后,不满意的顾客将向10~20人讲述自己所遭受的不良服务经历,但抱怨或投诉得到解决的顾客也会向5人讲述他

的经历。如果再考虑信息扩散的影响,这将是一个成几何级数变化的过程。

2.3.4 内部服务补救

根据服务失误发生的原因,稳健设计在预防向顾客提供服务失败方面发挥着突出的作用,依靠流程来保证服务质量要比依靠员工的职业道德来保证服务质量要稳定得多;而在员工不合理言行和顾客控制不力的预防方面,主要依靠服务补救来解决。

内部服务补救的实施应依据以下原则来进行:

①及时性原则。即一旦服务差错发生,相关人员及部门应及时通知并积极采取补救措施(表2.1)。

表2.1 服务失误补救措施

学者	凯利(Kelly)等 (1993年)	霍夫曼(Hoffman)等 (1995年)	郑绍成 (1997年)	廖桂森等 (2000年)
产业	零售业	餐饮业	零售业	通信业
一般补救策略	①提供折扣 ②更正错误 ③由主管或员工介入解决 ④额外补偿 ⑤更换产品 ⑥道歉 ⑦退款	①免费 ②折扣 ③赠送优惠券 ④管理者或员工介入解决 ⑤替换 ⑥更正	①更换 ②免费赠送 ③折价优惠 ④赠送礼物 ⑤赠送优惠券 ⑥现场人员口头道歉 ⑦管理人员出面处理 ⑧立即改正服务态度	①道歉 ②承认错误并改正 ③金钱上的补偿
未令人满意补救策略	①顾客主动要求更正 ②给予消费集点 ③不满意的更正方式 ④失误升高 ⑤不做任何处理	①道歉 ②不做任何处理	①未采取补救措施 ②其他	①找理由解释 ②证明无误

②移情性原则。员工发生服务失败时,应设身处地为顾客着想,想想他们因此而遭受的经济损失与社会损失。

③协作原则。即面对服务失败的发生,员工应以高度的责任心和合作精神来保时、保质、保量地完成服务补救行动。

(1)发现服务工作中存在的问题要为顾客提供优质补救性服务

管理人员必须首先深入了解顾客不满的原因,发现服务工作中存在的各种问题。

1)顾客投诉分析

许多服务性公司使用顾客意见簿、投诉信箱和监督电话,网络联系等方式来方便顾客投诉。即使某些服务性公司没有采用这些沟通渠道,不少顾客也会主动投诉。深入分析顾客的投诉,管理人员可发现不少服务质量问题。

2) 顾客意见调查

由于不少顾客不愿投诉,要发现服务工作中存在的所有问题,管理人员还应通过正式和非正式调查,例如抽样调查、专题座谈会,主动征求职员和顾客的意见。服务性企业经常通过明察暗访或秘密采购检查服务质量。然而不少管理人员却并没有因此而忽视服务人员在顾客意见调查中的作用,服务人员与顾客直接接触,最了解顾客的意见,最能发现企业服务体系中的薄弱环节。管理人员应虚心听取服务人员的意见并加强培训工作,提高服务人员观察能力、信息收集能力和解决问题的能力。

3) 服务过程质量检查

管理人员和质检人员观察服务情况,是一种职务过程质量检查方法。然而这种方法只能发现服务人员已经提供、顾客已经消费的劣质服务,而不能预防服务差错。因此,管理人员应尽可能预见服务工作中可能会出现的问题,因为所有的服务失误都会有具体的征兆或表现,采取必要的预防性措施就能有效减少服务差错,或提前做好补救性服务准备工作,以便及时、有效地解决服务工作中出现的各种问题。要预见服务质量问题,管理人员必须做好服务过程的内部检查工作。绘制服务流程图或服务体系设计图,明确顾客、服务第一线员工和后台辅助人员之间的协作关系,显示服务过程中各项服务工作的顺序,标明各个班组、各个部门之间服务工作的交接点,这样有助于管理人员发现服务体系中最容易发生差错的环节。我们走进特约服务站都可以在墙上看到各种各样的规章制度与工作流程,目的就是要通过程序化的服务来保证服务质量的一致性。系统地分析服务工作中出现过的各种差错进行数理统计分析可以精确地找到原因,然后利用服务流程图或与服务体系设计人员一起修正服务体系消除引起服务失误的隐患。以上是管理人员在管理过程中使用比较普遍的一种内部检查方法。发现服务过程中的薄弱环节之后,管理人员应加强这些服务环节的质量管理工作,并制订应急方案,要明确什么职务在何种情况下就应该或可以启动应急方案,以便有效地解决服务工作中出现的问题。系统地检查服务程序,管理人员可在事先发现许多可以避免的服务质量问题。

(2) 有效地解决服务质量在正常的服务工作中的衡量标准

在补救性服务工作中,优质服务过程更重要。优质补救性服务需要优秀服务人员。服务性企业能否恢复顾客的信任感,是由负责纠正服务差错的服务人员决定的。要激励服务人员做好补救性服务工作,管理人员应采取以下一系列措施:

1) 员工培训工作

在补救性服务工作中,服务对象是不满的顾客。愤怒的顾客经常不讲道理,不愿接受合理的解决方法。要有效地处理顾客的投诉,服务人员必须首先平息顾客的怒火。服务人员应设身处地为顾客着想,耐心听取不满的顾客的投诉和意见,真诚地承认服务工作中的差错,诚恳地表示歉意,取得他们的谅解。这就要求管理人员通过培训工作,使服务人员掌握沟通技能,提高服务人员处理投诉的能力。要迅速、及时、有效地解决服务工作中出现的问题,服务人员必须有较强的应变能力。在培训工作中,管理人员应鼓励服务人员创造性地为顾客解决各种服务质量问题,提高服务人员随机应变的能力。服务人员必须有足够的服务知识和服务技能,才能向顾客说明服务差错产生的原因,正确估计补救性服务工作所需要的时间,提出合理的解决方法,介绍本企业的预防性措施。这就要求管理人员通过技术知识培训,增强服务人员做好补救性服务工作的信心。顾客对补救性服务会有不同的要求。服务人员应善于理解顾客对补救性服务的期望,并根据顾客的特殊要求,灵活地为顾客服务,而不能千篇一律地为所有顾客提供标准化补救性服务。管理人员应通过培训工作,提高服务人员的沟通能力,使他们善于理解顾客的期望。同时也要注意另一个极端,轻易答应顾客在不增加服务费用的前提下给予更多的服务要求,顾客在获取最大利益方面总是得寸进尺的,在拒绝不合理要求的艺术性方面也体现了员工培训的效果。

2)员工决策权力

管理人员应授予服务人员必要的决策权力,鼓励服务人员打破常规,主动、灵活地做好补救性服务工作,在这方面苹果公司属于比较典型的,基层员工做决策是他们在管理上的一大特色,是否准许一线员工做决策在很大程度上取决于企业文化。

3)员工工作条件

服务性企业采用高新科技成果,可更迅速、更有效地做好补救性服务工作。在正常的服务工作中,服务人员已经相当劳累,为不满的顾客提供优质补救性服务,更是一项紧张、艰苦的工作。管理人员不仅应通过培训工作,提高服务人员的心理素质和承受能力,而且应为他们创造舒适、愉快的工作环境,减轻他们的紧张情绪。

4)员工奖励制度

管理人员应制订奖励制度,激励服务人员做好补救性服务工作。管理人员应确定不同级别的奖励标准。级别较低的奖励面要广,使每位愿意努力做好补救性服务工作的员工都有获奖机会。级别较高的奖励,则应严格控制获奖者人数。此外,管理人员应广泛宣传重奖获得者的事迹,为全体员工树立榜样。采用上述的一系列措施,可有效地激励服务人员做好补救性服务工作。但是服务差错必然会使顾客在金钱、时间、精神等方面遭受一些损失。为顾客重新提供一次服务,往往不足以补偿顾客的损失。因此,有效的补救性服务措施,还应包括顾客损失赔偿制度。

(3)总结经验,进一步提高服务质量

补救性服务不仅可增强服务性企业与顾客之间的合作关系,而且可为服务性企业提高服务质量提供极为重要的信息。管理人员应充分利用这些信息,总结经验,进一步加强服务质量管理工作。

1)找出服务差错产生的根本原因

服务差错通常表明服务体系中存在严重的缺陷。每次服务差错发生之后,管理人员都应尽力找出差错产生的根本原因,解决服务体系中存在的问题,而不能就事论事地纠正具体的差错。

2)改进服务过程检查工作

服务性企业应系统地记录、分析各种服务差错,以便管理人员发现服务过程质量检查工作中的不足之处,采取必要的措施,改进服务质量检查工作。对经常出现差错的服务工作,管理人员更应加强服务质量检查工作。服务过程质量检查和差错原因分析是两项密切联系的工作。改进服务过程质量检查工作,有助于管理人员发现经常性差错产生的根本原因;分析差错产生的根本原因,可使管理人员发现从前忽视了的服务薄弱环节。

3)制订服务差错记录制度

服务性企业应采用高新科技成果,使用电子计算机直接管理信息,记录顾客投诉的各种服务质量问题。服务人员可直接检索有关信息,例如投诉者从前经历过的服务质量问题,就能更好地做好补救性服务工作。管理人员则可以根据服务质量问题的类别和频率,研究具体的改进措施,提高服务的可靠性。

实训演练：小组讨论、互评

以某汽车品牌企业为例,列举该企业服务不足/失误之处,并为其设计服务补救的措施。

_____

_____

_____

案例2.5　丰田大规模召回事件之后在中国的补救措施

2009年8月24日,丰田在华两家合资企业——广汽丰田、一汽丰田宣布,由于零部件出现缺陷,自8月25日开始,召回部分凯美瑞、雅力士、威驰及卡罗拉轿车,涉及车辆总计688 314辆。此次召回的车辆包括了丰田在中国市场的所有主力车型。丰田宣称,大规模召回的原因是同一供应商供应给两家企业的零部件出现缺陷,广汽丰田和天津一汽丰田承诺将对召回范围内的车辆免费更换电动车窗主控开关缺陷零部件,以消除安全隐患。

在中国,召回产品一般会得到各界包括消费者的赞赏,而且中国消费者为了能够被召回还曾经奋斗过多时,三菱就倒在"不召回"上。然而,出乎丰田意料的是,貌似负责任的召回行动反而迎来各种猜疑和抨击。

部分消费者怀疑丰田公司召回的原因。他们认为成本敏感的丰田不会为了这样一个很小很鸡肋的原因付出如此大的代价召回,应当是产品本身出了更大更严重的问题。简而言之,消费者的知情权被忽略了。

众多汽车产业专家则开始怀疑丰田的质量神话是否依旧坚挺。有关人士指出,丰田连续大规模召回与它的零件通用化战略、捆绑式管理模式有关。更有专家指出,丰田质量的下降,与其产量快速膨胀忽视科学管理有直接的关系。

事实上,丰田这几年连续召回已经大大触动全球消费者的神经,尤其当丰田汽车引以为傲的雷克萨斯也发生召回时,有关丰田汽车质量的神话广遭质疑。在一系列对外解释中,丰田汽车竭力否认质量问题与其成本之间的关系,其相关高管在一次道歉之后,不得不进行下一次道歉。2009年前10个月,丰田已在全球召回了9次,涉及车辆达到625万余辆。

丰田汽车社长丰田章男就丰田汽车出现的大规模召回事件召开了媒体说明会。在正式发言之前,三次深深的鞠躬足以说明他此番来华的目的所在——向中国媒体及消费者表示真诚歉意,以此挽回中国消费者对丰田汽车的信心。丰田章男此次来华道歉,与其说是丰田在美国"亡羊补牢"行动的一个延续,不如说是针对中国市场"防患于未然"的预防举措。

作为丰田公司的社长,当丰田在全球发生大规模召回事件时,丰田章男没有第一时间站出来作出解释,引起业界及消费者普遍不满。随即,丰田章男才被迫前往美国接受听证;继而到中国作出道歉姿态,意图重振丰田汽车在中国市场的信心。如此举动,效果又如何?

在美听证会之后,丰田已经开始对美国车主实施额外服务,试图消除美国消费者对丰田品牌的不信任,包括提供代步车、报销相关费用等。尽管在本次媒体说明会上,丰田章男打出曾任中国市场本部长的"交情牌",但1个小时的说明会从开始直到结束,发言中也只字未提对丰田汽车在中国市场造成的事故伤害如何赔偿。对同样的召回问题而采取的区别对待方式,实际上已经在中国消费者心中引起了"不公平"的反应。看来,丰田如果想切实得到中国广大消费者的认可,还需要多下一番功夫。

在美国市场,丰田进行多车型、大规模的召回,并对美国车主实施提供代步车、报销相关费用等额外服务;在中国市场,丰田章男仅仅作了道歉,并就相关问题作出解释,两种不太一样的处理方式难免会使人们进行一番思考。

案例思考:试着分析丰田召回事件后在中美的处理方式不同的原因?

篇末案例　赫兹公司的定制式服务

在汽车租赁业中,赫兹公司也在标准的日常服务的基础上增加了定制化服务项目。它长期为最佳客户提供"快车"服务,以缩短租车时间。在1990年,它又增加了赫兹1号(Hertz#1)俱乐部金卡服务,完全是个性化的汽车租赁业务。

在金卡服务中,公司记录客户爱好的汽车类型,以保证手头有合适的车辆调配。不管客户在什么时候抵达,赫兹都会把他(她)订的车停在特定的不受天气影响的停车处,打开车尾行李箱,把钥匙放在点火装置里,天冷时就启动发动机对汽车加温(当地法律允许下),在计算机控制的指引板上列出客户的姓名和停车场号,把完整的租赁协议和客户满意调查表放在后视镜边。金卡客户一年付一次服务费,就可以方便地租乘赫兹公司的车,直接开到特定的金卡服务区。在很多地方,客户还车时,一个赫兹公司的服务代表来到汽车所在处,通过手提电脑现场处理归还事务,而不是像标准服务那样让客户排队等待结账。

目前,中汽安华集团与全球最大的汽车租赁公司美国赫兹公司合作,首期开设的8个赫兹租赁店已达到90%的出租率。中汽安华集团宣称:公司下一步将以北京、上海、广州三地现有的租赁公司为核心,将赫兹租赁业务向东北、华东、华南、西南辐射,例如将选择青海、天津、杭州、厦门等大中城市以及昆明等主要旅游城市建立赫兹预订中心,实现赫兹租赁服务的全国联网。对于赫兹"网通"天下的速度,中汽安华集团负责人回答说"两年"。事实上,在未来拟发展的计划中中汽安华集团已将目光投向海外市场,例如,中汽安华的业务网络将与美国赫兹公司的网络并接,届时国外的赫兹会员和中汽安华的会员均可以通过网上预定或拨打免费预订电话在中国或国外定车。

在赫兹以泰山压顶之势进逼中国汽车租赁业的同时,位居全球租赁业第二的艾维斯与上海安吉也正洽谈合作。洋品牌来势汹汹,原来各自为战的国内租赁企业坐不住了。

尽管租赁业被称为"朝阳行业"多年,但在国内始终没有让人感受到太阳的光芒。尽管汽车消费市场的成熟一度刺激了中国的租赁业,但从全国范围来看,国内租赁行业的现状依然堪忧,一些租赁企业的租车率显著下降,经济效益急剧下滑,部分企业甚至已经到了破产的边缘。究其原因,长期以来中国汽车租赁企业由于普遍存在各自为战的现象,缺乏核心竞争力和塑造品牌的能力,汽车租赁行业零敲碎打的局面与当前国际上汽车租赁跨地域、网络化、集团化的规模经营存在很大差距。国际租赁巨头赫兹与艾维斯抢滩中国市场无疑给中国的租赁业敲响了警钟。

案例思考:我国汽车服务企业怎样能发展好定制化服务?

任务实施

任务实施工单					
实训项目 2　理解汽车服务理念					
姓名		班级		日期	
指导教师				成绩	

1.实训目标
(1)理解汽车企业服务理念。
(2)分析汽车服务企业竞争战略的特点。
(3)理解服务质量和服务补救的内涵,总结服务补救的措施。

2.实训步骤
(1)通过互联网查阅资料的方式了解汽车企业服务理念的运用。
(2)结合案例分组讨论汽车服务企业竞争战略的特点。
(3)通过互联网查阅资料和走访调研的方式了解当地某汽车服务企业的服务补救措施。

3.讨论并回答
(1)谈谈怎样认识"服务"与"顾客"? 怎么理解"客户总是对的"?

(2)通过查阅资料分析并列举哪些服务企业应用了成本领先战略? 哪些服务企业应用了差别化战略? 分别列举具体的措施 2~3 项。

(3)以当地某汽车服务企业为例,说明哪些服务措施体现了客户满意度理念? 哪些服务措施体现了个性化服务理念? 哪些措施是该企业用过或正在用的服务补救措施?

⊚ 任务评价

<table>
<tr><td colspan="6" align="center">实训考核评价表</td></tr>
<tr><td align="center">姓名</td><td></td><td align="center">班级</td><td></td><td align="center">小组</td><td></td></tr>
<tr><td align="center">指导教师</td><td colspan="3"></td><td align="center">总成绩</td><td></td></tr>
<tr><td colspan="6" align="center">实训项目2　理解汽车服务理念</td></tr>
<tr><td align="center">评价内容</td><td align="center">占比</td><td colspan="2" align="center">检验指标</td><td align="center">考核记录</td><td align="center">评分</td></tr>
<tr><td rowspan="4" align="center">任务完成情况</td><td rowspan="4" align="center">30%</td><td colspan="2">1.检查训练真实、完整、有效</td><td></td><td></td></tr>
<tr><td colspan="2">2.完成任务过程情况</td><td></td><td></td></tr>
<tr><td colspan="2">3.任务完成质量</td><td></td><td></td></tr>
<tr><td colspan="2">4.任务完成贡献度</td><td></td><td></td></tr>
<tr><td rowspan="4" align="center">职业知识与技能</td><td rowspan="4" align="center">40%</td><td colspan="2">1.能阐述汽车企业的服务理念</td><td></td><td></td></tr>
<tr><td colspan="2">2.能描述服务竞争战略的特点</td><td></td><td></td></tr>
<tr><td colspan="2">3.能说出提高服务质量的方法</td><td></td><td></td></tr>
<tr><td colspan="2">4.能说出服务补救的重要性和措施</td><td></td><td></td></tr>
<tr><td rowspan="3" align="center">职业素养</td><td rowspan="3" align="center">30%</td><td colspan="2">1.端正的服务态度</td><td></td><td></td></tr>
<tr><td colspan="2">2.优良的服务意识</td><td></td><td></td></tr>
<tr><td colspan="2">3.规范的服务行为</td><td></td><td></td></tr>
<tr><td align="center">综合评议与建议</td><td colspan="5"></td></tr>
</table>

复习思考题

2.1　汽车服务企业如何应用成本领先战略、差异化战略和集中战略？

2.2　服务质量管理对汽车服务企业管理有何意义？

2.3　分析导致服务失误的原因来自哪几个方面？

2.4　简述服务补救的重要性。

2.5　简述服务补救的内涵、成因及对策。

模块二
汽车服务礼仪

项目 **3**
汽车服务礼仪

礼仪的重要性　学习礼仪的作用

知识目标

1.学习汽车服务人员应具备的基本服务礼仪。

2.掌握各种基本服务礼仪的要点和技巧。

能力目标

1.熟练应用服务基本礼仪在各种实际服务场合中。

2.锻炼与客户沟通的方式方法和能力。

素质目标

1.培养规范的服务行为,树立优良的服务意识。

2.培养良好的沟通交流能力。

目标岗位

岗位名称	岗位描述	岗位能力要求	岗位能力训练目标
汽车后市场服务人员	汽车销售顾问(见项目5)	1.熟悉我国和地区区域内汽车产业发展特点; 2.熟悉汽车后市场发展现状与趋势; 3.理解汽车后市场服务内容; 4.理解汽车4S店的功能职责; 5.具有良好的服务意识和服务态度; 6.具备良好的服务礼仪; 7.具备良好的服务技能,能提供规范的服务行为; 8.具有良好的沟通和表达能力、应变能力和解决问题的能力,心理素质佳; 9.良好的团队协作精神和客户服务意识; 10.熟悉相关政策和制度	1.具备良好的服务礼仪; 2.能按照仪容仪表修饰要点进行职业装扮;能按照汽车服务人员工作要求做好工具准备。 3.训练站立坐行、手势、表情、微笑等仪态,培养良好的职业礼仪。 4.训练握手礼、介绍、使用名片、致意、鞠躬等交往礼仪,培养良好的职业礼仪。 5.训练办公室场所准备、人员形象、材料准备和接待来宾的服务礼仪,培养良好的职业礼仪; 6.训练接待顾客的交谈礼仪和方法,培养良好的职业礼仪
	汽车服务顾问(见项目6)		
	汽车机电维修工(见项目7)		
	汽车保险专员(见项目8)		
	汽车装饰美容工(见项目9)		

随着中国汽车市场进入成长后期,汽车市场竞争日趋激烈,汽车企业面临的外部环境变化迅速。在汽车服务企业中,越来越多的人力资源进入服务岗位,由此产生了各种类型的交往活动。交际范围的扩展、交际关系的复杂、交际频率的加快都产生了一种迫切的社会需要,人们希望找到一种有效的工具,能够帮助他们清除交往中的障碍,为事业的发展打开局面,这就是服务基本礼仪。荀子曾说:"人无礼则不立,事无礼则不成,国无礼则不宁。"对于汽车服务人员,良好的工作业绩与其良好的个性有很大的关系,这需要他们多方面注重自己的基本礼仪,掌握基本工作技巧,并巧妙灵活将其运用,从而顺利在各种环境中达成事业目的。本章主要讲述汽车服务人员的基本服务礼仪,涉及仪态礼仪、交往礼仪、办公室接待礼仪、交谈礼仪及谈判的语言艺术。

【课程内容】
案例导入

服务营销你准备好了吗

××汽车特约服务站成立两年多来,信守"以质量求生存,以信誉求发展"的服务宗旨。一步一个脚印,一年一个台阶,赢得了客户极高的赞誉,连续被评为"五星级服务站"和"全国优秀服务站"。

(1)让客户满意是我们的承诺

在市场经济中,我们经常说客户是上帝,谁赢得了客户,谁就赢得了市场。可上帝也有发脾气的时候,为什么呢?一句话就是对你的工作不满意,说明你的服务不到位。在中国,真正懂得自己爱车的机械、维修、保养知识的爱车族还在少数,所以我们的服务既要保证质量,又要及时向客户宣传有关爱车的知识。因此,在我们的服务工作中,增加了随时向顾客解释、说明和宣传的内容,这除了要求我们具备基本的汽车知识外,应更加具备积极的服务态度,和善的沟通能力,正确的服务礼仪。表面上我们是在做服务,实际上,我们在为公司做市场。

(2)精湛的技术是成功的基础

技术是硬件,服务靠技术这点来不得半点虚假。为了让客户有心而来,满意而归,更应该保证服务的质量,这即是要求在最短的时间内,圆满地解决问题,要做到判断准确,手到病除。

(3)良好的职业道德是服务的保证

培养员工良好的职业道德是做好服务的重要保证。培养职工爱岗敬业的职业道德,包括对职业认识的提高、职业感情的培养、职业意志的锻炼、职业思想的树立,以及良好的职业行为和职业习惯。对待客户,要主动热情,和蔼可亲,礼仪周到;对待待修的车辆,应该细致地套上把套、座套、脚垫,戴上干净的手套,将车送入维修车间,认真细致。通过我们的行动,让顾客感动不已。

(4)优美的环境是服务的窗口

优美的环境使人神清气爽、心旷神怡。客户可通过窗口看到公司的管理水平。每当客户来临,那舒适的休息厅、敞亮的展厅、热情的服务都会使他们有到家的感觉,这不仅是对车主的尊重,也是间接地提升公司的形象和产品形象,最终赢得更多的客户和市场。

案例思考：品牌形象与口碑的建立有赖于每位一线员工的一言一行,请思考如何规范自己的言行?

任务 3.1　仪容仪表

 任务描述

为了维护自我形象,有必要修饰仪容仪表。仪容仪表反映出一个人的精神状态和礼仪素养,是人们交往中的"第一形象"。

本任务从帮助学习者明确职业状态下仪容仪表修饰的注意事项。

岗位能力训练目标

1.能说出仪容仪表礼仪注意的要点。
2.能按照仪容仪表修饰要点进行职业装扮。
3.能按照汽车服务人员工作要求做好工具准备。

3.1.1　仪容礼仪

仪容主要是指一个人的五官容貌,包括一个人的头部和手部,如头发、脸庞、眼睛、鼻子、嘴巴、耳朵等。仪容是每个人生来就有的,具有先天性。但是后天也是可以通过改变来实现追求美的目的,所谓"三分长相、七分打扮"就是这个意思。仪容礼仪包括个人卫生礼仪、美容美发礼仪等,是人类为维系社会正常生活而要求人们共同遵守的最起码的道德规范。它是人们在长期共同生活和相互交往中逐渐形成,并且以风俗、习惯和传统等方式固定下来。一般而言,汽车服务人员的仪容礼仪主要体现在头发、面容、手部、颈部和脚部等几个方面。汽车服务人员的仪容注意事项及要求如表 3.1 所示。

表 3.1　仪容注意事项及要求

项目	男士	女士
着装	穿着标准工作装,烫烫平整、干净得体、无污点,裤线保持笔挺;佩戴胸牌;男士打领带,女士带丝巾	
发型发式	短发、6 厘米左右为佳,后不达领、侧不达耳;梳理整齐、干净无异味,不留长发、无头皮屑	干净梳理有型的头发,发帘尽量不要遮住眼睛;留长发的女士用丝带扎住
面部	注意避免有眼眵、口臭、耳垢;胡须剃干净	注意避免有眼眵、口臭、耳垢;工作场合避免佩戴大耳环;化淡妆,恰到好处即可

项目	男士	女士
手、指甲	手保持清洁,指甲勤修理,不宜留长指甲;避免佩戴戒指及手镯	
袜子	尽量穿深色袜子,避免穿脏、破袜子	尽量穿肉色丝袜,避免穿破袜子,建议多备一双袜子在包里
鞋	保持干净,鞋后跟不应有磨损	保持干净,被服在某种程度上 5cm 以下为宜

3.1.2 仪表礼仪

仪表是指一个人精神面貌的外观体现。一个人的卫生习惯、服饰与形象和保持端庄、大方的仪表有着密切的关系。

商品包装之所以重要,是因为:当人们无法通过实际使用去判断商品的品质时,往往会通过商品的包装(外观)来判断商品的内在品质。当你面对汽车服务市场上的交往对象时,具有职业风范的仪表会清楚地表明你对自己的看法及你对对方的看法。塑造正确的职业化仪表,能够帮助汽车服务人员更快更好地服务于客户。

汽车服务人员在选择服饰时要根据人们的审美观及审美心理,注意遵循整洁、适合的原则。汽车服务人员选择衣服要整齐干净并服从服务环境的需要,要学会放弃个性。服饰必须体现自己的个性、热情、细致和专业的一面,又要衬托出你非常适合汽车服务的背景环境。如果仅仅为了突出个性而忽视汽车服务交往目的,穿着特别时髦甚至暴露的衣服来表现你的坦诚热情,是不可能被顾客接受的,直接影响汽车服务企业的整体形象。

(1)男汽车服务人员服饰要求

西装的穿法。站立时,西装上衣的纽扣应当系上,只有在内装背心或毛衣,外穿单排扣上衣时除外。就座后,西装上衣的纽扣则要解开,以防走样。单排两粒扣的西装只系上边那粒纽扣;单排三粒扣的西装要么只系中间那粒要么系上面两粒;双排扣的西装则要全部系上。

通常,西装背心只能与单排扣的上衣配套,单排扣式背心最下面那粒纽扣应当不系排扣式的则要全部系上。

西装上衣左侧的外胸袋除可以插入一块用以装饰的手巾外,不能放任何物品。内侧的胸袋用来放钱夹、名片夹、笔等,外侧的两只口袋原则上以不放任何东西为佳。

西装的搭配。西装首推藏蓝色,还可以选择灰色和深棕色,黑色也可考虑。衬衫必须为单一色彩,以白色为宜;衣扣应系上;最美观的袖长是,着西装时露出1厘米左右;选择衬衫时,要特别注意衣领和胸围的松紧度。同一领带上颜色最好少于三种;主要以单色或几何形状图案为主;打领带的基本要求是挺括、端正,标准长度是下端的箭头正好抵达皮带扣的上端。领带夹只宜夹在衬衫的第四粒扣和第五粒扣的距离上。与西装配套的皮鞋应为深色,单色;最适合的是黑色。系带的皮鞋是最佳之选。穿西装时,所配的袜子也以深色、单色为宜,最好是黑色。袜子的长度不得低于踝骨。

（2）女汽车服务人员的服饰要求

套裙的穿法。上衣不宜过长过短，裙子的下摆恰好抵达着装者小腿肚上最丰满处是最标准的裙长，上衣袖长以恰恰盖住着装者的手腕为好。不允许将上衣披在身上，或者搭在身上，更不允许当着别人的面随便将上衣脱下。上衣的纽扣必须一律全部系上。

套裙的搭配。套裙应以冷色调，不带任何图案为主。衬衫的下摆必须掖入裙腰之内，衬衫的纽扣要一一系好，最上端一粒纽扣除外。内衣一定要穿；内衣不宜外穿；内衣不准外露；内衣不准外透。鞋袜以黑色牛皮鞋、肉色袜为宜，鞋袜应完好无损，不可以当众脱下。

（3）汽车服务人员服务工具准备

名片夹：应该选择一个比较好的名片夹来放自己的名片，这样可以保持名片的清洁整齐。同时接受他人名片的时候，应该有一个妥善的位置能够保存，而避免直接把对方的名片放在你的口袋中，或者放在手中不停地摆弄。

备忘便笺纸：能够及时记录顾客信息以及相关的要求，有助于提高工作质量和工作效率。

计算器：能够快速准确地算出汽车相关价格，如购置税、车险、优惠后的价格等重要信息。

钢笔/圆珠笔：不可或缺的工具，一般情况下尽量避免把它携带在衬衫的口袋里面，这样容易把你的衬衫弄脏。

以上物品都放在文件夹内。文件夹拿法：左手持文件夹，文件夹开口朝上，左手手臂略弯曲。

职业仪容仪表如图 3.1 所示。

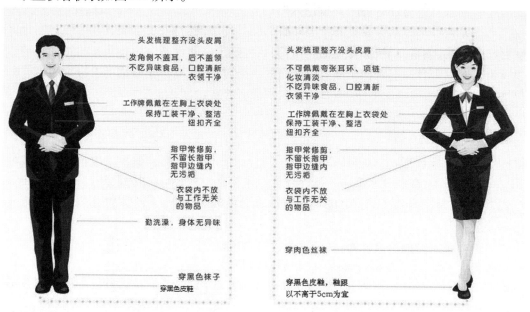

图 3.1　职业仪容仪表

🗂 **实训演练：仪容仪表训练**

请练一下：如果你是一名 4S 店的销售顾问，第一天上班，你将如何着装，并做好哪些工作准备?

任务3.2 仪态礼仪

仪态礼仪

 任务描述

　　汽车服务企业中,仪态礼仪被视为"第二语言",是内涵极为丰富的"语言"。正确的仪态礼仪可以做到自然舒展、充满生气、端庄稳重、和蔼可亲,可以帮助人们用表情、动作或体态来交流感情、传递信息、协调关系。

　　本任务从站立坐行、手势、表情、微笑方面来训练仪态礼仪。

岗位能力训练目标

　　训练站立坐行、手势、表情、微笑等仪态,培养良好的职业礼仪。

　　仪态是指人在行为中的姿势和风度。姿势是指身体呈现的样子,风度则属于气质方面的表露。洒脱的风度、优雅的举止,常被人们所羡慕和称赞,最能给人们留下深刻的印象。人际交往中,人们的感情流露和交流往往借助于人体的各种姿态,这就是我们常说的"体态语言",它作为一种无声的语言,在生活中被广泛地运用。用优美的体态表达礼仪,比用语言更让受礼者感到真实、美好和生动。

3.2.1　站姿

　　站姿是人最基本的姿势,也是其他姿势的基础,是我们日常生活中正式或非正式场合中第一个引人注视的姿势。"站如松"是说人的站立姿势要像青松一般端直挺拔。这是一种静态美,是培养优美典雅仪态的起点,也是发展不同质感动态美的起点和基础。良好的站姿能衬托出美好的气质和风度。

站姿礼仪

　　(1)正确的站姿

　　正确的站姿,从整体上给人以挺、直、高的感觉。如图3.2所示,标准站姿的基本要领如下:

　　①头正,颈挺直。双肩展开向下沉。人体有向上的感觉。

　　②收腹、立腰、提臀。

　　③两腿并拢,膝盖挺直,小腿往后发力,人体的重心在前脚掌。

　　④女士四指并拢,虎口张开,双臂自然放松,将右手搭在左手上,拇指交叉,体现女性线条

图 3.2　正确站姿

的流畅美。脚跟并拢,脚尖分开呈 V 字形。

⑤男士可将两脚分开与肩同宽,也可呈 V 字形,双手放到臀部上,塑造好男性轮廓的美。

⑥女士穿旗袍时,可站成丁字形,下颔略收,双手交叉置于肚脐位置上。

⑦站立时应保持面带微笑。

(2) 纠正不良的站姿

社交场上站立时切记:双手不可叉在腰间,也不可抱在胸前;不可驼着背、弓着腰、眼睛不断向左右斜、一肩高一肩低、双臂左右乱摆、双腿不停抖动;不宜将手插在裤袋里,更不要下意识地做小动作,如摆弄打火机、香烟盒,玩弄皮带、发辫、咬手指甲等,这样不但显得拘谨,给人以缺乏自信和经验的感觉,而且也有失庄重(图 3.3)。

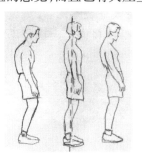

图 3.3　不良站姿

3.2.2　坐姿

坐姿的原则是"坐如钟"。如图 3.4 所示,正确的坐姿给人以端正、大方、自然、稳重之感。

坐姿礼仪　　蹲姿礼仪

(1) 正确的坐姿

①入座时要轻要稳,走到座位前,转身后,轻稳地坐下。女子入座时,若是裙装,应用手将裙稍稍拢一下;不要坐下后再站起来整理衣服。

②坐在椅子上,上身保持站姿的基本姿势、双膝并拢,两脚平行,鞋尖方向一致。

③根据所坐椅子的高低调整坐姿,双脚可正放或侧放,并拢或交叠。但必须切记,女士的双膝应并拢,任何时候都不能分开。

图 3.4　正确坐姿

④双手可自然弯曲放在膝盖或大腿上。如果坐在有扶手的沙发,男士可将双手分别搭在扶手上,而女士最好只搭一边扶手,以显示高雅。

⑤坐在椅子上,一般是男士坐满椅子的 2/3,女士坐满椅子的 1/2。一般情况下,不要靠背,休息时可轻轻靠背。

⑥起立时,双脚往回收半步,用小腿的力量将身体支起,不要用双手撑着腿站起,要保持上身的直立状态。

（2）女士的其他几种坐姿

①双腿垂直式。其基本做法是,双腿垂直于地面,双脚的脚跟、膝盖直至大腿都需要并拢在一起,双手叠放在大腿上。这是正式场合的最基本坐姿,特别是谋职面试,与领导、长辈谈话,应该保持双 L 形,即大腿与小腿成直角,臀部与背部成直角,而且不能靠背。该种坐姿可给人以诚恳、认真的印象。

②双腿叠放式。这种坐姿要求上下交叠的膝盖之间不可分开,两腿交叠成一直线,这样才会给人以纤细的感觉。双脚置放的方法可视座位高矮而定,既可以垂直,也可与地面成 45°角斜放。采用这种姿势时,切勿双手抱膝,更不能两膝分开。

③双腿斜放式。坐在较低的沙发上时,若双腿垂直放置,膝盖不可高过腰,否则极不雅观。这时最好采用双腿斜放式,即双腿并拢后,双脚同时向右或左侧斜放,并且与地面形成 45°左右角。这样,就座者的身体就会呈现优美的 S 形。

④双脚交叉式。其基本做法是双腿并拢,双脚在踝部交叉之后略向左侧斜放。坐在主席台上、办公桌后面或公共汽车上时,比较适合采用这种坐姿,感觉比较自然。

⑤双脚内收式。这种坐姿的做法是两条小腿向后侧屈回,双脚脚掌着地,膝盖以上并拢,两脚稍微张开。这也是变化的坐姿之一,尤其在并不受注目的场合,这种坐姿显得轻松自然。

（3）自觉纠正不良坐姿

如图 3.5 所示,需纠正的不良坐姿有以下 5 种:

①与人交谈时,双腿不停地抖动甚至鞋跟离开脚跟在晃动。

图 3.5　不良坐姿

②坐姿不符合环境要求,如与职位高者、长者交谈时叠腿。

③双脚搭到椅子、沙发、桌子上。

④叠腿姿势成"4"字形。

⑤坐下后脚尖相对,或双腿拉开成八字形,或将脚伸得很远。

3.2.3 走姿

行走礼仪

走姿属动态美,凡是协调稳健、轻松敏捷的走姿,都会给人以美感,如图 3.6 所示。

(1)正确的走姿

①以站姿为基础,面带微笑,眼睛平视。

②双肩平稳,双臂前后自然地、有节奏地摆动,摆幅以 30°~35°为宜,双肩、双臂都不应过于僵硬。

③重心稍前倾,行走时左右脚的重心反复地前后交替,使身体向前移。

④行走时,两只脚两侧行走的线迹为一条直线。

⑤步幅要适当。一般应该是前脚的脚跟与后脚的脚尖相距为一脚长,但因性别身高不同会有一定差异。着装不同,步幅也不同。例如,女士穿裙装(特别是穿旗袍、西服裙、礼服)和穿高跟鞋时,步幅应小些;穿长裤时,步幅可大些。

⑥跨出的步子应是脚跟先着地,膝盖不能弯曲,脚腕和膝盖要灵活,富于弹性,不可过于僵直。

⑦走路时应有一定的节奏感。

(2)需要纠正的不良走姿(图 3.7)

图 3.6 正确走姿

图 3.7 不良走姿

①内八字、外八字的走姿。

②弯腰驼背,摇头晃脑,扭腰摆臀。

③膝盖弯曲,重心交替不协调,使得头先去,腰和臀后跟上来。

④左顾右盼,走路时抽烟,双手插裤兜。

⑤身体松垮,无精打采。

⑥摆手过快,幅度过大或过小。

3.2.4 蹲姿

蹲姿是在需要降低体位以便捡起掉在地上的物品或进行其他操作时采取的姿势(图 3.8)。在工作场合中弯腰捡拾,特别是女士着裙装时,为避免不雅,一般都采用蹲姿。

正确的蹲姿基本要领如下:

下蹲时一般一脚在前、一脚在后,女士应大腿靠紧向下蹲,男士下蹲时两腿之间可有适当距离。前脚全脚掌着地,后脚跟提起,脚掌着地。臀部始终向下,基本上以后腿支撑身体。女士还可以采用交叉式蹲姿,基本上以后腿支撑身体。

正确蹲姿

不良蹲姿

图 3.8 蹲姿

3.2.5 手势

手势是人们交往时不可缺少的动作,是最有表现力的一种"体态语言"。手势美是一种动态美,能够恰当地运用手势来表情达意,定会为交际形象增辉(图 3.9)。

图 3.9 引导手势

(1)使用手势应注意的问题

①手势的使用应该有助于表达自己的意思,但不宜过于单调重复,也不能做得过多。反复做一种手势会让人感到修养不够,与他人交谈时,随便乱做手势或不住地做手势,会影响他人对说话内容的理解,因此,服务人员应约束自己,讲话时注意自我控制手势的运用。

引导礼仪

②打招呼、致意、告别、欢呼、鼓掌等都属于手势范围,应该注意其力度的大小、速度的快慢,时间的长短,不可以过度。如看体育比赛、文艺演出或欢迎人到来时的鼓掌,应该用右手手掌轻拍左手手掌心,不可过分用力,也不可不鼓掌。更不应该喝倒彩,即用鼓掌表示不满。

③在任何情况下,不要用拇指指自己的鼻尖和用手指点他人,谈到自己时应用手掌轻按自己的左胸,那样会显得端庄、大方、可信。用手指点他人的手势是不礼貌的。

④介绍某人,为某人指示方向或请人做某事时,应该使掌心与地面成45°,手指自然并拢,

掌心向上,以肘关节为轴,指示方向,上身稍向前倾15°,以示敬重,这种手势被认为是诚恳、恭敬、有礼貌的。

(2)日常生活中应该避免出现的手势

生活中某些手势会令人极其反感,严重影响交际风度,如掏耳朵、抠鼻孔、咬指甲、剜眼屎、搓泥垢、修指甲、揉衣角、用手指在桌上乱画……这些都是交往中禁忌的举止。咳嗽、打喷嚏时,要以手帕捂住口鼻并且应面向一侧,避免发出大声;口中有痰要吐在手纸里或手帕中;手中的废物应扔进垃圾桶。

3.2.6 表情

表情是仅次于语言的一种交际手段,因此在交际活动中表情备受人们的注意。在人的千变万化的表情中,眼神和微笑最具有礼仪功能和表现力。

(1)眼神

表情中起主导作用的是眼睛,眼睛对人内心情感的传达主要靠眼神。用眼睛表情达意必须注意以下两个礼仪方面的问题:

1)注视的时间

交谈的过程中,有些人让人感觉舒服,有些人则令人不自在,甚至让人感觉不值得交往,这主要与注视的时间长短有关。一般来说,与对方目光接触的时间超过了全部谈话时间的1/3时,要么是被认为很吸引人,要么是怀有敌意。因此。对于不太熟悉的人,不可长时间地盯着对方的眼睛,以免引起对方的恐惧和不安;如果感觉与对方谈得来,可一直看着他,让他意识到你喜欢与他交往,以建立良好的默契。这样的谈话可以有60%以上的时间注视对方。不难想象,如果谈话时心不在焉、东张西望,或由于紧张、羞怯不敢正视对方,目光注视的时间不到整个谈话的1/3,那一定不容易被人信任。

2)注视的区间

注视对方不同位置,传达的信息有所区别,造成的气氛也相异。不同的场合和交往对象,目光所及之处也有区别。若是公务场合中的注视,目光所及区域应在额头至两眼之间的正三角形区间;若是社交场合,则目光所及区域在两眼到嘴之间的倒三角形区间;亲密注视的目光所及区域可落实到某个具体部位,如双眼、唇、脖子等。

(2)微笑

人的五官中,嘴的表现力仅次于眼睛。笑主要是由嘴部来完成的。嘴部是一个人面部表情中比较显露的突出的部位,是一种生动、多变的感情表达语。

笑是眼、眉、嘴和颜面的动作集合,它能够有效地表达人的内心情感。据专家统计,人的面部表情肌有30多种,能做出大约25种不同的表情。就拿人类的笑来说,就可分为微笑、欢笑、大笑、狂笑、苦笑、奸笑、傻笑、狞笑、嘲笑。其中,最常见的、用途最广的、损失最小而效益最大的便是微笑。

微笑的表情之所以令人愉快,最主要的在于这种表情所传递、表达的可喜的信息和美好的感情。微笑总是给人们带来友好的感情,总是给人带来欢乐和幸福,带来精神上的满足(图3.10)。

图 3.10　微笑礼仪

1）微笑对营销的重要作用

微笑,已成为各国宾客都理解的世界性"语言",世界著名的酒店管理集团,如喜来登、假日等有一条共同的经验,即服务金钥匙中最重要的一把就是"微笑"。美国的麦当劳快餐店老板也认为:"笑容是最有价值的商品之一。我们的饭店不仅提供高质量的食品、饮料和高水准的优质服务,还免费提供微笑。"日本知名航空公司,空姐上天之前要接受的主要礼仪训练就是微笑。学员要在教官指导下进行长达 6 个月左右的微笑训练,训练在各种乘客面前、在各种飞行条件下应保持的微笑。

2）微笑的练习

微笑是一种健康文明的举止。通过微笑来表达美的习惯是可以通过训练养成的。微笑的基本动作要领是:不发声、不露齿、肌肉放松、嘴角两端向上略微提起、面含笑意、亲切自然使人如沐春风。其中,亲切自然最重要,它要求微笑出自内心、发自肺腑,而无任何做作之态。也只有这种发自真心和诚意的微笑,才能使一切与你接触的人都感到轻松和愉快。

人们微笑时,首先表现在嘴的两端要平均地向上翘起。在练习时,为使双颊肌肉向里可念着普通话的"一"字音。笑的关键在于善于用眼;如果一个人的嘴上翘时,眼睛仍是冷冰冰的,就会给人假的感觉。眼睛里的"笑容"的训练方法是:取厚纸一张,遮住眼睛下边部位对着镜子,心里尽情地回忆过去美好的时光,使笑肌抬升收缩,嘴角两端做出微笑的口形;接着放松面部肌肉,随后即使是口部恢复原形,目光中自然会反射出含笑脉脉的神采来(图 3.11)。

方法一:

①将手指放在嘴角并向脸的上方轻轻上提。

②一边上提,一边使嘴充满笑意。

方法二:

①手张开举在眼前,手掌向上提,并且两手展开。

②随着手掌上提,打开,眼睛一下子睁大。

方法三:

①将手举到脸前。

②双手按箭头方向做"拉"的动作,一边想象笑的形象,一边使嘴笑起来。

图 3.11　训练微笑的方法

实训演练：仪态礼仪训练

请练习一下正确的站姿、坐姿、走姿、蹲姿、手势、眼神、微笑等礼仪。

任务 3.3 交往礼仪

任务描述

交往是指在社会生活中人与人之间基于某些客观需要而发生的思想、情感、语言和行为方面的相互影响和作用。交往礼仪在人类社会生活中具有相当重要的作用。

本任务从握手礼、介绍礼、使用名片、致意、鞠躬方面来训练交往礼仪。

岗位能力训练目标

训练握手礼、介绍、使用名片、致意、鞠躬等交往礼仪，培养良好的职业礼仪。

3.3.1 握手礼

握手是交往时最常见的见面礼节，是世界通行的礼节。初次见面、久别重逢、告别或表示祝贺、鼓励、感谢、理解、慰问等都可行握手礼，如图 3.12 所示。

握手礼仪

图 3.12 握手礼仪

（1）握手的姿势

握手时，双方应保持一步左右的距离，各自伸出右手，手掌略向前下方伸直，四指并拢，大拇指叉开，指向对方，手掌与地面是垂直的，两人手掌平行相握，持续 1~3 s。同时注意：上身稍向前倾、头略低、面带微笑，注视对方，并伴有问候性语言。

（2）握手的时间

握手的时间应长短适宜,一般以 3~5 s 为好。如初次见面,握手时间不宜过长。如果老朋友意外相见,握手时间可适当加长,以表示不期而遇的喜悦或真诚,甚至可以一边握手一边寒暄,但一般也不要超过 20 s 为好。男士与女士握手,时间不宜过长,拉住她人的手不放是很不礼貌的。

（3）握手的力度

握手用力要均匀,不要死握住对方不放,让人有痛感,尤其对女性,不能让女性产生痛楚感。也不要松松垮垮,软绵无力,尤其是男性。握手如果无力,只轻轻碰一下,会被认为是毫无诚意或拒人于千里之外。对于女性而言,握手可以松软些,不必太用力,而且男人同女人握手,一般只轻握对方的手指部分。握姿要沉稳、热情、真诚。所谓轻重适宜,就是指握手时的力度能传递自己的热情但又不失粗鲁。

（4）握手时应注意的问题

如图 3.13 所示,握手时应注意以下问题:

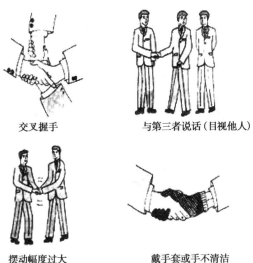

交叉握手　　　　　与第三者说话（目视他人）

摆动幅度过大　　　　　戴手套或手不清洁

图 3.13　不正确的握手方式

①注意伸手的先后顺序。见面时,握手是向对方表示友好、礼貌。但在人际交往中,却不可贸然伸手。伸手的先后顺序,要视身份、地位而定。各种场合的握手应该按照上级在先、长辈在先、主人在先、女士在先的顺序进行。作为下级、晚辈、客人、男士,应该先问候,见对方伸出手后,再伸手与其相握。尤其在上级、长辈面前不可贸然伸手。而作为女士,当男士已伸出手时,不该置之不理,而应落落大方地与对方握手。女士假若不打算与向自己问候的男士握手,可欠身或点头致意,不要视而不见或转身离去。若一个人要同时与许多人握手,最有礼貌的顺序应该是:先上级后下级;先长辈后晚辈;先主人后客人;先女士后男士。

②与他人握手时,手应该是洁净的。如果手上有油渍或较脏不能握手,应先做个说明,表示歉意。握完手后不应搓手、擦手。

③握手时一定要用右手,用左手与别人相握,是失礼的行为。在特殊情况下用左手与人相握应当说明并表示歉意。

④握手时要面带微笑,眼睛注视对方。千万不要东张西望,心不在焉,否则会使对方产生不受尊重的感觉。也不应该目光下垂,显得拘谨、不大方。

⑤握手的力度要适中。如果是一般关系,握手时只需稍稍握一下即可;如果关系密切,双方握手时可略用力,并上下轻摇几下。男士对女士一般只轻握一下手指部分。

⑥除了残疾人、老人、身体欠佳者外,不能坐着与人握手。

⑦握手时不要拍对方的肩膀。除非是老朋友、熟人,但大部分人会产生不快,尤其是对上级、长辈和异性,更不允许使用这种方式。

⑧握手时一般不要伸出双手接捧。只有对特别年长或身份极高的人,可以用双手握住对方的手以表示毕恭毕敬。男士对女士的敬重一般不用这种方式来表示。

⑨年幼对年长者、身份低对身份高者,握手时应稍微向前欠欠身,小小的鞠躬,以示尊敬。

⑩当别人已伸出手时,切忌慢条斯理,或迟迟不伸出手,令人尴尬。尤其是女士,不要软绵绵地把手递过去,一副冷冰冰的样子。一般来说,他人已伸手了,不得拒绝握手。

⑪按国际惯例,身穿军服的军人可以戴着手套与人握手,地位高的人和女士也可以戴着手套(但也只限于薄纱的装饰性手套)。一般人握手时要脱去手套,否则将是十分失礼的。如因故来不及脱手套,则必须向对方说明原因并表示歉意。

⑫军人行握手礼时,应先行军礼再握手;佛教徒应先行合掌礼再握手。

⑬几个人在一起时,可顺时针或逆时针握手,但不能交叉握手,即当两个人正在握手时,第三者不要把胳膊从上面架过去急着和另外的人握手。

(5)握手语

握手时,除了动作上的礼节外,通常还需要一两句话来活跃气氛,增进感情,这种语句称为握手语。

不同的场合有不同的握手语。一般来说,握手语有以下9种类型:

①问候语。这是最常见的握手语,如"您好""很高兴见到您""久仰,久仰""幸会,幸会"等。

②祝贺语。如"祝贺您""恭喜、恭喜"等。

③欢迎语。对第一次来的客人,可以说"欢迎光临"等。

④关心语。对远道而来的人或久别重逢的朋友,可以说"辛苦了""累了吧""近来忙些什么呢""还好吧"等。

⑤安慰语。对碰到难题的人说"一切都会过去的"等。

⑥赞美语。对对方的服饰、精神状态等均可以适当加以赞美,如"小姐这套服饰真漂亮""您今天看起来精神可好了"等。

⑦天气语。如"今天天气不错""这里的天气能适应吗?"等。

⑧礼貌语。告别或送别时,可以说"请走好,再见""恕不远送""招待不周,请多多包涵"等。

⑨祝福语。如"祝您好运""祝您幸福"等。

3.3.2 介绍

介绍是交往活动中相互了解的最基本的方式,是人们交往的第一座桥梁。通过介绍,可以缩短人与人之间的距离,为更好地交谈、了解、沟通迈出第一步。

介绍礼仪

(1)他人介绍

他人介绍,就是由第三者把一方介绍给另一方,介绍人、被介绍人和接受介绍的人就形成了三角关系。为他人做介绍时,不仅要熟悉双方的情况,而且要懂得介绍的礼仪规范。

1)介绍的顺序

在介绍两人相互认识时,总的要求是:应让位尊者优先了解对方的情况,即先把被介绍人介绍给你所尊敬的人。具体来说,有以下几种情况。

①先把男士介绍给女士,再把女士介绍给男士。通常适用于同年龄、同地位的人之间。

②先把客人介绍给主人,再把主人介绍给客人。

③先把晚辈介绍给长辈,再把长辈介绍给晚辈。

④先把地位低者介绍给地位高者,再把地位高者介绍给地位低者。

⑤先把未婚者介绍给已婚者,再把已婚者介绍给未婚者。它仅仅适用于介绍人对被介绍人的情况非常了解的前提下,若把握不准,不要贸然行事。

以上这5种介绍顺序,其共同点是"尊者居后",即先把身份、地位较低的一方介绍给身份、地位较高的一方,让尊者优先了解对方的情况,以表示对尊者的敬重。而在口头表达上,则是先称呼尊者,然后再介绍,如:"王老师,这位是小李。"这些介绍的顺序已成为国际惯例,如果颠倒会令人不快。

2)介绍的姿态

当为别人做介绍时,千万不要用手指指点对方,而要用整个手掌,掌心向上,五指并拢,胳膊向外伸、斜向被介绍人。向谁介绍,眼睛就注视着谁。

3)介绍的语言、内容

一般情况下,介绍的内容宜简不宜繁,只要介绍被介绍人的姓名、单位、职务、部门就可以了。

如果时间宽裕、气氛融洽,还可以进一步介绍双方的爱好、特长、个人学历、荣誉等,为双方提供更多可交谈的内容。如果介绍人能找出被介绍双方的某些共同点,会使双方的交谈更加融洽。介绍人还可以说明自己与被介绍人的关系,以便新结识的人增进了解与信任。介绍的语言要规范,符合身份。较为正规的介绍,应使用敬语,如"王总,请允许我向您介绍一下,这位是小张。"较随便一些的介绍,可以这样说:"张小姐,我来介绍一下,这位是王先生。"介绍姓名时要口齿清楚,发音准确,把易混淆的字讲清楚。

4)其他注意事项

要了解双方是否有结识的愿望。例如,一些地位高的人不愿结识一些地位低的人,一些女士不愿结识一些男士。

介绍时 3 人都应起立。除了不便起立的,如宴会的餐桌边、残疾人、年迈的老人,此外,妇女、长者、尊者等也可以不必起立,只要微笑点头,有所表示即可。

介绍人要实事求是,掌握分寸。不要夸大其词,让人难堪。

被介绍人对他人的介绍要作出礼貌的反应。如"你好""认识你很高兴""久仰,久仰"等。

为他人作介绍时,要避免给任何一方厚此薄彼的感觉。不可以对一方介绍得面面俱到,而对另一方介绍得简略至极。

(2) 自我介绍

在社交场合,遇到对方不认识自己,而自己又有意与其认识,当场没有其他人可从中介绍,这时往往要自我介绍。在这种情况下,要掌握好自我介绍的艺术。

1)时机适宜

自我介绍要考虑场合,抓住时机。一般来说,有这么几种情况:因业务关系需要互相认识,在接洽时可以自我介绍;当遇到一位你知晓的或久仰的人士,他不认识你,你可以自我介绍;出差、旅游、与别人办事不期而遇,为了增加了解和信赖,可以自我介绍;登门造访,事先打电话约见,在电话里应自我介绍;参加聚会,主人不可能做细致的介绍,与会者可以与同席或身边的人互相自我介绍。要注意,如果对方正忙于工作,或正与他人交谈,或是大家的注意力正集中在某人或某件事上,这时作自我介绍有可能打断对方,效果肯定不太好,或是对方心情不佳、疲惫不堪时,也不要上去打扰。

2)内容得体

社交场合自我介绍的内容大体上由 3 个要素构成,即本人姓名、工作单位、职业(或职务)。一般情况下需要将三者都介绍出来。当然,自我介绍内容的繁简还应视实际交际需要来决定。例如,出差、旅游、办事作为临时性的接触,这种自我介绍就很有弹性,有时只介绍自己从哪里来或职业或姓就可以了,只有非常投机的才告诉姓名;参加朋友聚会、沙龙或小组开会时的自我介绍,本人姓名要报全名,不能说"我姓张,叫我小张好了",这样就明显带有不愿进一步深谈、拒绝交往的意思。而如果双方有互相认识的愿望,如在接受面试、参加某项公关比赛或初次到达新的工作单位等情况下,还可以进一步介绍自己的学历、专长、兴趣、经历等。

3)把握分寸

自我介绍时,不要过分地炫耀自己,对自己的身份、门第、财富、学识不要过于渲染;但也不要作自我贬低,让人觉得你不踏实或虚伪,不诚实。总之,自我介绍要表现出诚恳、友好、坦率、可以信赖,就必须实事求是、恰如其分地介绍自己。

4)讲究技巧

正式场合的自我介绍,要突出自己的特点、特色,把握好自我介绍的技巧。

①从介绍自己名字的含义入手。例如,某工厂正欢迎一名叫苏杰的同事,他在自我介绍中说:"我姓苏,苏东坡的'苏',杰出的(杰),自古以来,'苏'姓人才辈出,我父母也希望我成为杰出人才。不过我刚毕业,希望在同志们的帮助下,通过自己的努力,成为有用的人。"

②从介绍生肖入手。有一位小姐去参加"公关小姐"比赛,她这样自我介绍:"我生肖排第一,属鼠;我在××单位工作,今天是我工作以来拥有的第一个五一节;我也是第一次参加这么大的比赛,但愿这么多的第一会给我带来好运。"

③从职业特征入手。有一公关先生,他是这样自我介绍的:"我叫张伟,在上海某宾馆公关部工作。也许有的人心目中的公关工作都是漂亮小姐做的,一个男士怎么做公关工作呢?其实这是一种误解,公关是塑造形象和协调工作的科学,只要具有公关知识和素养,男士也同样可以从事公关工作,今后希望各位在工作中多多关照。"

④从对事业的态度入手。有这样一个自我介绍:"鄙人曹建华,目前担任某化妆品公司总经理。我的职业决定了我要做生意,而我也喜欢做生意。生意有成功,也有失败,我当然希望成功,但也从不害怕失败和困难,每一次失败对我都是一次总结,每一个困难对我的毅力都是一个考验,我就是在失败和困难中前进的,衷心地希望大家在今后的生意中多多协作。"

5)充满自信

要克服害羞心理,避免见面后羞羞答答、遮遮掩掩、不敢抬头或东张西望、心不在焉。自我介绍时要先向对方点头致意,得到回应后再向对方报出自己的姓名、身份、单位及其他相关情况,语调要热情友好,充满自信,眼睛注视着对方,自然、大方。

6)其他注意事项

当你想了解对方时,可引发对方作自我介绍,但要避免直话相问,如你叫什么名字? 姓什么? 今年多大了? 在哪儿工作? 这像是在审犯人。问话要尽量客气、礼貌,如"不知怎么称呼您?""请问您贵姓?""您是……"等。

不要问对方敏感的话题。

他人作自我介绍时要仔细听,记住对方的姓名、职业等,如没有听清楚,不妨在个别问题上再问一遍。

当一方作自我介绍后,另一方也要相应作自我介绍,要避免一方主动自我介绍,另一方不做自我介绍的难堪局面。

3.3.3　使用名片

在人际交往中,交换名片已经成为基本的礼仪(图3.14)。使用名片除了表示一个人的身份以外,还代表了个人的风格、形象。

(1)名片的设计与保管

1)名片的设计

名片设计代表着个人的风格,有的名片设计颇有创意,虽然名片上未注明,但也能猜测出可能是艺术工作者或是某类专业人士。不过,名片设计得一般,未必代表对方就是一个平凡的人,因为有的人个性平实不愿意名片设计太花哨。但总的来说,设计好、材质好的名片象征着一个人的品位和个性。名片设计的一般标准如下:

递送名片礼仪

图3.14　介绍和使用名片

①尺寸:一般长9 cm,宽5.5 cm。形状奇特的名片虽然能引人注目,但很多钱包或名片夹都装不下,因而不易于保存。

②印制:双面印制名片对于经常出国做生意的人是很有帮助的,一面中文,一面全用英文。

③排版:字可以横排也可以竖排。

④包含以下内容:

a.标志、商标或公司符号。例如,从事小型企业的人可与平面艺术家合作,借以设计出代表他或她工作特色的图腾,像花商的花束、食品公司的果蔬菜篮、会计师的计算机图形、摄影师的照相机镜头等。

b.姓名、职称(若必要)。除非你有专门的头衔,如博士、上校等,否则不要把某些头衔,像先生、女士、小姐等印在名片上。

c.公司名称、公司地址,电话号码、传真号码、其他办事处的地址(若必要)。有些在家里办公的人,名片上也应该印上家里的电话和传真机号码。

如果你同时经营几个事业,最好每一个事业印一种名片。

2)保管

一般情况下,公共关系接待人员的名片夹,应放在左胸内侧的上衣口袋里,以表示对对方的礼貌和尊重,随意将名片放在裤袋里,特别是放在右侧裤袋里,是很失礼的行为。倘若在夏天,穿的衣服比较单薄,则应将名片夹放在手提包内,需要时再拿出来,不要把交换的名片乱放。对于自己的名片,也要注意保持干净整洁,切不可出现折皱、破烂、肮脏、污损、涂改等情况。

(2)名片的作用

①便于自我介绍。在会客交友时取出一张名片,自己的基本情况跃然纸上,使人一目了然,便于沟通了解。

②便于保持联系。名片便于储藏对方的基本信息,便于在需要联系时查找。

③名片可以显示个性。在名片的设计、制作、使用时突出个性特征,既便于给对方留下深刻印象,又便于沟通、寻觅知己。

④可用来经营、宣传和业务往来,还可以替代便函,用于表示祝贺、祝福,或用作介绍信、请柬、通报求见、留言,以及通知变更情况等。

(3)使用名片的礼仪规范

名片的使用,分为递名片和接名片两类。

1)递名片

做好递名片前的准备工作。先将名片放在容易取出的地方,以便需要时迅速拿取。

男士可将名片夹放在西装左胸口袋或公文包里,女士可将名片放在手提包内。还要注意名片的管理,避免混乱,将别人的名片当作自己的名片递出。

名片的递送应遵循一定的顺序。一般是地位低者、晚辈或男士先向地位高者、长辈或女士递名片,然后再由后者予以回赠。如果上级、长辈或女士先递上名片,下级、晚辈或男士也不必谦让,礼貌地用双手接过,道声"谢谢",再予回赠。当对方不止一人时,应先将名片递给职务较高或年龄较大者。如果分不清职务高低或年龄大小时，可从自己左边开始按顺序递送。

掌握递交名片的时机。名片可在见面时相互介绍之后才递出，也可在交往中感到有必要进一步联系时递出，如果是比较熟悉的朋友，可在告辞时递出。在未确定对方的来历之前，不要轻易递给对方名片，也不可像散发传单似的递送名片。

注意递送名片的姿态。递名片时，应恭敬地用手拿住名片的两边，并将名片的正面对着对方，同时面带微笑、注视对方，说些友好礼貌的话语，如"认识一下，这是我的名片。""这是我的名片，请多关照。""这是我的名片，以后多多联系。"等。

应避免一只手塞给对方或随意扔在对方的桌面上。

2) 接名片

接名片时，要通过动作、表情、语言等来显示对对方的尊重。

当对方递送名片时，要立即放下手中的事情、起立，双手接过名片，并仔细地阅读一遍，尽快记住对方是何人，以示尊重。必要时可将名片上的姓名、任职，特别是较高的或较重要的职务轻声读出声来，以示重视。如果遇到知名人士，还可表示赞叹。

如果名片上有不认识的或读不准的字，要虚心请教，不可随便叫出。

看完名片后，要郑重地将其放好，并表示谢意。切忌随意往口袋一塞或漫不经心地放置一边。如果是暂放在桌子上，切忌在名片上放置其他物品，更不能滴上汤水、菜汁。离开时，不能把名片遗忘在桌子上。

在交往场合往往要一下接受好几张名片，千万不要搞混，张冠李戴，这样会让人不快。

为了尊重对方的意愿，尽量不要向他人索要名片。如果很想得到对方的名片，你可以大方、礼貌地向对方说："如果方便的话，您可否给我一张名片。"

3.3.4 其他礼节

递送物品礼仪

（1）致意

致意是人们在社交场合常用的见面礼，通常有以下 6 种方式：

1) 微笑致意

在社交场合与人见面时，莞尔一笑是最好的表达方式，适用范围非常广。

2) 举手致意

一般不必出声，只将右臂伸直，掌心朝向对方，轻轻摆一下手即可，不要反复摇动。举手致意，适于向距离较远的熟人打招呼。

3) 点头致意

头微微向下一动，不必幅度太大。适于不宜交谈的场合，如会议、会谈进行中，与相识者在同一地点多次见面或仅有一面之交者在社交场合相逢，都可以点头致意。

4) 欠身致意

全身或身体的上部微微向前一躬。这种致意方式，是表达对他的恭敬，适用于长辈、领导或面试、演讲等人较多的场合。

5）脱帽致意

微微欠身,用距对方稍远的一只手脱下帽子,将其置于大约与肩平行的位置,同时与对方交换目光。若自己一只手拿着东西,则应以另一只空着的手去脱帽。朋友、熟人见面时若戴着有檐的帽子,则以脱帽致意最为适宜;若戴的是无檐帽,就不必脱帽,只需欠身或点头微笑即可。若是熟人、朋友迎面而过,可以只轻掀一下帽子致意即可。同时,问一声好。

6）致意的礼仪规范

①致意的顺序。在各种场合,男士应先向女士致意,年轻者先向年长者致意,下级先向上级致意。女士不论在何种场合,不论年龄大小,不论是否戴帽,只需点头致意或微笑致意。

②致意的方法,往往同时使用两种以上,如点头与微笑并用,欠身与脱帽并用等。

③致意要注意文雅,不要在致意的同时向对方大声喊叫,以免妨碍他人。

④致意的动作不可以马虎或满不在乎。必须认认真真,以充分显示对对方的尊重。

⑤遇到对方向自己致意时,应以同样的方式向对方致意,毫无反应是失礼的。

⑥遇到身份较高者,不应立即起身去向对方致意,而应在对方的应酬告一段落之后,再上前问候致意。

（2）鞠躬礼

鞠躬是表达敬意、尊重、感谢的常用礼节。鞠躬礼一般是下级对上级、服务人员对宾客、初次见面的朋友之间以及欢送宾客时所施的礼节。如图3.15所示,行礼时,取立正姿势(避免两腿叉开或向前弯曲)。双目注视受礼者微笑,然后使身体上部向前倾斜15°左右,视线随鞠躬自然下垂。男士行礼时,手放在身体的两侧,女士则双手握于体前。动作不要太快,幅度要主随客便。日本人士特别是妇女鞠躬时,还会微笑致以相应的问候语或告别语,如"见到您很高兴""欢迎下次光临"等。

鞠躬礼仪

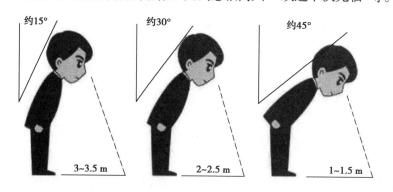

图3.15 鞠躬礼仪

戴帽者行鞠躬礼时,必须先脱帽,用右手握住帽檐中央,将帽取下,左手下垂行礼,受礼者若是长者、女士,还礼可不鞠躬,而用欠身、点头、微笑致意以示还礼外,其他均应以鞠躬礼相还。

鞠躬礼仪的要点:

①"问候礼"通常是30°;"告别礼"通常是45°。

②鞠躬时眼睛直视对方是不礼貌的表现。

③地位低的人要先鞠躬,而且相对深一些。

④当别人向你行鞠躬礼时,你一定要以鞠躬礼相还。

实训演练：交往礼仪训练

请练习一下正确的握手礼、介绍、使用名片、致意、鞠躬等礼仪。

_____

_____

任务3.4　办公室接待礼仪

任务描述

办公室接待礼仪不仅体现对顾客的尊重和对公司文化的认同，也是为人处事，礼貌待人的最直接表现。遵守办公室接待礼仪，有助于树立良好的企业形象。

本任务主要介绍办公室场所准备、人员形象、材料准备和接待来宾的服务礼仪。

岗位能力训练目标

训练办公室场所准备、人员形象、材料准备和接待来宾的服务礼仪，培养良好的职业礼仪。

办公室接待一般是因为双方工作、业务往来的需要，因此，应注意其应有的礼仪规范，以免损害企业的形象，带来负面的影响。

（1）准备

1）办公场所要文明、整洁

办公场所既是工作的地方，也是社交的场所，应当文明、整洁。不能乱吐痰、乱丢烟蒂、纸屑。四壁两面要干净，过道要经常打扫，玻璃、门窗、办公桌、沙发、茶具要擦洗得干净明亮。桌面只放些必要的办公用品，且要摆放整齐。不要将杂志、报纸、餐具、小包等物放在桌面上，废纸应扔入纸篓里。文件应及时分类按月归档，装订整理好，放入文件柜。桌椅、电话机、茶具、文件柜等物的摆设应以方便、高效、安全为原则。此外，办公场所的布置还应给人以高雅、宁静的感觉。办公室还应注意采光要合理，色彩选择恰当，空气清新。

2）办公人员要注意自身的形象

办公人员的形象代表着企业的形象。首先，要注意仪表端庄，仪容整洁，加深客人对企业的第一印象。有些企业中没有统一着装，但都对上班时的着装，提出明确的要求。女士最好化淡妆上班，男士上班时也应进行适当的面容修饰。其次，要注意语言礼貌，举止优雅。这不仅显示出一个人良好的文

着装礼仪

化素养、较强的业务能力和工作责任心，也体现了企业的管理水平。具体体现在：一是真诚微笑。待人接物，向人道歉、致谢都应有真诚的微笑，不要把喜、怒、哀、乐都写在脸上，让人感到

你不够成熟,自控力不强。二是语言谦和。不能在办公场所大声呼喊,讲话声音要轻,无论是对上级、同事还是来访者,都应多使用敬语。三是举止优雅。办公人员的行为举止应庄重、自然、大方、有风度,给人留下正直、积极、自信的好印象。不能慌慌张张,让人感到你缺乏工作能力,或弯腰驼背,萎靡不振。办公人员还应有敬业乐业的精神、饱满的工作热情、高度的工作责任心,以体现集体的活力。

3)准备材料

要按约定准备好自己能提供的、客人需要的书籍、报表、账目等其他咨询材料,或谈判、会谈所需要的材料。考虑好交谈的内容,要做到"心中有数"。即使是接待事先无约的来访者,也应迅速做出反应,以免被动,影响与客人交谈。

(2)接待客人

任何客人来访时都应热情欢迎。如果是上级、贵宾、外单位团队来访,应当组织适当规模的欢迎仪式。

1)迎接、问候

接到客人后,应致以问候、欢迎,初次见面的应作自我介绍,问候语要恰当得体。

2)介绍

如果是客人对前来欢迎的人不认识,应向客人一一进行介绍。客人进屋入座后,其他欢迎者若要离开,应礼貌地对客人说"你们谈吧,我有点事,失陪了""您先歇着,我等会儿再来看望您"之类的客气话,然后再离开。

3)上茶水

主客双方坐下后,接待员应按礼仪次序的要求为客人上茶水。安排妥善后,如自己没必要参加会谈,可避开,等候领导吩咐,或经领导同意后离开,回到自己的工作岗位。离开时应向客人礼貌致意,退出门外,轻轻把门关上。

4)交谈

在办公室与客人交谈,一般应是工作上的事。谈话要尽量简短,几句寒暄后要马上进入正题,不能漫无边际地聊天。交谈时要控制音量,专心致志。对交谈的内容、来访者的意图等可做适当的记录,以便向有关部门、领导汇报、落实和交代。对客人提出的要求要认真考虑,不能立即答复的,应诚恳地

演讲礼仪

向客人说明,或向有关部门、领导汇报后再答复。如果对方的意见和要求不能满足,应委婉拒绝。总之,无论结果如何,都不能失礼和失态,要注意维护企业、单位的利益和尊严。

当领导与客人交谈时,其他人不要打扰。如果有事要请示,敲门进去后,应礼貌地说:"对不起,打扰一下。"请示完以后应马上退出,并向客人表示歉意,把门轻轻关上。

案例3.1　接待来访者

张莉是今年刚刚毕业的大学生,她很荣幸进入一家中外合资企业做接待工作。第一天上班,就遇到了几位来访的客人,不知道自己应该怎样做才符合规范。同天,有位重要客户卫先生来访,他在来访前已和上司约好了会谈的时间,可上司因为别的急事要办突然出去了,此时张莉应该怎么办?

对待未约定来访的客人,应该接引到接待室,让接待室整洁、雅致,给客人留下良好印象;要礼貌待客,有礼有节;弄清来访者的意图,确定是否做进一步安排;在见领导之时要主动上

前引见,根据需要宴请客人,送走客人,制作来访者卡片,灵活处理突发事件。

对待卫先生,接待任务分为怎样接待不能按时与之会见的来访者? 假如卫先生这次来是为了与公司签订合同,否则他可能会找其他公司,这时张莉该如何处理? 首先应该热情接待,弄清楚来访者意图,及时联系领导,由领导来做决定,如果联系不上领导,可想办法挽留,如请他吃饭、参观、与他交谈等,用各种方法来留住他,同时与领导联系,让他尽快赶回来。应该具备分析哪些事情比较紧急,哪些事情可以缓慢处理,哪些事情在授权范围内,哪些事情应该得到领导态度才能处理的判断能力。

案例思考:除了以上交代的,你认为办公室接待还应该注意些什么?

实训演练:办公室接待礼仪训练

请练一下:王经理交代销售顾问小李,下午 14:00,出租车公司的张经理要来办公室洽谈10 台车辆购置事宜,请小李做好接待准备。请问小李应该做好哪些准备? 接待时应该注意些什么?

任务 3.5　交谈礼仪

任务描述

交谈中常常可以见到场面尴尬、枯燥乏味或话不投机的情形,这除了交谈语言方面的问题外,也存在着交谈中的礼仪问题。为了使交谈者之间"情投意合",获得理想的效果,我们应该讲究交谈中的礼仪和方法。这是本任务要学习的主要内容。

岗位能力训练目标

训练接待顾客的交谈礼仪和方法,培养良好的职业礼仪。

3.5.1　交谈的基本要求

(1)态度要诚恳

在交谈中,首要的是以诚相待,心胸坦荡。只有真诚,才能让人抛开猜忌,互相信任。只有真诚,才不会转弯抹角,浪费时间,才能避免那些虚假的应酬。只有真诚,才能给对方一见如故、谈得拢的好感,才能使交谈在亲切友好的气氛中顺利、快速、深入地进行,并达到预期的目的,取得圆满的效果。只有真诚,才能改变别人对你的成见或误解,并以行动去证明你的诚意,从而说服对方,使其愿意支持帮助你,乐于与你合作共事。即使是真正的伟人,也要坦诚直率,真正的贤人也要虚怀若谷,真正的强人,也要温文尔雅。不管对谁,都要真诚第一,才能使交流成功。

(2)说话要实在

只有说实话,不虚伪做作,才能使交谈深入下去,只有充满真情的实话,才能赢得理解与信任。

例如,在买卖过程中,顾客对营业员或服务员常常怀有矛盾心理:一方面怕被欺骗,认为他们总是王婆卖瓜自卖自夸,不说真话,对他们有戒备心;另一方面,又希望得到他们的指点,认为他们懂行情,了解商品特性,也有一定的信任感。明智的营业员或服务员就应该是通过自己的言谈举止,消除顾客的戒备心理和疑虑,巩固顾客的信任感,介绍商品说真心话。真诚地提出自己的意见,为顾客做好参谋,这样就可促成交易成功。

(3)交谈要巧妙

在开始交谈时,双方都要善于创造一个理想的谈话气氛,既要使谈话主题不断深入,又要使交谈者处于一种精神放松的状态,这样双方才能从谈话中得到愉悦,而不必正襟危坐、勉强应付,期待谈话早点结束。要使双方共同达到预期效果,就要讲究以下交谈技巧和礼仪。

1)从必要的寒暄开始

如果是熟人、老友,或者是天天见面的同事、朋友就不必寒暄客套,可以先谈谈别后的情况和现在各自的情况,再转入正题,否则反而显得生疏、做作。

如果是初次见面,应各自做个简单的介绍,可从工作单位、家庭成员、乡土气息等方面拉近距离,待气氛融洽后,再“言归正传”,根据个人兴趣和喜爱,所见所闻,将话题拓宽。

初次见面,如果单刀直入主题,往往使对方感到很突兀,产生反感情绪,认为此人太粗鲁,就会出现“话不投机半句多”的尴尬局面。因此,交谈时不要装腔作势,夸夸其谈;不要胡乱恭维,不要向别人夸耀自己,转弯抹角地自我吹嘘。这样,容易使对方产生厌恶感。

2)要亲切自然

交谈时,听到夸奖赞誉之词,要表示谦逊;听到批评的逆耳之言,不要表现出不高兴和过多的解释。回答问话时要表现出善良、友好的诚意。

3)要神情专注

交谈时,双方神情要自然、专注,应正视对方,认真倾听,切忌东张西望,似听非听或者翻阅书报,甚至处理一些与交谈无关的事务,这是极不礼貌的表现,它将会严重破坏谈话的气氛;也不要随意打哈欠、伸懒腰,做出一副疲惫不堪的样子;或是不时看着钟或者表显得心不在焉,这会给对方留下轻率的印象。

4)要体现情绪交流

交谈要注意反馈,当一方在阐明自己的意见时,你要运用适当的眼神、手势或其他形体语言让对方感觉到你在认真倾听,或及时、适当地使用一些语气词,或简单的语句来回答,以烘托、渲染交谈气氛,激发对方的谈兴。如果对方谈兴正浓,你却如泥塑木雕一般,对他的谈话不置可否,这也是失礼的表现,同时也损害了自身的形象。

3.5.2 交谈的方法

(1)谈吐要优雅

优雅的谈吐是交谈成功的重要因素。只有优雅的谈吐,潇洒的举止,彬彬有礼的风度才能营造和谐融合的氛围,带来轻松愉快的情绪,促使友谊的发展、交谈的深入。

(2)说话要礼貌

礼貌,是待人接物的风度,它反映出一个人有无良好的家庭教育、个性修养和文化素质。文明礼貌的语言是滋润人际关系的雨露,是沟通组织与公众关系的桥梁,是维系交谈者双方良好关系的纽带。没有文明礼貌的语言,很难想象人与人之间能和睦相处、交谈能深入下去。

日常生活中的礼貌语言有:初次见面说"久仰";等候客人说"恭候";看望别人说"拜访";起身离去说"告辞";请人勿送说"留步";请人批评说"指教";久未联系说"久违";客人到来说"光临";欢迎购物说"光顾";中途走时说"失陪";陪伴朋友说"奉陪";求人解答用"请问";请人指教说"赐教";赠送作品说"斧正";向人祝贺说"恭喜";麻烦别人说"打扰";请人指正说"雅正";对方来信说"惠书";托人办事用"拜托";求人方便用"借光";物归原主说"奉还";请人谅解说"包涵"。

(3)表情要微笑

面带微笑的交谈,可以使听众感到信任和亲切,可以活跃交谈气氛。当对方有不友善的表情时,你可以通过微笑让他重新认识你。要使交谈取得良好的效果,就要有健康的微笑,要笑得坦诚自然,笑得真诚,才能给交谈双方带来真正的愉快。

3.5.3 交谈的主题

古希腊思想家亚里士多德曾经指出,交谈由谈话者、听话者和主题3个要素组成。要达到施加影响的目的,就必须关注这3个要素。

交谈的主题,又称交谈的话题,它所指的是交谈的中心内容。一般而论,交谈的主题多少可以不定,但在某一特定时刻宜少不宜多,最好只有一个。话题过多、过散,将会使交谈者无所适从。

(1)宜选的主题

在交谈中,通常有以下5类话题都是宜选择的主题:

1)既定的主题

既定的主题即对方已约定,或者其中一方先期准备好的主题。例如,求人帮助、意见、传递信息、讨论问题、研究工作一类的交谈,往往都属于主题既定的交谈。选择这类主题,最好双方事先商定,至少也要得到对方的认可,它常用于正式交谈。

2)高雅的主题

高雅的主题,即内容文明、优雅,格调高尚、脱俗的话题。如文学、艺术、哲学、地理、历史、建筑等。高雅的主题适用于各类交谈,但要求面对知音,忌不懂装懂,班门弄斧。

3)轻松的主题

轻松的主题,即谈论起来令人轻松愉快、身心放松、饶有情趣、不觉劳累厌烦的主题等。文艺演出、流行时装、美容美发、体育比赛、电影电视、休闲娱乐、旅游观光、风土人情、名人轶事、烹饪小吃、天气状况等。它适用于非正式交谈,允许各抒己见,任意发表言论。

4)时尚的主题

时尚的主题,即此时、此刻或此地正在流行的事物,作为谈论的中心。如足球世界杯赛事、汽车降价、股市动荡等。它适合于各种交谈,但变化较快,在把握上有一定的难度。

5) 擅长的主题

擅长的主题,即以交谈的双方,尤其是对交谈对象有研究、有兴趣、有可读之处的主题,如与医生宜谈健身祛病,与学者谈治学之道,与作家谈文学创作,等等。它适宜于各种交谈,但忌讳以己之长对人之短。

(2)忌谈的主题

在各种交谈中,有5类主题理应忌讳。

1) 个人隐私的主题

个人隐私,即个人不希望他人了解之事。在交谈中,若双方是初交,则有关对方年龄、收入、婚恋、家庭、健康、经历这一类问题属于涉及个人隐私的主题,切勿加以谈论。

2) 捉弄对方的主题

在交谈中,切不可尖酸刻薄、油腔滑调、乱开玩笑、口出无忌,要么挖苦对方所短,要么调侃对方,成心让对方出丑,或是下不了台。这类话题会遭到对方的反感,也是缺少修养的表现。

3) 诽谤人的主题

有人喜欢在交谈中传播闲言碎语,制造是非,无中生有,造谣生事,非议其他不在场的人士。诽谤他人,不仅不能证明自己待人体己,反而证明自己少调失教,是拨弄是非之人。

4) 倾向性错误的主题

在谈话之中,倾向性错误的主题,如违背社会伦理道德、生活堕落、思想反动、政治错误、违法乱纪等,亦应避免。

5) 令人反感的主题

有时在交谈中,会因为不慎谈及一些令交流对象感到伤感、不快的话题,以及令对方不感兴趣的话题。碰上这种情况的出现,应立即转移话题,必要时要向对方道歉,千万不能将错就错,一意孤行。

实训演练:破冰寒暄训练

讨论寒暄话题:对陌生顾客如何进行破冰交谈,可以有哪些话题引入。

话术撰写:针对已列举的话题撰写破冰寒暄话术。

情景演练:2人一组,分别扮演顾客和服务人员,演练破冰寒暄。

任务3.6　谈判的语言艺术

任务描述

商务谈判的整个过程就是谈判者进行语言表达和交流的过程,也就是通过语言表达自己的立场、观点,协调双方的目标和利益,促进谈判成功的过程。那么,怎样才能清楚、明白对方的意图,从而充分、完整、准确而又适当地表达自己的意见,并实现战略上、策略上的目的? 这是很有讲究的,要求语言表达有艺术性。

本任务主要介绍谈判语言表达的运用和技巧。

 岗位能力训练目标

训练接待顾客的交谈礼仪和方法,培养良好的职业礼仪。

3.6.1　谈判的语言表达

在谈判中,语言表达能力十分重要,因为叙事清晰,论点明确,证据充分的语言表达,能够有力地说服对方,取得相互之间的谅解,协调双方的目标和利益,保证谈判的成功。正如谈判专家指出的那样:谈判技巧的最大秘诀之一就是善于将自己要说服对方的观点一点一滴地渗透进对方的头脑中去。商务谈判中使用的语言从说话者的态度、目的和语言本身的作用来看,可分为以下几种类型:礼节性的交际语言;专业性的交易语言;留有余地的弹性语言、威胁、劝诱性的语言、幽默诙谐性的语言和隐含意义的肢体语言等。对一个谈判者来讲,要想掌握谈判语言的运用艺术,就必须首先了解研究这几种语言在谈判中的功用和特点。

(1)礼节性的交际语言

它的特征在于语言表达中的礼貌、温和、中性和圆滑,并带有较强的装饰性。在一般情况下,这类语言不涉及具体的实质性的问题。它的功用主要是缓和与消除谈判双方的陌生和戒备敌对的心理,联络双方的感情,创造轻松、自然、和谐的气氛。常用的礼节性交际语言有:"欢迎远道而来的朋友""很荣幸能与您共事""愿我们的工作能为扩大和加强双方的合作作出贡献"等。礼节性的交际语言在运用时,如果能根据情况适当地增加一些文字色彩,其效果会更好。

(2)专业性的交易语言

它是商务谈判中的主体语言,该语言的特征表现为专业性、规范性、严谨性。为了避免在理解上的差别,就需要将交易用语用统一的定义和统一的词汇来表达,甚至表达形式也加以符号化、规格化,从而使其语言具有通用性。

(3)留有余地的弹性语言

辩证法告诉我们,世界上没绝对不变的事物。因此,在谈判中运用留有余地的弹性语言能使谈判者进退有余地,并且可以避免过早地暴露己方的意愿和实力。例如,"最近几天给你们回信""十点左右""适当时候""我们尽快给你答复"等。这些用词都具有灵活性,留有余地,可使自己避免盲目做出反应陷入被动局面。在谈判中常因谈话的余地留得不够或弹性不足而过早地露了底。

在留有余地的弹性语言中,模糊语言是谈判中经常使用的留有余地的重要手段。模糊语言灵活性强、适应性也强。谈判中对某些复杂的事情或意料之外的事情,不可能一下子就做出准确的判断,从而可以运用模糊语言来避其锋芒,做出有弹性的回答,以争取时间做必要的研究和制订对策。

由此可见,留有余地的弹性语言可以使我们避开直接的压力而给我们的谈判带来主动。

(4)威胁、劝诱性的语言

商务谈判始终围绕着利益上的得与失。谈判的某一方如失去了其内在平衡,就容易产生急躁情绪,甚至表现出粗暴的行为。这样就促使威胁语言进入谈判领域,主要是起强化态度、从心理上打击对方的作用,也用于振奋参加谈判人员的工作精神和意志。

在谈判中为了使自己尽可能在有利的情况下达成协议,除了用威胁性语言策略外,劝诱也是一种能使谈判者在谈判中掌握主动、主导谈判方向、左右谈判进程的方法。劝诱是为了把对方的注意力紧紧吸引住,使其沿着我方的思路去思考问题,从而引导对方接受我方的观点,最终做出我方所希望的结论。

(5)幽默诙谐性的语言

幽默诙谐性语言是思想学识、智慧和灵感在语言运用中的结晶,它诙谐、生动,富于感染力,能引起听众强烈共鸣。因此在日常生活中,具有幽默感的人几乎毫无例外地受到欢迎,在谈判桌上也是一样。幽默诙谐性语言是用一种愉悦的方式让谈判双方获得精神上的快感,从而润滑人际关系,去除忧虑、紧张。在谈判中,有时本来双方正激烈争论,相持不下,充满火药味时,一句幽默的话会使双方相视而笑,气氛顷刻松缓下来。有人称幽默诙谐性的语言是谈判中的高级艺术。

(6)隐含意义的肢体语言

肢体语言是一种借助于人的目光、表情、动作、体态等来传递信息、交流思想的无声语言。主要使用于两种情况:一是与有声语言相配合,加强有声语言的表现力;二是某些语言不宜用有声语言传递,选择形体语言表达更适宜。如当客户提出不合理要求时,销售人员可能会担心失去交易而不愿意直接拒绝,但又必须使顾客明白其要求是不可能实现的,这时就可借助肢体语言如摇头、皱眉等,既表示拒绝的态度,又可避免直接的有声拒绝而引发不愉快。

肢体语言包括很多表达形式或符号,见表3.2。销售人员应掌握其中奥妙,既能巧妙运用肢体语言传递信息,又要正确识别客户的态度,成为销售活动中的主角。

表3.2　肢体语言的一般含义

含义	姿势
真诚	摊开双手;更靠近;打开大衣纽扣;脱掉大衣放在椅子上
评价	抬着头,手碰到脸颊,身体前倾,手托下巴
冷淡	无精打采,很少的眼睛接触,嘴唇松弛,视而不见,眼神不集中
拒绝	两臂两腿交叉,身体后缩,环顾左右,触摸式揉鼻子
挫折	紧握双手,揉颈背,在空中挥拳
紧张	眯着眼睛,嘴唇哺动,嘴巴微微张开,来回走动,抖动手指,摆弄东西
防御	身体僵硬,双臂双腿紧紧交叉,很少或没有眼睛接触,拳头紧握,嘴唇缩拢
自信	自豪的、挺直的身姿,持续的眼睛接触,手伸直,双手合起抱着头放在头后,下巴抬起,含蓄的微笑

3.6.2 谈判语言的运用条件

在选择和运用谈判语言时,必须考虑以下5个条件:

(1)对象

谈判的对象不同,所运用的语言也应不同,从总体上讲,必须考虑谈判者的职位、年龄、性别以及谈判者的性格、态度等因素。对职位高的与职位低的、年长的与年轻的、性格内向的与外向的、态度友好的与态度疏远冷落的等,要使用不同的谈判语言。要做到有的放矢,有针对性。

(2)话题

在谈判不同阶段,针对不同的话题运用不同的语言,才可谓言辞切题。

①在谈判双方见面寒暄、相互介绍、场下交易以及就某些题外话闲聊时,一般使用礼节性的交际语言,有时也适当使用幽默诙谐性的语言。这样会给对方一种亲切轻松而又不失郑重的感觉。

②在谈判过程中涉及合同的条文以及价格等问题时,一般均以专业性交易语言为主,以求准确而严谨地表达意思。

③当谈判遇到障碍,双方争执不下时,可以用威胁、劝诱的语言来逼迫对方让步。同时可以用幽默诙谐性的语言来调节、缓和场上的气氛。

(3)气氛

谈判结果从本质上讲是没有输赢之分的,但谈判的各方都会设法在谈判过程中争取优势,这不可避免地产生谈判过程的顺利、比较顺利与不顺利的现象,从而导致了不同的谈判气氛。谈判者应把握各种谈判气氛,正确运用谈判语言以争取谈判过程中的主动,如遇价格问题上争执不休,可考虑运用幽默诙谐性的语言,威胁、劝诱性语言;在谈判的开始与结束时用礼节性的交际语言等。

总之,随时观察、分析谈判气氛,适时地以各种语言调节谈判气氛,会给谈判带来积极的影响。

(4)双方的关系

从双方关系来讲,经常接触并已成功地进行过多次交易,双方比较了解,这时除了一些必要的礼节性的交际语言外,则以专业性的交易语言为主,配以幽默诙谐性的语言,使双方关系更加密切;对初次接触或很少接触,或虽有谈判但未成功的双方来讲,应该以礼节性的交际语言贯穿始终,以使双方感到可信,在谈判中间以专业性的交易语言来明确双方的权利义务关系,用留有余地的弹性语言来维持和进一步地发展双方关系,使对方由不熟悉转变为熟悉进而向友好过渡。

(5)时机

谈判中语言的运用很讲究时机,时机是否选择适当,直接影响语言的运用效果。一般而言,当遇到出乎本方意料,或一下子吃不准而难以准确做出回答的,应选择留有余地的弹性语言;当遇到某个本方占有优势,而双方又争执不下的问题时,可以选择威胁、劝诱性语言;当双方争执激烈、有形成僵局或导致谈判破裂的可能时,不妨运用幽默诙谐性的语言;当涉及规定双方权利、责任、义务关系的问题时,则选择专业性的交易语言。

总之,谈判者应该审时度势,恰当地运用各种谈判的语言来达到自己的目的。

3.6.3 谈判语言表达的技巧

在商务谈判中,双方的接触、沟通与合作都是通过语言表达来实现的。说话的方式不同,对方接收的信息、做出的反应也都不同。也就是说,虽然人人都会说话,但说话的效果却取决于表达的方式。语言表达是有技巧的,但没有特定的语言表达技巧适合所有的谈话内容,就商务谈判这一特定内容的交际活动来讲,语言表达应注意以下5点:

(1)准确、正确地应用语言

谈判是协商合同条款,明确双方各自的责任、义务,因此,必须使用具体、准确并有数字证明的语言,除非是出于某种策略需要而采用模棱两可或概念模糊的语言。例如,在广告宣传中,使用准确、具体的语言,比笼统、含糊、夸大的语言更能打动消费者,使人信服。有些广告一看就有想买其产品的想法,而有一些广告看完也不知该产品是什么东西、干什么用,更不了解其功能,也更不会去买它了。

(2)不伤对方的面子和自尊

在谈判中,维护面子与自尊是一个极其敏感而又重要的问题。多数专家指出:在谈判中,如果一方感到失了面子,即使是最好的交易,也会留下不良的后果。其实,丢面子、伤自尊心都是由于语言不慎造成的。根据商务谈判的基本原则——事人有别的原则,把对谈判对手的态度和对讨论问题的态度区分开来,对问题硬、对人软,在运用语言上更要认真地推敲。在谈判中应避免的言辞主要有以下8种:

①极端性语言,如"肯定如此""绝对不是那样"。

②针锋相对的语言,如"不用讲了,事情就这样定了"。

③涉及对方隐秘的语言,如"你们为什么不同意?是不是你的上司没点头?"

④有损对方自尊心的语言,如"开价就这些,买不起就明讲"。

⑤催促对方的语言,如"请快点决定"。

⑥以我为中心的语言,如"我的看法是……""如我是你的话……"。

⑦模棱两可的语言,如"可能是……""大概是……"。

⑧赌气的语言。往往言过其实,造成不良后果。如"上次你们已多赚了几万了,这次不能再让你们占便宜了"。

(3)及时肯定对方

赞同、肯定的语言在交谈中常常会产生异乎寻常的积极或消极的作用。从积极方面看,当交谈中适时中肯地确认了另一方的观点,使整个交谈气氛活跃,心理距离拉近,这样就能在互惠互利的原则下达成协议。从消极方面讲,有时交谈一方虽注意到你的赞同和肯定,但其多为讨好对方,就会引起对方的怀疑和警惕,可招致对方的怒火,从而失去与对方对话的平等地位。因此,赞美要态度诚恳,肯定要恰如其分,既不要言过其实,又不可词不达意。

(4)注意说话方式

讲话过程中的一些细节问题,如停顿、重点、强调、说话的速度等,往往容易被人忽视,而这些方面都会在不同程度上影响说话的效果。语速和说话的节奏对意思的表达有较大的影响。说话太快,一下子讲得很多而无停顿,就会使对方难以抓住你说话的主要意思,难以集中注意力正确领会和把握你表达的实际意思,有时还会使对方误认为你在为完成某项工作而敷衍了事,于是他不再费神倾听,从而导致双方的语言交流不畅、难以沟通。在有翻译的情况下,要注意照顾翻译的工作,不要长篇大论,只顾自己发挥。一般来说,如果说话者要强调谈话的某一重点时,停顿是非常有效的。适当重复也可以加深对方的印象。同样,说话太慢,节奏不当,吞吞吐吐,欲言又止,易被人认为不可信任或过度紧张。因此,谈判中陈述意见应尽量平稳中速进行,特殊需要时适当改变一下语速,以期引起注意或加强表达效果。

说话时的语调、声音大小可表达出不同的含义,声音的大小则反映说话者一定的心理活动、感情色彩或某种暗含的意思。在谈判中,一般问题的阐述应使用正常的语调,保持能让对方清晰听见而不引起反感的高低适中的音量。适当的时候为了强调自己的立场、观点,尤其在针对有分歧的问题表达意见时,可调整语调和音量来增加话语的分量,加强表达的效果。一般来说,升调表达的是一种惊讶、不可思议、难以接受或不满的感情和意思;降调则反映某种遗憾、无可奈何或失望灰心的心理活动;声音高低的起伏表明说话者的某种情绪波动。谈判中说话的音调、音量有时是有意识的表达需要,有时则是潜意识的自然流露,需对谈判对手的话语敏锐把握,同时对自己的话语表达加强控制,不能出现音调、音量失控的情况,不然就不符合谈判活动的本来目的,也有损自己的礼仪形象。

在商务谈判中,应注意根据对方是否能理解你的讲话以及对讲话重要性的理解程度,控制和调整说话的速度。在向对方介绍谈判要点或阐述主要议题的意思时,说话的速度应适当减慢,要让对方听清楚并能记下来。同时,也要密切注意对方的反应。如果对方感到厌烦,那可能是因为你过于详尽阐述了一些简单易懂的问题,说话冗长啰唆。

总之,要收到良好的说话效果,语言表达要努力做到:态度诚恳、观点明确;准确真实、通俗易懂;主次分明、层次紧凑;语言生动、叙述流畅。

(5)富有感情色彩

语言表达应注入感情因素,以情感人,以柔克刚。人皆有理性的一面,也有情绪的一面。谈判桌上的劝说,不仅意味着晓之以理,还意味着动之以情。有时候说理不通的情况下,可先从情感上打动对方。

语言表达时要在考虑时间、地点、对象、事项等外部条件的基础上,重视语言的感情因素,温文尔雅,委婉含蓄,轻松自如,冷静耐心,使语言在主观和客观上协调、在身份和情感上协调、在目的和对象上协调、在内容和形式上协调,通过恰如其分地表示己方的感情倾向,达到帮助稳定对方情绪、解除窘迫、减低愤怒、消除敌意的效果,争取对方的理解支持。

实训演练:小组讨论、互评

讨论谈判主题:汽车服务人员日常会遇到哪些谈判场景和谈判主题。

讨论方法:针对已列举的话题撰写应对方法和注意事项。

篇末案例 奇瑞 2005 震撼服务为何成了鸡肋

无论是高端车还是 QQ,所有奇瑞车主,无论使用年限,只要报修,就由服务站上门将服务车借给报修车主使用,同时领回报修车;该车主可一直使用服务车,直到服务人员将修理好的车上门送还给车主,并取回服务车为止。

一千辆服务车主要是旗云。仅此一项投资,奇瑞就将投入 1.14 亿,足见奇瑞的决心。

将服务作为自己年度营销战略核心内容提出来,足见奇瑞汽车面对残酷竞争市场的坚定决心! 本来这是一个最容易为品牌做加法,也最容易产生关联性市场效应的战略性举动,但是,就是这样一个投入近 1.14 亿元的服务营销战略却有可能被简单地变成一句苍白的口号,湮灭在信息汪洋大海里!

服务营销是创造差异化营销最重要的战略性武器,对于汽车产业尤为如此。汽车消费者是属于品牌依赖性消费,服务本身的个性化,一对一的沟通方式本身就是一个很好的品牌沟通平台。但是,从奇瑞汽车的服务战略上看,侧重于物质性的品牌服务,忽视了作为不同品牌下的服务关怀与品牌诉求,给消费者的价值感知将会大打折扣!

可能奇瑞汽车会觉得十分冤枉,因为奇瑞汽车震撼 2005 服务战略是真金白银的付出,为什么就不能够赢得消费者的芳心? 我们可以用生活中一个非常浅显的常识来说明,跟目标客户沟通,技巧是多么重要,技巧依托于礼仪施展,礼仪和技巧的缺失可能需要我们付出更大的代价。

奇瑞汽车确实在为消费者做大量的基础性工作,但是消费者总觉得缺少了一点什么东西,总觉得奇瑞汽车在服务上的价值感不是很强。因此,我们是不是要反思一下,奇瑞汽车的手段和方法是不是有灵魂的;传播与价值是不是有承接的;服务是不是有差异的;服务是不是在跟消费者进行心灵的沟通与交流。如果这样看的话,我们肯定会感觉到,奇瑞汽车在服务品牌上的投入不仅需要实实在在的行动,而且也需要恰到好处的传播! 这才是服务营销体现出的核心价值。

案例思考:服务品质"恰到好处的传播"指的是什么?

 任务实施

任务实施工单				
实训项目 3　汽车服务礼仪训练				
姓名		班级	日期	
指导教师			成绩	
1.实训目标 (1)训练汽车服务仪态礼仪。 (2)训练汽车服务交往礼仪。 (3)训练办公室接待礼仪。				

2.实训准备 　汽车品牌资料、整车、用户说明书、电脑等。
3.实训步骤 　（1）汽车服务仪态礼仪训练步骤： 汽车服务人员仪容仪表要求 → 汽车服务人员站姿、坐姿训练 → 汽车服务人员走姿、蹲姿训练 → 汽车服务人员谈话姿势训练 → 汽车服务人员体态语言训练 　（2）汽车服务交往礼仪训练步骤： 介绍礼仪训练 → 致意礼仪训练 握手礼仪训练 鞠躬礼仪训练 → 递交名片训练 → 引导礼仪训练 → 寒暄交谈训练 　（3）办公室接待礼仪训练步骤： 办公人员仪容仪表训练 → 办公场所准备 → 办公材料准备 → 接待礼仪训练 → 交谈训练
4.练习、讨论并总结 　（1）按照汽车服务人员的职业形象，练习站姿、坐姿、走姿、蹲姿、谈姿和体态语言，并总结要点。
（2）王先生，首次来店看车，需要销售顾问接待。请分组演练介绍、握手、交递名片、引导、鞠躬等礼仪，并总结要点。
（3）某汽车租赁企业经理张先生来店洽谈 15 辆整车购买业务，作为接待人员的你，应该做好哪些接待工作？请进行情景演练。

任务评价

<table>
<tr><td colspan="6" align="center">实训考核评价表</td></tr>
<tr><td align="center">姓名</td><td></td><td align="center">班级</td><td></td><td align="center">小组</td><td></td></tr>
<tr><td align="center">指导教师</td><td colspan="3"></td><td align="center">总成绩</td><td></td></tr>
<tr><td colspan="6" align="center">实训项目3　汽车服务礼仪训练</td></tr>
<tr><td align="center">评价内容</td><td align="center">占比</td><td colspan="2" align="center">检验指标</td><td align="center">考核记录</td><td align="center">评分</td></tr>
<tr><td rowspan="4" align="center">任务完成
情况</td><td rowspan="4" align="center">20%</td><td colspan="2">1.检查训练真实、完整、有效</td><td></td><td></td></tr>
<tr><td colspan="2">2.完成任务过程情况</td><td></td><td></td></tr>
<tr><td colspan="2">3.任务完成质量</td><td></td><td></td></tr>
<tr><td colspan="2">4.任务完成贡献度</td><td></td><td></td></tr>
<tr><td rowspan="3" align="center">职业知识
与技能</td><td rowspan="3" align="center">50%</td><td colspan="2">1.能按照站立坐行、手势、表情、微笑等礼仪要求训练仪态,培养良好仪态气质</td><td></td><td></td></tr>
<tr><td colspan="2">2.能按照握手、介绍、交递名片、致意、鞠躬等礼仪要求训练交往礼仪,培养交往能力</td><td></td><td></td></tr>
<tr><td colspan="2">3.能按照办公室接待礼仪要求进行接待</td><td></td><td></td></tr>
<tr><td rowspan="3" align="center">职业素养</td><td rowspan="3" align="center">30%</td><td colspan="2">1.端正的服务态度</td><td></td><td></td></tr>
<tr><td colspan="2">2.优良的服务意识</td><td></td><td></td></tr>
<tr><td colspan="2">3.规范的服务行为</td><td></td><td></td></tr>
<tr><td align="center">综合评议
与建议</td><td colspan="5"></td></tr>
</table>

复习思考题

3.1　服务基本礼仪具有什么样的重要作用?

3.2　服务基本礼仪都包含哪些方面?

3.3　坐、立、站、行等仪态礼仪标准的姿势是怎样的? 应该注意哪些不良姿态?

3.4　办公室接待礼仪应该注意哪些要点?

3.5　交谈和谈判两种状态分别应注意哪些要点? 两者的不同是什么?

模块三
汽车 4S 店组织机构

项目 **4**

汽车 4S 企业管理与组织

知识目标

1.掌握汽车 4S 店的实质。

2.了解汽车 4S 店模式的优缺点。

3.掌握汽车 4S 店各部门的作用。

能力目标

1.掌握汽车 4S 店的组织机构和管理体系。

2.掌握汽车 4S 店的配件管理特点。

素质目标

1.树立爱国主义情怀和为国家做出贡献的价值观；

2.培养个人价值观、企业价值观和社会主义核心价值观相统一的思想。

3.建立自主创新、努力奋斗的时代精神。

目标岗位

岗位名称	岗位描述	岗位能力要求	岗位能力训练目标
汽车后市场服务人员	汽车销售顾问（见项目 5）	1.熟悉我国和地区区域内汽车产业发展特点； 2.熟悉汽车后市场发展现状与趋势； 3.理解汽车后市场服务内容； 4.理解汽车 4S 店的功能职责； 5.具有良好的服务意识和服务态度； 6.具备良好的服务礼仪； 7.具备良好的服务技能，能提供规范的服务行为； 8.具有良好的沟通和表达能力、应变能力和解决问题的能力，心理素质佳； 9.良好的团队协作精神和客户服务意识； 10.熟悉相关政策和制度	1.能说出汽车 4S 店的功能职责及优劣势； 2.能描述汽车 4S 店的组织机构和各岗位职责； 3.能说出汽车零配件管理的主要内容，能够制定汽车配件的订购计划；能够按要求完成汽车零配件采购； 4.能说明信息管理岗的岗位职责，能描述客户信息及车辆信息管理内容； 5.能描述 4S 店车间管理的内容和场地要求； 6.能协调 4S 店各部门的相关工作
	汽车服务顾问（见项目 6）		
	汽车机电维修工（见项目 7）		
	汽车保险专员（见项目 8）		
	汽车装饰美容工（见项目 9）		

汽车 4S 店是汽车制造集团销售公司和销售总代理商认可的特约销售服务中心,是汽车服务企业最主要的形式之一。汽车 4S 店是以汽车厂家的品牌专项经营为主体,以整车销售(Sale)、配件供应(Spare part)、售后服务(Service)和信息反馈(Survey)"四位一体"为特色的综合性汽车营销服务模式。由于汽车 4S 店减少了汽车经营的中间环节,汽车产品质量、价格有独特优势,在售后服务上也能够满足消费者高质量的要求,因此,汽车 4S 店正在我国各地迅速发展起来。

【课程内容】
案例导入
富有特色的汽车售后服务

(1)北汽新能源"智慧管家"服务

北汽新能源汽车针对车辆保养问题,北汽新能源汽车承诺实现整车 3 年/6 万公里,核心部件 6 年/15 万公里质保。5 年/10 万公里维护保养全免费,服务站内充电全免费。同时在 2014 年完成 100 家服务站保障建设,服务半径不超过 20 公里,并确保质保维修时长不超过 48 小时,超时免费提供代步车。在电池保养方面,承诺电池过质保期后优惠以旧换新,同时还联合知名的服务公司为车主提供免费道路救援等众多高品质服务。

(2)雷克萨斯"感动式"服务

秉承"以客为尊"的理念,LEXUS 雷克萨斯在业内率先为客户提供 4 年/10 万公里(智·混动车型 6 年/15 万公里)免费保修保养服务,为豪华汽车市场树立了全新标杆。LEXUS 雷克萨斯还特别为其动力电池提供 10 年/25 万公里的无忧承诺,以周全的考虑免除消费者的后顾之忧。对于车辆超出免费保修保养期的消费者而言,还可以通过"LEXUS 雷克萨斯品牌延长保修"项目继续享受高品质的保修服务。秉持"精致延承,安心如初"的至臻承诺,"LEXUS 雷克萨斯品牌延长保修"可为消费者提供高性价比的一站式专属保修服务,让爱车历久弥新,安心如初。

(3)比亚迪"极致服务"

比亚迪新能源车的质保承诺是"6 年或 15 万公里",电芯则是终身保修,也就是说,即便车辆出了质保期后电池的电芯坏了,车主也可以享受修理不用换整个电池包的优惠服务。大家都知道,换整个电池包的价格昂贵,但是只换下电池模组,费用相比就降低了很多。除了为车主经济方面考虑,比亚迪在用心服务方面,也一直不断开拓,比如比亚迪梦想影院,让顾客在等待车辆维护的过程中,可以到影院里观看影片,实际上是为车主提供了比较高端的享受。

案例思考:不同的销售模式可形成不同特色的售后服务,试分析它们的区别和优劣?

任务 4.1 汽车 4S 企业概论

 任务描述

汽车 4S 企业全称为汽车销售服务 4S 店(Automobile Sales Servicshop 4S),是一种集整车销售(Sale)、零配件(Sparepart)、售后服务(Service)、信息反馈(Survey)四位一体的汽车销售企业。

本任务学习的目标是帮助学习者了解汽车 4S 店的实质、优势及劣势。

岗位能力训练目标

1.能够说出汽车 4S 店的作用。

2.能够分析汽车 4S 店的优劣势。

4.1.1 汽车 4S 店的实质

汽车 4S 专卖模式在 1999 年由欧洲传入我国后,逐步得到了我国市场和消费者的认可,目前步入飞速发展时期,被认为是我国汽车销售模式与国际接轨的标志。汽车 4S 店实质就是一套完善的汽车营销服务体系,包括销售制度、服务系统、零部件供应等,贯穿汽车销售售前、售中、售后的全过程,其独特功能是让顾客感觉到买车也是一种享受。从汽车生产厂商来讲,统一的店面格局及标准、统一的整车销售价格、高质量的维修、人性化的服务、协调一致的广告推广、迅速的信息反馈以及索赔、召回措施等,使顾客产生了对品牌的认可和信任,增加了购买汽车的安全感,为汽车厂家树立品牌形象起到了不可替代的作用(图4.1)。从经销商来讲,品牌的形象、标准化的服务及作业、及时的零件供应、技术资料的提供、技术培训及专业设备的支援,为经销商在当地树立自己的品牌形象,为扩大销售,增加稳定的顾客资源,增加经济效益等方面,也起到了保障作用。同时,先进的服务理念和服务程序,技术的不断进步,设备的完善,现代化企业管理的导入,也使经销商自身素质得到提高,从而推动了全行业水平的提高。从消费者来讲,购买到高质量的品牌汽车,在精神上得到满足,完备的售后服务,加上免费首保、索赔及跟踪服务,不仅使顾客有买车的安全感,也使顾客满意度进一步提升。

案例 4.1 特色服务成就贴心 4S 店

(1)海南马自达的 4S 店

海南马自达 4S 店拥有快速检车仪、四轮定位仪、大型烤漆房等专业设备。每年该店都会举办包括试乘试驾、大型公益活动巡游,以及车友参与性极强的野外露营、自驾游等各种活动,让顾客在购买汽车中获得更大的增值服务。而在 4S 店休息室,消费者可以看背投电视,喝上清香的绿茶或香浓的咖啡,可以上网冲浪。该店还 24 h 提供热水,跑长途的车主可以在这里洗上舒服的热水澡,品尝刚刚烤制出炉的点心! 这些让消费者也确确实实享受到了国际

图4.1　汽车4S店外观

化、标准化的服务,使顾客满意度进一步提升。

(2)广州本田的4S店

一样的广州本田,不一样的立水桥店!在广本立水桥店,每一位员工都会主动向遇到的顾客微笑问好,让人感觉到这是一个能够得到人文关怀、管理有素的有效率的群体。

考虑到新手提车后,在回家的路上难免会犯怵,公司特意推出"驾驶指导陪同服务",顾客可以享受8 h的免费专人陪驾服务,有专业、热情的工作人员保驾护航,让新手们一路无忧把新车开回家。同时在店里,FM103.9"交通服务热线"特邀嘉宾领衔的"王京生专家组"每天轮值坐店,开设答疑专线,为车主们支招、答疑解惑。

"车主训练营"是公司专门为车主开设的,营地里经常举办主题多样的知识活动,让枯燥的汽车知识融合在活动中,以轻松的方式让车主们接受。此外,每月公司还会定期请来专家,指导车主"爱车保养DIY",享受自己动手的无限快乐,更重要的是车主在动手的过程中学习到了保养知识,做自己爱车的保养师。

考虑到顾客下班后车坏无处修犯愁,公司"维修夜场"营业一直持续到晚上10点。公司推出"借用保险杠"服务,让钣喷车辆不必留在店里,直接开回家,以方便顾客。立水桥店临近城铁,在城铁施工交通不便时,公司马上推出"送您到车站"服务,以方便看车顾客。

本着广州本田"一切以客户为中心"的服务理念,以"打造人性化服务典范"为己任,立水桥店在京城广本4S店中第一个正式成立了车友会"立水桥大本营",组织了一系列有声有色的出游、体育和公益活动。同时又建成了车友俱乐部会所"立水桥大本营活动基地",成了车友日常休闲娱乐、组织聚会活动的好去处。

立水桥店的网站也是店内一大特色,公司最新优惠活动、新车信息、汽车保养、维修小知识、业内最新动态都能在网站中了解到。

案例思考:思考4S店在我国汽车市场兴起的必然性。

4.1.2 汽车4S店的优势

(1)厂商的利益一致

由于专卖店是特许经营,不经销其他品牌产品,这使厂家和经销商的关系稳定,双方的利益一致;它划分市场范围,实行区域性销售,便于厂家统一销售政策;它实行以直销为主的终极用户销售,一改层层推销,层层加价弊端,减少了中间环节,有利于营销的推广。厂商和经销商之间的利润也保持在一个高效、合理的范围内,有利于销售网络在全国的建设、布控,避免了恶性竞争。

(2)高质量的销售和管理

通过"4S"的引入,经销商已经接受了卖车要同时修车的理念,这个理念的背后是经营时间从售前、售中扩大到售后,即从一辆车从"生"到"死"全过程,竞争办法从单纯价格竞争扩展到服务竞争等一系列的变革。同时通过"4S"的引入使人们认识到优胜劣汰的残酷性,获得品牌专卖资格必须具备相当的经济实力。对制造商来说,品牌专卖最大限度地革新了中国汽车销售模式。品牌专卖店在外观形象和内部布局上的统一布置、统一标识,给人强烈的视觉冲击,有助于提升企业、品牌形象。从硬件设施看,中国4S汽车品牌专卖店可以说在全世界都是有名的。即使经济十分发达的美国,其4S店也无法与中国某些4S店的硬件设施相比。在这样的环境里购车,再加上西装革履的销售顾问毕恭毕敬地为你服务,消费者一般感觉都很受用。

(3)信息反馈及时,终端控制有效

由于4S品牌专卖店建立完备的信息反馈系统和客户管理系统,使厂商及时跟踪用户使用情况,改进产品设计;它将汽车销售和售后服务融为一体,可为用户提供终身服务。汽车企业可以非常有效地控制物流和终端,信息反馈快速有效,能够较好地根据市场销量和需求变化,进行生产调整,同时为车型改良和新产品的开发等提供丰富的市场依据。

4.1.3 汽车4S店的劣势

(1)要求高,投资大,风险大

目前,中国的汽车经销商获得品牌专卖权的市场,是一个严重的卖方市场。厂家要求高、可选择的对象多。4S店的固定资产投资动辄1 000万元人民币以上,流动资金也要求在1 000万元人民币以上,由于经销商前期投资过大,导致终端在面临市场竞争激烈时捉襟见肘,特别是市场行为不规范。投资建店过程中,厂家不承担任何风险。成都汽车市场曾发生过这样的怪事,某经销商2003年投巨资建成天津丰田汽车4S店后,流动资金却无着落而不得不打出转让广告。因此,有人说4S店模式成了汽车制造商从渠道"圈钱"的利器。某些品牌的4S专卖店完全按照外国人提供的图纸来建设,甚至销售展厅及维修设备也从国外采购。奇怪的是,这些外国公司在自己的国家却不要求建这么豪华的专卖店。例如,日本389家各类品牌专卖店、5 000多家汽车经销商中,有80%达到3S标准,但对其占地面积,工位数量并无要求。欧洲汽车专卖店也没那么高的门槛,并不是非得4S不可,2002年还以立法的形式禁止汽车销售采取特许经营的模式,以打破垄断,促进多品牌汽车同店销售。因此,有经销商说,建 4S 店是外国人用中国人的钱建自己的销售网。

(2)经销商营运成本高

一个普通的 4S 店一年的运营费用为 500 万～600 万元,动辄几千万元的成本投入对于销售商来说是非常巨大的负担(图 4.2—图 4.4)。一旦车市持续低迷,得不到足够的汽车销量和维修量的支撑,经销商将面临吃老本甚至淘汰出局的危险。成都西汽集团旗下的几家品牌汽车一级代理包括上海大众、一汽大众、天津一汽、长安铃木、红旗轿车等就因不能渡过 2004 年汽车市场的低迷而导致资金链断裂,成为汽车零售业洗牌的牺牲品。

图 4.2　汽车 4S 店销售展厅

图 4.3　汽车 4S 店维修车间

图 4.4　汽车 4S 店服务区

(3)排他性

目前国内 4S 店只能销售某一厂商的产品,甚至只能销售某一厂商的某一特定品牌,如中国吉利集团的吉利、美日、华普和吉利美人豹在四川的 4S 代理就分属不同的经销商。4S 模式的排他性,必然导致车型品种单一、网点分散,无法满足消费者多样化选择和比较的需要,给消费者带来极大的不便。

(4)厂商地位不平等

汽车制造厂与4S店的地位处于不平等状态。2003年,北京现代准备建造100多家4S店的计划一出,报名竞标者达到了2 300多家。即使车市低迷的2004年,东风标致在全国建造80家"蓝盒子"的构想一出台,也很快招来800多家竞标者。然而,在渠道建设中,厂家并不承担任何风险,却拥有整个网络,车商独自承受着资金投入的风险和压力,还得在市场低迷时按厂家指令吞下压库和亏损销售的苦果。

(5)消费者负担重,对品牌的忠诚度低

4S店的零配件和维修费贵,几乎每个消费者都深有体会。曾有消费者在4S店换一个捷达车保险杠花了1 700元,换一个制动片花了1 300元。经销商如果到汽车厂的配套件厂进货,价格会低很多,然而汽车厂以保证零部件纯正性为由要求经销商必须在整车生产厂进货。由于4S店的维修服务及零部件价格远高于一般修理店,消费者往往不愿到专卖店修车,"保修期内专卖店,保修期外路边店"成为许多消费者无奈的选择。现阶段国人绝大多数是购置第一辆车,当其在某一品牌车型上受伤害后,在向朋友推荐车型或欲再购车时,往往容易转换品牌。

思考与总结

汽车4S店的优劣势及未来发展趋势。

_____

_____

_____

任务4.2 汽车4S企业组织机构

任务描述

组织机构是4S店的"骨骼"系统,是实施4S店运营管理的基础性平台。作为4S店资源和责任权利分配载体的组织机构,可以有效、合理地把各成员组织起来,为实现共同目标而协同努力。汽车4S店团队一般为60~100人组成的小型团队。

本任务学习的目标是帮助学习者了解4S店组织机构框架、各机构的人员组成及岗位职责。

岗位能力训练目标

1.能够说出汽车4S店组织机构组成。
2.能够描述汽车4S店各岗位职责。

完善的组织机构能保障组织内众多人员步调一致、同心协力、向着同一个目标前进。组织机构是企业实现战略目标和构造核心竞争力的载体,也是企业职工发挥各自优势而获得发展的平台。

组织机构建立的目的是帮助企业围绕其核心业务建立起强有力的组织管理体系(图 4.5)。组织机构中各部门人员的多少需要按各个岗位工作量安排。机构中各部门设有部门经理,前台接待设有主管,维修车间设有主任。各级组织都有各自的负责人,各单位领导向上一级领导负责,各部门经理向店长(总经理)负责,店长向董事会负责,这套管理制度称为首长责任制。组织机构需要制度管理和人性化管理相结合,既要有铁的纪律,也要进行人性化的亲情管理。

汽车销售
管理办法
实施一周年

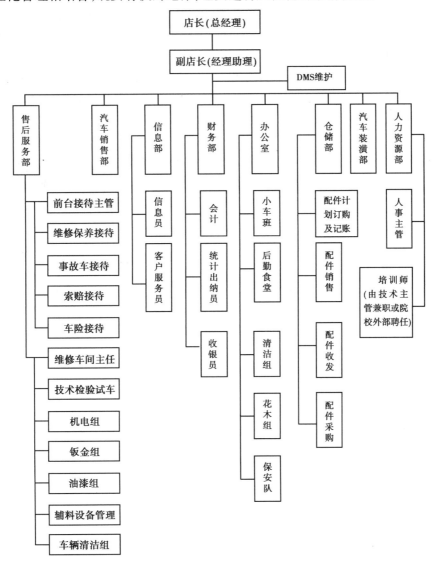

图 4.5　汽车 4S 企业组织机构框架图

汽车 4S 店的组织机构按照四位一体的特色,可分为整车销售部、仓储部(零配件供应)、售后服务部、信息部、辅以财务部、人力资源部、行政部、汽车装潢部等部门,共同构成汽车 4S 店的经营销售管理体系。

(1)整车销售

汽车销售是汽车营销工作的核心,是汽车 4S 店的基本职能。整车销售一般包括进货、验车、运输、储存、促销及销售等环节。经销商的整车销售是指汽车经销商在顾客选购汽车产品时,帮助顾客购买所进行的所有服务性工作。汽车 4S 店销售部员工的主要职责是向客户提供汽车生产厂家的品牌新车,为客户介绍车型的性能、结构特点、性价比等优点,并向客户提供试乘试驾、汽车上牌、汽车信贷、二手车置换等服务,并且应在服务过程中树立汽车厂家的品牌效应及 4S 店的服务质量效应。在整个销售过程中,做好汽车销售服务至关重要,这部分内容将在项目 5 中详细介绍。

(2)零配件供应

零配件供应是搞好售后服务的物质基础。首先应保证汽车保修期内的零配件供应,其次,应保证修理用件。生产厂对零部件的生产量,要超出整车生产量的 20%,以满足各维修部级配件商的供应。配件定价要合理,按物价部门的规定定价,不得在配件供应紧张时涨价。

(3)售后服务

售后服务包括两部分:一是客户付清车款之后销售服务帮助办理上路之前各种手续的有偿或无偿服务;另一个就是汽车在使用中的质量担保、维修和维护保养服务。4S 店中的售后服务更侧重于后者。因为汽车除价位较高外,还是一种高技术性产品,一般人较难全面了解和掌握。因此,售后服务就成了汽车营销服务过程之后的一个重要环节,也是 4S 店利润的主要来源。这部分内容将在项目 7 中详细介绍。

(4)信息反馈

信息反馈主要是指 4S 汽车销售服务店的工作人员向汽车制造企业反馈汽车各方面的信息。因为汽车整车销售、零配件供应、售后服务人员整体与客户交往,了解车辆的实际情况,对汽车投放市场后的质量、性能、价位、客户评价和满意程度,与其他车辆对比的优势与劣势等都了如指掌,这些信息的反馈对制造厂提高产品质量、开发适销对路的新产品、提高市场占有率等都有重要意义。

4S 汽车销售服务店的工作人员也要将汽车制造企业和销售公司关于本品牌车辆的最新信息、促销活动开展等情况反馈给消费者,这对提高服务质量,进一步开拓市场,是十分有用的。

角色扮演

根据 4S 店的人员组成及岗位设置,以小组为单位组建团队,小组成员分别扮演不同的岗位角色,展示并辩论扮演角色的职责与重要性。

任务 4.3　汽车售后配件管理

任务描述

　　为了加强汽车配件及材料的管理,提高经济效益,提高汽车售后服务的客户满意度,4S 店都会制订汽车售后配件管理制度。

　　本任务学习的目标是帮助学习者了解 4S 店零配件管理的主要内容、配件的计划与订购。

岗位能力训练目标

　　1.能够说出汽车零配件管理的主要内容。

　　2.能够制订汽车配件的订购计划。

　　3.能够按要求完成汽车零配件采购。

　　汽车售后配件管理是汽车 4S 企业重要的管理环节。配件的合理布局、仓储管理、物流对配件的及时供应、配件的采购管理,直接影响到汽车的维修进度和企业的营运成本。汽车的维修进度影响到客户的满意度,关系到企业的声誉和形象。

　　配件管理部的职能主要:一是为售后服务部的车间提供生产中所必需的零件和辅料;二是对外零配件的调剂和销售。

　　现代汽车零配件管理主要靠计算机管理,各大汽车厂都有自己的零配件管理软件供给 4S 汽车专卖店。大多数软件适用于国际汽车零配件贸易,对于不同规模的 4S 企业有更详细的内容设置在软件中。

4.3.1　零配件管理的主要内容

(1)汽车售后配件采购管理

　　汽车售后配件采购管理是汽车配件管理的重要组成部分。一般而言,配件采购管理是指为保障售后配件供应而对企业采购活动进行的管理,其目标是在确保适当质量的前提下,能够以适当的价格,在适当的时期从适当的供应商那里采购到适当数量的配件。

　　汽车配件采购流程基是一个信息流、物流和资金流的交互过程,其核心是判断在什么时间、与谁、以什么方式进行交互,因此就涉及配件采购需求的分析、采购渠道和采购方式的选择、采购时间和采购数量的确定、供应商的选择、采购订单的管理以及配件质量的验收等一系列问题。

　　零配件的采购主要有合同采购和市场紧急采购两种。4S 店配件的进货渠道以与总公司配件销售部门签订的配件采购合同为主,可与信誉好、产品质量高的知名公司签订供销合同,也可与同类 4S 店零配件相互拆借。对市场临时紧急采购,要严防假冒、伪劣产品,要货比三家,与信誉好的店家签订质量保证协议并得以法律公证,使采购配件质量得到有效的法律保障。一般市内小件采购不超过 1.5 h,大件不超过 4~6 h,国内急件不超过 12 h,国内慢件不超过 40 h。要建立配件采购的跟踪、质量保证体系。

（2）汽车售后配件库存控制

由于汽车配件的消耗具有一定的偶然性,不可避免地会出现波动,因此,库存是及时满足客户需要、应对需求波动的重要措施。

由于汽车售后配件供应链的多层级性,每个层级上都需要设置库存,如果对配件库存不进行合理的控制,会导致整个配件供应链上库存的大量增加,而且库存费用占库存配件价值的 20%~40%,库存量过高还会导致整个供应链库存成本的增加,相反,如果每个层级的库存过低,会产生配件缺货现象,造成销售损失。因此,汽车售后配件供应链中的库存控制是十分重要的。

（3）汽车售后配件仓储管理

汽车售后配件的仓储管理是汽车售后配件管理的重要组成部分,它为汽车配件销售服务提供物质基础。

一般而言,汽车售后配件仓储管理包括配件入库、配件保管和保养、配件出库、配件盘点以及配件仓库安全管理等内容。其中,每一个环节的管理质量将直接影响着汽车售后配件的仓储管理质量,因此,每个环节的业务流程和管理方法都应该在汽车售后配件的仓储管理过程中不断地优化。

（4）汽车售后配件配送管理

汽车售后配件配送按照客户的订货要求和时间计划,在物流结点（仓库、货运站、物流中心等）进行分拣、加工和配货等作业后,将配好的货物送交收货人的过程。它的目的指向是安全、准确、优质服务和较低的物流费用。

从总体上看,配送是由备货、理货和送货 3 个基本环节组成。其中,每个环节又包含着若干项具体的活动。

汽车售后配件的配送中心是售后配件供应链上的重要节点,承担着配件的进货、库存、包装、加工、运输、送货、信息处理等任务,具有采购管理、存货控制、流通加工、货物分拣、货物组配、货物周转、信息处理、客户服务管理、货物储存管理、运输服务管理等功能。

配送中心为满足以上各项功能,根据配件物流进行合理布局,利用仓库管理系统（WMS）对配送中心作业流程实施管理。

（5）汽车售后配件销售管理

汽车配件销售是实现企业利润的关键环节,大多数汽车配件经营企业的主要方式是门市销售,因此,配件销售管理的重点是门市销售的管理。

所谓销售渠道,是指产品从生产者向用户转移所经过的一切取得所有权的商业组织和个人。即产品由生产者到用户的流通过程中所经历的各个环节连接起来形成的通道。我国配件销售渠道和欧美的配件销售渠道各有特点。

目前,国内汽车配件销售以汽配城,汽车 4S 店和汽车修理厂为主,此外汽车配件连锁超市和配件的网络销售也蓬勃发展起来。电子商务作为新的配件销售方式,将成为汽车配件销售的主流。

（6）汽车售后配件售后服务

随着市场竞争的加剧,汽车配件企业开始重视客户关系管理,汽车售后配件客户关系管理包括对客户建档,对客户分析,对客户进行分类,保持与客户的联系等多项内容。

随着车市的繁荣,无论是对于消费者,还是对于汽车经销商和整车企业,索赔已成为非常关注的问题。

所谓索赔,是指汽车经销商售出的车辆,在质量担保期内出现部件等的质量问题(非人为),由厂家给予配件的维修或更换,其相关费用(材料费+工时费等)由厂方支付,从而维护厂家及消费者的权利。

汽车配件的索赔分为售前索赔与售后索赔两种,完善的索赔工作为企业的提高良好优质售后服务奠定基础。

(7)汽车售后配件信息管理

无论是汽车整车厂还是汽车配件经销商或汽车特约维修站,目前汽车售后配件管理已进入了信息化管理时代。

一般而言,汽车售后配件的信息管理系统一般包括配件出入库管理、库存管理、出库管理、基本信息管理、财务管理、查询统计等系统模块。

汽车售后配件实行信息系统管理,有利于加强汽车企业的进销存管理,提高运营水平,建立高效率的供销链,减少库存,降低成本,提高客户服务水平,同时也为企业的经营决策提供科学的依据。

4.3.2　配件计划与订购

配件计划制订的目的是为了确保车间维修工作的顺利完成,以及降低维修成本和确保所供零件的质量。计划采购能优化配件库存结构。

(1)配件预测

特约 4S 服务中心配件计划员根据配件历史的需求情况、供应情况、销售情况以及库存情况作出对下一次常规订货的预测,该预测提供给总公司配件供应部门参考,没有约束力。

(2)订货计划

由特约 4S 服务中心配件计划员按照标准订货周期负责制订配件需求计划(订单),该订单用于向总公司订购配件,该订单的品种和数量具有约束性。配件计划员负责预测和制订配件计划、跟踪订单完成情况、统计配件在途数及到货情况。配件经理负责对预测订货计划进行审核批准、对配件库存结构予以优化、对特约售后服务中心配件满足率进行日常考核,使其满足率不低于90%。

(3)预测及订货依据

特约 4S 服务中心配件计划员需要根据以下信息制订和预测订货计划:

①库存配件清单。

②库存配件数量。

③历史销量。

④配件安全库存数。

⑤配件在途数量。

⑥确定订货数量(订购数=预测量+期末库存量(安全库存量)+配件在途数−初期库存量)。

（4）配件库存结构

1）配件分类

配件可分为快流件（A 类）、一般件（B 类）和慢流件（C 类）3 类。

①A 类配件。

它是常用易损、易耗配件，维修用量大、换件频率高、库存周期快、用户广泛、购买力稳定，是经营的重点品种。这一类配件订货批量较大、库存比例较高，在任何情况下都必须保证供应。在仓库管理上，对 A 类配件应采取重点措施，进行重点管理，选择最优进货批量，尽量缩短进货间隔，做到快进、快出，加快配件的周转。

②B 类配件。

它只进行一般管理，管理措施应进行进销平衡，避免积压。

③C 类配件。

它是按客户需要予以订购，客户应在配件订购单上签字，并交付订货款。

一般 4S 服务中心的指导库存量应为：A 类配件占库存量的 70%，B 类配件占库存量的 25%，C 类配件占库存量的 5%。

2）配件订购原则

4S 企业配件订购由计划员或经理下达订货计划和紧急采购任务。配件订购应遵循以下原则：

①保证金的使用与监督。

特约售后服务中心配件计划员和配件经理负责保证金账户的使用情况，以保证配件订单和紧急采购的顺利完成，确保车间维修工作的正常运作。保证金的最低金额为 5 万元。

②常规订单。

特约 4S 服务中心每周订购的用于补充其正常库存的定时订单，用常规订单形式向总公司以电子邮件形式发送。

③紧急订单。

特约 4S 服务中心在紧急的情况下，为了满足维修工作的需要进行紧急订货。总公司根据特约 4S 服务中心的要求负责配件的发送。每月订购次数不限，但每次订购的品种不得超过 20 种。用紧急订单的形式订购配件，总公司往往需向特约 4S 服务中心加收一定的手续费和急运费。

④定时订单（固定订单）。

定时订单包括所有的液体、轮胎、蓄电池、冷媒和保险杠的配件订单，总公司会定时地向特约 4S 服务中心发送。

⑤特殊订单。

特殊订单包括各款发动机总成、车身、散热器框架等，用特殊订单的形式向总公司订货，费用由特约 4S 服务中心先行支付，运输的快慢按常规程序办理。

特约 4S 服务中心在定制车身和前围时需在订单上注明相应的车身编码并提供原车上 17 位编码的钢印铁片，总公司售后服务部在收到铁片后开始定制。如预定车身还需在订单上注明原车身的车型、配置（有否带 CD 架、有否带天窗、车门外是否带饰板等）、出厂年份、颜色。

实操训练

小王初到一家4S店任职汽车配件管理员,就收到公司采购机油和火花塞的任务。小王在了解公司规定和工作要求后,利用学习到的专业知识制定计划,选择合适的进货渠道并鉴别质量优劣,之后填写进货凭证进行进货,选择合适的物流运输方式,收到货后,按照验收流程完成配件验收及后续工作。

任务4.4　客户信息和车辆信息管理

任务描述

在现如今这个信息化的时代,信息管理显得尤为重要,如何把企业内部需要的资料转化为方便员工所用的信息,这就需要一个高效便捷的信息管理系统完成这一任务。

本任务学习的目标是帮助学习者了解汽车4S店客户信息及车辆信息管理的岗位职责及管理内容。

岗位能力训练目标

1.能够说出客户信息及车辆信息管理的岗位职责。

2.能够描述客户信息及车辆信息管理内容。

客户信息和车辆信息主要由信息部管理。保留完整、清晰的客户资料和车辆档案,是汽车4S店进行服务跟踪、开拓新业务、处理投诉、广告促销、加强与客户联系的基础。信息部下设有经理、信息员、服务员等工作岗位。

4.4.1　信息部职能

汽车4S企业,设立了信息部,有信息反馈功能(survey)。信息部由主任(经理)和若干信息员组成。信息部是企业的耳目和喉舌。企业通过信息部把企业营运情况、客户反映情况、企业在营运过程中不正常情况收集起来,经有关方面研究处理,推动企业健康发展。信息部又是企业营运中的策划促销部门。信息员和经理共同努力,开展推广新产品广告及扩大促销活动,开拓服务业务,使企业营业额稳步上升。

汽车4S店
信息管理系统
使用案例

信息部的职能主要有:

①收集客户对所售汽车的反馈意见。协助技术员收集汽车故障情况,统计多发故障的发生率。

②向厂家反馈产品质量情况,并列报故障案例。

③收集客户对汽车售后服务的意见和要求,及时向服务部经理通报并提出相关建议。

④重视客户与各部门的争执、矛盾和冲突,把发生的事件及时向店长汇报。

⑤收集企业各部门的矛盾以及程序上不协调情况,及时向店长报告。

⑥及时整理和上报职工违章、违纪事件,以利于企业制度的完善与执行。

⑦及时与客户沟通并广泛与客人联络,加强与客人的感情交流。

⑧追访车辆维修后质量情况,把出现问题情况向服务经理通报。

⑨与客户沟通时,应及时告知客户的汽车准确进店保养的时间。

⑩策划企业开展营销促产的各类活动,如新款车型推销。优质服务周和服务月的开展,礼品的确定与发放。

⑪策划企业广告,印制广告与发放宣传单,促进企业和产品知名度的提高。

⑫了解市场走势和相关企业动态,为店长出谋划策。

⑬及时检查各部门报表、接单填制情况,纠正报单的违规,督促有关人员及时改正。

⑭接待客户、与客户交谈、为客户服务(引路、倒茶水等)。

⑮接受客户咨询,如汽车销售、售后服务流程、企业组织机构组成、各部工作职能等。

4.4.2 信息员

信息员是4S店信息部的岗位员工,负责完成信息部的主要工作。信息员好像部队中的侦察兵、企业的参谋、4S专卖店耳目与喉舌、商场之战不可缺少的生力军。信息员是一些心细嘴甜的智者,他们参与企业汽车销售和售后服务工作并且可以参与与客户的谈判。

信息员在收集信息时的注意事项和工作技巧:

①信息员在参与与客人的谈判时,无决定权和执行权,即只能听取各方面意见而不能"越俎代庖",以避免企业营运发生混乱。

②将获得的信息及时向信息部经理汇报,由经理与有关部门协调或者向店长汇报。

③提出和策划企业促销增产有关活动及广告形式、规模,由企业领导做出行动方案。

④要研究客户心理活动规律,电话与客人联系要注意技巧。打电话时要注意语调和气氛。例如,在调查汽车维修质量时与客人通话,你可以说:××先生您好,您的××牌号的爱车在我公司××时间进行了维修,不知这类毛病还出现过吗?还需要我为您做些什么?感谢您的合作,我是××店信息部××,我会把您的意见郑重地向单位领导反映,请您下次来店找我联系,我一定全心全意为您服务……

⑤与客人联络中既要尊重客人又要保持自己的身份,不可打情骂俏有辱企业声誉。

4.4.3 信息管理内容

客户信息和车辆信息管理主要内容如下:

①由业务接待员建立客户和车辆电子档案,并使用标准格式。

②由信息员对客户档案和车辆档案进行统计管理和维护。

③客户档案和车辆档案记录的要求:

a.客户电话、地址正确。

b.车辆底盘号、发动机号等资料完整。

c.记录车况和车辆维修履历。

d.客户档案内容必须完整。

e.车辆有维修跟踪记录。

④信息员应在车辆维修三天后进行跟踪调查。

⑤对售后跟踪中发现维修质量问题和服务问题,要详细地记录,并提出整改方案。

⑥对重大的质量事故和客户投诉应及时向有关领导汇报。

⑦电话跟踪记录必须要有严格的存档管理。

⑧应进行定期客户调查和客户访问,并存档。

⑨E-mail 通信:

a.特约服务中心应开通电子信箱。

b.有邮件发送和接收记录清单。

c.发送和接收邮件应分类、编号和存档。

d.接收的邮件应及时传阅,并做好记录。

e.特约 4S 服务中心应向客户公布本公司的电子信箱,方便与客户之间的交流。

f.应有专人负责与总公司之间的 E-mail 信息交流与及时反馈。

情景演练

前段时间,客户王先生到 4S 店对爱车进行了汽车发动机维修,为了调查维修质量和客户满意情况,需要给王先生作回访。如果你是 4 店的客户信息及车辆信息管理员,如何完成这项工作?

_____

_____

任务 4.5　车间管理

任务描述

4S 店车间管理是指对车间所从事的各项生产经营活动进行计划、组织、指挥、协调和控制的一系列管理工作。

本任务学习的目标是帮助学习者了解汽车 4S 店车间管理的计酬方式、车间调度管理及车间场地管理。

岗位能力训练目标

1.能够说出 4S 店车间管理的计酬方式。

2.能够描述车间调度管理内容。

3.能够说出车间场地管理要求。

在特约4S服务中心,汽车售后服务部车间是人数最多的部门,场地较大、人员众多、工种繁多。使这个团队整齐地运作起来,需要有一套严密的管理制度和协调机制。

车间管理中首先涉及的是合理调度即合理派工。随着汽车保有量的增加,汽车维修量也急剧上升,合理的车间调度,一方面可以激发员工的工作热情,减少员工间的矛盾和纠纷;另一方面可以缩短维修工期,提高客户对企业的满意度。

4.5.1　车间管理计酬方式

(1)计时工资制

将前台接待接到车辆的工作量用工时量来统计,修理工完成工作后,经检验员检验合格后被统计成工时量。返工的工时不计工时统计量,超过两次返工,要倒扣工时。这种计酬方法有较强的激励机制,可以提高员工的工作积极性。在4S企业和汽车维修厂中常在钣金工和油漆工工种采用这种计酬工资制。

(2)基本工资加奖金

基本工资加奖金的计酬工资制,多用在车间的管理人员(如车间主任、安检人员、技术人员、辅料和工具保管员)和机电维修技师。机电维修技师由于有技术高低的差别,采用不同的基本工资标准,当机电维修技师完成一定的标准工时后,超额的部分按比例提取奖金;车间管理人员在车间完成一定的营业额,超额部分按一定比例提取奖金。

4.5.2　车间调度管理

(1)维修班组

车间主管将维修工组合成最佳作业班组,并设立作业班组长。作业班组长在组内有工资奖金的再分配权(车间主管进行指导)、生产指挥权。班组长负责全组的安全工作和维修质量工作。

当工作量较大时,各班组可以错开工作时间,以保证车间工位和车间设备的充分利用。

(2)维修技术控制

①技术总管对车辆维修的质量总负责。

②维修车间的员工休息室备有资料柜,柜内备有《维修手册》、维修数据表和总公司技术支持的通讯录等资料,使每位技术人员都能方便地使用这些资料。

③对技术质量的控制可以提高"一次修复率"。

④维修技师应严格遵守总公司维修手册的要求,使用技术合格的维修工具,测试设备要经常维护保养。

⑤在维修车辆过程中遇到疑难杂症时,应向总公司售后服务部门申请技术支援。

⑥实行"三检"制度。对于来到经销商处维修的车辆,经销商的维修技师对完成维修的车辆要进行自检,班组长完成对车辆的互检,内部质量检验员进行对车辆的最终检验工作即终检。通过"三检"制度保证维修车辆的质量,这是我国目前普遍实行的一种检验制度。

⑦在预计时间内必须完成95%的工作量。

⑧车辆一次修复率应保持在90%以上。

(3)维修状态管理

①车辆的维修状态分为6种:

a.正在修理车辆。

b.待修车辆。

c.等待配件车辆。

d.等待答复车辆。

e.返修车辆。

f.完工车辆。

②在车辆的仪表台上,放置车辆"作业单"或"问诊单"。可以确定维修作业的车辆开"作业单",不能明确判断作业项目,须经检查后才能确定作业项目的车辆开"问诊单"。"作业单"和"问诊单"均由服务接待前台开出。

③车间调度根据"作业单"或"问诊单"检查车辆,开具"施工单","施工单"下达前与服务前台沟通,在得到客户确认的前提下,方可进行施工作业。

(4)车间作业管理板

①车间应有控制车间工作流程的管理系统,以合理的调度形式进行派工,提高车间的工作效率。

②车间应有控制作业流程的管理板,将管理板放置在车间最明显处,车间调度经常检查施工单在管理板的走向,使车辆维修作业程序得以顺利进行。

③车间作业管理板是白色内有铁板的挂板,各种颜色的磁性压块可将施工单压在挂板上,每种颜色的磁性压块代表一个作业班组,管理板的样式设计见表4.1。

表 4.1 车间作业管理板

作业班组	班组彩钮	作业车辆项目		
机电一组	OOOOOOO	钣金作业	油漆作业	机电作业
机电二组	OOOOOOO			
机电三组	OOOOOOO			
机电四组	OOOOOOO			
机电五组	OOOOOOO			
机电六组	OOOOOOO			
钣金一组	OOOOOOO			
钣金二组	OOOOOOO	超时作业		
钣金三组	OOOOOOO			
油漆一组	OOOOOOO			
油漆二组	OOOOOOO	返工车辆作业		完工车辆
油漆三组	OOOOOOO			
油漆四组	OOOOOOO			

④车间调度员负责对作业管理板的管理。

⑤车间调度员负责维持并审视所有车辆的日常维修记录,确认在作业时间内未完成的工作,查明未完工的原因,并采取措施尽快完工。

(5)维修调度(派工)

维修调度指车间主管根据所接车辆情况,协调配件仓库和服务接待后,分派维修技师执行工作任务的过程。

派工时应考虑以下事项:

①该工作所需要的工种。

②可以执行该项工作的人数。

③能执行该项工作技工技术的高低。

④派工时应了解维修技师的工作量,并确认完工时间。

⑤要充分发挥技工的潜能,技术较难的工作派高技术等级的技工去做;简单的保养由低级工完成。

⑥根据各工种、班组的工作进度做适当的调整,各工种应进行有效的配合。

⑦派工时应考虑所需工具和仪器的使用情况,使用同一设备和仪器的工作,派工时要错开时间段,不至于因设备和仪器而影响维修进度。

⑧派工应以客户的交车时间要求为基准,及时地将工单派到适合维修该车辆维修技师手中,并合理地安排维修工位。

⑨派工应掌握顺序,优先安排返修及预约车辆,普通维修车辆按先后顺序安排施工。

⑩派工时要考虑同工种技师工作量的均衡,奖金差距过大会造成职工与管理层的矛盾。

⑪派工时应注意对后备力量的培养,对新技工派工时,技术难度要由易到难,逐渐安排,使新维修技师也有一个技术提高的机会。

⑫对一些重大作业和技术难度较高的作业,新维修技师作业时要指派经验丰富的维修技师和技术人员现场指导。

(6)次日工作计划

①确保已预约的工作。

②安排并督促"未完工"的工作。

③确认有空当的技师。

④确认工具有所需求的信息。

⑤视情况预先采购工具和配件。

⑥注意故障和困难的工作。

(7)统计"跨日完工"量

以日为单位统计无法当日出厂的"跨日完工"车辆数。依下列项目判断无法当日完工车辆的原因,并在以后的工作中不断改正。

①人力不足、工作太多。

②超额预约。

③需要追加工作量。

④低估修复所需时间。

⑤工作安排不当。

⑥客户提出额外工作要求。

⑦指令/沟通不畅导致工作延误。

4.5.3　车间场地管理

①将车间所有物品归类:把永远不能使用的物品清理掉;把长期不用,但有潜在可用性的物品放置在指定地方;把经常使用的物品放置在容易取到的地方。

②车间布置(设备、工位、工具车等)应有整体规划。

③车间内区域划分应有标识,如快修区、一般修理区、钣金区、油漆区,并应设置标识牌;设备应放置指定的地方并设置标识牌。

④车间通道要畅通,不得有障碍物。

⑤每个举升机地面凸起部位均以黄色边框警示,相邻工位间隔 0.7 m,在相邻通道间以黄色边框标志出工具车停放的位置,每个工位以黄色标线标志出 3 个配件箱(新件、废件、待处理件)放置位置。

⑥每个工位配置一辆工具小车和一套常用工具。工具小车要摆放在规定的地方,不可随处乱放,工具小车内不可摆放配件。

思考与总结

论述"小岗位　大职责"车间管理的重要性。

_____

_____

拓展阅读:部门之间的协调管理

篇末案例　当前主要发达国家汽车销售模式

(1)美国

在美国,汽车生产商直接销售车辆是违法的,因此直销方式在美国是不存在的。专营代理即品牌专卖是美国最普遍的销售方式,这里说的品牌既可能是大品牌的概念,也可能是分品牌。例如,一家规模较大的专卖店取得了通用公司所有子品牌的代理权,就可以专卖通用公司所有品牌的汽车,而一家规模较小的专卖店只取得了通用雪佛兰的代理权,就只能专卖雪佛兰汽车。

美国汽车销售业非常发达,已经形成了一种买和卖都非常便利的"街区大卖场"模式,就是众多的汽车专卖店都集中在一条街道上或一个街区内,周围又有零部件、维修以及其他商业设施,形成一个巨大的汽车卖场,为买卖双方都提供了良好的环境和氛围。这些专卖店往往是新车和旧车一起卖,而且旧车的销量比新车还高。另外,在我国还处于雏形的租赁销售方式(用户按月付租金,租赁期满后可选择买下此车或另租新车)在美国很流行。

(2)欧盟

欧盟各国不仅是汽车工业强国,也是汽车消费大国,汽车对欧洲的政治、经济、人民生活有着不可估量的影响,汽车销售作为流通的重要环节也因此受到各方的密切关注。

专卖店是欧盟大多数国家普遍采用的销售模式,这些专卖店不是孤立存在的,而是以集群形式出现在交通干道上、加油站旁边或高速公路出入口处,少则十几个扎堆,多则几十上百个聚在一起。专卖店标志醒目、特色简单、实用,绝大多数是4S性质,而且一般是新车、二手车同场销售。目前,大多数欧洲汽车经销商都只销售某一厂商的产品,这些产品可能是一个大品牌,也可能有几个不同的子品牌。如果经销商要销售多个厂商的产品,就必须在不同地点设立由不同的管理者经营的多个独立销售实体。事实上,有关法律规定已经在很大程度上限制了多品牌销售。

从2002年10月开始,欧盟汽车销售服务新法规已正式实施,但旧法规有12个月的过渡期。新法规的主要内容有:汽车销售商可以选择采用区域销售(独家分销方式)或品牌代理(选择性分销方式)。区域销售是指:特许经销商应在指定营业区域内经营,不得在营业区域外从事主动销售业务,但被动销售是允许的;允许向汽车超市、互联网、其他独立经销商等转售产品;允许将售后服务业务转包。品牌代理是指:特许经销商可以在整个欧盟范围内设立二级销售网点,允许向所有最终用户进行主动销售,但不允许从事转售业务;允许从事多品牌销售业务,但必须设立单独品牌的展厅。汽车厂商可以在质量和数量上采取限制措施。在售后服务方面:对于授权维修商,汽车制造商不得限制其数量,不得限制经营地点;对于独立维修商,汽车制造商应提供所有相关的技术信息和培训,并允许使用所有备件用于维修和保养。在备件供应方面:允许维修企业使用质量相当的备件修理汽车。新法规对欧盟汽车大市场形成了巨大的冲击。

(3)日本、韩国

日本和韩国由于国土面积都不大,汽车销售方式有相似的地方,直销方式在两国最普遍,都具有汽车生产商直接开设销售分店和销售员上门推销两大特点。在日本,这种销售员上门推销的方式还被称为"独立大队式"。当然,两国也有专门从事汽车经销的销售商,但数量不多,其销售方式也以销售人员上门推销为主。

日本和韩国的这种直销、上门推销方式是与其国情息息相关的,这种国情:一是其国土面积小;二是国人对国产品牌非常信任、忠诚度高;三是其汽车社会化程度相当高,汽车在两国仅是普通消费品而已。这3条缺一不可,别的国家大概很难学习这种销售方式。

案例思考:当前主要发达国家汽车销售模式对我国汽车销售有何启示?

任务实施

任务实施工单				
实训项目 4　汽车 4S 企业管理与组织				
姓名		班级		日期	
指导教师			成绩	

1.实训目标

(1)对 4S 店组织机构及管理模式进行初步了解。

(2)了解 4S 店各组织机构的职责及岗位分工。

(3)理解汽车 4S 店整车销售、零配件、售后服务、信息反馈 4 个方面的工作内容。

2.实训步骤

(1)通过互联网查阅国内外不同品牌汽车 4S 店的组织框架。

(2)分组对同城不同品牌 4S 店进行走访。

(3)按步骤 2 的分组进行讨论,重点讨论不同品牌 4S 店组织机构及管理模式的异同点。

3.讨论并回答

(1)通过走访同城不同品牌 4S 店,分析不同品牌 4S 店组织机构及管理模式的异同点。

(2)同城有哪些品牌的汽车 4S 店? 这些 4S 店的规模大小如何? 组织机构是怎样的?

(3)通过网络查询并讨论高端汽车品牌和普通汽车品牌 4S 店组织机构的异同点。

任务评价

<table>
<tr><td colspan="6" align="center">实训考核评价表</td></tr>
<tr><td align="center">姓名</td><td></td><td align="center">班级</td><td></td><td align="center">小组</td><td></td></tr>
<tr><td align="center">指导教师</td><td colspan="3"></td><td align="center">总成绩</td><td></td></tr>
<tr><td colspan="6" align="center">实训项目 4　汽车 4S 企业管理与组织</td></tr>
<tr><td align="center">评价内容</td><td align="center">占比</td><td colspan="2" align="center">检验指标</td><td align="center">考核记录</td><td align="center">评分</td></tr>
<tr><td rowspan="4" align="center">任务完成情况</td><td rowspan="4" align="center">40%</td><td colspan="2">1.检查训练真实、完整、有效</td><td></td><td></td></tr>
<tr><td colspan="2">2.完成任务过程情况</td><td></td><td></td></tr>
<tr><td colspan="2">3.任务完成质量</td><td></td><td></td></tr>
<tr><td colspan="2">4.任务完成贡献度</td><td></td><td></td></tr>
<tr><td rowspan="3" align="center">职业知识与技能</td><td rowspan="3" align="center">40%</td><td colspan="2">1.能描述汽车 4S 店的组织机构</td><td></td><td></td></tr>
<tr><td colspan="2">2.能描述汽车 4S 店的管理模式</td><td></td><td></td></tr>
<tr><td colspan="2">3.能描述不同品牌 4S 店组织机构及管理模式的异同点</td><td></td><td></td></tr>
<tr><td rowspan="2" align="center">职业素养</td><td rowspan="2" align="center">20%</td><td colspan="2">1.团队合作能力</td><td></td><td></td></tr>
<tr><td colspan="2">2.现场管理能力</td><td></td><td></td></tr>
<tr><td align="center">综合评议与建议</td><td colspan="5"></td></tr>
</table>

复习思考题

4.1　汽车 4S 店的实质是什么？

4.2　汽车 4S 店的优劣势是怎样的？

4.3　汽车 4S 店的组织机构是怎样的？

4.4　汽车 4S 店仓储管理应该注意些什么？

4.5　汽车 4S 店信息管理应该注意些什么？

4.6　汽车 4S 店车间管理应该注意些什么？

模块四
汽车服务内容

项目 5

汽车销售服务

知识目标

1.学习整车销售核心流程。

2.学习汽车销售顾问的销售技巧。

能力目标

1.掌握专业汽车销售员进行各项服务的基本技能。

2.掌握整车销售的销售流程。

素质目标

1.培养按照销售流程提供规范服务的能力。

2.培养汽车销售服务中发现问题、解决问题的方法和技巧。

3.培养良好的沟通交流能力,树立良好的服务意识。

目标岗位

岗位名称	岗位描述	岗位能力要求	岗位能力训练目标
汽车销售顾问	1.有效执行各类汽车营销策略; 2.开发潜在目标客户,按时完成汽车销量指标; 3.按规范流程接待客户,并向客户提供优质的售车咨询、配套服务等; 4.协助客户办理车辆销售的相关手续; 5.积极上报并解决售车过程中出现的问题; 6.负责对已成交客户进行汽车使用情况的跟踪服务; 7.做好与顾客之间的沟通工作,提高顾客满意度	1.熟悉我国和地区区域内汽车产业发展特点; 2.熟悉汽车后市场行业发展现状与趋势、服务内容和4S店的功能职责; 3.熟悉汽车市场的消费特点; 4.理解汽车销售顾问的岗位职责和基本要求; 5.掌握汽车销售流程和销售话术,能熟练使用销售技巧; 6.具有良好的服务意识和服务态度; 7.具备良好的服务礼仪,能提供规范的服务行为; 8.具有良好的沟通和表达能力、应变能力和解决问题的能力,心理素质佳;	1.能阐述我国汽车主要的经营模式;能分析我国汽车市场当前消费特点; 2.能说出做一名汽车销售顾问应具备的自我能力和基本要求; 3.能描述售前准备关键行为标准,熟练应用关键执行点,做好售前准备工作; 4.能描述顾客接待关键行为标准,熟练应用展厅接待的关键执行点; 5.通过询问与倾听等方法了解顾客真实想法,训练挖掘顾客潜在需求的能力;

118

续表

岗位名称	岗位描述	岗位能力要求	岗位能力训练目标
汽车销售顾问		9.良好的团队协作精神和客户服务意识； 10.熟悉相关政策和制度	6.训练产品介绍的流程,能用NFABI方法、六方位环车介绍等方法进行产品介绍； 7.能按照试乘试驾流程,运用试乘试驾前-中-后的服务要点为客户动态介绍车辆性能； 8.能描述报价关键行为标准,能应用价格谈判技巧处理常见报价问题； 9.能按照新车交付流程及服务要点为客户提供服务,提高客户满意度； 10.能描述跟踪回访的要求,能根据客户级别提供跟踪回访项目

　　销售是指人或群体通过创造及同其他个人和群体交换产品和价值,从而满足需求和欲望的一种社会的和管理的过程。汽车销售包括展厅(店内)销售与展厅外(店外)推销两种方式。销售过程就是销售人员通过帮助或说服等手段,促使顾客采取购买行为,从而满足消费者的需求和欲望的活动过程。

　　销售对推动经济发展有着重要的作用,整车销售是汽车营销工作的核心,是汽车销售公司的基本职责。利润来源于客户满意度,客户满意度越高,获得或即将获得的利润就越高,为客户提供高质量的服务,赢得客户满意度,是销售服务应尽的责任。

【课程内容】
案例导入

销售顾问的技巧

　　一个阳光明媚的下午,在上海奥迪授权的某经销商的车行内,来访的客户并不多,三三两两,有的在看样车,有的在办公桌前与销售人员商谈着,还有的在前台仔细阅读着一份车款、车型、新特色等的介绍手册。此时,两位男士和一位女士走进了车行。

　　贾某在奥迪车行工作两个多月,销售业绩一般(共销售出8部奥迪汽车)。作为一名刚从大学毕业、社会经验不多的小伙子,这个业绩属于比较初级的水平。

　　看着走进车行的这两男一女,他开始了基本的判断。两位男士虽不是西装革履,但穿着都比较讲究,其中一人手里拿着一款时尚手机,另外一位腋下夹着一个考究的小皮包。再看那位女士,不过30出头,化着淡妆,穿着白领套装,拿着一个坤包,看上去很有气质。从距离上看,这位女士同夹皮包的男士关系密切。贾某初步判断,这是一个不错的潜在客户,他看到他们停留在了最新款的天蓝色奥迪A6的前面。他走了过去。

贾某:"各位好! 怎么样,这么好的天,来看看车?"

拿手机的男士:"对呀,这款是新到的吧。"

贾某:"是的,最近走得不错,而且新上市的 A6 都是德国组装的。"

客人一边看看车,一边听贾某的介绍。

贾某接着说:"国产轿车几乎还没有采用全时四驱的技术,而奥迪 A6 已经采用了这个技术。3.0 的发动机排量动力充足,还配有天窗,手自动一体化的变速器,有最新功能的电子制动稳定系统……"

拿着手机的那位男士打断了仍然滔滔不绝的贾某:"好好,谢谢,我们就是简单地看看,先这样,我们改日再来。"

贾某:"要不,我给你们安排一次试驾,体验一下真正的驾乘感受。"贾知道,客户通常会有这种要离开的反应,但是,在销售培训时,讲师强调过不要轻易放弃客户,要争取留住客户,因此,他想多一点努力。

仍然是拿手机的那位男士说:"不用了,谢谢,我们改日再来。"

贾无言,只好看着这 3 个看上去非常好的潜在客户走出了展厅。

案例思考:贾某销售失败的原因是什么?

拓展阅读:我国汽车营销模式及汽车消费结构

任务5.1 汽车销售顾问的基本要求

 任务描述

做一名合格的汽车销售顾问并不是一件容易的事情,在销售汽车前要做的准备工作非常多。从人员准备的角度来说,首先要做好专业知识及能力的储备,还要进行汽车服务礼仪的训练,创造接待时良好的第一印象。通过自身不懈的努力,提高水平,树立自身"品牌"形象。

本任务就是帮助学习者认识作为汽车销售顾问应该具备的自我能力。

岗位能力训练目标

1.能说出做一名汽车销售顾问应具备的自我能力。

2.能说出成为汽车销售顾问的基本要求。

5.1.1　汽车销售顾问的知识与能力结构

汽车销售顾问究竟应具备什么素质,什么样的人适合搞推销,业界内外的人们可谓见仁见智,众说纷纭。国外企业提出"3H1F"理论,认为推销是由 3 个 H、1 个 F 所组成的。第一个 H 代表的是"头(Head)",第二个代表"心(Heart)",第三个代表"手(Hand)",F 代表的是"脚(Foot)"。首先,销售顾问要有科学家的头脑。销售顾问必须像科学家一样深入了解市场,研究客户的价值观、购买心理等相关信息,需要了解和运用市场营销、消费心理、公共关系等理论知识,否则无法成为一位推销高手。有人说,销售顾问是凭脚赚钱,勤跑即可。但是,销售顾问要让自己的脚朝着正确的方向前进,就需要有一个善于思考的头脑。其次,销售顾问要有艺术家的心。艺术家对事物具有敏锐的洞察力,对司空见惯的人、事、物也能以新鲜敏锐的眼光去观赏与观察,推销员应能敏锐地看出客户的需要,还知道如何能更好地满足其要求。这基于对人的深厚理解和爱心,这正是艺术家和销售顾问共同的心态。从本质上说,推销是爱意的传递工具。乔·吉拉德说过:"只要你能真心实意地爱你的顾客,他们就不会让你失望。"再次,销售顾问要有技术员的手。销售顾问是本职工作的工程师,对所推销产品的原理、结构、性能、质量、安装调试、操作使用、维修保养以及价格、使用费用等技术与经济方面的问题,必须充分了解相关的知识和具备提供咨询服务、维修服务方面的技能。最后,销售顾问要有劳动者的脚。所谓劳动者的脚,也是指健康和勤奋。推销员若没有健康的体魄,就无法适应高强度的工作。销售顾问还要有勤奋的工作作风,要勤勉不懈地访问客户,不断的辛勤播种与耕耘,以求收获。

作为销售顾问必须具备以下 3 个领域的知识(图 5.1):

①态度与意识。诚实、谦虚、微笑、信赖感、共同感、同情心、安心感、亲切感等。

②素质能力。简明扼要的说明解释问题的能力、询问能力、倾听能力、判断能力、与人交往的能力、电话应答能力等。

③知识。汽车专业知识、市场知识、多种话题知识。

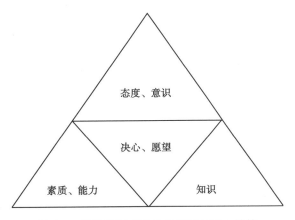

图 5.1　销售顾问应具备的知识与能力结构

5.1.2　销售顾问的作用及要求

在汽车营销领域,经销商是客户与汽车品牌之间最重要的联系人。在客户看来,经销商是汽车品牌的代表,经销商的所作所为都会通过与客户的直接接触和交流影响汽车品牌,所以客户在经销商处获得的满意度是建立强大的汽车品牌的关键。在这个环节上,销售顾问会产生主要的影响,应遵循一定的服务规范为顾客提供全方位、全过程的服务,在销售工作中满足顾客要求,确保顾客有较高的满意度,提高顾客的品牌忠诚度,而不能不负责任地把产品推给顾客,甚至欺骗顾客。这是执行品牌战略的重要策略。

(1)销售顾问的作用

①代表企业形象的销售顾问是企业与外界(特别是顾客)接触最多的人员(最先知道市场变化的是销售顾问),他们的一言一行都关系到企业的声誉,因此作为企业的代表,行为举止应当得体。

②创造需求,销售顾问不仅仅要找到需要轿车的人,还要使那些对轿车没有真正兴趣的人确信拥有轿车的好处(快捷、方便、充满乐趣和优越感),从而激发购买欲望。

③帮助市场研究科学技术发展加快,产品生命周期变短,生产能力过剩,竞争激烈,顾客需求变化加快令企业的销售面临巨大挑战,汽车销售顾问通过了解基本市场区域内用户的需求、市场竞争对手动向等,可以更好地开展销售活动,同时,还可将市场信息进行反馈,为开发出市场需求和用户需要的产品提供一手资料。

④获得利润的产品依靠销售实现价值转换,从而达成利润最大化(办企业的直接目标)的目标,而销售顾问是其中重要的实施者。没有销售,生产出来的产品将在仓库中等待报废。

(2)对销售顾问的要求

一般对销售顾问的要求是着装整齐、有自信、态度和蔼、专业知识丰富和专业销售技巧高明。进行销售工作前要事先做好各项准备,让自己的情绪达到巅峰状态,销售中与顾客建立信赖感,了解顾客的问题和需求,针对销售中存在的问题提出解决方案并塑造产品的价值,还要做竞争对手的分析,以便销售中有所应对,解除反对意见,并且还要提供良好的售后服务等。

销售顾问要做好心理准备,相信自己、树立目标、把握原则、创造魅力。

相信自己会成功,这一点至关重要。并不是每个人都能明确地认识到自己的推销能力,但它确实存在,所以要信任自己。人最大的敌人之一就是自己,而超越自我则是成功的必要因素。推销人员尤其要正视自己,鼓起勇气面对自己的顾客。即使有人讥讽你不是干这行的材料也没有关系,关键是你自己怎么看待。如果连自己也这么说,那么一切就都将失去意义了,而这正是关键之所在。因此,在任何时候都要相信自己。

树立一个适当的目标,是销售顾问上岗前必要的心理准备之一。没有目标,就永远不可能达到胜利的彼岸。每个人、每一项事业都需要有一套基本目标和信念。一位成功的销售顾问介绍经验时说:"我的秘诀是把目标数表贴在床头,每天起床、就寝时,都把今天的完成量和明天的目标额记录下来,提醒自己朝目标奋斗。"可见,有志者事竟成。定下目标,向着目标奋斗、前进,就会无往而不胜。

一名优秀的销售顾问在树立了信心,明确了目标,走出门去面对顾客之前,还应该把握住作为一名销售顾问应遵循的原则。

1)满足需要

原则现代的营销观念是汽车销售顾问要协助顾客,使他们的需要得到满足。销售顾问在营销过程中应做好准备去发现顾客的需要,极力避免"强迫"销售,假若让顾客感觉到你是在强迫他接受什么时,那你就失败了。最好的办法是利用你的销售使顾客发现自己的需要,而你的产品正好能够满足这种需要。

2）诱导原则

营销就是使根本不了解或根本不想买这种商品的顾客产生兴趣和欲望,使有了这种兴趣和欲望的顾客采取实际行动,使已经使用了该商品的顾客再次购买,当然能够让顾客成为我们产品的义务宣传员则更是成功之举。这每一阶段的实现都需要销售顾问把握诱导原则,使顾客一步步跟上汽车营销的思路。

3）利益原则

现代营销术与传统推销术的根本区别在于,传统推销带有很强的欺骗性,而现代营销则是以"诚信"为中心,汽车销售顾问从顾客利益出发考虑问题。顾客在以市场为中心的今天已成为各企业争夺的对象,只有让顾客感到企业是真正站在汽车消费者的角度来考虑问题,自己的利益在整个购买过程中得到了满足和保护,这样汽车营销企业才可能从顾客那里获利。

4）保本原则

一般来说,汽车销售顾问在与顾客面谈时可根据情况与时机适当调整价格,给顾客适当的折扣或优惠,这里有一个限度问题,各企业对此要求不同,但一般来说不能降到成本线以下。这就要求销售顾问在出发前不仅要详细了解产品的功能、特征,还应该了解产品的成本核算。

汽车销售顾问在营销产品中,实际上是在自我销售。一个蓬头垢面的销售顾问,无论他所推销的商品多么诱人,顾客也会说:"对不起,我现在是没有购买这些东西的计划。"汽车营销员的外形不一定要美丽迷人或英俊潇洒,但却一定要让人感觉舒服。在准备阶段,销售顾问应预备一套干净得体的服装,把任何破坏形象、惹人厌恶的东西排除,充分休息,准备以充沛的体力、最佳的精神面貌出现在顾客的面前。一个懂礼貌、有修养、有良好仪态且职业化的销售顾问,有利于与顾客建立良好的第一印象。具体的礼仪训练方法参见项目3。

实训演练：计划与总结

你想成为一名优秀的汽车销售顾问吗？那从现在就开始吧。请梳理一下成为汽车销售顾问应具备哪些能力？并为自己制订一个学习训练成长计划吧。

_____

_____

_____

任务5.2　整车销售核心流程及技巧训练

任务描述

规范的汽车销售过程,规范的服务行为,有助于为顾客提供高质量的销售服务,赢得客户满意度,不仅能够降低服务风险,提高销售业绩,还有助于树立品牌良好的口碑。

本任务就是帮助学习者理解整车销售核心流程及训练销售技巧。

岗位能力训练目标

1.能描述售前准备关键行为标准,熟练应用关键执行点,做好售前准备工作。

2.能描述顾客接待关键行为标准,熟练应用展厅接待的关键执行点。

3.通过询问与倾听等方法了解顾客真实想法,训练挖掘顾客潜在需求的能力。

4.训练产品介绍的流程,能用NFABI方法、六方位环车介绍等方法进行产品介绍。

5.能按照试乘试驾流程,运用试乘试驾前—中—后的服务要点为客户动态介绍车辆性能。

6.能描述报价关键行为标准,能应用价格谈判技巧处理常见报价问题。

7.能按照新车交付流程及服务要点为客户提供服务,提高客户满意度。

8.能描述跟踪回访的要求,能根据客户级别提供跟踪回访项目。

整车销售的核心销售流程有售前准备、顾客接待、需求分析、产品介绍、试乘试驾、报价成交与异议处理、车辆交付、跟踪回访。厂商不同,销售流程略有不同。如图5.2所示为东风标致的汽车标准销售流程。

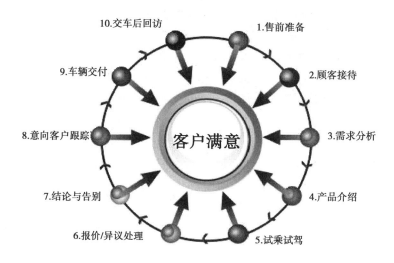

图5.2 东风标致的汽车标准销售流程

5.2.1 售前准备

汽车销售顾问在销售汽车前要做的准备工作非常多,从大的角度来说,凡是与汽车销售过程有关的所有事宜都需进行充分的事先准备,包括前面刚提到的汽车销售顾问的业务知识要点等。在这一节中,我们主要是介绍在接触顾客或潜在顾客前,销售顾问主要要做的一些准备工作,这些工作包括汽车产品知识、市场与消费者信息和日常销售准备。

(1)汽车产品知识的准备

对于汽车销售人员来说,无须像汽车技术专家那样对汽车技术有着很深的、全面的了解,那么要成为一个优秀的汽车销售人员应该如何去掌握产品知识呢?

国内有家知名商务顾问公司经过对汽车消费者的调研后发现,中国汽车消费者在完整的汽车采购过程中,大致会问到 48 个问题,这些问题可以归纳为 3 个方面:商务问题、技术问题和利益问题。

商务问题是指所有有关客户采购过程中的与金额、货币、付款周期及其交车时间有关的问题,如付款方式、价格等。

技术问题是指所有有关汽车技术方面的常识、技术原理、设计思路、材料的使用等都可以归纳为技术问题,如 ABS 的工作原理等。

利益问题是指客户所关心的对自己使用汽车产生的作用方面的问题,如四通道 ABS 对驾驶者行车安全有什么帮助之类的问题。

在调查中还发现,客户实际上更加看重汽车销售人员对客户利益的理解,由此要求销售顾问在掌握产品知识时,无论是汽车上的哪个技术都应从顾客的利益角度去理解掌握。在向顾客介绍汽车产品时常采用"特征、优点、利益"(FAB)法,同样,在准备产品知识时也应从特征、优点和利益 3 个方面去准备。

所谓特征,就是指产品的事实、数据和确定的信息。如奥迪 A6 技术领先型轿车具有手动/自动一体式变速器,这就是这款车型的技术特征之一。

所谓优点,就是指产品的某一特征是如何使用的,以及是如何帮助客户解决问题的。例如,某款车型配备儿童锁功能,这一功能可防止儿童在后座无意中打开车门,尤其是在行驶的时候可避免发生危险,从而提高了对儿童的保护。

所谓利益,就是指某一特征以及其优点是如何满足客户的需求的。它与优点不同的是,优点不会因顾客的不同而不同,但利益却不一样,同一特征、同一优点,对不同的客户而言,它所能带来的利益是不一样的。这里所谓的产品的利益,就是指从顾客的具体需求出发,把产品的优点与客户的现实需求联系在一起,从而使客户更加深刻地体会产品所能给他带来的利益,进而坚定购买意志。

"特征、优点、利益"(FAB)法是非常重要的产品介绍方法,应加强这方面的知识准备。

(2)市场与消费者信息准备

在向客户或潜在客户销售汽车前,还需要了解一下,所在区域内汽车市场的相关信息,以及消费者的基本信息,这些信息可通过各种方式调查后获得,这些信息对销售来说,非常重要。这些信息主要包括如下内容:

①驾照的分布情况。

②有多少人有了驾照但尚未购车,持有驾照的人群按年龄、性别、职业、学历等分布情况是怎样的。

③消费者不买车的理由及其所占比例。

④消费者购车前后,各种费用支出的情况。

⑤消费者对汽车价格的承受能力如何。

⑥已购车中,各国汽车所占的比例。

⑦消费者的购车渠道有哪些,以及这些渠道的现状。

⑧消费者购车最关注的问题有哪些。

⑨同一区域内各汽车品牌的竞争情况。

另外,还要为与目标客户接触时所需的沟通信息做一些准备,如当地的文化等。

(3)日常销售准备

日常销售准备主要包括销售员自我准备、销售工具准备、了解客户和客户开发。

1)销售员的自我准备

销售员自我准备主要是在销售之前,销售人员在仪表、礼节等形象上的准备。销售人员作为公司和产品的代言人,在顾客心目中甚至比公司负责人更具有代表性,因此,为了给顾客留下良好的第一印象,销售人员在销售之前对自我的仪容、仪表就应该非常重视,这一点是很重要的。具体的礼仪规范在本书项目3中进行了重点介绍。

2)销售工具准备

销售员在销售汽车之前必备的销售工具主要有以下3个:

①备品准备。名片、车型技术指标简介、技术资料、剪接报、分期付款资料、维修资料、计算器、通讯录、价格表、地图等。

②展示准备。车辆的整洁与光亮、内饰的展示与保洁、车辆各项功能的灵活运用、特殊装置的熟悉等。

③文件准备。车辆出厂证明、各类手续登记表、信息表、客户资料表、保养维修单等。

3)了解客户

下面以企业购车为例,介绍调查了解客户信息时所涉及的主要内容。

①客户方面接洽者(若是私车消费则是其本人)的职务、权限、毕业学校、毕业年度、出生地、经历与在任职公司的信用程度等。

②该公司的资本系统,是否属于某一财团。

③该公司的大股东是谁,何人掌实权。

④该公司的资本额,财务状况,信用程度如何。

⑤竞争对手与该公司的关系如何。

⑥了解有决定权与影响力的人。

了解客户时,除了了解以上一些基本情况外,还有另外很重要的一项内容就是要认识客户心理。销售员要时时刻刻站在客户的立场,设身处地为他们着想,找出他们的困难点,并提供良好的产品去解决他们的困难,这才是专业的销售人员。

然而,要完全认识客户,进而掌握客户的购买心理却不是一件容易的事,这要求销售人员要不断学习,并在日常中时时搜集分析各种客户信息,日积月累才能做到厚积薄发。

一般来说,我们可以从以下一些方面来洞察客户的购买心理。

①客户购买计划与购买时间。

②有决定权的人的言谈举止。

③客户所了解的竞争对手的状况。

④客户提出的条件。

⑤客户对本公司的看法。

⑥客户的预算等。

案例5.1 带着创意拜访顾客

张涛在上海、香港推销界已干了10多年。在这段时间里,他推销过多种车辆,从一个门外汉变成一位推销高手。在别人请教他成功的经验时,张涛说:"汽车销售员一定要带着一个有益于顾客的构想去拜访顾客。这样,你所遭遇的异议的机会就会少,你就会受到顾客的欢迎。汽车销售员要做建设性的拜访。"

张涛认为,汽车销售员应多多地拜访顾客,但是,只有做建设性的拜访,访问才会有效果。张涛的一位顾客——一家零售店老板曾这样说:"今天早晨在张涛来访问我之前,已经有15个汽车销售员来过了。这15个汽车销售员都只是一味地为他们的产品做广告,或谈价钱,或让我看看样本。然而,当张涛把高明的陈列方法告诉我时,我宛如呼吸到新鲜空气一样,真让人高兴。"

张涛把如何才能对顾客有所帮助的想法铭刻在心,他从不放过任何一个能对顾客有所帮助的机会,即使是一个偶然的机会。

为了提出一个有益于顾客的构想,汽车销售员就必须事先搜集有关信息。张涛说:"在拜访顾客之前,如果没有搜集到有关信息,那就无法取得成功。大多数推销人员忙着宴请顾客单位的有关负责人,我则邀请顾客单位的员工们吃顿便饭,以便从他们那里得到有利的信息。"

张涛稍做一点准备,搜集到一些信息,便采取针对性措施,打动了顾客的心弦。张涛正因为认真地寻求可以助顾客一臂之力的方法,带着一个有益于顾客的构想去拜访顾客,因此才争取到不计其数的顾客。

4)客户开发

销售的数量因销售人员所拥有的潜在顾客及可能成为潜在顾客数量的不同而不同,销售人员为达到销售目标,应该充满热情地找到足够的潜在顾客,然后通过产品推介、推销等方法使潜在顾客变成最终用户。一般潜在顾客具有3个前提,即购买能力、购买欲望和购买的必要性。潜在顾客有以下4个来源:

①新结识者。展示厅参观者,在展示厅或电话中首次接触的顾客。

②发展的顾客。在发展顾客中接触的人。

③顾客推荐者。通过介绍接触的顾客。

④用户。已购买本公司产品的人。

发展潜在顾客可以通过以下方法进行:

①散发宣传资料,如在经销商的市场区域内,至少每月散发一次传单。

②拜访顾客,搜集潜在顾客的信息并上门拜访或电话交谈,尽可能地促使他们参观展示厅。

③按照发展顾客的名单发送邮寄材料,特别是一些名人,促使他们来展示厅参观。

④举办展示会或其他活动。

⑤建立顾客发展档案(如顾客发展卡)。

⑥顾客推荐促销是销售活动中最重要的因素之一。顾客推荐资料一般由经销点的销售经理管理和控制。

拥有潜在顾客及可能成为潜在顾客的顾客是销售网点最重要的客户资源,应建立必要的顾客管理制度以保障潜在顾客不至于流失,便于进一步发展。客户管理的内容包括以下方面:

①潜在顾客的识别和分类。潜在顾客的识别,通常根据在销售活动中搜集的关于个人和车辆状况的信息,判断或识别顾客的购买意向(感兴趣的车辆、购买的意向以及对所销产品的兴趣)、购买能力(职业、收入、资产、资金的储蓄)或者需求(家庭情况变化、年款车型的淘汰、车辆老化或损坏)。为使销售会谈更顺利地展开,应将潜在顾客按其可能转化的程度和预计的购买时间进行分类,然后,确定拜访频次。

②拜访顾客。经常性的拜访顾客可以建立人际关系,推销自己,提供信息(邀请参观展览、所经营产品的介绍、公司介绍、新产品介绍和其他有关信息),发现与潜在顾客共同感兴趣的话题,然后将其引入销售的话题,还可以进一步搜集顾客的信息(现有车辆、车款、车型、家庭组成、雇主、购买决定者、购买行为动机等),发现顾客的需求。通常,人们期望在第三次拜访时,能够签订销售合同。对于像汽车这种较昂贵的商品,在签订销售合同之前,销售员可能还需进行多次拜访,这样的拜访也被视为再次拜访。

实训演练:售前准备

好的开始意味着成功的一半。预设自己为某品牌4S店一名销售顾问,请问你需要做哪些准备?请进行售前准备要点总结,并模拟材料准备。可以分享你的结果,组织小组讨论和互评。

_____

_____

_____

5.2.2 顾客接待

接待要向顾客树立一个正面的第一印象。由于顾客通常会对其购车经历抱有负面的想法,殷勤有礼的专业人员的接待将会消除顾客的负面情绪,为其购买经历设定一种愉快和满意的基调。顾客一到来,销售人员即应以微笑迎接,即使正忙于帮助其他顾客也应如此,避免顾客因无人理睬而心情不畅,让顾客立刻感受到"顾客第一"的服务理念。销售人员在迎接顾客后就应立刻询问能提供什么帮助,了解顾客来访的目的,进一步消除其疑虑不安的情绪,帮助客户建立信心。由于客户消除了疑虑,他就会在展厅停留更长时间,销售人员也就有更多时间可与其交谈,为进一步销售产品做好铺垫。

(1)顾客接待流程
如图5.3所示为顾客接待具体操作流程。
(2)顾客接待关键时刻及行为指导
1)注意仪表着装
①穿着指定的制服,保持整洁、合身。
②佩戴胸牌,样式统一,干净平整。
③头发精心梳洗整理,无头屑,不低于上耳沿,不染色。
④手和指甲要保持清洁,修剪整齐。
⑤皮鞋擦拭干净明亮,袜子颜色与衣服和肤色协调。

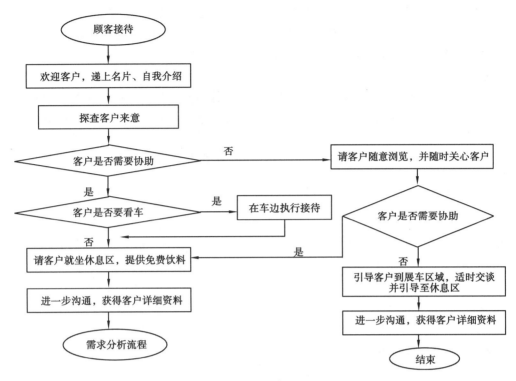

图 5.3　顾客接待流程图

⑥女士化妆要自然淡雅,避免浓妆艳抹。

⑦避免让人不悦的气味,包括体味、汗味和口臭。

⑧同事之间互相检查,在更衣室设定查看着装是否标准的镜子,便于销售顾问自我检查。

注意:保持良好的仪容仪表,通过早会的形式进行检查。

着装礼仪

2)若客户开车来

①客户到来时至展厅外(至少在门口)迎接,主动为客户引导安排车位,停放车辆,引导客户进入展厅。

②观察客户动作、车辆外形及新旧、车辆内部状况,以及了解该客户的特性及可能的需求,考虑合适的接待方式。

客户接待礼仪

③下雨天主动拿伞出门迎接客户。

3)客户进入展厅时

①点头、微笑、目视并保持眼神接触,所有员工遇到客户时都应以充满活力、明朗、欢快的声音,向客户打招呼致意。

②热情招呼客户带来的每一个人,主动协助招呼客户的同行人员。

③介绍自己并递上名片,在迎接后立即询问客户是否能为他效劳,以便弄清楚客户光临的目的。若客户不需要协助,让客户轻松的自由活动,若客户有疑问或需要服务的时候,立即上前服务。

④创造与客户交谈的机会,适时灵活的正面赞美客户。

⑤与客户初步交谈时说话要热情,充分表达对企业及产品的信心。

⑥若是两人以上同行则不可忽视对其他人的招呼应对;若同时多组人来临,要请求支援,不可使客户感到受到冷落。

4)客户自行参观车辆时

①主动迎上前,问候客户,递上名片作简单介绍,让客户知道销售顾问在旁边随时候教。

②请客户自己随意浏览参观,离开并保持一定的距离,在客户目光所及范围内随时关注客户的需求。

③应仔细观察客户,判断客户来店的目的,再针对当前状况及客户来店目的超前服务并采取必要应对。

5)客户需要帮助时

①客户表示想问问题时,销售顾问要主动上前询问。

②用亲切、平易近人的态度和方式与客户交谈,正确回答客户的问题。

③通过提问(开放式)了解客户对车辆的要求,而不是用专业的词汇去询问客户。

④从一般性的问题开始提问,例如,询问客户是否来过展厅,购车的用途,过去使用车辆的经验等。

6)在和客户的整个接触过程中,视情况使用下列方法来消除客户的疑虑

①微笑、保持目光接触,争取让客户主动询问。

②如需要,应核对客户姓名的正确发音。

③应与客户同来的每一个人都打招呼。

④给客户提供可以提供的礼仪接待(如咖啡、水等)。

⑤让客户确定他和你之间合适的身体距离。

⑥表现得放松和专业,禁止下列情况,如抽烟,手端一杯咖啡到处走动,斜倚在车上,没精打采地站着或坐着,站立时两手叉腰或者插在裤兜里。

7)客户离去时

①客户要离开时,要和客户约定下次见面的时间、地点等事项,并提醒客户携带的证件或物品。

②陪同客户到停车场,为客户打开车门,引导车辆出入。

③真诚感谢客户,热情欢迎再次来店。

④微笑道别,目送客户离去。

⑤回店整理客户信息,填写《来店(电)客户登记表》(图5.4)。

⑥进行客户分析,明确跟踪回访目标和意图。

(3)销售接近

无论是展厅销售还是上门推销,接近客户都是不可避免的,且是销售人员所希望的。只有接近客户,与客户面对面地交流,才可以发现客户之所需,销售重点之所在,才可以有针对性地进行销售说服活动。那种怕见客户的心理,对销售人员来说是极其有害的。

关于客户购买过程的模式和理论的研究有很多,无论是哪种模式,客户购买汽车的过程都有如图5.5所示的6个步骤。

来店(电)客户登记表												
年　　月　　日												
客户姓名	电话	地址	性别	来店(S)来电(T)	意向车型	竞品车型	颜色	级别(H/A/B/C)	来店(电)时间	离店(电)时间	信息来源	销售顾问
信息来源:1.平面广告;2.电视;3.广播;4.网站;5.DM(含邮件及短信);6.展会;7.店头路过;8.基盘推荐;9.开拓												

图 5.4　来店(电)客户登记表

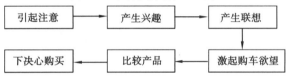

图 5.5　客户购买汽车的一般过程

在接近客户这一过程中,尤其是初次接触客户,关键要做到的就是引起客户注意,给客户留下深刻的第一印象,使其对产品、公司及销售人员产生良好的情感,进而使其对产品产生兴趣。为了有效地引起客户注意,使其产生良好的印象,销售员要设计出新意独到的方法,下面着重介绍 6 种接近方法。

1)使用别出心裁的名片接近法

别出心裁的名片,能吸引潜在客户的注意。名片如果和一般人使用的大同小异,那么名片就无法传达特殊信息引起潜在客户的注意。相反,如果你的名片设计独特,能传达一些特殊信息,必能引起潜在客户的注意。潜在客户对销售员也会产生一种特别的注意力,对言谈举止也会特别地留意。因此,销售员可针对不同的对象,设计使用不同风格的名片,以立即吸引初次见面的潜在客户。

2)采用精彩的开场白接近法

面对初次见面的客户,开场白的设计非常重要,设计精彩的开场白,可迅速实现与客户的沟通,给客户留下一个深刻的第一印象。

下面以展厅销售为例,在与客户接触的最初 3 min 至关重要,此时,精彩的开场白往往能最终决定一笔生意的成功。那么该如何准备精彩的开场白呢? 一般来说,精彩的开场白没有固定的模式,他需要销售人员具有很深的功底,能随机应变,根据不同的客户,不同的情景来设计这些精彩的开场白。但总原则有以下3个:

①通过精彩的开场白后,能引起客户的注意,拉近与客户之间的心理距离。

②开场白应以寒暄为主,尽量不直接提与购车有关的内容,以免引起反感。

③开场白应力求与情景及客户的特点相吻合。一般来说精彩的开场白多以公共话题为主要内容。

例如,可从客户进店前开的车、带的人、衣着打扮、谈吐、来人间彼此关系以及其他一些公共话题中发掘很多精彩实用的开场白,罗列一些如下,供大家参考。

"我看见您是开着×××车来的,那是辆好车!"

"小朋友,和你家大人来买汽车呀? 你喜欢什么汽车?"

"曬,周末全家出动,看起来有重大决策出台了。"

"天气真冷,您看这儿雾这么大,我们这地方好找吗?"

另外,精彩的自我介绍也可以作为开场白。

3) 请客户提意见接近法

销售员请客户提意见,是吸引潜在客户注意的一个很好的方法,特别是能找出一些与业务相关的问题。一方面,当客户表达看法时,不但能引起周围客户的注意,同时也能了解客户的想法;另一方面也使客户感受到了尊重。

4) 迅速告诉客户能获得哪些利益接近法

从心理学的角度分析,人们都希望从交易中能迅速获利。因此,迅速地告诉潜在客户所能立即获得哪些重大利益,是引起客户注意的一个好办法。这种方法在上门推销时经常运用。

5) 告诉潜在客户一些有用的信息接近法

每个人对身边发生了什么事情,都非常关心、非常注意,这就是为什么新闻节目一直维持最高的收视率。因此,可搜集一些汽车行业、人物或事件等最新信息,在接待客户时告诉客户,以引起潜在客户注意。

6) 提出能协助解决潜在客户面临的问题的接近法

例如,当客户表现顾虑或提出问题时,如果能迅速解决的话,客户会注意销售人员所说的每一句话。

以上6种方法,如果在销售中能恰当地运用,相信会收到很好的效果。

在此要强调的是,在初次与客户接近时,第一印象非常重要,要记住这时重要的不是立刻销售汽车,而是与客户建立关系。

案例5.2 运用情感接待顾客——乔·吉拉德的故事

乔·吉拉德是美国汽车推销大王,他认为在推销中重要的是"要给顾客放一点感情债"。他的办公室通常放着各种牌子的烟。当顾客来到他的办公室忘记带烟又想抽一支时,他不会让顾客跑到车上去拿,而是问:"你抽什么牌子的香烟?"听到答案后,就拿出来递给他。这就是主动放债,一笔感情债。一般顾客会感谢他,从而建立友好的洽谈气氛。

有时,顾客会带来孩子。这时,推销大王就拿出专门为孩子准备好的漂亮的气球和味道不错的棒棒糖。他还为顾客的家里人每人准备好了一个精致的胸章,上面写着:"我爱你。"他知道,顾客会喜欢这些精心准备的小礼品,也会记住他的一片心意。

他说,我交到他手里的任何一样小东西,我交到他家人手里的任何一样小玩意儿,都会使他觉得对我有所亏欠,他欠下我的一份情。这就是我给他的感情债,不太多,可是有这么一点点就足够了。

乔·吉拉德的经验证明了这样一个道理:顾客不仅来买车辆,而且还买态度,买感情。只要你给顾客放出一笔感情债,他就欠你一份情,以后有机会他可能会来还这笔债,而最好的还债方式就是购买你推销的产品。

实训演练：展厅接待

以小组为单位,推选该组成员扮演客户和销售顾问,进行首次来店展厅接待情景演练。大家一起来找茬,组织小组讨论和互评。

客户背景:王先生是第一次购车,职业是医生,第一次来到某品牌专卖店,之前对该品牌没有任何了解。今天到店主要是因为从广告中看到某款车型宣传,故到店参观了解。

客户走进展厅,销售顾问迎宾并进入演练。

_____

_____

_____

5.2.3　需求分析

展厅接待和　展厅接待和
需求分析流　需求分析流
程正确示范　程错误示范
　　　　　　　　对比

需求分析的重点是建立客户对销售人员及经销商的信心。对销售人员的信赖会使客户感到放松,并畅所欲言地说出他的需求,这使销售人员更容易确定需要推荐的车型,客户也会更愿意听取销售人员的推荐,这是销售人员和经销商在咨询步骤通过建立客户信任所能获得的最重要利益。此时,销售人员应仔细倾听客户的需求,让他随意发表意见,而不要试图去说服他买某辆车。如果销售人员采取压迫的方法,将使客户对其失去信任。销售人员应了解客户的需求和愿望,并用自己的话重复一遍,以使客户相信他所说的话已被销售人员所理解。

现代汽车营销提倡顾问式销售,销售的过程就是为顾客提供良好的买车咨询过程。从顾客进入销售环节的第一步起,销售和服务人员就力求让顾客感觉到,销售员不是在卖车而是在帮顾客买车,顾客对销售人员的信任会使他畅所欲言地道出购车动机。

案例 5.3　老太太买李子的故事

情景 1:

老太太走到一个水果摊前,

小贩 A:老太太,您想买什么水果?

老太太:我要买李子。

小贩 A:我这里有李子。

老太太:你这李子好吗?

小贩 A:我的李子又大又好吃。

老太太:(来到水果面前仔细看了看,李子果然又大又红,却摇摇头)我不买。

情景2:

小贩B:我这里是李子专卖店,有大的,有小的,有酸的,有甜的,有国产的,有进口的,您到底要什么样的李子?

老太太:我买酸李子。

小贩B:我这堆李子特别酸,您要不要尝一口?

老太太:(尝了一口,酸得受不了)真酸,来一斤。

情景3:

小贩C:别人都买甜的,您为什么买酸李子呀?

老太太:我的儿媳妇怀孕了,想吃酸的。

小贩C:您对您儿媳妇真好,您儿媳妇喜欢吃酸的,俗话说酸儿辣女,就说明她要给您生个孙子,所以您天天给她买李子吃,说不定能生出一个大胖小子。

老太太:(高兴地)你可真会说话。

小贩C:您知不知道孕妇最需要什么样的营养?

老太太:我不知道。

小贩C:孕妇最需要的是维生素,因为她要供给胎儿维生素。您知不知道什么水果含维生素最丰富?

老太太:不知道。

小贩C:这水果之中,猕猴桃含维生素是最丰富的,如果您天天给儿媳妇买猕猴桃补充维生素,儿媳妇一高兴,说不定就生出一对双胞胎来。

老太太:(很高兴)不但能生胖小子还能生双胞胎,那我就来一斤猕猴桃。

小贩C:我每天都在这里摆摊,而且进来的水果都很新鲜,您下次再来呢,我给您优惠。

案例思考:小贩C的水果销售过程对比小贩A和B有哪些优势?

(1)需求分析流程

如图5.6所示为需求分析具体操作流程。

(2)需求分析的关键时刻及行为指导

1)客户开始表达需求

①眼神接触,关心的表情,身体前倾,热情倾听,表示对客户的关心与尊重。

②使用开放式提问,主动进行引导,让客户畅所欲言,搜集客户信息。

③留心倾听客户的讲话,了解客户真正的意见,在适当的时机作简单的回应,不断鼓励客户发表意见。

④不要打断客户的发言,客户说完后再讲述自己的意见。

⑤征得客户同意,详细记录客户谈话的要点。

⑥未确认客户需求时,不可滔滔不绝地做介绍。

2)协助客户总结需求

①适当地利用刺探与封闭式的提问方式,引导客户正确表达他的需求,确认客户信息。

②保持对客户的兴趣,鼓励客户发言。

③顾问式地协助客户总结他的需求,挑选可选购的车型。

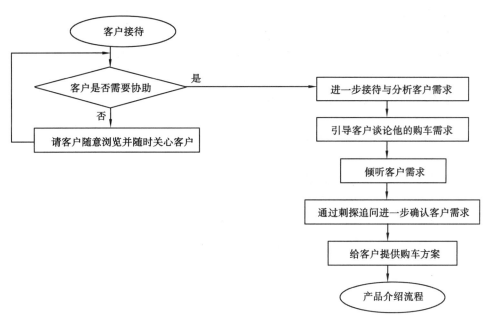

图 5.6　需求分析流程图

3）分析客户需求

①通过沟通获知客户的显性需求。

②通过客户的显性需求深度挖掘隐性需求。

③通过提问与倾听可以发现客户购车的动机是什么,从而根据其动机来说服客户。客户购车有六大动机:

安全:主动安全和被动安全。

性能:车辆在实际驾驶中的表现。

创新:技术革新、尖端设备。

舒适:驾驶与乘坐舒适性、行驶平顺性、隔音性、便利性。

经济:性价比、最优惠价格,维修便利。

认同:自我与个性的表现、别人的看法与评价。

4）满足客户需求的解决方案

①建立互信关系,继续加深客户对销售顾问的依赖感。

②站在客户的立场来考虑事情,把客户当成自己的朋友,并非仅是"买卖关系"。

③使用客户能理解的方式进行 SAB 法,对不同的客户及其利益需求提供不同的服务。S:SOLUTION 解决方案;A:ADVANTAGE 优势；B：BENEFIT 利益

（3）需求分析沟通技巧

需求分析这一步在汽车销售过程中往往不是独立存在的。一般来说,在接待客户以后就一直会涉及需求分析和咨询服务的问题。在需求分析时,重要的是做好与客户的沟通工作。下面就重点介绍关于如何与客户沟通。

汽车销售沟通中应掌握以下一些原则:

①明确沟通目的。所谓沟通目的,就是要求销售人员在与客户进行沟通时,想要达到的

结果。一般来说,沟通的目的不外乎建立(或维系)关系和促成交易两种,但我们在绝大多数的情况下要牢记,建立(或维系)关系更重要。

②善于发现需求。沟通能否有效进行或者是更深入地进行下去,很大程度上取决于销售人员是否能及时准确地发现客户的需求。因此,销售人员应善于在沟通中不断了解客户的消费行为,分析客户的显性需求,挖掘客户的隐性需求,并根据需要不断调节自己的沟通方式与方法。"投其所好"在沟通中是非常重要的。

③沟通要力求亲近易懂。汽车是一种复杂的新产品,即使是汽车机械方面的专家也无法清晰地将一辆汽车的方方面面流畅地描述出来,而有关汽车的机械知识、电路知识、油路知识、材料科技等方面就更加无法用语言表述清楚了。因此,销售人员不可能对所有的汽车专业知识都精通,重要的是应该强调产品的性能将给客户带来什么样的利益,并把这种强调用亲近易懂形象的语言表达出来,这才是客户最关心的。切忌在沟通中大量地使用晦涩难懂的专业术语,它不仅不能让你成为专家,反而会把客户赶跑。

④提供个性化的沟通模式。销售人员在沟通中要想赢得客户的信任与好感,那就必须做到非语言信息始终与其语言信息保持一致,而个性化的沟通模式相比于礼貌待客式和技巧推广式而言,在这方面是最有效的,所以我们应坚持采用个性化的沟通模式,事实证明这也是行之有效的一种沟通方式。

在与人沟通时,常有以下3种模式,即礼貌待客式沟通模式、技巧推广式沟通模式和个性服务式沟通模式。

为了便于理解这3个模式,下面举一个简单的例子。

有一家汽车专卖店,里面有3个服务人员,小王、大王和老王。当顾客走近小王时,小王面带微笑,主动问长问短,与顾客寒暄天气,聊一些与汽车无关的事情,小王的方式就是礼貌待客式;大王,采取另外一种方式,他说,我能帮您吗?您要哪种汽车?我们的这款汽车是最新推出的产品,现在正在优惠促销,大王的方式是技巧推广式;老王的方式更加成熟老练,他和顾客谈论日常出行,询问家庭状况,提出三口之家购车的理财方案,总会找到一种最适合顾客的汽车,而且告诉顾客如何保养和驾驶、如何省油等,老王提供的是个性化的个性服务式沟通模式。

⑤通过提问和倾听完成对客户车辆购买的需求分析。

通过提问与倾听可以发现客户购车的动机是什么,一般主要体现在安全、性能、创新、舒适、经济、认同、造型等方面。

可通过使用开放式提问和封闭式提问来分析客户需求。开放式提问用"谁、什么、何时、何地、为什么、如何"等字句来进行提问,不用"是""否"来回答,可起到搜集客户信息,制造更多的沟通机会的目的。封闭式提问为选择性提问,需要用"是""否"来回答,目的是确认客户信息。提问时,应该先询问客户的感受,降低客户的紧张情绪,再询问客户有关车子本身的专业或作业流程方面的问题。

提问的顺序可依照以下过程进行:

过去的情景:了解客户过去用车和生活状态的信息。例如,"您过去开过什么车?"

现在的想法:了解客户现在对用车和生活的具体想法。例如,"您在车辆选择时比较看重的是造型、安全、配置……?""在您关注的车型中?让您记忆深刻的有哪些?"

需求的确认:了解自己对客户所提问题的理解程度。例如,"您刚才说更喜欢欧系车,我可不可以理解为您更看重它的安全性?"

客户的评价:顺便了解客户对自己理解能力的评价。例如,"顺便请教您,您觉得我理解了您提出的问题吗? 我今后还应做什么改进?"

提问的内容集中表现为5W2H:

Who:请问这车将来谁开?

When:请问您是近期购买还是打算再看看?

Where:请问您主要在城区内使用还是经常跑长途?

Why:您买车的用途是……?

What:您最关注车辆的哪方面?

How much:您的购车预算是多少?

How to pay:您准备采用哪种付款方式?

倾听时要注意以客户的心境倾听,眼睛与客户保持目光接触,点头,认同客户的看法,表示我们了解他的立场,勤做笔记,记下重点,要及时给予客户回应,如"是的""我了解""您说的是""您说得很有道理"等。

实训演练:需求分析

以小组为单位,进行需求分析的话术撰写。每个小组推选该组成员扮演客户和销售顾问,进行情景演练,组织小组讨论和互评。

预设情境为:张先生,27 岁,是私营业主,性格外向、严谨,他的女朋友也拿了驾照,是自动档的,最近通过朋友介绍想到店来了解一下某车型的具体配置和价格。请说出销售顾问应如何进行需求分析?

_____

_____

_____

(4)电话沟通技巧

电话沟通是汽车销售过程中不可避免的一项重要的交流方式之一。与随意的电话交流不同,专业的电话沟通是以专业的方式接听电话,清晰、简练和温暖的电话沟通能增进与顾客的感情,这直接影响顾客对经销商的印象,并最终影响到顾客满意度和忠诚度。

拨打电话礼仪

电话邀约

1)专业接听电话

专业接听电话分为 3 个步骤,即准备、应答、介绍。

①准备。接听电话时务必在电话旁准备好笔和便笺簿,端坐将有助于接待人员清晰地发音,将电话放在不用来写字的那只手的旁边,将便笺簿放在用来写字的那只手的旁边。

②应答。三声铃响内接听电话,并将"微笑"融入接待人员的声音,注意音量、音调和速度,用不写字的那只手接听电话。

③介绍。礼貌地问候对方,介绍接待人员所在的公司和本人。

2)销售人员接听购车咨询电话时,需牢记6个关键步骤:

①应答并自我介绍。

②询问顾客贵姓和顾客的要求、购车想法。

③为顾客提供若干选择和建议。

④如果可能,为顾客提供初步的价格和优惠。

⑤确认顾客前来看车的具体时间。

⑥感谢顾客。

3)接听和转接电话的技巧

接听和转接电话分为3个关键步骤:

①自我介绍介绍接待人员的部门和本人,询问呼人者贵姓,确认呼人者的身份。

②告诉呼人者正在转接,要转接给谁要使用正确的表达方式,如"请您稍等片刻"或"我正在帮您转接"等。

③转接前进行确认要确认"第三人"是否能接听电话,然后转接:告诉第三人呼人者的姓名,用静音或音乐按钮将对话隔离,将电话置于柔软的平面上,不要置于接待台或坚硬表面上。

案例5.4　丰田公司的留言帖

丰田公司的留言帖如图5.7所示。

至:______________ 先生/夫人/女士

日期 __________ 时间 __________

您的留言

来自 ______________ 公司

______________ 先生/夫人/女士

电话:______________ 住宅/公司/手机

来电		将再次来电	
亲自拜访		请给他/她回电	
给您的回电		无留言	

留言:______________

____

____

____

留言者:

TOYOTA ______________

图5.7　留言帖

4）记录留言的技巧

销售人员在记录留言时,应注意以下 5 个关键步骤:

①立即接听无人接听的电话,将"微笑"融入自己的声音,并确认接听了哪位打来的电话,然后自我介绍。

②提供选择:向顾客解释他(她)要找的人无法接听电话,确认自己在接听哪位顾客的电话,并主动要求留言、提供帮助,或请先前不在座位上的人回位接听电话。

③将留言记录下来:要求留言并记录下重要的细节,如对方来自哪里、谁、日期、时间等。

④向顾客复述留言内容:结束通话前,向顾客复述留言的主要内容。

⑤感谢顾客:感谢顾客并等待顾客先挂断电话。

5.2.4　产品介绍

产品展示和介绍是销售过程的核心环节,在这一阶段,销售人员要指出所有与顾客需求有直接或间接关系的车辆特性及配备,可采用环车介绍方式让顾客了解车辆,提供专业的建议。产品展示和介绍流程的重点是针对顾客进行汽车商品介绍,建立顾客的信心,激发客户的购买欲望,凸显产品优势和客户利益。

展车介绍礼仪

(1)产品介绍流程

如图 5.8 所示为产品介绍具体操作流程。

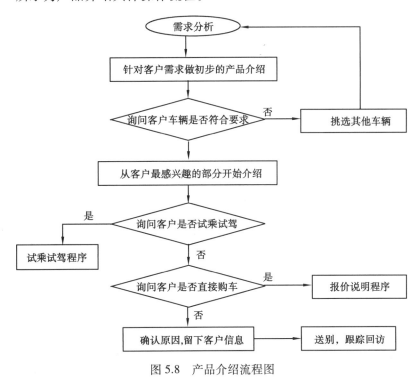

图 5.8　产品介绍流程图

（2）产品介绍关键时刻及行为指导

1）产品说明的准备

①掌握车型数据与知识，能够熟悉进行六方位产品介绍说明。

②充分了解竞争产品，能够通过对比凸显在售产品车型的优势。

③准备企业经销车型产品目录，随时检查展厅及展车状况以利于产品说明。

2）产品介绍过程中

①必须先作需求分析，尽量全面深入分析客户的需求。

②只要客户允许，一定要为客户进行产品说明。

③利用展厅、展车为工具进行产品介绍。

④从客户最感兴趣的部分与配置开始。

⑤创造机会让客户动手触摸或操作有关配备。

⑥强调本品优势，但要避免不恰当的贬低竞争产品。

⑦鼓励客户提问，并回答客户关心的问题。

⑧避免以专业术语来介绍，应以客户能懂的用语做说明；未确认客户需求时，不可滔滔不绝地做介绍；做实车介绍时，为客户开门请他入座，并帮他打开发动机盖、行李箱盖等，避免客户自行动手；客户坐驾驶座时，车门是不是打开，由客户决定，如果车门敞开，以蹲姿或适当姿势做产品介绍。

3）销售顾问遇到疑难时

①若销售顾问遇到自己不懂的问题，可请技术支援正确回答客户问题，切忌不懂装懂。

②不清楚的事项要调查清楚，获取事实数据，可以事后回答客户，但一定要给客户正确、满意的答案。

4）产品介绍结束时

①针对客户需求，口头总结产品特点和客户利益。

②在产品资料上注明适合客户需求的配备。

③邀请客户试乘试驾。

④不要在客户面前整理或清洁刚才介绍过的车辆，等客户离去后再整理。

（3）六方位环车介绍法

六方位环车介绍法由奔驰车首先启用，后被日本丰田公司的凌志汽车采用并发扬光大。经过调研，一个汽车消费者一次光临要在车行大约花费 90 min，其中有 40 min 被用来做汽车展示。因此，六方位环车介绍标准步骤的应用在销售流程中占据重要地位，当前，环车介绍法被多家企业采用，作为销售顾问能力提高的主要内训方法，环车方位大致相同，走位顺序略有差异。

产品介绍
环节正确
示范

产品介绍
环节错误
示范对比

所谓环车介绍法，就是环绕汽车产品对汽车的六个部位进行介绍，以此来展示汽车产品。这 6 个部位如图 5.9 所示。

下面较详细地介绍一下六方位环车介绍的主要内容。

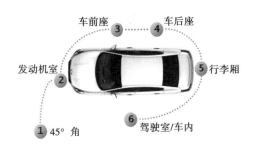

图 5.9　六方位环车介绍步骤图

步骤 1：如图 5.9 所示的位置①。该位置为车左前方 45°位置，这是开始的位置，是留给客户第一印象处，在该处需要向客户陈述的主要内容有：整车造型设计理念、外观、长宽高轴距等。

步骤 2：如图 5.9 所示的位置②。该位置为汽车的正前方，这一步客户的兴趣开始进入状态，在该处需要向客户陈述的主要内容有前照灯特性、前风窗玻璃、越野车的接近角、品牌特征、车身高度、通风散热装置、大型蝴蝶刮水器设备、保险杠设计。

外观设计理念
介绍举例

该位置还为发动机室的位置。这是一个很重要的位置，因为介绍车时，发动机的动力表现是非常重要的一个方面。在此位置，可将前盖示范地打开，根据客户的情况把握介绍的内容。而且一定要征求客户的意见，是否要介绍发动机。

该处可以向客户陈述的主要内容有：发动机的布局，添加机油等液体的容器，发动机悬挂减振设计，节油的方式，环保设计，排气的环节，散热设备的设计与摆放。

发动机介绍
举例

步骤 3：如图 5.9 所示的位置③。该位置为副驾驶位一侧，该处需要向客户陈述的主要内容有汽车进入特性，侧面的安全性，侧面玻璃提供的视野情况，轮胎、轮毂，车的通过性。

步骤 4：如图 5.9 所示的位置④。该位置是一个灵活变化的位置。在该

ESP 介绍举例

位置要争取客户参与介绍过程，邀请他们开门、触摸车窗、轮胎等。此时回答客户的一些提问，包括车辆的外形、安全、功能以及超值性都可以回答，并且根据需要引导客户到车内亲自体验。如果客户进入车内的乘客位置，应该给予细致的解释，注意观察客户感兴趣的方面。

步骤 5：如图 5.9 所示的位置⑤。该位置为汽车后部，这是一个过渡的位置，但是车的许多功能可以在这里介绍。在该位置，切记要征求客户的意见，如果客户有额外的问题，请他们在听完全面介绍后再给他们仔细回答。该处需要向客户陈述的主要内容有：后门开启的方便性，存放物体的容积大小，汽车的扰流板（尾翼），越野车的离去角，后排座椅的易拆性，后视窗的刮水器，备胎的位置设计，尾灯的设计。

步骤 6：如图 5.9 所示的位置⑥。该位置为驾驶位，如果客户本人就是未来这个车的驾驶员，那么邀请他到驾驶座位上，如果不是驾驶员，也可邀请他到其他的座位上体验车辆的豪华、设计的造诣等。

如果客户要求坐到驾驶位置上,应该向客户解释各种操作方法,包括雨刷器的操作、挂挡、仪表盘的介绍等。该处需要向客户陈述的主要内容有:座椅的多方向调控介绍,转向盘的调控,视野,腿部空间的感觉,安全气囊以及安全带,制动系统的介绍,操作方便性,音响、空调等,车门的控制,等等。

发动机智能
启停系统
介绍举例

案例 5.5 一汽丰田产品展示和介绍技巧

针对顾客需求:销售人员必须通过传达直接针对顾客需求和购买动机的相关产品特性,帮助顾客了解丰田车是如何符合其需求的。

重点绕车介绍:车前方、驾驶座、车后座、车后方、车侧方、发动机室。

以顾客为中心的语言:"您要是开达路特锐,更能体现青春活力的风采,与您的个性、打扮都十分匹配。""你如果拥有了这台丰田花冠,同时也拥有了我们服务站优秀技师专业和热心的服务,绝对无后顾之忧。"

要重点说明车辆配备和特性的优势、顾客所能得到的利益和好处。

一汽丰田产品展示和介绍时,要求销售人员掌握的商品知识包括汽车构造、发动原理等基本知识;竞争对手的产品;如何向顾客介绍的本公司产品。

根据顾客的商品知识水平介绍商品:与顾客交谈时做到灵活应变,可根据顾客关心的程度安排商品说明的顺序;介绍商品时避免贬低竞争对手的商品;结合顾客的商品知识层次,避免使用顾客不懂的技术词汇,用简明、通俗易懂的方式介绍商品;遇到自己不懂的问题,请其他的同事配合,提供顾客所需信息;诚心诚意地对待顾客的垂询;自己不明白的事情要想办法查清弄懂,给顾客一个正确、切实满意的答复。

一汽丰田产品展示和介绍后是如何转移到试乘试驾的?

"这台丰田车不仅发动机技术先进,动力强劲,而且底盘的调校也很见功力。如果您有兴趣,我们还有试乘试驾的活动,让您亲身体会……"

车辆展示是汽车销售过程中非常重要的一步,也是说服客户的关键一步。通过调研发现,在展示过程中做出购买决策的占最终购买的70%。通过产品介绍,可充分地向客户展示汽车的特性,尤其是它不同于其他汽车产品的独到之处和它能满足客户需求的不可替代之处。然而,要完美地展示车辆却不是那么容易的,它需要独特的技巧和销售人员的努力才能做到。

汽车销售人员在汽车展示过程中,需要注意以下4个方面的问题:

①显示自我的服务意识和态度。

②显示寻找客户需求并满足其需求的热情。

③显示丰富的专业知识以及业务知识。

④显示产品的利益和价值,尤其是那些从外表不容易看到的价值点。

作为汽车销售人员,尤其是汽车行业内的销售顾问,在介绍汽车时,没有必要将汽车的所有特点都事无巨细地向客户一一介绍,而应有针对性地将产品的各种特征概括为5个方面,即汽车的造型与美观、动力与操控、舒适实用性、安全能力、超值表现。作为销售人员,对你所销售的汽车在这5个方面的特性一定要熟记于胸,每一个方面至少还应能陈述出3个具体的要点。具体的要点可从以下5个方面考虑:

①造型与美观:流线型车身,车灯的设计,形状设计等。

②动力与操控:发动机动力,油耗,驱动性,悬挂性能设计等。

③舒适实用性:储物空间,人员空间,车门开启,进入的难易等。

④安全能力:主动安全,被动安全,安全新技术的应用。

⑤超值能力:空调区域,品牌,品质等。

（4）NFABI 介绍法

在实际购车中,虽然客户对车辆各方面性能要求都非常高,但仍会有一两个方面是客户特别关注的,会对购买造成直接影响。对于这些方面,产品介绍要力求给客户留下深刻的印象,可以采用 NFABI 的介绍法。

N(Need):需求。重述客户需求,进一步确认客户需求点。

F(Features)配备。针对客户需求,强调产品相对应的配置。

A(Advantages)优势。阐述该产品配置具备的凸显优势。

B(Benefits)利益。产品优势可以提供给客户的直接利益。

I(Impact)冲击。应用数据、证据、感受、场景等给客户造成心理冲击,加深印象。

例如:

N:×××车外形看上去还挺大的,就不知道坐着是否宽敞舒适?

F:先生,一看您就是关注家庭生活的人。×××车的空间不仅非常大,而且还为客户提供了高档舒适尊贵的座舱享受。

A:×××车拥有 2 680 mm 的超长轴距,而且还为后排乘客提供了独有的航空睡眠头枕,充分满足您和家人的舒适乘坐需求。×××车的所有座椅均按照人体工程学结构设计,能够保证座椅同人体各个部位的贴合,充分发挥座椅的包裹性及支撑性。

B:×××车绝对是同级车当中乘坐舒适性表现优异的一款车!

I:您想想,当您工作一天,开着×××车回家的时候,这样舒适的乘坐感受即能缓解您一天的工作疲劳,也能带给你愉悦的身心享受,那该多好呀!如果带上家人出行,即使长途驾驶或乘坐,也不会感觉到累,全家人在一起自驾游,多么快乐舒适自在啊!

实训演练:某车型产品介绍

1.话术撰写:以小组为单位,按六方位分析某车型产品卖点,应用 NFABI 方法进行话术撰写。

2.情景演练:以小组为单位,扮演客户和销售顾问,进行情景演练。

3.组织小组讨论和互评。

5.2.5 试乘试驾

试乘试驾预约

试乘试驾是让顾客感性地了解车辆有关信息的最好机会。顾客通过切身的体会和驾乘感受,可加深其对销售人员口头说明的认同,强化其购买信心,激发购买欲望。在试乘试驾过程中,销售人员应让顾客集中精神进行体验,并针对顾客需求和购买动机适时地进行解释说明,以建立顾客的信任感,并且还可通过试乘试驾收集更多的顾客资料,便于促进销售。

(1)试乘试驾流程

如图 5.10 所示为试乘试驾具体操作流程。

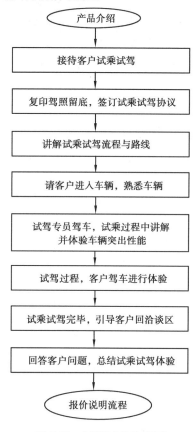

图 5.10 试乘试驾流程图

(2)试乘试驾关键时刻及行为指导

1)试乘试驾的准备

①准备专门的试乘试驾用车,尤其在新车上市期间。

②试乘试驾车应经过美容,保持整洁,有足够的汽油及各种消耗性油、液。

③试乘试驾车由专人管理,保证每次试乘试驾时车况都处于最佳状况。

④试乘试驾车证、照、保险齐全。

试乘试驾
环节正确
示范

试乘试驾
环节错误
示范对比

2）试乘试驾路线的规则

①试乘试驾路线按车型事先设定,并制成路线图。

②路线规划须避开交通拥挤的路段,并充分展示车辆性能与特色。

③为保证人员与车辆安全,试乘试驾严格遵守路线图。

3）当客户需要试乘试驾时

①只要客户有要求,就要尽可能为客户提供试乘试驾。

②向客户说明"顾客第一"的理念,但是为了安全,请客户必须遵守试乘试驾的程序与标准。

③出发前完成客户证照查验、复印存档及相关文件签署手续。

④出发前向客户说明车辆使用方法、试乘试驾程序和路线安排,并书面提供路线图。

⑤销售人员应对试车的车辆有信心,而且在产品介绍后主动邀请客户试车:"先生,为了让您亲身体验我们这款车的性能及舒适感,本公司特别为您安排试车活动,您试车之后就可以知道这款车是不是合乎您的要求……"

4）试乘试驾时

①销售人员必须进行动态的产品说明,凸显车型优势。试驾过程中应强调车辆的安静性、行驶舒适性、加速性、稳定操控性、驻车性能、高速性能等。

②全程确保车上人员系好安全带,保证安全。

③由销售人员或试驾专员将车辆驶出专用停车区域,示范如何驾驶,设定试乘试驾节奏。

④在设置好的安全换乘点停车熄火拔钥匙,重新上车坐好后,车辆移交客户驾驶。

⑤换位时依照客户情况调整各项配备,如空调、音响、座椅、后视镜、转向盘等。

⑥准备不同种类的音乐光盘供客户选择。

⑦以"顾客第一"的态度,让客户充分体验试乘试驾。

5）当客户有明显的危险驾驶动作时

①及时果断地请客户在安全地点停车。

②向客户解释保障安全的重要性,获取谅解。

③改试驾为试乘,由销售人员驾驶返回经销店。

6）试乘试驾后

①确认客户已有足够时间来体验车辆的性能,不排除再度试乘试驾的可能性。

②引导客户回展厅,总结试乘试驾经验,可询问顾客是否喜欢,寻求共识,适时询问客户订约意向。

③询问客户:"请问您最喜欢这款车的哪部分?"请客户填写试乘试驾评估表。趁客户试车后的兴奋情绪促成成交;如果无法马上成交的客户需另外约定时间。

④缴交"试乘试驾评估表"供分析用。将试车后结果及客户意见向主管报告;报告车辆状况,必要时需进厂保修。

实训演练：试乘试驾

设计一条试乘试驾路线图,标明体验点,撰写话术,进行试乘试驾接待情景演练。

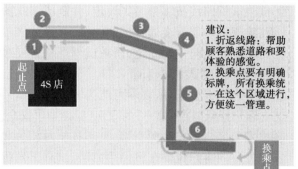

建议:
1. 折返线路:帮助顾客熟悉道路和要体验的感觉。
2. 换乘点要有明确标牌,所有换乘统一在这个区域进行,方便统一管理。

5.2.6 报价成交/异议处理

报价说明及签约成交,要考虑客户的利益,尊重客户的意愿,通过报价说明,增加价格的透明度,建立客户的信任感和品牌形象。

(1)报价成交关键时刻及行为指导

1)说明车辆价格时

①根据客户需求拟订销售方案,包括保险、贷款、选装件、二手车置换等。

②清楚解释销售方案的所有细节,耐心回答客户的问题。

③客户有充分的时间自主地审核销售方案。

④在报价前,再次总结客户选定车型的主要配备及客户利益,然后报价。

⑤报价完毕后,重点强调客户选定的车型对客户生活或工作带来的正面变化。

⑥使用报价表格准确计算并说明车辆价格及相关选装件的价格。

⑦明确说明客户应付的款项与所有费用及税金。

⑧若客户需要代办保险,使用专用的表格准确地计算并说明相关费用。

⑨必要时重复已做过的说明,并确认客户已完全明白。

报价中适时推荐二手车置换

2)客户签约成交时

①以"顾客第一"的态度操作签约程序。

②准确填写合同中的相关资料,协助客户确认所有细节。

③专心处理客户签约事宜,谢绝外界一切干扰,暂不接电话,表示对客户尊重。

④恭喜客户作出了正确的选择,并承诺提供完善的售后服务,适当强调企业产品给客户带来的实际利益与好处。

⑤签约后,使用"一条龙服务"表格,详细说明车辆购置程序及费用。

3)客户在签约成交时犹豫不决

①坚持"顾客第一"的态度,不对客户施加压力。

②耐心的了解客户需求与抗拒原因,协助客户解决问题,进一步提供相关信息。

4)客户决定暂不签约成交时

①坚持"顾客第一"的态度,正面协助客户解决问题。

②不对客户施加压力,表示理解。

③给客户足够时间考虑,不厌其烦给客户做解释。

④以正面的态度积极跟踪,保持联系。

⑤若客户追踪选择其他品牌,则明确原因并记录在案。

报价环节　　报价环节
正确示范　　错误示范
　　　　　　　对比

案例5.6　一汽丰田的签约成交程序

一汽丰田签约成交程序为:让顾客明确所有的细节,也可以再次总结一汽丰田的优势;销售人员明确地请顾客作出承诺,也就是让顾客签约;当交易成功,销售人员一定要向顾客道喜,让顾客感觉到他(她)作出了正确的选择。

签约时,销售人员认真正确地填写合同中的各项内容,例如:车型、车身颜色、选购件、附属件、支付条件、支付金额、交车预定日期等,请顾客再次确认;记录下顾客与你谈定的事情,谨防遗忘,并进行确认;签约时,要向顾客表示感谢;当商谈进行得不顺利时,即便没能成交,也要一如既往地对待顾客,倾听顾客的意见,寻找出下次说服顾客的方法。努力以良好的态度结束商谈。

(2)价格谈判技巧

1)车辆价格谈判时的注意事项

①使顾客感觉舒适。

②订单或表格上的备注应与顾客在车辆、装备和附件方面的意见达成一致。

③开始价格谈判,介绍公司的管理规定。

④确认成交,向顾客表示祝贺。

2)7种价格协商的技巧

当客户压价时,可以运用下列战术:

①坚持价格顾客是在试探销售人员的坚定性,因此应一口咬住销售的价格。

②改变产品组合如果客户希望便宜一些,销售员可不降低价格,而是可通过改变产品而不是降低价格的方法满足客户的预算要求,如随车赠品优惠等。

③固执一点不要很轻易就让步,顾客越难得到妥协,就越会觉得现有价格来之不易,而不会再三要求降价。

④不要使价格降低太多太大的价格让步会使销售方失去信用。客户会认为销售方开始时要价太高。

⑤每次只做少量的让步。每次只做极小的让步,这会使客户感到销售方已经接近极限。

⑥表示让步的困难让客户相信每一个很小的让步都是十分困难的。

⑦不要强调汽车销售企业的得失。例如,说:"如果你……我就会……"这样易引起顾客反感,使前功尽弃。

3)价格谈判技巧

先给出一个价位,即销售的总价格;然后观察顾客的反应;若反应强烈,要求降价,可适当调整报价,并说明价值;也可建议顾客做选择;如果需要的话,可做适当让步,容许顾客保持自尊;避免限制让顾客作出决定的时间,如"一天之内答复好不好?"这种方式会令顾客不痛快。

4)达成协议技巧

当顾客对车辆和销售员产生信任后,就会决定促成购买行为。但有的顾客还是有一些顾虑,又不好向销售员说明,这就需要销售员做进一步的说明和服务工作。

当出现如图5.11所示的情况时,成交的时机就出现了。

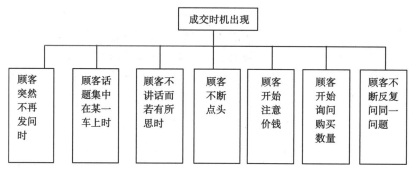

图5.11　成交时机

时机出现,要想促进签单,对顾客所喜欢的车辆作简要的要点说明,促其下定决心,但千万不能用粗暴、生硬的语言去催促顾客,这时要注意,不要给顾客看新的车辆,缩小顾客选择的范围,从而帮助顾客确定所喜欢的车辆。

达成协议的操作步骤如下:

①通过顾客的一些表现,要适时把握时机,准备引导顾客,进行尝试签单。

②尝试签单。不要因为害怕遭到拒绝,而等待顾客主动提出成交要求,一般情况下,很少有顾客会主动提出成交要求的。不要把顾客的一次拒绝视为整个销售过程的失败,而不继续努力。销售人员可以通过反复的成交努力来促成最后的交易。在详细介绍了车款以后,要尽快获得顾客的认同和某种形式的肯定。

③帮助顾客确定购买意向的车型及颜色,以及顾客要求增加的相关配置。

④充分利用自己掌握的价格余地,同时在选配件的确定上给出顾客不同的价格弹性,充分利用一些优惠措施来促使价格协商的完成。

⑤如果顾客准备签单,应为顾客作出了准确的选择而替他高兴。顾客签单后最担心的就是作了错误的决策,此时,你的自我得意会导致功亏一篑。

⑥签完了单,及时协助顾客办理相关提车手续等,让顾客感受到你是在为他服务。

⑦真诚地向你的顾客祝贺、道谢,会进一步加深你和顾客之间的感情,可能会在以后为你带来更大的成功。

达成协议的过程中,必要的话,要给顾客作出一定让步,要尽量站在顾客的角度去为他考虑一些相关的事情。即使达不成协议,一定要让顾客保持自尊,可能你的顾客下次来时就是来找你签约的。

案例 5.7　对成交的控制与把握

有很多销售人员非常耐心地接待顾客,也获得了许多顾客的良好评价,但是,与顾客有好相处是一回事,要求顾客做最后的采购决策并且交订金是另外一回事。在给联合品牌全国经销商培训时,有一个加入经销商 3 个月的销售人员问过培训讲师这样一个问题:

学员:老师,我有一个顾客,他已经来我们展厅两次了,但还是没有买车,也没有下订金。您帮我分析一下他什么时候会买车吗?

讲师:他第一次来展厅,他们谈了多久?

学员:我们谈了大约快 1 小时了。

讲师:你们都谈了些什么,是他提问多还是你提问多?

学员:都有。

讲师:你了解他为什么需要越野车吗?

学员:他说了,他用车主要是为了到亲戚朋友家,而周围的路况不是很好,所以想要一辆越野车。

讲师:那么,他以前开过越野车吗?

学员:我问了,他开过,而且在谈话的时候,他也在样车上试乘了,里里外外都看得特别仔细,而且好像也挺懂车,发动机也看了,问的一些详细的技术问题,我基本上都回答了。

讲师:那么,那他第二次来展厅是怎么来的?

学员:他说回去找朋友商量商量。一个星期以后我给他打电话,问他朋友的意见怎么样,他说过两天来展厅再说。后来就来了。

讲师:来了以后你们谈什么了?

学员:这次来了两个人,有一个是他的朋友,又看了一遍样车,而且,还听了听发动机启动的声音,反正看得特别仔细。

讲师:然后呢?

学员:大概不到半个小时,他们接了一个电话,然后就匆匆地走了,说再与我联系。现在已经过了两个星期,我也不知道是不是应该给他电话。

分析:

这个学员遇到的问题非常典型,就是缺乏对成交的把握,不好意思要顾客下订金,完全将顾客是否购买的决定权交给顾客,没有使顾客感受到任何压力。反过来这个销售人员还自豪地说,顾客还是挺愿意与他交朋友的,可是,卖出去的车却不多。

在培训以后,该学员有意识地强化他对成交分寸的把握,强化要求顾客承诺的技巧。两个月以后,在回访这个经销商的时候,欣喜地听到他这样说:"现在顾客还是很喜欢我,签约的顾客也多了起来。我以前总想不通,认为顾客自己想好了就会来下单的。培训以后才知道,销售人员是必须运用技巧要求顾客下单的,不主动要求,顾客就会拖着。"

通过这个学员的成长,可体会到目前许多汽车销售人员没有掌握成交技巧。销售人员应有意识地在这个方面提高自己的实战能力。

案例 5.8　挖掘客户真实异议

汽车销售员:"王总经理,我已经拜访您好多次了,总经理对本公司的汽车性能也相当的认同,汽车的价格也相当合理,您也听朋友夸赞过本公司的售后服务。今天我再次地拜访您,不是向您销售汽车的,我知道总经理是销售界的前辈,我在您面前销售东西实在压力很大,大概表现得很差,请总经理本着爱护晚辈的心怀,希望总经理一定要指点一下,我哪些地方做得不好,让我能在日后改善。"

王总经理:"您不错嘛,又很勤快,对汽车的性能了解得非常清楚。看您这么诚恳,我就坦白告诉您,这一次我们要替企业的十位经理换车,当然换车一定要比他们现在的车子要更高级一些,以激励士气,但价钱不能比现在贵,否则我短期内宁可不换。"

汽车销售员:"报告总经理,您实在是位好的经营者,购车也以激励士气为出发点,今天真是又学到了新的东西,总经理我给您推荐的车是由美国装配直接进口的,成本偏高,因此价格不得不反映成本,但是我们公司月底将从墨西哥进来的同级车,成本较低,并且总经理一次购买十部,我一定说服公司尽可能地达到您的预算目标。"

王总经理:"喔!贵公司如果有这种车,倒替我解决了换车的难题了!"

的确,当销售人员山穷水尽,无法成交时,由于多次的拜访和顾客多少建立了一些交情,此时,若面对的顾客在年龄上或头衔上都比你大时,你可采用这种策略,让顾客说出真正的异议。

案例5.9 销售促进应答案例

情景1:

客户:"价格太高了,再便宜××元就买。"

应答举例:

例1:"像汽车这种产品确实价格不低,但是相比较之下,它确实能提供您许多效益与便利。如果您拥有了它,将会让你的生活更加丰富,而且也会提高您的社会地位。在假日里您可以开车带着您的家人一起享受旅游的乐趣,这些都是这部车所带来的附加值,您满意的驾驶这部车,才是真的合算。这部车给您带来的满足感比差价大多了。

例2:"您觉得价格太高是可以理解的,让我为您说明,本款车的设计与制造都是采用最高品质的材料与科技,例如……(拿出竞车比较表通过比较说明物超所值,同级车中这款车算是性价比最好的)。我想这些您应该都是了解的。"

例3:"我们用车是长久的,使用时的品质即售后服务才是我们买车最需要考虑的因素,我们提供给您的是好的产品、好的品质及好的售后服务……"

情景2:

客户:"××牌汽车,他们能便宜××元。"

应答举例:

例4:"我相信您说的话,但是他们为什么可以便宜那么多呢?我们要深入了解,有可能是售价当初就定得太高了。而我们的这款车是具有良好性能和品质,同时价格合理,性价比很高,相信您也有同感!"

情景3:

客户:"我到过××问过,他们肯便宜我××元,我觉得你不错,若是你肯以相同的价格卖给我,我就向你买。"

应答举例：

例5："我们尽了最大的努力,这个价格已经不可以再低了,对您买车后的售后服务,我们会尽最大努力工作,使您不会有不方便和不满意的地方,请您谅解。"

情景4：

客户："用这么高的价钱买这部车,可不可以送一些赠品,如铝合金轮辋、隔热纸、防盗器等。"

应答举例：

例6："刚才说过我也希望这些赠品都能全送给您,但是实际上我们没有这样的权限,这样吧,我向经理申请送您××和××,其他的您就自己为您的爱车添一些吧! 日后您如果有任何维修保养及续保等问题,找我没错。"

情景5：

客户："我有亲戚(朋友)在保险公司上班,我自己找他办保险好了。"

应答举例：

例7："您投保本公司的代理保险有下列好处：

①遍布全国的服务站拥有一流修车设备及技术人员,在那里您可享受到最高品质、最亲切的出险理赔服务。

②理赔换用"正厂零件即配件(其他修理厂可能使用副厂零件,更有人用伪劣品替代)"。

③一些零配件和服务工时费执行特价。

④免除被不规范的服务站暗中动手脚,伪报损坏情况。

⑤免除被其他修理厂以旧零件偷换正厂零件。

⑥免除和保险公司理赔人员艰难的交涉。

⑦免除亲自到保险公司报案的麻烦。

⑧免除使用不良零件而影响车辆性能及安全。

(3)异议处理与协商技巧

从接待顾客、车辆介绍、需求分析到签约的每一个销售环节,顾客都有可能提出异议。懂得异议处理的技巧,销售人员就能冷静、坦然地化解顾客的异议。化解一个异议,就摒除销售人员与顾客的一个障碍,就越接近顾客一步,成交的可能性就越大。

1)什么是顾客异议

异议就是顾客与汽车销售员持不同意或反对的意见。例如,销售员要去拜访顾客,顾客推诿说没时间;销售员询问顾客需求时,顾客隐藏了真正的动机;销售员向顾客解说车辆时,顾客带着不以为然的表情等,这些都称为异议。实践中,80%的异议集中于下列的要素：价格、质量、服务、竞争、使用、交车、经验、信誉。常见的异议有竞争产品更便宜、比想象中的贵、我想讨价还价、我认为不需要、我负担不起、我做不了决定、未能使我信服。

销售过程中,顾客表示异议而打断销售员的话,提出质问、疑问都是难免的事。销售员不仅要接受异议,而且要欢迎,因为顾客的异议是珍贵的情报。有许多企业花大量的人力、物力想了解顾客对本企业产品和产品销售有什么意见,还会定期委托调查公司进行顾客满意度调查,目的就是了解顾客的想法。因此,异议对销售员来说不一定都是坏事。

处理异议时,销售人员可明确不同意见,也可适当表示认同对方的感受,然后提出解决方案。

异议处理和协商时,销售人员应注意要本着兼顾本企业的经济利益和顾客利益的"双赢"原则来进行。为了避免在协商阶段引起顾客的疑虑,对销售人员来说,重要的是要使顾客感到他已了解到所有必要的信息并控制着这个重要步骤。如果销售人员已明了顾客在价格和其他条件上的要求,然后提出销售议案,那么顾客将会感到他是在和一位诚实和值得信赖的销售人员打交道,销售人员全盘考虑到他的财务需求和关心的问题。

2)来自顾客异议的含意

①从顾客提出的异议中,能判断顾客是否有购车需要和有何种要求。

②从顾客提出的异议中,能了解顾客对销售人员提出的建议接受的程度,从而能迅速修正销售战术。

③从顾客提出的异议中,能获得其他更多的信息。

3)异议产生的原因

了解异议产生的各种原因,销售人员就能冷静地针对原因来处理和化解异议。异议有的是因顾客而产生,有的是因销售人员产生。

属于顾客方面的原因:

①拒绝改变:大多数顾客在作购车的决定之前,都对自己感兴趣的品牌、车型做了大量的了解。销售人员的建议可能会动摇顾客的初衷,使他们产生怀疑或不信任感,因此会提出异议。

②情绪处于低潮:当顾客情绪正处于低潮时,有时会缺乏耐心,没有心情进行商谈,容易提出异议。

③无法满足顾客的需要:顾客的需要不能充分被满足,不能引起其足够的注意及兴趣,因而无法认同销售人员提供的车辆。

④预算不足:顾客预算不足会产生价格上的异议。

⑤顾客抱有隐藏式的异议:顾客抱有隐藏异议时,会提出各式各样的异议。

属于销售人员方面的原因:

①销售人员无法赢得顾客的好感:销售人员的举止态度让顾客产生反感,如语调、姿态、态度等。

②作了夸大不实的陈述:销售人员为了说服顾客,以不实的说辞哄骗顾客,结果带来更多的异议。

③使用了过多的专门术语:销售人员说明车辆时,若使用过于高深的专门知识,会让顾客觉得自己无法胜任使用,而提出异议。

④沟通不流畅:销售人员说得太多或听得太少都无法确实把握住顾客的想法,而产生许多的异议。

⑤展示失败:展示失败会立刻遭到顾客的质疑。

4)对待异议的态度

①情绪轻松,不可紧张,认真倾听,真诚欢迎当顾客提出异议时,销售人员不要与之争论或直接反驳顾客,不可采取敌对行为,要提供更多的令人信服的信息,还必须继续以笑脸相迎,并认真倾听、了解异议的内容及重点。一般多用下列语句作为开场白:"我很高兴你能提

出意见"你的意见非常合理""你的观察很敏锐"等。当然,如果要轻松地应付异议,销售人员必须对车辆、公司政策、市场及竞争者都要有深刻的认识,这些是控制异议的必备条件。

②审慎回答,保持友善销售员对顾客所提的异议,必须审慎回答,应以沉着、坦白及直爽的态度,将有关事实、数据、资料或证明,以口述或书面方式送交准顾客。措辞须恰当,语调须温和,并在和谐友好的气氛下进行洽谈,以解决问题。假如不能解答,就只可承认,不可乱吹。切记不可忽略顾客的异议,以避免顾客的不满或怀疑,使销售服务无法继续下去。

③知难而退,保留后路有经验的销售人员都知道,顾客的异议不是能够轻而易举地解决的。不过,销售人员与顾客面谈时所采取的方法,对于销售人员与顾客将来的关系有很大的影响。根据洽谈的结果,如果认为一时不能成交,那么在这个时候便应"知难而退",不可稍露半点不快的神色,这样日后就有机会重新洽谈并获得这位顾客。

5)处理异议的原则

①事前做好准备。"不打无准备之仗",是销售人员战胜顾客异议应遵循的一个基本原则。销售人员在未接待顾客之前就要将顾客可能会提出的各种异议列出来,然后考虑一个完善的答复。面对顾客的异议,事前有准备就可以胸中有数,从容应对,以免出现异议时不知所措,或是不能给顾客一个圆满的答复,说服顾客。

案例5.10　标准应答语准备

加拿大的一些企业专门组织专家收集顾客异议并制订出标准应答语,要求销售人员记住并熟练运用。

具体程序如下:

步骤1:把大家每天遇到的顾客异议写下来。

步骤2:进行分类统计,依照每一异议出现的次数多少排列出顺序,出现频率最高的异议排在前面。

步骤3:以集体讨论方式编制适当的应答语,并编写整理成文章。

步骤4:大家都要记熟。

步骤5:由老销售人员扮演顾客,大家轮流练习标准应答语。

步骤6:对练习过程中发现的不足,通过讨论进行修改和提高。

步骤7:对修改过的应答语进行再练习,并最后定稿备用。最好是印成小册子发给大家,以供随时翻阅,达到运用自如、脱口而出的程度。

②选择恰当的时机。销售人员对顾客异议答复的时机选择有以下4种情况:

A.在顾客异议尚未提出时解答。

防患于未然,是消除顾客异议的最好方法。销售人员觉察到顾客会提出某种异议,最好在顾客提出之前,就主动提出来并给予解释,这样可使销售人员争取主动,先发制人,从而避免因纠正顾客看法,或反驳顾客的意见而引起的不快。

销售人员完全有可能预先揣摩到顾客异议并抢先处理,因为顾客异议的发生有一定的规律性,如销售人员谈论车辆的优点时,顾客很可能会从最差的方面去琢磨问题。有时顾客没有提出异议,但他们的表情、动作以及谈话的用词和声调却可能有所流露,销售人员觉察到这种变化,就可以抢先解答。

B.异议提出后立即回答。

大多数异议需要立即回答。这样,既可以促使顾客购买,又是对顾客的尊重。

C.稍后再回答。

有些异议需要销售人员暂时保持沉默,如异议显得模棱两可、含糊其词,让人费解;异议明显站不住脚、不攻自破;异议超过了销售人员的处理能力水平;异议涉及较深的专业知识,不易为顾客马上理解等。急于回答顾客的此类异议是不明智的。经验表明:与其仓促答错10题,不如从容答对1题。

D.不回答。

许多异议不需要回答,如无法回答的奇谈怪论;容易造成争论的话题;废话;可一笑置之的戏言;异议具有不可辩驳的正确性;明知故问的发难等。

销售人员不回答时可采取以下技巧:沉默;装作没听见,按自己的思路说下去;答非所问,悄悄扭转对方的话题;插科打诨幽默一番,最后不了了之。

案例5.11　懂得在何时回答顾客异议的销售人员会取得更大的成绩

美国通过对几千名销售人员的研究,发现好的销售人员所遇到的顾客严重异议的机会只是差的销售人员的十分之一。这是因为,优秀的销售人员对顾客提出的异议不仅能给予一个比较圆满的答复,而且能选择恰当的时机进行答复。懂得在何时回答顾客异议的销售人员会取得更大的成绩。

③销售人员切忌争辩。不管客户如何批评我们,销售人员永远不要与顾客争辩,因为争辩不是说服顾客的好方法。

④销售人员要尊重顾客的意见。顾客的意见无论是对是错,销售人员都不能表现出轻视的样子,如不耐烦、轻蔑、走神、东张西望、绷着脸、耷拉着头等。销售人员要双眼正视顾客,面部略带微笑,表现出全神贯注的样子。并且,销售人员也不能语气生硬地对顾客说:"您错了""连这您都不懂",也不能显得比顾客知道得更多,说"您没搞懂我说的意思,我是说……"这样会挫伤顾客的自尊心。

案例5.12　编写异议处理的说法

销售人员要精熟于推销说法,就得事先拟好标准说法。同理,要练就处理顾客异议的方法,必须事先准备一套回答用的说辞,这种为异议而用的说辞,是引发顾客购买意愿的利器之一。

①写出销售人员在推销过程中可能会遇到的顾客异议的理由。请记住,每一项异议只能写一条理由。

②分析异议的含意。写出每一项异议所含有的意义是什么,如顾客的异议是太贵了。销售人员应当解决顾客的异议的以下含义:这个车辆有什么优点,开出的价格值得这么高。

③写出销售人员处理异议的回答。针对顾客异议的含意,试着写出回答的说辞。

④增加对销售人员有利因素。

⑤试着写出下列的事:使销售人员立场变得有利的回答方式,销售人员要在怎样的情况下举出反证,把顾客非买不可的理由井然有序地整理出来。

⑥不断地检查、练习。

⑦不断地研究、检查对所列异议的处理说法。当销售人员遇到未曾预期的异议时,应立刻记录下来;销售人员发现或是想到克服异议的好方法时,应立即把它补充上去,并对这些内容进行检查,不断练习,直到能够完全熟练运用为止。

6)处理异议的步骤

①聆听。

聆听是处理异议的关键一步。耐心聆听并体会顾客提出的异议,能帮助销售人员快速、准确地找到异议存在的根本原因,并可以决定如何适时、准确地处理顾客异议。

②表示理解、有效沟通。

聆听之后,销售人员可以对顾客的异议表示理解,态度要真切诚恳,在心理上拉近与顾客的距离,并要与顾客进行沟通,多问"为什么",了解顾客的想法,站在顾客的立场上考虑异议,以便进行下一步的说明工作。

③渐进式说明。

渐进式说明就是让顾客逐渐接受销售人员的解释。在这一刻,销售人员应注意降低顾客和自己之间的紧张气氛,从而减少引起冲突的可能性。经过耐心的解释和说明,销售人员会获得一些顾客的认同,而对那些仍然存有异议的顾客,销售人员可视情况选择恰当的时机对顾客异议进行答复。

④选择恰当的时机,提供新的证据。

经过耐心、细致的解释说明,顾客和销售人员之间的紧张气氛会得以缓解,销售人员可以在为顾客提供销售服务的过程中,找机会解决顾客的异议。

⑤征求订单。

处理异议的最后一步是征求订单。在销售人员作出尽可能最佳的答复后,可以征求顾客意见,是否同意购买。

7)处理异议的技巧

在处理异议时,销售人员应牢记尊重顾客的原则,为企业和企业经营的品牌赢得忠实顾客乃至终生顾客。

①变异议为一个问题。

顾客提出的异议几乎都可以被转换成疑问的形式。如果销售人员引导顾客把异议看成是一个问题的话,那么交流沟通就简单多了。这时顾客就会等待对这个问题的答复。在销售人员作出答复后,顾客便只能对两种回答进行选择:"是,这确实是个问题"或"不……"。销售人员就可从中收集到更多的隐含信息。例如:

顾客:"不,这倒不是个问题。"

汽车销售员:"哦,是吗! 那请你告诉我你主要的问题是什么?"

购买者:"嗯,我想要的是……"

②在不同角色间转换。

销售人员处理异议的时候应时刻从顾客的角度去体会顾客内心的想法,"己所不欲,勿施于人",想象自己作为一名顾客时的所思所虑,然后考虑作为一名销售人员应采取的合理对应处理办法和预想顾客对此办法的反应等,并改进准备采用的处理方法。

用这种角色转换的方法来处理顾客的异议能有效地引导顾客接受销售人员的说法,同时也可避免发生冲突的潜在危险。

③引进第三者的说法。

有时销售人员在处理异议时,引进第三者能较好地缓和气氛,便于解决问题。如果仍然有异议,那问题在第三者身上;但如果达成一致,异议处理成功,就容易达成成交协议。例如,顾客提出异议,销售员说:"我能理解你的感觉……"(表示理解和同感),"其他人也觉得……"(引入第三者,帮助顾客不失面子),"……而且他们发现……"(准备提出新证据)。

8)7种异议的表现及分析

汽车销售员是一项考验意志的工作,因为汽车销售员经常会遇到异议,甚至被顾客拒绝。现在来分析以下7种类型的顾客。

①推脱型。

销售员:"王经理,您好,我是××汽车销售公司的业务经理……"

顾客:"哦,是××公司啊,我知道,价格也比较合理,但我们目前没有这方面的需要。这样吧,留个地址和电话,等我们需要了,再和你联系吧。"

这种类型的顾客是典型的"推脱"高手,他所说的是最常见的推脱话。

推脱型是异议理由中最常见的一种。汽车销售员通过电话联系潜在顾客,顾客告诉汽车销售员寄给他一些书面资料。大多数汽车销售员会用一种积极的态度对待顾客的异议,按要求把信件寄出去,并相信自己已经在销售进程中向前迈了一大步。事实上是,在大多数情况下,汽车销售员并没有取得进展。

推脱型的顾客可分为两种情况:一是顾客并不清楚汽车销售员所推销的车辆和所能提供的服务,只是习惯性地推脱;二是顾客可能真的没有需要。

应对推脱型的两种办法:一是要求见面洽谈;二是通过和他地位相当的人推荐。

"我曾给您寄过一些资料,可能它们在邮寄过程中遗失了。3月26日我正好要到你们公司附近办点事,我很想在下午3:00来拜访您,您有空吗?……太好了!我会把这个约会记录在我的日程安排上,约见前一天我会再打电话跟您最后确定一下。"

首先,顾客只能用两种回答中的一种来回答。他可以同意会面或用其他的理由来拒绝。其次,销售人员询问顾客是否有空,并非仅仅送上车辆资料而已,通常,这种上门送材料的面谈至少不少于一个小时。事实上,这些约见无论从哪一方面而言,与潜在顾客他们自己安排的约见完全是一样的。

销售员:"王经理,是这样的,我是××公司的杨经理介绍来的,他用了我们公司的车辆后感觉使用的情况很不错。我和他也成了很好的朋友,据他讲贵公司有这方面车辆的需求。所以这次我带了我们车辆的全套资料来了。如果您有时间的话,希望和您详细地交流一下。"

顾客:"哦,是这样的啊,我们正在找类似的车辆。资料你都带了吗?"

销售员:"全部带来了,您看……"

顾客往往会受和他地位相当的推荐人的影响,但需要注意的是,推荐人和顾客的关系,如恰巧是竞争对手,则可能会适得其反。

②没有需要型。

销售员:"您好,这是××公司的业务经理,您看,这是最新款式的商务车……"

顾客:"哦,我们已经有了商务车,凑合着还能用,目前我们不需要。"

世界上任何需求都是创造出来的,关键是怎样让顾客认识到自己的需求。作为汽车销售员的首要任务就是强化顾客需求,并让顾客强烈地意识到自己的需求,而不是拿顾客没有需求的观点来说服顾客。

应对没有需要型顾客可运用询问法。

销售员:"哦,是这样,那您用的是什么款式的商务车?"

顾客:"嗯……"

销售员:"它的使用性能如何?"

顾客:"嗯,不错。"

销售员:"您是不是对维修很烦恼?"

顾客:"是的……"

没有需要型的顾客很多情况下并不是真正没有需求,只是出于本能的防范心理,不愿意被销售人员缠住。但是汽车销售员如果提出他感兴趣的事情,他也愿意和汽车销售员交流。这时候要及时把握好顾客的关心点和注意点,以便有机会在和顾客沟通的过程中,掌握顾客的真正需求。使用渐进的询问,可在确认顾客有需求的基础上,给出一种满足顾客需求的办法。有时候不妨坦诚地询问顾客有无需求的真实情况,并站在顾客的立场,提出顾客可以接受的方案,以争取最后的成交。

③没有钱型(或者是钱不够型)。

销售员:"您好,欢迎您参观上海大众的汽车展厅,这是最新款的 Polo 轿车,1.6 L,带主副驾驶双安全气囊、双角度电子液压助力转向、ABS 防抱死等,而且您看,这款车的两个前照灯像不像两个大眼睛,整个车身也是流线型的设计,极富动感……我们作为上海大众的专业经销商,在此已经有多年了,您购买后可以享受到良好的服务。"

顾客:"好是好,就是太贵了。我是自己买车,预算可没有这么高啊。"

一般来讲,人都有量入而出的习惯,所以碰到自称没钱的顾客,理论上讲还是有希望的。解决的办法主要是要摸清顾客的真实想法:是真的没钱? 还是暂时钱不够? 还是对车辆还有疑问? 应多站在顾客的角度想想。

应对没有钱型的顾客可采用适当奉承、反问,可以开开玩笑。

销售员:"王老板,有打算买车的都是有钱的人哪! 您都说没有钱我们这车都卖给谁去啊?"

顾客:"呵呵,不要这样说,这 Polo 我是很喜欢,但价格确实贵了点儿。"

销售员:"这点,其实我们公司也有考虑,我们可以为您提供多种付款方式,配合您的经济情况,绝对让您付得没有压力,相当轻松。您看在我们专卖店有××银行的按揭代办点,买我们的车是可以分期付款的。"

顾客:"是吗? 你带我过去看看,帮我好好咨询一下。其实我早就想买这款车了,呵呵,外形好看……"

销售员可以根据顾客的穿着、神态等外在表现进行初步判断。如果实在无法判断,就干脆放轻松点,开开玩笑。顾客一般也会报以一笑,心情好的话很可能说出实情,如确实没有购买意图的话,大多也不会在意。

④没时间型。

销售员:"请问您是杨总吗?我是××公司的,我们公司是经销运输车的……"

顾客:"哦,我知道了,今天很忙,没时间,下次吧。"(啪,电话挂断)

没时间型顾客是最常见的也是最难应付的一种异议,通常令汽车销售员产生无比的挫折感。显然,敢于这样说话的顾客是有一定决定权并自信可对你毫无顾忌说不的人。销售员若一开始就被他的气势压倒,在随后的工作中将始终会有难以摆脱的心理阴影。应对这样的顾客,常见的客套话能省则省,单刀直入,直奔主题而去。如果能在开始的前 3 min 引起顾客的兴趣,就还有希望。如果顾客确实没有时间,汽车销售员明智的选择是留下资料和联系方式,另约时间,以免引起顾客反感。

应对没有时间型顾客:汽车销售员应在最短时间内使自己的话包含最有价值的信息。

销售员:"杨总,您好,真不好意思,我也打过多次电话了,知道您很忙,所以只想占用您 3 分钟的时间,简单地谈一下商务车的事情。"

顾客:"那好,就 3 分钟。我还有很多事情要去处理。"

销售员:"据我了解,贵公司希望更换商务车。"

顾客:"是啊。"

销售员:"我们公司是主要经销商务车的,最近进了一批通用别商务车,该车在目前国内处于领先地位。所以我就再三和您联系,希望能和您面谈一次,那样您对我们的车了解得会更详细些。"

顾客:"这样啊,那好,今天下午你过来吧,我在办公室。"

销售员:"那我就下午两点半准时到您办公室拜访。"

顾客:"记得带齐资料。"

销售员:"一定!"

⑤永远嫌贵型。

销售员:"王经理,您好,又来拜访您了。我这次来主要是想谈合同的事情。我们的资料您也看过了,车辆您应该是比较满意的。"

顾客:"车辆是不错,就是太贵了,要知道××公司的同类车辆就比你们的便宜不少嘛。这样吧,把价格再降 10%,我们可以考虑。"

随着这些年来生活水平的提高,人们对车辆质量也越来越重视了,所以从这个角度来看,抱怨车辆贵肯定只是表面现象。自古就有"一分钱一分货"之说,之所以顾客这么讲,肯定是顾客认为车辆不值这么多钱,这个评估仅仅是顾客心理的评估。显然,如果顾客不能充分认识到车辆能给他带来的价值,他当然有理由认为车辆根本不值这个价钱,永远嫌贵那就是很自然的事情了。对这样的顾客,和他就价格反复讨论是最不明智的。顾客一旦认了死理无论销售员出什么价,他都会觉得贵。就价格论价格只会形成死结,而且可以利用汽车销售员急于成交的心理不断压价,汽车销售员将会处于很不利的地位。正确的应对是给顾客更多的他自己也认同的利益。

应对永远嫌贵型的顾客,汽车销售员不能说:"价钱可以商量……可以向银行贷款……可以分期付款"这样的话,最糟糕的方式莫过于此了。

销售员要让顾客获得"买这辆车绝不会浪费"的理由,也绝不让他支付太多,如此,他可以很安心地买下这车辆,相信物有所值。

车是大件物品,买车嫌价钱贵,怕不合算,是顾客共有的心理。对这种顾客,汽车销售员千万不要说价钱可以商量的话,这是一种很糟糕的答话方式,这无疑承认汽车销售员推销的车辆定价的确过高。怎样说才是恰当的呢?

假如某辆车定价是 20 万元,顾客嫌贵,汽车销售员不妨这样对他说:"你说得一点也不错,20 万元的确不是一笔小数目。但是朋友,你想没想过,这东西不是一天两天,一年两年就能用坏了的。一般情况下,它能用个十年八年没有问题,而且这个品牌的旧车还能卖个好价格。"

在这段话中,汽车销售员先认同了顾客的异议,让顾客的心理得到满足;然后,又给顾客算了一笔账,化整为零,就不显得多了。

⑥否定一切型。

销售员:"陆经理,您好,我来过几次了,您好像对我们公司不是很满意。能了解一下是什么原因导致您有这样的看法吗?"

顾客:"同类的车我用过不少,没有一个我们满意的,我不相信你们能做得比他们好。"

这种类型的顾客产生了某种思维定式,要想改变他很难。面对这样的顾客,消极地回答如:"我们没有听过这样的情况啊?""其他的顾客没有反映啊?""不会这样吧?"只会引起顾客的反感,因为这样讲无异于在怀疑他的人格。

应对否定一切型的顾客,汽车销售员首先要清楚事情的原因,再针对顾客最关心的、最怀疑的问题提出解决办法。学会做个认真的倾听者,做顾客的"知心朋友",这样才可能赢得顾客的信任。

⑦反复考虑型。

销售员:"王总,您好,我上次送来的资料您看过了吗?"

顾客:"材料我们是看过了。但是这件事情关系重大,我们还得再考虑考虑。"

反复考虑型的顾客也是汽车销售员经常碰到的顾客类型。此类型顾客往往在看过资料和样车之后,仍然说需要考虑。其实,此类型顾客有很明显的购买意图,但如果汽车销售员仅仅出于礼貌说:"那就这样吧,您再考虑考虑",最后"考虑"结果一般是几天后再去时得到的答复是"不好意思,我们已经选择了别家的车辆了"。

应对反复考虑型的顾客,销售员的办法是马上回忆和该顾客接触和交流的经历。实际上,最后的考虑阶段,汽车销售员已经和顾客完成了一个互动的过程,顾客对车辆有一定的了解,他之所以没有下决心作最终决定,肯定是汽车销售员还有某一点没有打动他,所以销售员这时候必须当机立断,采取行动,可直接询问他到底还有什么疑问,然后马上针对顾客的问题拿出解决办法。

以上这几种情况可以说是汽车销售员被顾客拒绝的典型,作为一名汽车销售员面对一而再,再而三的拒绝,自信心无疑会受到打击,影响到工作情绪。但这些情况并不是无法化解的,深入分析顾客心理,对症下药,完全可把这些不利的局面扭转过来,使交易最终达成。

实训演练：异议处理

1.话术撰写：以小组为单位，针对客户提出的异议进行应答话术撰写。

2.情景演练：每个小组成员扮演客户和销售顾问，进行情景演练，组织小组讨论与互评。

异议主题：1.客户：我有些担心STT的使用寿命。

2.客户：全新君越比你们雪铁龙C6的安全气囊数目多。

5.2.7　新车交付

交车时顾客会感到兴奋，同时期望新车能按时交货，还需要有充分的时间来了解车辆的操作和维修的问题，因此希望得到销售人员的关心、承诺兑现和良好且诚实的建议。

如果顾客有愉快的交车体验，那么就为销售店与顾客之间建立长期关系奠定了积极的基础。在这一步骤中，按约定的日期和时间交付洁净、无缺陷的车是销售方的宗旨和目标。这会提高顾客满意度并加强他对经销商的信任感。

（1）新车交付流程

如图5.12所示，为新车交付具体操作流程。

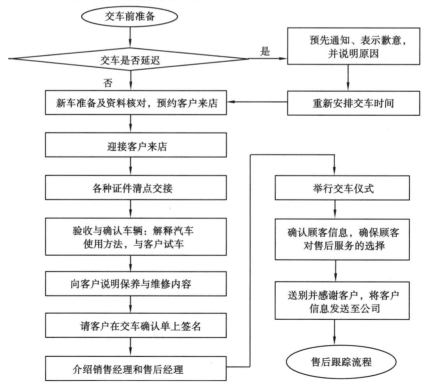

图5.12　新车交付流程图

（2）新车交付关键时刻及行为指导

1）新车交付准备

①按预期与客户确认新车交付时间并发出邀请。

②车辆的准备：清洁与整备。新车准备检查项目完成；重点检查车窗、后视镜、烟缸、点烟器、备胎及随车工具；提前完成车辆外观、内饰的清洁并在地板铺上保护垫；车辆配件交办，确认车辆配件安装品质；为新车免费加注 9 L 汽油；确认一条龙服务已完成。

③票据/证件/文件准备。检查上牌文件及发票（行驶证、登记证、购置税、保险单、车检标等），检查随车文件（合格证、发票、用户手册、保养手册等文件），票据/证件按《新车交付表》所列顺序排列。

④人员及场地的准备。新车交付场地的布置协调（场地清洁、立牌等）；新车交付时所需要的展厅设备（相机、鲜花、小礼品等）；相关人员的通知（总经理、销售经理、服务经理、服务顾问）。

2）新车交付行动

①热情接待，交车前陪同客户赏车，赞美客户选择，关心客户的感受。

交付前 30 min 电话确认客户到店时间；销售顾问提前 3 min 到展厅门口迎接，满怀热情；充满喜悦恭喜客户，感谢客户购买并赞美；热情款待，倒茶送水，准备好礼品；向全体访客说明交车流程及时间。

②介绍售后服务。介绍售后服务接待区地点；介绍售后服务顾问；参观售后维修客户休息区；说明保修手册的保修内容和范围；介绍售后维修预约流程及 24 h 救援服务；简述用户手册章节说明与使用方法。

如图 5.13 所示为东风雪铁龙新车交付表。

图 5.13　东风雪铁龙新车交付表

③文件交付说明。销售顾问利用车款、保险、精品、上牌等费用说明购车各项费用开支，多退少补，逐项打钩，请客户签字，清点并移交车辆文件及全部车钥匙。

④车辆验收与操作。销售顾问使用"新车交付表"带领客户逐项检查新车各项功能；销售顾问应保证客户了解车辆各个功能，并确保可以独立操作；清点车辆各项内容、配置、精品、备件；告知免费赠送9 L汽油和最近的加油站的位置；清点完毕后，确认无误请客户在"新车交付表"上签字确认。

交车仪式及
送别礼仪

⑤新车交付仪式。介绍总经理（销售经理、任何可参与的人员）或服务经理（服务顾问）与客户认识；在场职位最高的领导向车主交付新车钥匙模型；再次热情恭贺并衷心感谢客户；相关人员与客户合影；赠予客户礼品；询问客户方便的联系方式，请车主为自店介绍其他客户；全体参与仪式者引导及欢送客户离去。

⑥新车交付后跟踪的告知。销售顾问回访，专营店回访，厂家回访。

案例 5.13　东风雪铁龙新车交付举例

实训演练：新车交付

1.话术撰写：以小组为单位，针对新车交付流程进行标准话术撰写。

2.情景演练：每个小组成员扮演客户和销售顾问，进行情景演练，组织小组讨论与互评。

预设情境为：刘先生，38岁，从事会计工作，第一次购车，购入雪铁龙 C5，对新车交付流程没有任何了解，希望销售顾问能帮助他顺利提走新车，并且了解车辆使用的注意事项，尤其是车辆功能和售后服务事宜。

请说出销售顾问应如何进行新车交付？

_____

_____

_____

5.2.8　跟踪回访

第一次维修服务是新购车顾客亲身体验经销商服务流程的第一次机会。跟踪步骤的要点是在顾客购买新车与第一次维修服务之间继续促进双方的关系，以保证顾客会返回经销商处进行第一次维护保养。新车出售后对顾客的跟踪是联系顾客与服务部门的桥梁，因而这一跟踪动作十分重要，这是服务部门的责任。

销售回访

（1）客户级别的划分

根据客户购车的意向程度，可将客户划分为 HABC 级别。

H 级：已谈到交车细节及期限；顾客已确认车色；客主动告知竞争对手情况；主动谈及车辆装饰、旧车处理、付款方式与上牌问题；主动打电话来或再度来店。

A 级:与顾客商谈超过一小时;商谈甚欢甚至能开玩笑或主动叫出销售人员的名字;约好下次洽谈时间;顾客有明确感兴趣的车型;顾客详细询问车辆的功能、配置。

B 级:已经知道顾客的名字、地址、电话或得到顾客的名片;有谈及顾客公司的情况或聊到顾客的学历、背景;知道顾客的兴趣、爱好;了解顾客对欲购车辆的基本要求;提到目前用车的状况。

C 级:还没有完整的顾客联系方法,或者仅有联系方法但是没有其他有效的信息沟通。

(2)客户跟踪的频次

H 级:1 次/2 天;A 级:1 次/7 天;B 级:1 次/14 天;C 级:1 次/30 天。

(3)客户跟踪的项目

感谢信和感谢电话:销售顾问交车当天致电客户进行回访;销售顾问交车后 3 天内致电客户进行电话回访或亲访;销售顾问交车后 7 天内邮寄"感谢信"和照片给客户。

首保预约:致电客户进行首保预约。

吸引客户来店:通过不断的跟踪工作,为客户创造优质的用车环境,构筑客户对网点的信赖,吸引客户再次来店,鼓励客户转介绍。

后续关怀:生日关怀、节日关怀、居家关怀、出险慰问、产品资讯。

🗞 实训演练:客户跟踪

话术撰写:以小组为单位,进行售后跟踪标准短信话术撰写。

情景 1:客户提车当天;情景 2:客户提车 3 天;情景 3:客户提车 7 天。

_____

_____

_____

任务 5.3　汽车客户关系管理

🖱 任务描述

寻找潜在客户是一项艰巨的工作,特别是刚刚开始从事这个行业的时候,汽车销售顾问的资源只是对车辆的了解而已,汽车销售顾问会通过很多种方法来寻找潜在客户,而且花在这上面的时间也非常多。

本任务主要介绍潜在客户的开发、管理、跟进方式。

岗位能力训练目标

1.能根据潜在客户的级别计划跟踪频次,设计跟进方式。

2.能收集潜在客户资料进行客户开发。

5.3.1 潜在客户开发与管理

潜在客户信息是汽车经销商最重要的信息资源,加强对潜在客户的管理能有效地提升销售量。就中国目前的汽车销售行业而言,经销商展厅仍是销售活动发生的主要场所,因此如何吸引足够的客户来到展厅和说服来店客户购买是经销商取得良好业绩的关键。

(1)潜在客户的开发

寻找潜在客户的渠道有很多种,目前汽车经销商客户主要来源是展厅获取。展厅获取一方面通过企业的营销传播活动,展开地区及经销店辖区内保有客户与潜在客户的告知活动,另一方面通过区域及经销商的广告活动塑造经销商知名度,提升来电来客数。展厅接待最关键是要提高成交率。

1)广告获取

利用各种形式的广告,如电视、广播、报纸、杂志及其传媒进行产品信息及品牌的传播活动。

2)活动获取

参加车展、新车上市、小区巡展、店面活动、试乘试驾、市场开拓或通过其他活动挖掘潜在客户。

3)置换、增购、推介

本品牌车主及其他品牌车主的换购,或保有客户的介绍、亲朋好友的介绍、同业介绍等。这些都是要在顾客满意、有良好的口碑基础之上,经销商应每月规划维护计划,并由主管带动及督促执行。

4)区域开发

针对辖区内某些行业或职业、各类利益团体,以直邮、电话或拜访,选择车型进行有针对性地开发。

(2)潜在客户分类

对潜在客户分级。按客户预计购买时间进行分级,H级:1周之内订车;A级:15日内订车;B级:30日内订车;C级:没有明确的订车期限,2~3个月内订车。根据客户级别跟进管理,制订拜访计划和频次,及时记录跟进情况,根据情况适时调整客户级别,并按新的客户级别重新制订拜访计划和频次。

跟进频次。H级客户:至少两天1次;A级客户:至少1周1次;B级客户:至少两周1次;其他级别客户:应根据实际情况及时保持联系,至少每月一次跟进联系,充分了解客户动态。跟进方式可以是电话联系或上门拜访。对超过一个月的潜在客户跟进结果必须进行评估,以便于进一步确定工作的重点或判断潜在客户的购车意向。

（3）潜在客户的跟进

1）发短信

短信的特点是既能及时有效的传递信息，又不需要接收者当即作出回答，对接收者打扰很小，非常"含蓄"，更符合中国人的心理特点。发短信形式多样，有短信提醒、短信通知、短信问候等，这些方式的优势是保证对方一定能收到，即"有效传播"。发短信的方式价格便宜成本低廉效果不错，但是若使用不当，也会造成客户反感，进行投诉。因此，要掌握好"度"，既不宜太过频繁，使顾客感觉厌烦，也不要太过"冷落"，达不到应有的效果。

2）打电话

打电话是为了获得更多的客户需求和信息。打电话了解信息的同时也要为自己留下下次接触的机会，这就需要在打电话的同时向客户提出问题，并表示此次回答不了，等进行深入了之后再给客户一个满意的答复。在打电话进行跟进之前，要对顾客进行初步分析，对不同的疑问点采取不同的措辞。与短信跟进一样，打电话也要注意时机的把握，跟顾客进行联络不能太过频繁，要把握好"度"。

3）发 E-mail

利用 E-mail 进行客户跟进和产品宣传，既节省纸张，又迅速快捷，且附带内容多样化。文字、图片、动画、视频电影等均可通过 E-mail 即时传递到客户面前。这是一种快捷方便的跟进方式，信息量大，目的性强。在处理上，要求客户看到 E-mail 之后给予回执，并及时电话通知客户邮件已发送，请客户查收。若没有收到，还可以再次发送，体现出一种敬业负责的态度。

4）接听电话

对销售人员来讲，接听电话既能增进沟通，又说明客户已经有兴趣和了解的欲望。在接听电话的过程中注意礼仪，态度要热情。对客户的询问，如果需要查找资料，最好就是先挂掉电话，告之客户稍后再打过去。

5）发传真

销售人员经常会接到客户的询问，要求传真一份参数给客户，这也是一种良好的跟进方式。复印清晰的参数表，明确的展厅线路图，车型的官方网站及相关论坛网址列表，个人详细的联络电话及名片放大复印图，无时无刻不忘记表现自己的专业服务，这样体现出一种认真做事的态度，给人留下深刻印象。

6）寄送邮件

寄送邮件是以实物代表跟客户进行接触。邮递内容包括产品资料、车型目录、车辆参数、车主杂志以及贺卡、生日卡、祝福卡等。这种方式优点是，自己掌握主动权，经常会给客户带来意想不到的惊喜，同时还可以给予客户详细的资料。

7）上门拜访

上门拜访是成功率最高的一种客户跟进办法，但是成本昂贵，时间消耗久，不确定性大，但若上门拜访会见顺利，那就离成功不远了。上门拜访需要注意基本拜访礼节、注重自身形象、关注拜访对象，找好拜访理由，充分了解客户信息。

8）展厅约见

客户既然愿意预约来到展厅，就表明客户对此款车型已经有相当的购买意愿。此时，销售人员就需要做好客户预约的相关准备，车辆的内外清洁，车座椅根据客户的身高适当调节，准备好试音碟等。

在潜在客户的跟进过程中，销售人员应针对不同的情况，采取不同的策略。

在日常工作中，80%的销售人员在跟进一次后，不再进行第二次、第三次跟进，少于2%的销售人员会坚持到第四次跟进。跟进工作能使客户记住你，一旦客户采取行动时，首先会想到你。跟进的最终目的是形成销售，但形式上绝不是经常听到的"您考虑得怎样？"跟进工作除了注意系统连续性，还要注意正确的策略。采取较为特殊的跟踪方式，能加深客户对销售人员的印象，促进销售。

（4）保有客户管理

汽车的生命周期决定了汽车消费的周期性。统计数据显示，已经从某家经销商购买汽车的客户，再次从这家经销商购买的比例达65%，而从竞争者那里转化过来的客户只占35%。因此，销售及服务人员应与客户保持联系和沟通，为客户提供各种服务和关怀，使客户成为忠诚的客户。

1）客户档案的建立和管理

对每一位已经购车的客户登记详细的资料建立客户档案，客户档案管理不同于一般的档案管理。如果一经建立，就置之不理，将会失去其意义。应定期浏览回访，及时了解客户的需要和对服务的满意度。根据客户情况的变化，不断地对信息加以调整并及时补充新资料，每次跟进都要做记录。通过对客户信息的资源整合，对客户进行细分，分析客户对汽车产品及服务的反应，分析客户的满意度、忠诚度和利润贡献率，以便更有效地赢得客户和保留客户。

2）保有客户的经营

对保有客户汽车使用情况全程跟踪，并提供个性化关怀。建议交车后的24 h内发出第一封感谢信、交车后的24 h内打出第一个访问电话、交车后的7天内打出第二个回访电话、适时上门拜访顾客、每两个月安排与客户联络一次、超过48个月的全程跟踪。由于保有客户维护需要销售人员与顾客平常的感情建立，建议除建立保有顾客管理卡外，还应对每位销售人员的维护数列成册，以方便管理。

建立保有客户的推荐系统。规划保有客户的产品升级换代。对于车辆使用3年以上的客户，每月应至少一次以上的接触访问，并提供本公司销售的全车系列车型目录置换选择。

案例5.14 "坏消息"让客户改变了购买决定

消费者买车与接受售后服务的时候，经常会关注一些在经销商眼中看起来不起眼的重要信息，如果是"坏消息"，客户就会流失。例如，某品牌汽车销售店，一位消费者听说该车的发动机发生爆炸，在即将购买之际立刻打消了购买这款新车的念头。这样的情况在销售过程中经常发生。事实上，这主要是经销商在营销管理方面处理得不好。

5.3.2　潜在客户资料收集

(1) 原始资料收集

潜在客户资料收集和打电话技巧是信息员的重要工作,加强这方面的训练是企业的重要培训工作。

因为营销市场 = 人口 + 购买力 + 购买愿望,因此,对潜在购买者也就是客户信息的收集,应该是购买力和购买愿望的收集。

我国国民经济的持续发展,人民经济收入的增加,使国民购买力有较大的提升。社会上公司的领导和白领、中学和大专院校的教师、企业中的中层以上负责人都具备购买汽车的能力。随着经济的发展,在农村一大批专业户也步入汽车购买大军的行列。怎样调动这部分人群的购车愿望,是打开市场销路的关键所在。

首先要有目的地选择各类人群喜欢的车型,与生产厂家和总经销商组织货源,深入基层(学校、农村集市、厂矿)进行展览和促销。在这个过程中收集信息,为进一步开拓市场做准备。

利用人们喜欢购物扎堆,并相信自己的亲属、朋友和熟人的习惯,发动企业全员进行汽车推销也是一个好办法。

(2) 二手资料的收集

1) 二手资料一般获得渠道

① 统计资料。

这里包括国家相关部门的统计资料和调查报告,相关行业在报刊或期刊上刊登的统计调查资料,行业团体公布的调查统计资料。

② 名录类资料。

包括客户名录(现有客户、老客户、失去的客户)、同学名录、会员名录、协会员名录、职员名录、名人录、电话黄页、公司年鉴、企业年鉴等。

③ 报刊类资料。

包括普通报纸(广告、产业或金融方面消息、零售消息、迁址消息、晋升或委派消息、订婚或结婚消息、建厂消息、事故记录、犯罪记录、相关个人信息等);专业性报纸和杂志(行业动向、同行活动情况)。

2) 资料收集的方法

① 展览观察法。

汽车销售商的展厅或展示会是获得潜在客户的重要途径,在此要收集参观者的资料、客户的兴趣点,为客户解决疑难问题,在与客户的沟通中获取客户的相关资料。

② 连锁介绍法。

一个出色的信息员和销售员,应该善于让你的老客户为你介绍新客户,也就是老客户介绍新客户。当你的老客户对你的服务非常满意并与你建立了贸易以外的良好关系时,这种连锁介绍关系就建立起来了。

③问卷调查法。

在对目标顾客的情况不是很清晰,但想了解目标顾客对市场需求潜力时,问卷调查是一种有效的方法。采用抽样调查,除了可以获取客户的购车需求和服务的满意程度外,还可以对未来的市场变化作出科学的预测,从而对企业的决策提供有力的支持。

④商业联系法。

商业联系往往是社会联系的重要部分。该方法要求信息员和销售员不仅维持生意上的往来,而且还要学会与政府部门、行业协会、保险公司、驾驶员培训学校、汽车俱乐部等组织建立联系。这些联系可以带来更大的长远利益。

实训演练：客户开发

列举一下潜在客户发掘的方法和跟进的方式,讨论各种跟进方式的优势和不足。

_____

_____

_____

任务 5.4　网络营销策略

任务描述

随着信息科技的发展,互联网成为消费者了解汽车产品和品牌的主要渠道之一,消费者通过网络来了解车市行情、选择车型和商家等,汽车网络营销应运而生。网络营销能充分发挥企业与客户的互相交流优势,企业可以为客户提供个性化的服务,这是一种新型的、互动的、更加人性化的营销模式。

本任务介绍我国汽车网络营销的主要策略。

岗位能力训练目标

能说出当前我国汽车网络营销策略的各种应用。

计算机网络的普及与互联网技术的应用,使汽车企业营销活动的领域得到了极大的拓展。汽车企业除了设立自己的网站开展对外宣传,强化宣传效果,加强与顾客的沟通和联系外,还可以借助互联网拓展顾客资源,开展网上汽车交易。但是汽车消费额度大,交易的安全性是消费者首要考虑的问题。

5.4.1　汽车网络营销概述

网络营销是企业营销实践与现代通信技术、计算机网络技术相结合的产物,是指企业以电子信息技术为基础,以计算机网络为媒介和手段进行的各种营销活动(包括网络调研、网络新产品开发、网络促销、网络分销、网络服务等)的总称。简单来说,网络营销就是以客户需求为中心的营销模式,是以互联网为营销环境,传递营销信息、了解消费者需求的信息化营销过程,是市场营销的网络化。

1990 年,罗伯特·劳特波恩教授首次提出整合营销传播理论(Integrated Marketing Communications),即 4C 理论(Customer,Communication,Cost,Convenience)。其核心思想就是以客户需求为中心并全面服务于消费者。该理论要求营销活动以统一的目标和传播形象,实现与消费者的双向沟通,迅速树立产品品牌在消费者心目中的地位,建立产品品牌与消费者之间的长期密切的联系。网络营销作为一个具有有效、快捷、方便、低廉等特性的营销方式,能够较好地满足 4C 理论的要求。

汽车网络营销不仅仅是一种新的技术和手段,更是一种影响企业未来生存及长远目标的选择。根据汽车企业对互联网作用的认识及应用能力的划分,网络营销可以划分为 5 个层次,即企业上网、网上市场调研、网络联系、网上直接销售及网络营销集成。

5.4.2　我国汽车网络营销的主要策略

(1)产品策略

作为一种新型媒体,互联网络的运用对传统的产品策略必然会带来冲击,因为就像不同的产品适合采用不同的销售渠道一样,网络营销也有其适用的产品范围和策略。

具体策略主要如下:

①利用电子布告栏或电子邮件提供线上售后服务或与消费者作双向沟通,让消费者在网络上充分展示自己的需求,企业据此为消费者提供产品与服务,如对汽车的外观、色彩等均可运用该种方式。

②在网络上提供与产品相关的专业知识,达到增加产品价值的同时也提高企业形象,如对汽车的维护与保养、性能、使用和注意事项等。

(2)价格策略

价格对汽车企业、消费者乃至中间商来说都是最为敏感的问题,而网络上信息自由的特点使这 3 方面对产品的价格信息都有比较充分的了解,因此,要求汽车企业以尽可能低的价格向消费者提供产品和服务。

网上价格策略主要表现如下:

①举办网上会员制,鼓励消费者上网消费,以节省销售渠道的运行成本。

②开发智能型网上议价系统,与消费者直接在网络上协商价格。

③开发自动调价系统,可以依时间、季节变动、工厂库存情况、市场供需情况、促销活动等自动调整产品价格。

(3)促销策略

网络促销的出发点是利用网络的特征实现与消费者的沟通,使消费者可参与汽车企业的营销活动中来。汽车企业通过网络受访情况的分析,更能了解消费者的需求,实行有针对性的主动营销。

常见的网上促销有以下方面:

①建立虚拟公共关系室。在网络上参与公益部门所举办的各项公益活动及赞助,如希望工程,扶贫救助等;也可结合本汽车企业的优势,利用网络推动公共服务。

②利用网上对话的功能,举行网上消费者联谊活动或网上记者招待会。

③积极参加网络资源索引,尽可能使客户容易查询到公司的推广资料,使其能快速获得所需的商品信息。与非竞争性厂商进行网上促销的策略联盟,利用相互的网上资料库,增加与潜在消费者接触的机会。

(4)渠道策略

网络营销是一对一的分销渠道,是跨时空进行的销售,消费者可以随时随地利用互联网络购买相关产品,因此,汽车企业的产品分销应以方便消费者为主。

具体策略如下:

①在首页设计上采取虚拟实境的手法,设立虚拟商店橱窗,使消费者如同进入实际的商店一般,同时商店的橱窗可顺应时间、季节、促销活动、经营策略等需要,轻易快速地改变设计。

②结合相关产业的公司,共同在网络上组织网络商展。消费者一经上网,即可饱览各类相关商品,从而增加上网意愿与消费动机,消费者在决定采购后,可采用电子邮件方式进行网上订购。

③建立会员网络,会员网络是在汽车企业建立虚拟组织的基础上形成的网络团体,通过会员制,促进消费者相互间的联系和交流,以及消费者与汽车企业的联系和交流,培养消费者对汽车企业的忠诚。

(5)营销集成策略

企业依靠网络与原料商、制造商、消费者等建立联系,并通过网络收集传递信息,从而根据消费需求,充分利用网络伙伴的生产能力来实现产品设计、制造及销售服务的全过程,这种模式就是网上营销集成。网上营销集成是对因特网的综合应用,是因特网对传统商业关系的整合,它使汽车企业真正确立了市场营销的核心地位。汽车企业的使命不仅是制造产品,还应根据消费者的需求,组合现有的外部资源,高效地输出一种满足这种需求的品牌产品,并提供服务保障。

汽车网络营销作为一种全新的营销理念,具有很强的实践性,它的发展速度是前所未有的,我国汽车企业应积极利用网络开展汽车产品的营销,拓展海内外客源渠道,有计划地打造完善的汽车网络营销体系和结构合理的汽车网络销售市场。

🐾 实训演练:网络营销应用方式

列举你接触到的汽车网络营销应用,分析好处与不足,探讨一下是否有更新颖有效的应用方式?

_____

_____

_____

篇末案例　通用汽车网络营销的应用

通用汽车公司是世界上最大的汽车公司,它是由威廉·杜兰特于 1908 年 9 月在别克汽车公司的基础上发展起来的,成立于美国的汽车城底特律。除生产销售汽车外,还涉足航空航天、电子通信、工业自动化和金融等领域。从汽车产量看,该公司占美国汽车产量的一半左右,小轿车则占 60% 左右。通用汽车公司在美国最大 500 家企业中居首位,在世界最大工业企业中位居第二。

在通用汽车公司的网站(www.gm.com)上,我们可以了解到通用的历史、现在,并预测到未来。通用在网站的设计上,充分利用了网站的分帧分层,即连续又间断的特点,将营销主题以渗透性的表现手法化解在各层各页上,具备十足的商业感召力。在首页设计上,充分体现了"关系唯上,客户至尊"的营销主题,阐明了通用是始终如一以客户为中心的营销思想。通用汽车在其品牌优势的基础上,致力于建立与强化和公众的关系,利用互联网辐射力开展关系营销。这样就可通过积极有效地获取发展并保持客户关系,最终使企业价值最大化。通用网站的设计正是抓住了这一营销主体,并始终体现这一主体。网站按公司和产品两大部分来组织内容,配以经销商的评价,或是公司管理层对企业方针的阐述。在信息组织脉络上,分为产品介绍、企业介绍和汽车导购,使访问者不但可查询到遍布世界的汽车经销商、零售商和各种型号汽车制造分厂的目录,还可查阅到通用汽车的历史和新闻及汽车求职等消息,更可向访问者提供多渠道多选择的产品查询与购买方案规划,网上汽车导购成为站点不变的主题。同时,通用汽车公司希望自己新建立的 B2B 网站,能达到并超过 500 亿美元的销售额。另外,通用汽车公司还计划通过和主要的互联网企业结成联盟,使网站的访问流量比去年增加 10~15 倍。通用汽车公司还将加大在消费类电子商务市场上的投入力度。

日前,通用汽车中国正式启动公司改版后的网站(www.gmchina.com)。该网站以中英文向广大互联网客户提供有关通用汽车公司相关产品、合作及服务领域的最新信息。通用汽车中国部总裁善能先生说:"在众多国外汽车制造商中,通用汽车是第一家在中国建立双语网站的公司。该网站内容广泛而且是专门针对中国市场设计的。随着互联网在中国的迅速发展,建立一个信息丰富并以客户为中心的网站,对于通用公司来说是非常重要的。通用汽车中国网站向广大客户提供了大量信息,其中包含面向内地及香港市场销售的别克、欧宝、凯迪拉克及雪佛兰等品牌的相关信息,还有客户服务信息。客户可以通过保修登记表格,查询最近的通用汽车授权服务中心或零部件供应商,还可以查询某一特定产品的信息。另外,用户还可查询通用汽车中国合资厂的背景资料及通用汽车中国发布的最新消息。"

通用的网站将通用汽车各项规格指标与竞争者加以比较,凭借专业技术的开放性战略使之不落后于微软等信息技术网站的"汽车销售点"网站的发展,通用公司将该网站视为客户信息、客户联系技术,以及客户经济状况的采集窗口,网站既是客户与企业的联系纽带,又是企业客户信息管理的外延。

任务实施

任务实施工单					
实训项目 5　汽车销售流程训练					
姓名		**班级**		**日期**	
指导教师				**成绩**	

1.实训目标
　(1)训练整车销售核心流程。
　(2)训练需求分析环节的操作流程及技巧运用。
　(3)训练产品介绍环节中运用六方位介绍法的能力。
　(4)训练试乘试驾环节中的规范服务的能力。

2.实训准备
　汽车品牌资料、整车、用户说明书、电脑等。

3.实训步骤
　(1)汽车销售顾问需求分析环节训练步骤:见图5.6。
　(2)汽车销售顾问六方位介绍法训练步骤:见图5.9。
　(3)汽车销售顾问试乘试驾环节训练步骤:见图5.10。

4.练习、讨论并总结
　(1)王先生,30岁,国家电网员工,现开一辆大众老捷达,想要换一辆车,通过网络广告了解了×××品牌车型,今天到店来看车。请说说销售顾问应如何进行需求分析?并进行情景演练。

　(2)设计汽车销售情景,练习六方位绕车介绍法的流程和话术。
　销售情景:刘先生,28岁,政府公务员;李女士,27岁,刘先生妻子。夫妻二人首次购车,想要一款动力够用,空间和舒适性较好的车,去竞品店看过后路过本店,到店看看。请讨论销售顾问在每个方位应该介绍哪些产品特点?并进行情景演练。

　(3)设计汽车销售情景,练习试乘试驾环节的流程和话术。
　销售情景:文女士,25岁,本市交通广播电台主持人,外向、开朗,有购车经验,现有换车需求,通过网络和2次到店前期了解了东风标致2008车型,这次预约来店试乘试驾,想亲身体验车辆的操控性和舒适性。请讨论销售顾问应该如何接待和介绍?并进行情景演练。

任务评价

<table>
<tr><td colspan="7" align="center">实训考核评价表</td></tr>
<tr><td align="center">姓名</td><td></td><td align="center">班级</td><td></td><td align="center">小组</td><td></td></tr>
<tr><td align="center">指导教师</td><td colspan="3"></td><td align="center">总成绩</td><td></td></tr>
<tr><td colspan="6" align="center">实训项目 5 汽车销售流程训练</td></tr>
<tr><td align="center">评价内容</td><td align="center">占比</td><td colspan="2" align="center">检验指标</td><td align="center">考核记录</td><td align="center">评分</td></tr>
<tr><td rowspan="4" align="center">任务完成
情况</td><td rowspan="4" align="center">20%</td><td colspan="2">1.检查训练真实、完整、有效</td><td></td><td></td></tr>
<tr><td colspan="2">2.完成任务过程情况</td><td></td><td></td></tr>
<tr><td colspan="2">3.任务完成质量</td><td></td><td></td></tr>
<tr><td colspan="2">4.任务完成贡献度</td><td></td><td></td></tr>
<tr><td rowspan="5" align="center">职业知识
与技能</td><td rowspan="5" align="center">50%</td><td colspan="2">1.能按照整车销售核心流程的规范行为接待顾客</td><td></td><td></td></tr>
<tr><td colspan="2">2.能按照流程进行需求分析,较好的运用观察、倾听、
询问等技巧</td><td></td><td></td></tr>
<tr><td colspan="2">3.能按照流程介绍汽车产品,较好的运用六方位绕
车、NFABI 等车辆介绍方法</td><td></td><td></td></tr>
<tr><td colspan="2">4.能按照试乘试驾流程服务要点提供服务</td><td></td><td></td></tr>
<tr><td colspan="2">5.话术撰写质量</td><td></td><td></td></tr>
<tr><td rowspan="3" align="center">职业素养</td><td rowspan="3" align="center">30%</td><td colspan="2">1.端正的服务态度</td><td></td><td></td></tr>
<tr><td colspan="2">2.优良的服务意识</td><td></td><td></td></tr>
<tr><td colspan="2">3.规范的服务行为</td><td></td><td></td></tr>
<tr><td align="center">综合评议
与建议</td><td colspan="5"></td></tr>
</table>

复习思考题

5.1 整车销售的流程是怎样的?

5.2 作为一名销售人员,应该具备的基本要求是什么?

5.3 在销售流程中的各个阶段,销售人员应该掌握的销售技巧是什么?

5.4 作为一名汽车推销员,应该注意哪些细节?

5.5 潜在客户的跟进有哪些具体的方法?

5.6 汽车网络营销的主要策略有哪些?

项目 **6**

汽车售后服务

知识目标

1.掌握汽车售后服务的组织与形式。

2.掌握汽车售后服务的主要内容。

3.掌握汽车售后服务的准则及技巧。

4.掌握汽车售后服务的接待流程与技巧。

能力目标

1.掌握能够与客户流畅的交谈的能力。

2.能够从客户交谈中准确地获取信息的能力。

3.能够掌握汽车售后服务的技巧。

素质目标

1.培养售后服务中精益求精的工匠精神。

2.培养售后服务过程中发现问题、解决问题的能力。

3.培养良好的沟通交流能力与团队协作能力。

4.培养爱岗敬业、明礼守信、团结友善的精神。

5.培养规范管理、安全操作、质量意识、责任意识。

目标岗位

岗位名称	岗位描述	岗位能力要求	岗位能力训练目标
汽车服务顾问	1.严格按照服务核心流程要求开展工作,提供售后服务; 2.负责客户日常维系工作; 3.跟踪客户的车辆维修工作,与客户做好沟通工作; 4.能够发觉不满意客户或潜在抱怨的客户,并积极处理和上报; 5.汽车配件销售; 6.跟踪客户,与客户建立良好关系	1.具有汽车维修接待的标准礼仪; 2.具有良好的内部协调能力,能较好地与部门领导、技术人员进行沟通交流; 3.良好的团队协作精神和客户服务意识; 4.熟悉汽车结构和工作原理; 5.熟悉相关政策和制度; 6.熟悉汽车维护保养、检测维修等内容; 7.熟悉维修接待流程	1.能说明汽车售后市场发展与企业品牌建设; 2.客户汽车进厂维修保养接待; 3.汽车维修保养和报修配件索赔业务过程; 4.与客户保持服务跟踪,客户关系管理; 5.正确解释零配件或用品的使用方法,准确结算并提交发票等票据

汽车售后市场利润巨大已经成为汽车产业链中公开的秘密。最近几年,不少企业已经看到汽车后市场巨大的市场空间,纷纷进入。目前,汽车后市场已经成为中国整车产业链中不可忽视的一支巨大力量。通过本项目的学习,我们将会从汽车售后的组织形式入手,深入了解汽车售后的相关内容,并对汽车售后服务有了全面的认识之后,我们对汽车售后中存在的问题就会有客观的认识。

【课程内容】

案例导入

为什么买香草冰激凌汽车就会"秀逗"

有一天美国通用汽车公司的庞帝雅克(Pontiac)部门收到一封客户抱怨信,上面是这样写的:这是我为了同一件事第二次写信给你,我不会怪你们为什么没有回信给我,因为我也觉得这样别人会认为我疯了,但这的确是一个事实。

我们家有一个传统的习惯,就是我们每天在吃完晚餐后,都会以冰激凌来当我们的饭后甜点。由于冰激凌的口味很多,因此,我们家每天在饭后才投票决定要吃哪一种口味,等大家决定后我就会开车去买。但自从最近我买了一部新的庞帝雅克后,在我去买冰激凌的这段路上问题就发生了。

你知道吗? 每当我买的冰激凌是香草口味时,我从店里出来车子就发不动。但如果我买的是其他的口味,车子发动就顺得很。我要让你知道,我对这件事情是非常认真的,尽管这个问题听起来很猪头。为什么这部庞帝雅克当我买了香草冰激凌它就秀逗,而我不管什么时候买其他口味的冰激凌,它就一尾活龙? 为什么? 为什么?

事实上庞帝雅克的总经理对这封信还真的心存怀疑,但他还是派了一位工程师去查看究竟。

当工程师去找这位仁兄时,很惊讶地发现这封信是出自一位事业成功、乐观且受了高等教育的人。工程师安排与这位仁兄的见面时间刚好是在用完晚餐的时间,两人于是一个箭步跃上车,往冰激凌店开去。那个晚上投票结果是香草口味,当买好香草冰激凌回到车上后,车子又秀逗了。这位工程师之后又依约来了3个晚上。第一晚,巧克力冰激凌,车子没事。第二晚,草莓冰激凌,车子也没事。第三晚,香草冰激凌,车子"秀逗"。

这位思考有逻辑的工程师,到目前还是死不相信这位仁兄的车子对香草过敏。因此,他仍然不放弃继续安排相同的行程,希望能够将这个问题解决。工程师开始记下从开始到现在所发生的种种详细资料,如时间、车子使用油的种类、车子开出及开回的时间……根据资料显示他有了一个结论,这位仁兄买香草冰激凌所花的时间比其他口味的要少。

为什么呢? 原因是出在这家冰激凌店的内部设置的问题。因为,香草冰激凌是所有冰激凌口味中最畅销的口味,店家为了让顾客每次都能很快地取拿,将香草口味特别分开陈列在单独的冰柜,并将冰柜放置在店的前端;至于其他口味则放置在距离收银台较远的后端。

现在,工程师所要知道的疑问是,为什么这部车会因为从熄火到重新激活的时间较短时就会秀逗? 原因很清楚,绝对不是因为香草冰激凌的关系,工程师很快由心中浮现出,答案应该是"蒸汽锁"。因为当这位仁兄买其他口味时,由于时间较久,发动机有足够的时间散热,重新发动时就没有太大的问题。但是买香草口味时,由于花的时间较短,发动机太热以至于还无法让"蒸汽锁"有足够的散热时间。

读后感想,即使有些问题看起来真的是疯狂,但是有时候它还是真的存在;如果我们每次在看待任何问题并秉持着冷静的思考去找寻解决的方法,这些问题将看起来会比较简单不那么复杂。因此,碰到问题时,不要直接就反应说那是不可能的,而没有投入一些真诚的努力。

做质量的首先要相信顾客的投诉,没有谁闲得无聊找人投诉玩儿!

人很容易按照自己的思维去考虑问题,一般结论是在自己的习惯性思维后产生的,因此不一定可靠,认真调查,分析再做决定,不要轻易下结论,这是国人和老外的不同,顾问老罗曾经说过:如果一个实验不能重复5次以上,不要轻易下结论,而我们呢,经常搞一到两个数据,就出了结论。

"请三思而后行! 不要轻易下结论"就是这个故事给予我的,会投诉的客户才是真的回头客户或者是真诚的客户!

案例思考:在日常汽车售后服务中,我们该怎样对待客户的投诉呢?

任务 6.1　汽车售后服务的现状及发展

任务描述

随着汽车整体价格的走低,汽车制造商的利润大幅下滑,汽车售后市场是汽车行业重要利润点之一。

本任务学习的目标就是帮助学习者了解国内、国际汽车售后服务的发展特点和趋势。

 岗位能力训练目标

1.能阐述汽车售后市场现状。

2.能说明汽车售后企业品牌建设。

3.能说出汽车售后行业规范。

6.1.1　汽车售后服务现状

近十年来,随着中国经济持续较快发展、居民消费能力提高、汽车关税降低、产业政策扶持等因素的影响,汽车行业呈现快速增长态势,2021 年上半年中国汽车保有量达 2.92 亿辆,超过美国,居世界第一。2020 年中国汽车产量为 2 523 万辆,随着汽车的迅速增加,汽车服务、汽车后市场等汽车行业下游领域产品和服务需求也大为增加。在利益驱动下,市场竞争已经从" 前市场"转移到售后服务市场,甚至汽车售后服务业已成为商家赢得市场的关键。

对于品牌,把车卖掉只是销售的第一步,不断完善整体汽车销售服务系统,才是汽车企应对未来的明智之举。在一个完全成熟的国际化市场利润结构中,70%以上的利润是在维修、养护等汽车后市场中产生,而中国汽车后市场所占比重不到 30%。国内汽车行业眼下在高速发展,汽车企业间的竞争已从简单的产品竞争过渡到售后服务的竞争,服务价格、服务效率、服务质量以及顾客对售后服务的满意度,正成为衡量汽车厂商综合实力的新标准。而如何为急速扩大的汽车市场提供相匹配的高品质售后服务已成为汽车行业亟待解决的问题。

而行业内许多汽车厂家也认识到售后服务在市场竞争中的作用重大,纷纷使出看家本领提高服务,抢占市场,雪弗兰的"金领结服务"、广汽丰田的"心悦服务"、上海大众的"大众关爱"、一汽大众的"严谨就是关爱"以及自主品牌上汽荣威 750 的"尊荣体验"、奇瑞汽车的"快乐体验"等活动不断印证了汽车企业为树立品牌将售后服务提到了一个重要的地位。

尽管售后服务是在不断改进,成效也很显著,但是,售后服务目前存在的现状依然让人担忧。数据显示,发动机的投诉比例占总投诉量的 22%,车身设计与结构问题占 25%,制动问题近 8%。显然,这些问题有赖于汽车维修行业的解决,但目前的售后与维修水平却远远不够。汽车售后服务的主要问题主要集中在以下 4 个方面:

(1)标准和法规体系需进一步完善

为发展国内汽车工业,政府及相关的部门出台了各项法规政策来推进汽车工业的发展,长期以来,汽车售后服务业没有统一的服务标准和行业规范,在一定程度上造成了从事汽车售后服务业的服务水平不高,以及企业治理水平参差不齐,难以满足消费者需求。

2021 年 7 月,国家市场监督管理总局发布《家用汽车产品修理更换退货责任规定》,该规定在 2013 年施行的《家用汽车产品修理、更换、退货责任规定》的基础上,进行了大幅度的修改,明确了消费者退换车的时间和条件,并将电动汽车的动力蓄电池、行驶驱动电机纳入三包退换车条款。但是,家用汽车三包责任争议处理和利用第三方专业资源为消费者提供三包争议处理服务有待进一步检验。

(2)售后服务理念淡薄

在我国,汽车售后服务企业自身的服务意识是相对落后的,国外售后服务的立足点是提高保质期,保证正常使用期,推行"保姆式"售后服务,而我国的售后服务的口号是:"坏了保证修理",许多工作人员在利益的驱动下,不是想方设法解决疑难问题,而是诱导顾客更换不必要换的零配件,从而增加消费者的使用成本。

(3)不重视信息反馈

目前流行的汽车销售方式是 4S 专卖店,也就是集"整车销售""零部件供给""修理""信息反馈"4 大功能。信息是决策的基础,信息越具体,决策就越有"底气"。4S 店处于市场竞争的最前线,天天直接接触用户,把握着市场的每一个细微变化。在技术上,4S 店天天都要接待用户进行检查、保养、维修、索赔等,这些信息对改进产品具有极大的价值。虽然现在的汽车 4S 店或汽车经销商也知道收集顾客的信息反馈,但顾客的反馈信息最终并未得到满足回应或解决。客户回访只是表面的一种形式,真正做到及时回访,认真做回访记录,建立客户档案的并不多。顾客的信息得不到及时的反馈,不能让顾客满意,也不能为公司的竞争及战略决策提供依据。

（4）汽车零配件价格高,质量不稳定

随着轿车保有量的不断扩大,为配件和服务市场的发展提供了基础,也给大量的假冒配件企业和低质修理厂提供了生存空间。在大量关于汽车维修的投诉中,零配件的质量问题和零配件的价格不合理的案例较多。目前,中国的零配件比较突出的问题是"劣质件"。客观地说,国家没有出台全面具体的零配件质量标准,也是劣质件问题长期以来难以解决的重要原因,除了43类与安全直接相关的核心零配件有国家质量标准,其他数以千计的零配件都无标准可依,质量很不稳定。

6.1.2 汽车售后服务发展趋势

中国汽车后市场发展的方向就是服务的整合,产业链的建立,以网络辐射社区、辐射市场。国内汽车行业未来的格局将会经历一个兼并重组的过程。随着新能源汽车的市场占有率越来越大,新能源汽车品牌也进行着洗牌,汽车售后市场也将随着技术革新发生巨大变化,目前市场上主流电动汽车品牌如图6.1所示。卖车靠品牌,服务也要打品牌。在市场上选购汽车,服务是不是品牌,也将是一个重要的参照。

图6.1 国内市场新能源汽车品牌

（1）主要开发3个方面的工作

①用科学发展观研究政府和行业相关机构在汽车后产业管理体系中的定位问题,为在宏观上规划和指导我国汽车后产业的可持续发展提出科学合理之建议。

②根据我国汽车后产业的特点,利用价值链观点重点研究并建设可以共享的平台,为行业提供基础"数据"资源以推动汽车后产业的有序发展。

③积聚相关人才,形成专业队伍。

（2）行业规范亟待出台

①产品规范:正规的厂家,代理,杜绝假冒伪劣。

②人员规范:符合劳动法,工资提成制度明确,有自己的培训晋级制度。

③服务规范:服务标准化,上墙明确展示。

④形象规范:店面装修,物品摆放,POP 展示。

⑤价格规范:合理的进价买价,理性消费。

(3)应建立自主强势品牌

1)品牌建设——本土企业的首要任务

当前多数业内人士的品牌意识还不是很强,不少人都觉得"自己现在规模太小,只能靠手艺赚钱。等到自己的产业将来做大了,再去打牌子也来得及"。这些个体户虽然经营规模小、档次低,却是我国汽车售后服务市场的"主力军"。

北汽新能源的
品牌宣传

2)品牌建设需要加快快速连锁经营

全国快速连锁维修企业比较少,这一市场空间有着广阔的发展前景。

同时,应做好以下工作:

①提高专业人员的专业水平是保障。

②人性化服务带来长久的顾客群。面对开放的汽车服务业,面对国外资本的冲击以及其他可预计和不可预计因素的挑战,对中国汽车后市场来说,在这随需应变的年代,走老路是最危险的行为,只有创新和蜕变才能安然面对挑战。开拓出一种"绿色、环保、快捷、规范化"的汽车后市场。

案例 6.1　雅阁的品牌战略

专业的检查、维护,是车主用车安全的有力保证。拥有更好的售后服务水平、更佳服务理念的汽车品牌,才能赢得车主的青睐。如果把已经连续 3 个月雄踞国内中高级车销量冠军的新雅阁当作一面旗帜的话,那么新雅阁完善的售后服务体系与高人一筹的汽车品质,就是支撑它永远飞扬的标杆。

雅阁完善的售后服务,源自广本一如既往的服务理念,保证了车主的用车历程,使车主"尊贵独享、荣耀常聚",打动消费者的心,在中高级车市场长青。一直以来,为保证车主安全、方便的用车体验,广本极度重视售后服务水平的提升。从优雅、温馨、舒适的服务环境,到交车、用车、养车、信息反馈等环节上尽善尽美的服务氛围,再到高效率、高品质的服务流程,广本"高尚品质、完美服务"的形象已经深入人心。

在软件方面,广本率先在国内引进了"4S"销售服务模式,使业内竞相仿效。接着又率先推出"售后服务双周"活动,并导入双人快修体制等,使服务更加贴近车主需求。在此基础上,广本针对雅阁车主推出了以前只有豪华汽车才能享受的尊贵服务。"三年 10 万千米"的维护保养承诺令车主安心、放心,在竞品车型中独一无二的"VIC"服务更是为车主提供全方位的顶级服务,令车主省心、舒心。在硬件方面,广本近 400 家特约店均匀分布在全国各地,无缝覆盖的售后服务网络为雅阁车主提供了无微不至的服务。雅阁车主无论驱车到哪里,只要有需要,就能得到广本服务终端最快捷的品质服务。

顾客就是上帝,顾客的口碑才是最好的营销。与其减配降价,还不如加强产品的品质和服务。

任务 6.2 汽车售后服务的组织与管理

任务描述

目前,我国的汽车售后市场由快速发展到逐渐突出服务质量、服务水平,随着新一代信息技术的应用,售后服务组织构架逐渐调整和完善。

本任务学习的目标就是帮助学习者了解我国汽车售后市场,尤其是 4S 店的组织和管理。

岗位能力训练目标

1.能对汽车售后进行有效组织与管理。
2.能做好汽车售后的流程。
3.能阐述汽车售后的信息化。

案例 6.2 深夜救援吸引回头客

深圳某汽车售后服务公司的经理回忆说,前不久,有一位车主向我反映了一次令他感动的服务。他说他的车是定点在深圳市罗湖区的某汽车服务公司维修,该公司承诺提供 24 h 救援与抢修服务。有一天的下半夜,他开着车在南头二线关附近抛锚了,距该公司所在地有近 30 km 的路程,他抱着一线希望拨通了该公司的值班电话,值班人员问明情况后,表示将马上派人前往援助。此时他的第一印象是:该公司遵守承诺。过了大约 20 min,该公司的救援人员就赶到了现场,他的第二感受是:该公司反应迅速!救援人员当即对车辆进行了检修,大约 10 min 就将故障排除了,此时他感到非常满意,觉得员工技术也不错。在汽车恢复正常后,他当即向救援人员表示感谢,而修理工的一番话却令他深深地感动了,修理工诚恳地对他说:"您不用感谢我们,倒是我们应该感谢您!俗话说:'在家靠父母,出外靠朋友',您现在出门在外,遇到了困难,首先想到的是我们,说明您是把我们当作最好的朋友,所以是我们应该感谢您!"

6.2.1 汽车售后服务的组织

影响汽车服务企业成功与失败的因素很多,一般来说失败的企业各有自己的失败,而成功的企业则大致都具有相同的成功模式。汽车服务企业成功的核心要素有 3 个方面,即经营策略、管理系统和人力资源。这 3 个要素刚好组成一个稳固的三角形,紧紧围绕着顾客需求,我们称为超级服务的"铁三角",如图 6.2 所示。

上面所说的事例,其实恰好反映出了该汽车守护服务企业成功的 3 个方面。据调查,这家企业从开业时每个月的产值只有 40 万~50 万元,开业至今(4 年的时间里)。业务年年稳步上升,现在每月的修理产值已达到 500 多万元。他们承认,承诺 24 h 服务正是该企业经营策略的一个反映,他们是以满足顾客的需求为中心,每一次服务都以顾客是否满意来判断质量是否合格,并尽量感动顾客。在下半夜接到求助电话后,20 min 救援人员赶到现场,说明他们的管理系统是高效的;而修理工能在 10 min 左右将故障在现场排除,并能说出一番感人的话语,说明他们的人力资源是优秀的,员工的技术素质与综合素质都是高的。正因为建立起了一个坚固的"铁三角",因此,该公司员工能在任何时候为顾客提供优质高效满意的服务。

铁三角不是相互孤立的,它们既紧紧围绕着顾客的需求这一中心,相互之间又保持着紧密的联系。在制订企业的经营策略时必须考虑企业的管理系统与人力资源的状况,而管理系统必须为经营策略与内外部顾客服务,人力资源的配置必须适合企业的经营策略和管理系统。只有三者有机结合,才能决定企业的成功。

在汽车服务行业中,经营策略的核心是企业的经营观念。不同的结果由不同的行为产生,而不同的行为由不同的观念支配。反过来说,一个人或一个企业(法人)的观念决定了他所采取的行动,而行动决定了所能得到的结果。观念的扩展与创新又会带来结果加倍的放大,如图6.3所示。

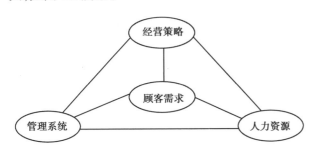

图6.2　超级铁三角

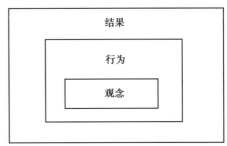

图6.3　观念决定行为,行为决定结果

典型的经济学中对企业的定义是——以盈利为目的的经济组织。大多数的企业都把焦点集中在盈利(赚钱)上面,但是钱有4只"脚"(角),而人只有两只脚,如果你的目标就是赚钱,那就是两只脚追4只"脚",结果是:赚钱很难!有没有办法让4只"脚"来追两只脚呢?那样不是很轻松吗?答案是有的。只要你跑到钱的前面去就可以了!在这一点上企业就需要有超前的经营观念。

好的经营理念还要靠高效的管理系统来实现,没有高效的管理系统再好的策略也不可能自己去实现。有些企业老总在社会上听过各种各样成功学的课程,应该说具有很好的经营思想观念,也很有雄心壮志具有远期的宏大规划,也制订了企业的"使命宣言",甚至"企业基本法",但由于没有在企业内部建立起完善而严谨的管理系统,因此其良好的思想理念与员工的认识出现较大的断层,在企业内部缺乏必要的支持体系,因而企业经营的不好,如果不能执行再好的计划也是空话。

6.2.2　汽车售后服务的管理

一个企业要想在瞬息万变的市场中站稳脚跟,适时应对多变的外部环境,必须有一个高效的事务管理机制。以制度规范管理,以管理促质量,以质量求效益。

企业在组织汽车售后服务时,主要要考虑做好以下工作,如图6.4所示。

东风标致售后服务体系介绍

(1)服务管理

1)服务组织

①网络建设。

服务网络的建设对做好售后服务是非常重要的,要按照标准来进行选择、建设,汽车生产

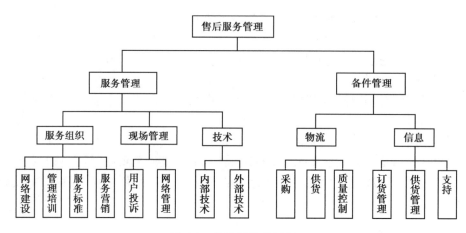

图 6.4 售后服务的组织

商每年都要确定网络规划及选建计划,然后通过媒体发布信息,收集汇总入网申请,发放投标书和问卷,通过问卷筛选和实地考察进行资质认证,候选经销商要存入保证金,然后进行招标会,最后确定符合要求的入网经销商。

②管理培训。

汽车生产商要对经销商进行管理培训,以使所有经销商都能按照品牌的要求进行运行和管理,以达到统一的品牌形象。

③服务标准。

汽车生产商要向经销商提供服务标准,让所有经销商向品牌车辆用户提供同一标准的服务,使所有的用户都得到优质的服务。

④服务营销。

根据品牌发展的总体战略,提高品牌的知名度和影响力,以扩大品牌占有率,汽车生产商要制订服务营销计划,并确定活动主体和活动方案,组织开展活动并进行跟踪和信息反馈。

2)技术管理

①计算机管理。

汽车生产商为使经销商的内部管理规范化、统一化、高效化,提高整个销售渠道的形象和市场竞争能力,要求其经销商配置内部计算机管理系统。目前一汽-大众的特约经销商要求应用长春一汽启明信息技术有限公司开发的经销商内部业务管理计算机系统;一汽轿车股份有限公司应用的是浙江绍兴卓越公司开发的系统;奇瑞汽车应用的也是浙江绍兴卓越公司开发的该系统;二汽神龙公司应用的是深圳元征公司开发的系统等。各个公司应用的系统虽然不同,但系统的基本功能却相差不大。相应的硬件配置要求也大致相同。

A.计算机综合管理系统。

对于未开业的特许经销商,在开业前必须统一使用此系统。对于已经开业的特许经销商,没有使用计算机综合管理的,建议使用此系统。该系统由安装人员到经销商处现场安装、现场培训。

各汽车生产商为规范经销商管理,提高经销商工作效率,使经销商实现现代修车服务管理,规范了经销商的业务流程。

系统特点如下：

a.支持多公司、多车型核算。

b.严密、灵活的权限设置,避免越权操作。

c.系统中各模块具有相对的独立性,可根据实际业务选择安装。

d.用户可根据业务的需要随机地组合菜单,做到"所见即可用"。

e.预设两个不可修改的超级用户,满足特殊用户需要。

f.代码文件特殊管理,保证系统中各类代码的完整性及延续性。

g.提供随时监控上机用户功能,确保系统安全可靠。

h.支持不同模块之间功能窗的快速切换。

B.ERP 系统。

经销商内部计算机管理系统,它主要是对经销商内部的业务活动进行管理。汽车生产商对其特约经销商要在全国乃至世界范围内进行多方面的统一管理和各项信息交流以及资金结算等业务,如果没有一个实用可靠的计算机管理系统,上述业务的实现是一件相当复杂的事情。如果汽车生产商和经销商都安装了针对汽车生产商的较先进的 ERP 系统,那么双方就可以快捷方便地进行各项业务。售后服务管理的 ERP 系统是企业整个 ERP 系统中的一部分,因此,经销商安装了售后服务 ERP 系统有利于双方的工作,大大提高了工作效率和整体竞争力。

a.售后服务 ERP 系统的业务范围。售后服务联网系统主要管理以下几个方面:经销商基础信息管理;索赔业务管理;备件订货业务管理;办公自动化管理,等等。经销商基础信息管理包括企业基础信息、人员管理、培训管理、技术支持、专用工具订购、售后服务月报等。索赔业务管理包括首保、索赔业务处理、索赔款查询、索赔件管理等。备件订货业务管理包括电子目录、订货清单、订货费用等项目。办公自动化管理包括收发邮件等。

b.售后服务 ERP 系统的接入方式。系统的接入有两种方式:一种是单点拨号方式:使用长途电话线远程登录到汽车生产商的 ERP 系统,费用高;另一种是 Internet 方式:利用 Internet 登录到汽车生产商的 ERP 系统,费用较经济。

c.售后服务。ERP 系统的有关人员要求。各经销商的相关人员必须参加《ERP 系统基础信息管理培训》,索赔员及备件订货员必须参加汽车生产商的索赔及备件 ERP 系统培训,培训合格后才能上岗进行相应的业务操作,IT 信息员必须参加相应培训。要求所有经销商必须使用 ERP 系统录入经销商人员信息、培训申请、办理索赔及备件业务等。经销商可专机专用,也可作为《经销商内部管理软件》的一台工作站使用。但机器应由专人负责,使用 ERP 系统的业务员不能随意将密码、口令告诉其他人。如因密码、口令泄漏而给汽车生产商造成的损失由经销商承担。

d.售后服务 ERP 系统的购买方法。目前,有一些汽车生产商已使用 ERP 系统处理索赔业务及备件订货业务,为了增加 ERP 系统的安全性及保密性,汽车生产商一般都耗巨资,在企业安装安全认证系统。为真正发挥 ERP 系统的作用,汽车生产商与所有特约经销商采用统一软、硬件平台,并统一由汽车生产商负责安装及维护。

经销商在运行 ERP 系统时,如出现系统故障,请咨询汽车生产商管理安装调试的管理服务部门。如经销商在运行 ERP 系统时,出现业务上的问题,请咨询企业的相关业务部门,如销售服务部、售后服务科或备件科等。

 实训演练

突如袭来的新冠疫情成为整个行业最大的数字化推手,消费场景加速线上化,而且边界还在不断扩张。广大的汽车经销商企业,也在加快尝试利用新媒体直播、公号(拓展共域流量)、老带新(裂变私域流量)、线上VR看车等方式,全面布局与用户直接沟通的新方式。在美国,平均每一个消费者购买汽车需要14 h,其中有10 h都是在互联网上浏览,看各种各样的评测,最终选择一个离他比较近的、服务好的店成交,店里成交的时间是4 h。线上获客具有低成本运作的天生优势,可作为店内销售手段的一种补充,通过网络挖掘潜在用户,把线上获客和线下销售有机的结合起来。移动端流程如图6.5所示。

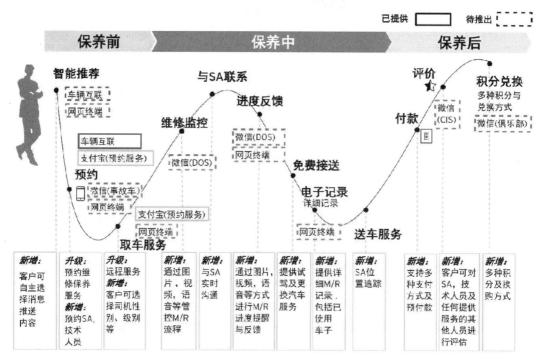

图6.5 移动端售后服务流程

以加客户触点为契机,将支付宝平台的售后预约服务成功迁移至微信端。同时,考虑到两大平台客户肖像的差异及使用习惯的不同,运用行业最新的数字化手段与工具,满足微信端客户个性化需求。此外,与品牌内其他售后产品实现互联互通,搭建一体化的售后服务平台。

②信息管理。

突出了信息反馈的作用,可见信息管理对企业和经销商的重要性。来自各地的经销商(有的是代表最终消费者)的产品质量信息、售后服务信息和市场信息是汽车生产商新产品开发、设计、改进产品质量、制订销售服务政策的重要依据之一。同时,汽车生产商为其特约经销商提供新产品、新技术、销售服务管理及市场开拓等各方面的信息,能有效促进其特约经销商技术水平、管理水平的提高,最终达到双赢的目的。当然信息的内容不单指汽车生产商与经销商两者之间的信息,还包括宏观环境方面的信息。

信息源主要包括:

a.直接用户、经销商、公司内部有关单位。

b.政府机关的经营决策部门。

c.有关交通、汽车、能源的科研部门。

d.当地交通管理部门等。

A.信息的分类及传递方式

a.信息分类。经销商与汽车生产商沟通的信息分为:文件、函电,经销商基础信息,人员信息,售后服务月报,服务营销信息,车辆信息反馈,技术服务手册(HST),电子信息系统(ELSA),其他信息,等等。

b.传递方式。经销商可通过 ERP 系统进行信息反馈,对于特殊情况无法连通 ERP 系统或特殊原因暂时无法通过 Internet 网络来反馈的信息,则通过传真、邮件等其他方式反馈信息。

B.信息的管理

a.文件、函电的管理。汽车生产商对其经销商的管理,经常通过发放文件、业务通知及其他信函等方式。对于汽车生产商给经销商所发的通知或文件全部在 ERP(R3)的售后服务通知单列表中;其他的通知或业务信函等通过 ERP(R3)中的信箱发送。

汽车生产商发放的文件、业务通知都具有相应的编号。如:

售后服务科文件　××××年销售服务部(服)字第××号

售后服务科业务通知　××××年售后服务第××号

备件科文件　××××年销售服务部(备)字第××号

备件科业务通知　××××年备件第××号

对于能通过网络传递信息的经销商每天必须查看售后服务通知单列表和收件箱,并按规定进行信息的存档和传递。对于特殊情况无法连通 ERP 系统或无法通过网络来反馈信息的经销商则通过传真、邮件等其他方式接收文件、函电信息。

b.基础信息管理。经销商基础信息包括:财务名称、地址,中文名称、地址,邮编,传真,24 h 服务电话,经理电话,经销商状态(新签协议、过渡服务、开业),现场代表,是否通过 ISO 9002 认证,经销商类别,是否使用销售公司规定管理软件,EPR(R3)系统是否联网,签约日期,开业日期,等等。

经销商的基础信息不许任意变更,如特殊情况要进行变更必须经现场代表签字后反馈给相应部门处理。(财务地址、财务名称反馈给财务部门;24 h 服务电话、传真、站长电话、E-mail地址、经销商名称、地址、邮编等反馈给售后服务科)

人员信息管理。经销商的所有人员信息包括人员编号、姓名、职务、电话、手机、出生日期、性别、工作日期等,必须录入 ERP 系统。当人员信息发生变化时,要及时在系统中维护。人员编号经销商自行定义,一经录入系统则不能更改,且经销商应让本人熟知自己的人员编码,以便在其他场合使用。

售后服务月报管理。售后服务月报包括:人员分配信息,维修能力,维修工时,营业额,成本核算,等等。所有已开展过渡服务的经销商和已开业的经销商必须自开展服务后的下个月开始,每月应完整、准确地填报月报。经销商应对经营状况进行分析,以便及时改进自己的服务。

服务营销信息管理。各种服务营销活动如冬季服务行动、夏季服务行动、3·15消费者权益活动、庆祝活动、军车服务活动等的总结,以及年终经销商的工作总结等都应按照相应的服务活动的要求反馈信息。经销商有义务和责任把当前活动的信息反馈给汽车生产商的主管部门。汽车生产商的相关部门对经销商信息反馈的及时性、反馈质量等进行监督,并纳入考核内容。

车辆信息反馈管理。车辆信息反馈单售后车辆信息反馈是经销商与汽车生产商之间进行技术支持、车辆信息反馈等的主要沟通渠道。当经销商需要技术支持或进行车辆信息反馈时必须在系统中录入或传真车辆信息反馈单。

C.信息存档及处理

a.信息的存档。经销商应设置信息员对信息进行管理。设置档案室,要有文件柜、文件盒、文件夹,对文件资料实行分类定置管理,并有档案目录。对于通过ERP(R3)系统等收到的电子信息,应及时处理,并对电子信息进行存档。经销商应在C盘或D盘下建立文件夹,并对存档的信息进行定期备份,以免由于其他原因造成信息丢失。对收到的信息和反馈给汽车生产商的信息资料进行存档。经销商在充分利用各种信息的同时,要保证信息的安全,对于因管理不善而造成信息的泄密,给汽车生产商和经销商造成的损失,由经销商承担全部责任。各种电子版信息的光盘、软盘等要同文件信息一样妥善保存。对存储、使用信息的计算机要设置口令,并保证口令不被他人盗取,防止信息被他人窃取、破坏。

b.信息处理。信息的采集要快速、准确、翔实。反馈时要使用标准专业术语,内容完整、条理清晰、有逻辑性,必要时可附图片或照片,对于非电子版的信息要求字迹工整。信息的反馈要做全程跟踪,以保证信息的连续性、完整性。信息的处理要及时。

（2）备件的管理

案例6.3　深圳地区一汽丰田4S店所用AutoCRM软件

深圳大兴丰田与广州优企AutoCRM正式签约,就双方联合建设CRM信息化项目达成合作共识。通过与优企AutoCRM 5年多的深度合作,大兴丰田4S店的整车、维修、财务、会员、人力资源等综合信息都进行了有机的关联和整合,减少业务漏洞,实现了物流、资金流与信息流的有效集成。不仅让管理者快速、动态、准确地掌握了4S店的运营情况,也规范了业务中的烦琐流程,有效地协调了企业内外各种资源。如图6.6、图6.7所示为广州优企AutoCRM的汽车销售管理系统结构图和汽车销售管理系统管理功能构成图。

新能源汽车
PDI检查

该销售管理系统可以实现以下功能:

①完善售前业务管理,最大化销售机会和销售成功率管理,帮助企业提升销售业绩。

②基于行业特点、业务规则和管理细则,帮助企业完善和严密业务流程控制,降低风险隐患。

③多层安全机制,灵活实现基于严格权限的信息共享,达到业务角色的工作支持,更好实现工作协同。

④支持本地企业应用和多个分支机构应用,支持Internet/Intranet应用。

⑤强化销售结果管理和量化人员绩效考核。

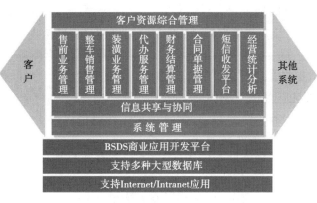

图6.6 汽车销售管理系统结构图

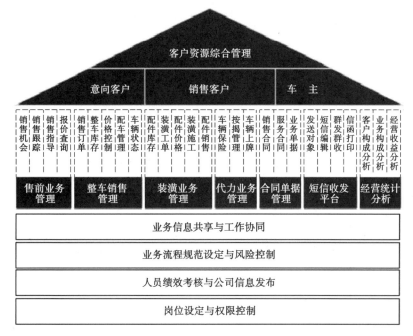

图6.7 汽车销售管理系统管理功能构成图

1）备件工作总则

①经销商备件经营业务、销售活动必须是在国家允许的法规、政策及汽车生产商所制订的备件商务政策范围内进行。

②经销商备件业务工作是以为汽车生产商产品的用户提供优质纯正备件及良好服务为宗旨。

③汽车生产商备件部是向各经销商提供备件、附件的唯一渠道,目的是确保经销商对用户所提供的备件具有品质保证。

④经销商应围绕汽车生产商下达的年度备件经营计划展开工作,积极开展备件销售,努力提高汽车备件市场占有率。

⑤经销商必须严格按照汽车生产商制订的备件价格体系开展备件销售,严禁经销商以任

何名义在此价格基础上滥以加价。

⑥经销商应坚决杜绝储存和销售假、冒、伪、劣备件的行为,以树立良好的信誉和企业形象,同时积极向用户宣传假、冒、伪、劣备件的危害,并应主动向汽车生产商备件库提供相关信息。

⑦备件业务工作要本着诚信、用户第一的原则,信誉至上的宗旨,以及时的备件供应赢得用户的信赖,维护汽车生产商的产品信誉。

⑧备件供应是售后服务工作的保证,做好这项工作既可以维护产品的信誉,扩大产品市场占有率,又可以增加经销商的经济效益。

⑨经销商的各级领导必须高度重视备件工作,要亲自抓好备件的订货、仓储、销售及管理的全过程。

⑩及时了解并反馈与备件、销售有关的市场信息和动态,做到市场有预测,订货有计划,销售有市场。

⑪要做好宣传工作,防止不法商人假借汽车生产商的名义推销备件,严防假冒伪劣备件注入市场,损害用户的利益,危害汽车生产商的信誉形象。

2)备件供应、采购及销售的原则

①备件供应的原则。汽车生产商向已开业及具备过渡服务能力的经销商提供原厂备件,并且经销商的备件经理、备件销售计划员必须经过汽车生产商备件部门培训,经考试合格后,才能向汽车生产商备件部门订购备件。

②备件采购的原则。经销商备件的唯一来源应为汽车生产商备件部,严禁采购、售出、宣传任何非公司提供的相关产品,包括油料、添加剂、汽车美容等产品,不允许向汽车生产商以外的生产厂家和经销商购买备件,未经允许也不得向协作配套厂购买备件,严禁订购、存储假、冒、伪、劣备件产品。

③备件销售的原则。经销商备件销售不得高于汽车生产商制订的最终用户价,也不得低价向市场倾销备件,应按全国统一售价销售。经销商必须无条件向用户提供价格查询。如发现不按最终用户价销售的,汽车生产商将依据有关条例进行罚款(用户赔偿除外)。经销商可以开展备件零售业务,但是,销售单据必须填写备件名称、备件编号、售货日期、单价、金额、车号等信息。凡是不在经销商装配的备件,不在保修(索赔)范围内。各经销商之间的调剂,必须实行优惠。备件库存应能够基本保证用户所需,汽车生产商有权根据具体情况要求经销商达到某些更具体的库存目标。新建经销商启动库存:新建经销商在收到经销商管理室发出《新建经销商启动通知》后一个月内,参照《经销商启动库存推荐清单》向汽车生产商备件部订购备件。新建经销商验收时的库存标准由汽车生产商售后服务管理部门确定。

3)备件的索赔

①备件索赔的目的。为了树立汽车生产商的形象,维护汽车生产商的信誉,进一步完善备件供应体系,以优质的服务赢得用户的信赖,实施备件索赔,保护经销商的利益,使汽车生产商与经销商之间建立融洽的合作伙伴关系,进一步提高管理水平。

②备件的索赔范围。从汽车生产商备件部门托运至经销商的备件、附件出现数量上的多发件、少发件、品种上的错发件、损坏件、质量不合格件及价格差异件。

③经销商对备件的索赔方式。必须由备件销售计划员填写《汽车备件索赔申请单》交备件经理签字,并加盖经销商公章。必须在接到货物两天内(假日除外),连同索赔申请单及有

关书面报告以特快专递或挂号信形式向备件销售部发出。

④对以上索赔范围内的索赔申请经汽车生产商备件部门鉴定、确认,必要时会同所在地区备件工作人员共同鉴定,签署鉴定报告。属于多发件的情况,若经销商需要,将由财务部补开发票后由经销商补款。其他索赔情况在经销商下一次备件订货中进行冲账。

⑤对于损坏件、包装不合格件经销商除填写索赔申请单外,还应有书面报告,必要时附上相关损坏件、包装不合格件的照片。

⑥对于在运输途中造成的备件损坏经销商应要求交货方提供运输损坏的书面证明,方可向汽车生产商备件部门办理索赔申请,否则,汽车生产商备件部门将不予受理。

备件索赔件在未得到要求发回或销毁前,一律放在备件库索赔区的货架上,并应有明显的索赔标签。索赔件要发至汽车生产商,必须有汽车生产商备件部门发出的《备件索赔经销商退货通知书》。

汽车售后服务企业的高层管理人员应高度重视管理。事务管理可从以下 8 个方面入手:

①遵循稳定性与适应性相结合的原则,制订适当的年度业务计划,即要向内使劲,又要结合市场。

②严格抓好质量管理、资金管理、营销管理和成本管理。

③应有开拓精神、积极进取精神,具有在市场竞争中求生存、求发展的观念,不断学习和吸取新的管理方式。

④建立正常的会议制度,做到长计划,短安排。

⑤建立正常的工作制度、资料文档管理制度,完善企业内部自我约束机制。

⑥建立公开办事制度,接受职工监督。

⑦加强团队管理及内部组织结构的协调管理。

⑧健全各种规章制度,规范各个管理层努力做到遇到问题,在最短的时间内解决。

任务 6.3 汽车售后服务的内容

 任务描述

随着汽车整体质量的提升,汽车售后服务也随之变化,目前主要的售后内容有哪些? 怎么有效的组织售后项目为顾客提供更好的服务,本任务的重点是熟悉汽车售后的内容。

岗位能力训练目标

1.能说出汽车售后进内容。

2.能够处理好汽车索赔。

3.能做好汽车首保服务。

伴随着汽车制造技术的不断更新,汽车产品也逐渐成熟起来,价位相近的汽车在技术含量和整车质量上呈现出同质化趋势。汽车厂商要立足市场,服务便成为竞争取胜的主打战略。汽车售后服务顾问随着汽车售后服务内容的丰富应运而生,旨在规范售后服务流程的基础上,提升售后服务技巧与品质,向车主提供预约、定期保养、故障维修、事故代赔、美容装饰等顾问式服务,以满足客户需求,提升客户满意度。

汽车售后服务包括很多主要有首保、索赔、保养维护、维修、信息管理及服务、金融服务及客户反馈等。本章的重点是信息管理及服务和客户的反馈等服务,维修保养维护和金融服务在后面重点阐述。

前台接待人员代表着公司的形象,更是公司的窗口。客户初次登门拜访,面对的第一个人便是前台人员,因此,公司的第一印象也是通过前台来体现的。前台接待人员,不仅仅只是形象好气质佳这么简单,本人的综合素质也是至关重要的。

6.3.1 业务接待

业务接待是售后服务部与客户接触的第一环节。对业务接待员的要求是不但要仪容气度不凡,还须具备与客户沟通的能力,同时应该服务态度和个人素质俱佳,既要有汽车故障判断的精湛技术,也要思路敏捷、头脑灵活。

接待要有一定的技巧,我们在业务接待中会遇到各种各样的客户,对于不同类型的客户要采用不同的方法。例如,有的客户对一切都是斤斤计较;有的客户和你软磨硬泡,使你无法招架,我们把同这些人谈判看作是对自己锻炼的机会,提高自己意志和把握谈判技巧的机会。向别人、向客户学习也是我们重要的学习手段。对这类客户接待时一定要有思想准备,把握住谈判的底线,耐着性子与其谈判。对于个别野蛮客户也要有一定对策。个别人自己以为财大气粗,动则打骂,有甚者叫来打手施暴。对于这类客户绝不可示弱,应据理力争,并用情和理阐明自己的态度,必要时求助于政府部门和公安机关来解决。2004年杭州一家汽车4S专卖店里,因为一点小事,客户砸碎电话和办公桌,追打工作人员,该店没有仗着人多而与之对抗,做到打不还手,并及时报警,在公安人员面前该客户老老实实写出检查并赔偿了损坏的财务,店家这一表现赢得了公安人员和其他客户的同情和赞许。

(1)接待员必备的素质

汽车维修企业的前台业务人员必须具备下列素质:

①具备汽车专业理论,丰富的维修经验及熟悉本企业的业务流程。

②熟悉本企业的收费标准。

③熟悉专修汽车配件编码及常用零配件的价格。

④熟悉保险及索赔条例,并了解相应的政策、法规、制度。

⑤了解顾客的心理,善于与顾客沟通。

因此,他很可能是企业中最优秀的员工之一,无论是人品、性格,还是技术素质都必须是一流的,他的一言一行、举手投足都代表着本企业的素质、文化,代表着企业对客户服务的深度与广度,更代表着企业的技术实力与管理水平。

(2)接待员必须了解的内容

汽车维修企业的前台业务人员在进入服务流程之前,必须先了解以下内容:

1）了解客户的需求

真诚（Cordial）的对待、准确（Accurate）的诊断、合理（Reason）的收费、快捷有效（Effective）的维修,CARE服务的核心就是关心、关怀。

2）了解客户的满意度

客户满意度就是看客户在接受服务后,是否产生满足感和愉悦感;是否会有产生失落、失望的情况;是否在不满意与满意之间失衡。因此,客户的满意是全体员工在任何时候均达到最高服务标准所做的全面承诺。

要让客户满意就要做到:不断改进服务,更新知识技术,对客户保持积极的态度,认真对待问题,运用团队知识和经验为客户寻找最佳的解决方法,努力做到一次就把车修好;除了完成客户要求的工作外,超越客户期望,还提供额外的技术指导与帮助,给客户愉悦的惊喜。

电话预约服务

6.3.2　首保

（1）首保的目的

汽车首保就是首次保养,汽车生产商为了保证使用厂家系列产品的用户车辆处于良好的技术状态,要对售出的车辆进行强制性首次保养。此项工作由经销商承担,对用户免费,费用由厂家承担。各个汽车品牌首保项目有多有少,现以一汽-大众为例说明首保。

（2）首保规定

①凡用户购置全新的汽车生产商的产品行驶到规定里程范围,应该接受新车首次免费保养。

保养里程:捷达、高尔夫、宝来、奥迪C3V6等,7 500 km;奥迪A6、奥迪A4,15 000 km。超过里程车辆将不提供免费保养服务。

免费保养凭证为随车技术文件中的7 500 km(15 000 km)免费保养凭证。

②保养项目按照规定进行(保养手册)。

③保养后,用户认可,由经销商和用户在保养手册上盖章签字,以便日后办理索赔业务,未经首次保养的车辆,无索赔权。

④用户委托的公路送车单位,必须严格执行新车保养规定,违反规定厂家不再提供免费保养服务和质量担保。

（3）首保程序

①用户提供行车证、产品合格证、保养手册、免费保养凭证。

②经销商审核、车证相符,对未超出保养里程的车辆给予免费保养服务。

（4）首保项目

定期保养单如图6.8所示。

（5）结算办法

①保养的工时费及材料费由一汽-大众公司承担,每辆保养费用按规定标准执行。

②保养检查时,如发现质量问题,可以用索赔方式处理。

③在保养中发现因使用不当造成零部件损坏情况,其维修可由经销商提供有偿服务。

新能源汽车
个人安全防护

④经销商在车辆保养结束后,填写结算单、盖索赔专用章,开具发票、盖企业章,按时交车。

Jetta

用户姓名		牌照号	底盘号	领证日期	行驶里程/km	保养日期		

7 500 km 首次免费保养	每 12 个月或每 15 000 km 定期保养	每 24 个月或每 30 000 km 定期保养	一汽-大众特许经销商捷达轿车定期保养项目	合格	不合格	消除
●	●	●	更换发动机机油及机油滤清器			
	●	●	更换燃油滤清器 *			
	●	●	检查点火正时,必要时调整 *			
	●	●	检查调整怠速及 CO 含量 *			
	●	●	清洗空气滤清器壳体,必要时,更换滤芯			
		●	更换空气滤清器滤芯及燃油滤清器			
●	●	●	目测检查发动机润滑系、冷却系、燃油系和空调系统是否泄漏			
●	●	●	检查蓄电池固定情况,电解液面高度,必要时添加蒸馏水			
	●	●	检查多楔传动带是否损坏,必要时更换传动带			
●	●	●	检查 V 形带张紧度及是否损坏,必要时调整张紧度或更换 V 带 *			
	●	●	检查空调新鲜空气滤清器,必要时更换滤芯			
●	●	●	检查冷却液浓度,如必要,添加冷却液或调整浓度			
	●	●	检查助力转向机构液压油油位,如必要,添加液压油			
●	●	●	检查风窗清洗液面高度,必要时添加清洗液			
	●	●	检查风窗刮水器/清洗器的工作状态。如必要调整喷嘴			
●	●	●	检查制动系统是否有泄漏和损坏,并检查制动液液位高度,如必要添加制动液			
●	●	●	检查制动摩擦衬块厚度			
	●	●	检查调整驻车制动器			
	●	●	检查排气系统是否泄漏或损坏			
●	●	●	目测检查变速器,主减速器及等速万向节防护套有无泄漏或损坏			
●	●	●	检查手动变速器内的齿轮油油位,如必要,添加齿轮油			
	●	●	检查自动变速器润滑油(ATF)油位,如必要,添加润滑油(ATF)			

(a)

Jetta

用户姓名	牌照号	底盘号	领证日期	行驶里程/km	保养日期

7 500 km 首次免费保养	每 12 个月或每 15 000 km 定期保养	每 24 个月或每 30 000 km 定期保养	一汽-大众特许经销商捷达轿车定期保养项目	合格	不合格	消除
●	●	●	检查转向横拉杆球头的间隙,紧固程度及防尘套状况			
	●	●	检查四轮轴承间隙,必要时调整或更换			
●	●	●	检查所有轮胎(包括备胎)的花纹深度及磨损形态,按要求检查轮胎气压,必要时校正			
●	●	●	进行轮胎换位			
●	●	●	检查车轮螺栓拧紧力矩			
●	●	●	润滑发动机罩铰链及锁舌			
●	●	●	润滑车门限位器及车门铰链			
	●	●	检查大灯光束,如必要,调整大灯光束			
●	●	●	检查灯光,点烟器,喇叭及电器元件的工作状况			
	●	●	检查安全带及安全气囊罩壳是否损坏			
		●	更换火花塞			
	●	●	更换 V 带 *			
●	●	●	查询自诊断系统故障存储器			
●	●	●	试车:检查脚、手刹,变速器,离合器,转向、空调等功能			

注意:● *仅适用于捷达化油器车
● 检查是否加装其他电气设备,若加装,请在保养手册中注明
● 检查是否加装其他机械附件,若加装,请在保养手册中注明
● 每 7 500 km 柴油滤清器进行排水
● 每 2 年按一汽-大众标准更换制动液

● 每 6 万 km 更换一次自动变速器润滑油(ATF)
● 每 6 万 km 更换 5 V 机正时带及带张紧器
● 每 8 万 km 更换 2 V 机正时带,检查张紧器,必要时更换
● 每 9 万 km 更换柴油机正时带,检查张紧器,必要时更换

机修工签名:　　　　　　　终检签名:　　　　　　　用户签名:

合格=已检查未发现缺陷　　　不合格=检查中发现缺陷　　　消除=按维修信息消除缺陷
备注:

(b)

Bora   A4

用户姓名	牌照号	底盘号	领证日期	行驶里程/km	保养日期

7 500 km 首次免费保养	每12个月或每15 000 km定期保养	每24个月或每30 000 km定期保养	每60 000 km定期保养	一汽-大众特许经销商捷达轿车定期保养项目	合格	不合格	消除
	●	●	●	检查车外照明灯、转向信号灯、警告灯及行李箱照明灯的工作状态			
	●	●	●	检查车内照明灯、杂物箱照明灯、点烟器、喇叭及警报指示灯的工作状况			
	●	●		检查安全气囊罩壳是否损坏			
	●			检查风窗刮水器及清洗器,清洗液喷嘴的功能及刮水器的停止位置,如必要,调整喷嘴和添加清洗液			
		●	●	更换燃油滤清器			
		●	●	检查多楔传动带的状态			
		●	●	检查助力转向机构液压油油位,如必要,添加液压油			
			●	检查自动变速器润滑油(ATF)油位,如必要,添加润滑油(ATF)			
			●	检查自动变速器主减速器润滑油油位,如必要,添加齿轮油			
	●	●	●	保养周期指示器复位			
●	●	●	●	路试,检查脚、手制动和转向等功能,终检			

注意:• 每80 000 km更换正时龄轮传动带及张紧器　　　　• 检查是否加装其他电气设备,若加装,请在保养

　　　• 每24个月更换制动液　　　　　　　　　　　　　　手册中注明

　　　• 每48个月更换空气滤清器滤芯,清洗壳体(包括　• 检查是否加装其他机械附件,若加装,请在保养

　　　　4年内行驶里程未达30 000 km的轿车)　　　　　手册中注明

机修工签名:　　　　　　　　　终检签名:　　　　　　　　　　用户签名:

合格=已检查未发现缺陷　　　　不合格=检查中发现缺陷　　　　消除=按维修信息消除缺陷

备注:

(c)

图6.8　首保的定期保养单

6.3.3　索赔

索赔即汽车生产商对产品的质量担保。质量担保的目的:一是使用户对汽车生产商的产品满意;二是使用户对汽车生产商经销商的售后服务满意。这两个因素是维护公司和产品信誉以及促销的决定因素。其中,用户对售后服务是否满意最为重要。如果用户对汽车生产商的服务仅仅有一次不完全满意,汽车生产商无疑就会失去这个用户;相反,如果汽车生产商的售后服务能够赢得用户的信任,使用户满意,那么汽车生产商就能够继续推销其产品和服务。

汽车召回、汽车产品责任和汽车三包都是指由于汽车质量问题而产生的需要制造商或销售商通过一定行为对消费者承担相关的法律责任。这为消费者因制造商的失责,提供索赔依据。

质量担保制度是售后服务部门的有力工具,汽车生产商可以用它来满足用户的合理要求,每个经销商都有义务贯彻这个制度,执行质量担保承诺也是经销商吸引用户的重要手段。众所周知,尽管在生产制造过程中生产者足够认真,检验手段足够完善,但还会出现质量缺陷,重要的是这些质量缺陷能够通过售后服务系统,利用技术手段迅速正确地得到解决。售后服务的质量担保正是要展示这种能力,在用户和经销商之间建立一种紧密的联系并使之不断地得到巩固和加强。

每个品牌的汽车索赔条件有所不同,现以一汽-大众汽车有限公司大众品牌轿车为例说明。

(1)索赔条件

1)整车质量担保

起始时间为:汽车自购买之日(以购车发票为准)起计。

①属出租营运用的新购捷达车质量担保期为12个月或10万 km(以先达到者为准)。

②除出租营运外的所有其他用途新购捷达车质量担保期为24个月或6万 km(以先达到者为准)。

③质量担保期内若用户变更轿车用途,轿车享受原质量担保期,期限和里程不做变更。

④宝来车的质量担保期为一年,无里程限制。

2)备件质量担保

零件自从一汽-大众特约经销商购买(以发票为准)并在特约经销商处安装之日起,质量担保期为10个月或1 000 km(以先达到者为准)。

3)捷达特殊件的质量担保期(以先达到者为准)

控制臂球头销:12个月或6万 km。

前后减振器:12个月或6万 km。

等速万向节:12个月或6万 km。

喇叭:12个月或6万 km。

蓄电池:12个月或10万 km。

氧传感器:12个月或7万 km。

防尘套(横拉杆、万向节):12 个月或 6 万 km。

三元催化转换器:24 个月或 10 万 km。

4)捷达易损件的质量担保期(以先达到者为准)

灯泡:6 个月或 5 000 km。

轮胎:6 个月或 5 000 km。

火花塞:6 个月或 5 000 km。

全车玻璃件:6 个月或 5 000 km。

前制动摩擦衬片、后制动蹄片:6 个月或 5 000 km。

风窗雨刮片:1 个月或 1 000 km。

5)凡以下原因造成的损坏不属于质量担保范围

①车辆在非一汽-大众特约经销商维修过。

②车辆装有未经一汽-大众许可使用的零部件,或车辆未经一汽-大众许可改装过。

③车辆使用中未遵守(《使用说明书》《保养手册》《7 500 km 免费保养凭证》)使用规定或超负荷使用(如用作赛车)。

④由于使用不当或滥用车辆造成的损坏也不在质量担保范围之内。

⑤交通事故造成的损坏。

6)其他条件

①由于经销商本身操作不当造成的损伤,经销商应承担责任并进行必要的修复。

②一汽-大众的售后服务网络必须使用一汽-大众备件科提供的指定型号机油,否则不给予首保费用及办理发动机及相关备件的索赔。

③索赔期间的间接损失(车辆租用费、食宿费、营业损失等)均不予赔偿。

④质量担保指根据技术要求进行修复或更换,更换下的零部件归一汽-大众汽车有限公司所有。

⑤经销商从一汽-大众汽车有限公司备件科订购的备件在未装车之前发生故障,请各经销商向一汽-大众汽车有限公司备件科索赔。

⑥关于常规保养,一汽-大众汽车有限公司或用户已支付其费用,经销商有责任为用户车辆做好每一项保养工作。如果用户车辆在经销商保养后,对保养项目提出索赔要求,应由经销商自行受理。

(2)索赔的程序

1)用户向服务站索赔

①用户在使用车辆过程中,发现车辆出现故障或存在缺陷,应向一汽-大众汽车有限公司特约经销商提出索赔,不能直接向一汽-大众汽车有限公司提出索赔。

②经销商索赔鉴定人员对故障车辆进行鉴定,对于在质量担保期内且符合质量担保条件的车辆给予索赔,维修工时费、材料费不与用户结算。如为索赔整车情况,则应先填写《索赔整车申请报告》报告后服务主管部门审批,再填写《商品车换车审批表》上报审批,符合索赔整车条件的,在给用户换车时,还要填写《换车交接登记表》。在维修好故障整车后,经销商和当地中转库要填写《索赔修复车交接表》或索赔整车申请报告。

2)经销商向汽车生产厂家索赔

①经销商的索赔员对符合索赔条件并完成索赔鉴定的用户车辆填写《索赔登记卡》并在 R3 系统中录入《索赔申请单》，将相应的条形码粘贴或拴挂在索赔件上，并将该索赔件按月及时送往或寄往指定地点。

②一汽-大众汽车有限公司售后服务科索赔员对经销商邮寄过来的索赔件及索赔申请单进行审核，并通过 R3 系统将确认的索赔申请转入索赔结算库。

③经销商根据 R3 系统中"经销商月结算"信息开具增值税发票并将发票按要求录入 R3 系统；经销商把索赔款发票及销货清单，以特快专递形式寄给一汽-大众汽车有限公司财务部会计科，财务部通过 R3 系统将索赔款转为备件款。

④重大质量问题造成的索赔，经销商应及时填写《重大质量问题反馈报告》，对于多发性质量问题造成的索赔，经销商应及时填写《多发故障反馈报告》，及时上报给售后服务科。

6.3.4 信息服务

信息管理及服务是汽车售后服务中重要的一环，只有把信息管理流畅，才能使整个公司动起来，而且有效率的运作起来。而信息服务也是汽车售后服务的组成部分，把与客户相关的信息及时告知客户，并提醒客户在什么时候需要进行维护，怎么样进行理赔服务，这是汽车服务企业吸引客户的重要砝码，如果客户得到了详尽的服务，该企业就会获得较大的一批老客户，巩固老客户，发展新客户企业才能更加强大。

构建"从客户的角度出发"的标准化服务流程，既可以保证服务质量的稳定和服务运作的高效，避免人才流动带来的技术、经验流失，又有利于新人的培训，以及服务质量和维修质量的检查与验收。在统一的标识基础上，向社会推出标准化的流程、提供规范化的服务，有利于树立统一的售后服务品牌形象，提高售后服务企业的市场竞争力。同时，也能促使企业内部所有的成员共同为提高客户满意度而努力，建立起卓越而贴心的客户关系。

汽车售后服务企业在遵循服务标准流程时，应注意以下 7 点：

①切实以客户为中心。

②公布及遵循客户承诺，并接受客户监督。

③培养服务人员的服务热忱，并传授客户关系管理的理念。

④加强标准宣传贯彻、执行及监督的力度。

⑤服务环境应环环相扣。

⑥各部门间应相互配合与支持。

⑦注重售后服务跟踪及后续工作改进。

服务时间的合理安排、服务程序的科学设计、服务方式的恰当选择、服务标准的适度制订、服务人员的熟练技能是汽车售后服务企业能够服务到位的基本保证。如图 6.9 所示为某品牌汽车服务站的流程图。

(1)信息服务

1)整理客户资料、建立客户档案

客户送车进厂维修养护或来公司咨询、商洽有关汽车技术服务，在办完有关手续或商谈

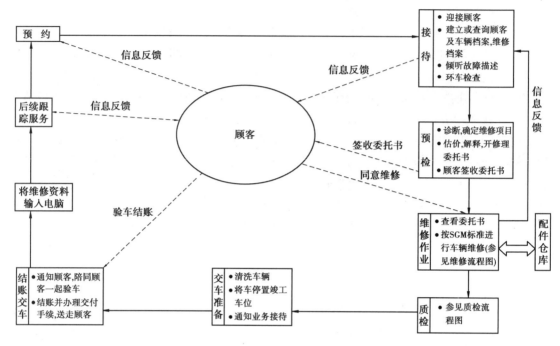

图 6.9　某品牌汽车服务站的服务流程图

完后,业务部应于两日内将客户有关情况整理制表并建立档案,装入档案袋。客户有关情况包括:客户名称、地址、电话、送修或来访日期,送修车辆的车型、车号、车种、维修养护项目,保养周期、下一次保养期,客户希望得到的服务,在本公司维修、保养记录(详见"客户档案基本资料表")。

2)根据客户档案资料,研究客户的需求

业务人员根据客户档案资料,研究客户对汽车维修保养及其相关方面的服务需求,找出"下一次"服务的内容,如:通知客户按期保养,通知客户参与本公司联谊活动,告之本公司优惠活动,通知客户按时进厂维修或免费检测,等等。

3)与客户进行电话、信函联系,开展跟踪服务

业务人员通过电话联系,让客户得到以下服务:

①询问客户用车情况和对本公司服务有何意见。

②询问客户近期有无新的服务需求需我公司效劳。

③告之相关的汽车使用知识和注意事项。

④介绍本公司近期为客户提供的各种服务、特别是新的服务内容。

⑤介绍本公司近期为客户安排的各类优惠联谊活动,如免费检测周、优惠服务月、汽车使用新知识晚会等,内容、日期、地址要告之清楚。

⑥咨询服务。

⑦走访客户。

(2)信息回访

虽然多数汽车服务企业,对来店客户进行电话回访的工作已经持续了多年,企业也的确通

过客户的反馈信息,对自身的服务改善起到了一定的作用。但是,随着市场环境的不断变化,客户需求的日益提高,客户回访的作用却在不断地减弱或消退。其原因是多数客户已对这种例行公事般的电话回访产生了厌烦情绪,另外企业也很少从电话回访中得到有价值的信息与建议。久而久之,客户回访的特色与真实意图便在平凡的企业运作中被逐渐消磨。

信息的反馈不只是指汽车服务企业从客户中获得其服务的评价,也包含汽车服务行业自身的评价和该服务企业利用从客户中获得的反馈信息进行再服务的过程,从而改变或者巩固其形象,实现企业和客户双重满意。

品牌汽车的销售部、售后服务部紧密配合通过良好、及时、全方位的服务,努力提高客户满意度。为在日常工作中顺利开展以客户为中心的工作,前台及时的信息反馈是很重要的,应做到以下4点:

①及时更新车主、驾驶员的相关信息,如电话、地址等。在日后的工作中避免出现不必要的工作环节。

②把客户反应的服务问题或对产品的希望、服务方面的相关信息记录下来,如客户反应维修价格太高,或是在提示服务方面客户所提的不喜欢打电话之类的问题,如果没有及时地反馈给客户中心,就会耽误到工作,甚至在某种程度上引起客户的不满。

③客户对公司的希望及时登记在客户资料里,避免出现遗忘,导致信息流失。

④维修单据齐全,相应检查的项目是否能真实地替客户解决问题,如果不能及时地处理,应进行登记,并让客户中心及时地跟进和回访。

对于接受维修服务的客户,回访反馈信息不但可以增加企业的信誉度还可以对维修的效率和质量能够起到改进作用。维修回访反馈应包含以下3方面:

①询问维修后车辆使用情况。

②车辆维修5日后电话回访,内容为是否解决了车辆出现的问题,维修质量如何。

③对整体服务进行满意度调查,服务质量分为抱怨、批评、建议、表扬。

及时记录存在抱怨的客户,填写顾客抱怨及返修单需落实解决的问题,规定责任人,总经理亲自审阅完成时限,使问题客户变为忠诚客户。这样就能使企业走入一个良性循环的发展轨迹。

跟踪回访的内容如下:

①车辆出厂后,进行客户档案信息录入并整理客户档案,确保客户档案的连续性和完整性。

②根据客户档案按客户的贡献率细分客户群体,每季度进行统计分析。

③车辆交车后,必须做好售后服务工作,采取问卷面访、电话跟踪、走访等方式,及时反馈客户信息。

④客服部安排专人负责售后服务跟踪工作。对客户调查跟踪必须达到80%覆盖面。其中面访率应达到70%,3日内的电话回访率应达到90%。

⑤加强对用户意见箱的管理。对于客户的意见/投诉,遵照《客户投诉处理流程》执行。

⑥面访、电话回访、客服投诉应对人员必须采用文明用语,声音亲切自然,态度和蔼,认真做好面访、电访及投诉处理工作。

⑦认真记录《售后服务面访表》及《电话回访登记表》,每月出具面访/电话回访月工作报告,由总经理审核。

⑧对于售后跟踪过程中表示"不满意"的客户,应按照《客户投诉处理流程》相关规定处理。

⑨建立完整的客户档案,及时提醒客户下次保养时间。

客户服务部所承担的客户回访工作,其性质就是协助企业来完成第三方调查与延续其企业的增值服务。因此,关于在回访工作中取得的相关信息,都应该进行及时汇总,以便企业相关部门进行积极应对。以下4个方面是信息处理中应该注意的:

①客户服务部应保障回访信息的真实性。在回访工作中遇到客户的投诉或表扬,应及时记录客户的原话与相关场景,并与客户进行准确的核实。如果遇到重大投诉,应及时通知其上级主管部门并启动相关的应急预案,进行及时的应对与处理。另外,客户服务部应保障所有回访信息在传递过程中,都不被其他部门进行干预或干扰。

②客户服务部应将回访信息进行阶段性汇总公示。回访信息的公开化,首先可以展示企业改善的阶段性成果,其次可以对员工起到警示与激励作用。另外,部分回访素材也可成为企业培训的经典案例,并以此促进企业培训工作的有效展开。

③回访信息应成为企业改善的重要依据。企业改善的目的是为了提高客户满意度,提高客户满意度的目的是增加企业收益。因此,将客户的期望、表扬与投诉进行科学的分析与筛选,从中找到企业改善的关键点与相关改善措施,将有助于企业的改善与提高,更加有的放矢、事半功倍。

④在回访工作中如遇到客户的重大质量投诉,回访人员应详细记录客户的原话与车辆信息,并立即通知现场主管或企业高层。同时,相关管理人员应积极做好应对措施予以补救。必要时企业的主要管理人员应考虑前往该客户的家中登门致歉。

客户回访是企业运营与管理中的重要组成部分。企业经营者正确设置客户分类与回访权归属,将有助于企业对客户基盘的维护效果,并促进企业效益的稳步提升。另外,企业经营者对客户回访工作锲而不舍、孜孜以求的探索与追求精神,也必将有效提升企业的客户满意度和企业的市场竞争能力。

案例6.4　汽车"新三包"

国家市场监督管理总局公布《家用汽车产品修理更换退货责任规定》(下称"新三包"),自2022年1月1日起施行。新规在2013年施行的《家用汽车产品修理、更换、退货责任规定》的基础上,进行了较大幅度的修改,在汽车业界以及消费市场引发强烈反响。时隔8年出台的"新三包"能否解决困扰汽车消费者的"老问题"?

"新三包"有三大变化

汽车三包规定是指汽车产品生产者、销售者和修理者在质量保证期内,因汽车产品质量问题,对汽车产品实施"包修、包换、包退"的简称。与2013年起施行的现行三包规定相比,"新三包"进行了较大幅度的修改,总结起来就是,赔的更多、包的更全、罚的更重。

"新三包"增加了家用汽车自三包有效期生效之日起7日内,因质量问题需要更换发动机、变速器等或者其主要零部件的,消费者可以凭购车发票、三包凭证选择更换家用汽车产品或者退货,销售者应当免费更换或者退货。而现行的相关规定是,发动机、变速器累计更换2次后,或者发动机、变速器的同一主要零件因其质量问题,累计更换2次后,仍不能正常使用的,才能免费更换或退货。这等于对汽车产品经营者提出更加严格的责任要求。

同时,针对车辆售前售后、使用、退换等关乎消费者利益的相关规定也更加细化。例如,"新三包"规定中,将三包有效期内同一质量问题累计修理超过5次或者整车累计修理时间超过35日予以换车的限定条件,缩减为4次、30日,还明确销售者为消费者退换车时,应当赔偿消费者的车辆登记费、加装装饰费、相关服务费等损失,并且规定退换车的使用补偿系数低于0.5%,进一步减少消费者退换车时向销售者支付的使用补偿费。

此外还有一个重要改变,就是针对此前时常出现的因车主在非授权经销商渠道维修、保养车辆,导致厂家、经销商认定为超出三包规定,而拒绝承担三包责任的行为,"新三包"明确,生产者、销售者、修理者等经营者不得限制消费者自主选择对家用汽车产品进行维护、保养的企业,并将其作为拒绝承担三包责任的理由。而针对市场出现的新销售模式,例如直销、代理、包销等,"新三包"新增"汽车产品经营者之间可以订立合同约定三包责任的承担"相关条款。

"新三包"的变化还包括适用范围增加皮卡产品、汽车三包不需要再证明"我是我",以及商家拒绝履行三包规定,将由原来处罚一万元以上三万元以下,改为最高处罚50万元等。

新能源汽车有保障

"新三包"的一大亮点,就是三包规定不仅针对消费者需求细化多项燃油车保障措施,更将新能源汽车动力蓄电池等质量问题纳入三包退换车条款中,让购买新能源汽车的消费者在遇到问题时有规可依。

针对家用新能源汽车快速增长的情况,"新三包"将动力蓄电池、行驶驱动电机等专用部件质量问题纳入三包退换车条款,规定家用汽车自三包有效期起算之日起7日内,出现因质量问题需要更换动力蓄电池、行驶驱动电机或者其主要零部件等情形的,销售者应当按照消费者的选择予以免费换车或者退车。同时,"新三包"还要求生产者在三包凭证上明示家用纯电动、插电式混合动力汽车的动力蓄电池容量衰减限值,供消费者在选购车辆时参考。

"新三包"更加贴近市场需求,对于消费者关心的一些热点问题给出了更明确的解释,而且在内容上也更倾向于保护消费者的权益。近年来发生的一些汽车维权热点事件中显露出的问题,在"新三包"规定中也都有所体现。

例如在强化生产者的质量责任方面,要求生产者不得故意拖延或无正当理由拒绝销售者、修理者提出的协助、追偿等事项。同时,对故意拖延或无正当理由拒绝承担三包责任的经营者,加大了违法行为处罚力度。

同时,将新能源汽车列入三包规定,也是满足市场需求的举措。随着新能源汽车保有量增加,车辆安全问题也逐渐凸显。"新三包"规定进一步体现了以消费者为中心的思想,强化对消费者的权益保护。这将对推动我国汽车产业高质量发展、构建双循环新发展格局发挥积极作用。

任务6.4　售后服务前台接待与技巧

任务描述

服务顾问是客户接触售后的第一个员工,怎么做好售后服务的前台接待,怎么让客户放心地将车辆交给公司维修保养,是服务顾问首先要面对的问题。

本任务重点学习售后前台接待的流程与技巧。

 岗位能力训练目标

1.能有效使用汽车服务接待技巧。

2.能够使客户接受汽车维修处理建议。

作为售后服务的第一个环节,前台接待过程中的每时每刻、每个细节,顾客都会对其进行评价,都可以给顾客直接留下深刻的印象。因此,前台接待人员的接待规范与否,接待水平提高与否,对能否提高顾客的满意度起着非常重要的作用。在美国一份专业调查显示,售前服务的前台接待成了客户满意度的首要地位。在汽车服务店维修技能得到提升后,汽车保有量增加的今天,"前台接待"给客户第一感觉已变得尤为重要,满意度决定了客户是否乐意或满意到专卖店购车以及相关配套服务。

6.4.1 接待的步骤

规范的服务流程是指具有客户,有一定的输入和输出,处理一个核心的问题的过程,它是一种跨职能部门的操作或处理方式。汽车维修企业的前台业务人员的服务流程应具备下列过程:

(1)维修预约

其目标要求:客户能事先了解维修费用、维修方案及零件库存情况,并决定是否予以认可;在已得到维修预约信息后,要提前准备好必要的更换零件,减少客户等待时间,为客户提供便利的服务;要确保接待顾客准时有序;为下一环节留出充裕的接待时间,使客户获得较好的维修建议或完成车辆的预检。

进行预约,填写预约表,特别标出返修客户和投诉客户。维修预约单填写需注意:

①问清楚顾客是"返修客户"还是"投诉客户"。

②预约时间提前 15~30 min。

③由维修主管决定预约截止时间。

④确认预约。提前两天与顾客联络,以确认预约。

⑤准备维修单。查阅顾客档案,打印资料或预约表,将顾客及

经销商主动　　客户主动
预约　　　　预约

车辆资料写在维修单上,可按以下两种情况进行处理:

情况 1:确定简单工作及常规保养用的主要零件有无库存。如果没有库存,查询可能的送货日期,并通知顾客零件何时到;同时要求零件部订购必要零件。

情况 2:预先要求车间主任估计要做的工作量及所需时间,并预先要求服务主管在接待时出席。

注意要点:

①了解什么时候可预约,什么时候不可预约。

②与安全有关的返修客户及投诉客户的预约应予优先安排。

③将预约时间留有间隔,防止重叠。

④留 20%的车间容量应付简易修理,以及前一天遗留下来的修理不能预见的延误。

⑤尽可能将预约放在空闲时间,避免太多预约挤在上午的繁忙时间及傍晚。

(2)接车流程

其目标要求:能完全理解客户的需求,用语言引导确认故障症状;向客户推荐不知道的附加项目。

1)日常准备工作

准备好必备的文件(预约表和工作进度表、修理单、顾客档案、统一费率手册或人工收费表、零件目录和价目表、车主手册和维修手册等)和 3 件套(转向盘保护套、座椅保护套、作业脚垫)。

2)迎接及引导

在顾客将车辆驶到维修厂的接待区域时,接待员要及时来到顾客面前,为顾客打开车门,向顾客问好并做自我介绍。

3)维修委托书(接车单)使用

①查看顾客档案或计算机打印出资料,了解上次维修情况,看是定期检查、一般维修还是返修客户或投诉客户。

②完整及准确记录顾客的陈述内容和要求。包括行驶里程数,故障发生时车辆所处的行驶速度,发动机状态,发生时间,部位,天气,路面状况及声音的描述等。估算完工时间和维修金额。

③六方位环视检查,与顾客一起按图6.10 中的顺序环车检查,并根据表6.1 的项目填写,将检查结果记录在维修单或检查的表格中。由客户签字确认。

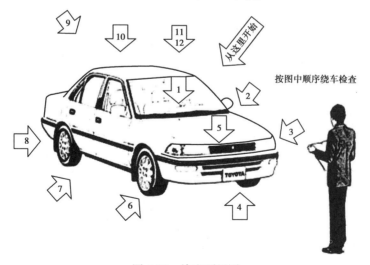

按图中顺序绕车检查

迎宾接待问诊

图 6.10　检查项目图

表 6.1　检查项目表

序号	步骤	位置	检查项目
1	驾驶室(在维修单记下里程数,按起发动机的行李杆)	离合器踏板 制动踏板	踏板高度,自由行程,回弹效果,滑隙
		仪表运作(发动运转)	温度表,机油压力表,负荷表,转速表,燃油泵
		发动机异响	不正常的声音(划铁声,干噪声,尖锐响声)
		转向盘	轴向及径向间隙
		车内	私人物品(尤其是贵重物品)
2	左前车门	左前车门	开起是否顺利
		左前挡泥板	外部是否损坏
3	左前轮胎	轮毂盖 轮胎	损坏遗失
			损坏,轮胎花纹深度,不均匀磨损,压力
4	车辆前部	所有车灯 保险杠,前护栅,发动机罩	损坏, 弯曲破坏
5	发动机室	机油,ATF,制动和离合器油	油位、油质、油漏
		冷却 风窗玻璃喷洗阀 蓄电池	液位
		皮带	
6	右轮胎	回第3项	
7	右前挡泥板,右前门,右后门	回第2项	
8	右后轮	回第3项	
9	车辆后部	所有车灯 保险杠 后风窗玻璃	损坏,灯罩破坏
10	行李箱	备用胎 千斤顶 常用工具	是否齐备

④接待员上车检查前需向顾客索取品质保证书或维修手册,确认车主姓名和上次所做的检查,确认已写在修理单上的汽车识别资料。使用3件套这项很重要,可让顾客感受到对爱车的爱护及本店的服务意识的良好。

⑤向顾客推荐一些易劣化、易磨损、易降低性能零件的检查。例如,发动机机油和机油滤清器、空气滤清器和燃油滤清器、火花塞、刮水器刮片、离合器片、轮胎、制动衬层、制动摩擦片、制动软管、制动液罐、散热器及风扇皮带等。

（3）登记修理要求

其目标要求:确定的一切维修项目要取得客户的同意,要签署合同。主要内容包括:检查零件库存情况;估计收费和交车日期及时间;解释要做的工作,并获得客户的批准;将修理单交给车间主任。

确认交修项目　　维修确认

维修单登记时,要注意:

①了解是什么样的客户类型。

②了解是本地车还是外地车。

③是否到其他企业维修过。

④制订收费标准,逐项解释收费。

⑤总体打折,单项不打折,打折幅度变化不宜过大,品牌不打折。

⑥加强使用设备仪器的使用。

⑦增加附加检测。

⑧质量保证说明。

⑨配件解释说明。

⑩不让客户找经理或老板。

⑪事故车估价细致,预见不可估计费用。

⑫注意维修难度。

⑬了解配件价格及采购难度。

⑭是否常见车型,其他修理企业能否完成。

委托单登记完毕,在计算机上打印出委托单,向客户收取出门卡放到财务处(出门卡由财务人员保管,待客户结算后财务盖章交接待员)。其注意要点如下:

①逐项写出收费金额,以便顾客了解估价。

②除了定期检查,人工和零件的收费应与车间主任一起协商估算。

③若是定期检查,人工和零件收费应按照统一费率手册和零件目录估算。

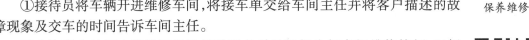

（4）车间交接

①接待员将车辆开进维修车间,将接车单交给车间主任并将客户描述的故障现象及交车的时间告诉车间主任。

保养维修

②查询客户的历史维修记录及相关服务质量通报告知车间维修技师,以便技师列出准确的维修方案。

（5）进度的跟进

其目标要求:每辆车须半小时跟进一次,通过对讲机或进车间及时确认车辆的维修进度。

维修质量控制

（6）验车结算

①当车辆送到竣工区时,接待员检查车辆的清洁情况及维修项目是否都按要求完成并取下 3 件套。

②接待员在确认维修项目和计算机一致后,打结算单,接待员为顾客解释项目和费用的构成,提供一些专业方面的建议

交车准备　　结算交付

与指导,并提醒下次保养的时间及里程。带客户到收银处结算,领取客户的出门卡交客户。

(7)送车

其目标要求:接待员送客户出门,为客户开车门,感谢客户的光临,目送客户离厂。

6.4.2　接待的技巧

前台人员是客户了解公司最初的窗口,其言行举止与综合素质,将是公司形象直观的写照。前台接待礼仪看似微不足道,实则十分重要。现实中,绝大多数前台人员没有经过系统训练,将无法从全方位的角度认知自己工作的重要性;在所从事的工作中感觉缺乏理论支持;工作中总是被动行事,不能主动掌握工作节奏;想努力提升工作的效益,但却不知从何处下手,如何节省;这些都是每个前台人员所面对与困惑的,如何把握正确方向从而迅速提升自身职业素养,成了我们必须面对与解决的课题。

(1)接待的技巧

前台接待人员是售后服务的中心,是客户服务的主体。因此,作为一名前台接待人员应具备以下3个要素:

①态度。首先我们应诚实、谦虚,在接待顾客时要面带微笑,使之能感觉到有一种亲切感、安心感,从而愿意光临我店。

②技巧。我们要具备一定的表达技巧、提问技巧、倾听技巧和顾客应对等技巧,从而让客户的车辆发生故障时通过我们这一系列的技巧,达到故障的正确诊断,快速的维修对应,使客户能在最短时间内得到车辆故障的处理,可以放心的继续去使用我们的产品。

③知识。我们应利用我们所掌握的车辆知识、顾客信息知识、心理学知识等,在客户万般焦急的情况下,懂得如何去揣摩顾客心理,如何去安慰客户,使之心情平定,增强客户对我们的信赖感。

只有熟练掌握了以上3个要素,才能争取更多的忠实用户,我们的仪容、态度、言谈举止、谈话内容是构成顾客第一印象的重要因素,因此,只有得体的礼仪和熟练的接待技巧,才能根据客户本人的喜好使他获得满足。

因此,应努力做到:

①电话随时有人接听。

②记录所有需要的信息和客户对故障的描述。

③进行诊断,必要时向服务顾问和技术专家求助。

④告知用户诊断结果和解决方法以及所需费用和时间。

售后服务预约

⑤根据客户要求和车间能力约定时间。

⑥告知客户谁将接待他。

⑦及时告知服务顾问和备件预约情况。

⑧备件部门设立专用货架存放预约的备件。

⑨服务顾问负责监督预约的准备工作(委托书、备件、专家、技工和工位、设备/工具、资料)。

⑩你不能履行预约时,及时通知客户并另约时间。

⑪提前一天和一小时确认各项准备工作和客户履约情况。

⑫预约客户前来时,服务顾问在场。

并且应尽量避免:

①电话铃响三声之后无人接听或长期占线。

②信息或故障描述记录不全。

③不对故障进行诊断。

④不按车间维修能力安排预约。

⑤客户不知道谁会接待他。

⑥预约情况不及时通知有关部门和人员。

⑦备件部门没有为预约客户预留备件。

⑧准备工作不充分。

⑨客户已经前来才通知不能履约。

⑩没提前确认准备工作和客户履约情况。

⑪客户前来时,负责接待的服务顾问不在场。

（2）回访的技巧

与客户进行回访时,我们要注意以下方面:

①首先要调整好情绪,声音听上去应该尽可能友好、自然,以便能很快取得顾客的信任,客户便能和你坦率地说话。

②顾客一般不会觉得自己的车有什么大问题,因此应使用推荐的介绍,进行正面引导、提醒,让他们感受到车的良好性能。

关怀回访　　售后回访

③要给那些没有准备的顾客时间,以便他们能记起细节。说话不应太快,不应给顾客留下"你正匆匆忙忙"的印象。

④一定要让顾客把要说的话说完,不要打断他。对他说的话做简要而又清楚的记录。不说批评的话语,对客户的评述与表扬也做记录。

⑤如果顾客抱怨的话,不要找借口。只要对顾客解释说:你已经记下了他的话;如果顾客乐意的话,你要确保你们经销商的某个人会再打电话给他。客户有的问题解决后要在第一时间里及时回访客户,告知处理结果,表视对问题的重视。

⑥回访人员的培训也是十分重要的,要了解相关的专业知识。

⑦提高对突发事件的处理能力,每天回访时会有不同的客户,良好的心理素质、应变能力是十分重要的。

6.4.3　索赔接待

在汽车制造和运输中,出现的汽车内在质量问题会影响到汽车的使用和美观。当客户提出索赔要求时,须经索赔员的甄别后,对客户的合理要求给予赔付,对于较大的总成的赔付须经制造厂家的同意方可进行理赔。对于不应赔付的项目须对客户进行耐心的解释,消除客户的不满心理。

（1）索赔员的资格认定

索赔员必须经生产厂家的培训,获得索赔员的资格证书,方可上岗进行理赔工作。根据4S店的大小,4S店的索赔员应设1~2名。

（2）一般的索赔期限

各厂家对索赔期限有自己的规定。一般厂家规定汽车售出后（指直接用户）1 年或 3 万 km 为期限（哪一项指标先到为准）。而中国奇瑞公司汽车保修期是 4 年或 12 万 km（不包括消耗零件索赔）。

（3）不予索赔项目

一般厂家对于如下零件不予理赔：玻璃制品、塑料制品、橡胶制品、消耗易损件、填充溶液（冷却液、润滑油、制动液等）……因客户操作使用不当造成车辆的损伤不予索赔，如：加注润滑油和燃油及制动液不当，新车没有在特约店进行列保，汽车在非特约维修店进行保养和修理时使用了非正规厂家的零部件（汽车制造厂认定的配件制造商制造的配件）造成汽车损伤的。

篇末案例　汽车售后市场的发展

"汽车售后市场服务"的定义是指汽车从经销商出售给顾客的那一刻起，直至该汽车报废送至回收站之前，为该汽车提供全过程的各项服务，包括车辆保险、上牌、年检、养护、维修、配件更换、装具添置、清洗加油、泊车管理、行使指挥、违章处罚、信息提供等服务。

据了解，汽车工业较成熟的国家里 70%的利润来自售后服务，汽车销售基本上为零利润。当汽车产业发展到一定程度，制造技术相差无几，继而汽车市场将从产品转向服务，售后服务将是汽车 4S 店或汽车经销商的主打战略王牌。

但是，我国的许多汽车售后维修企业并没有认识到这一点，反而利用其自身地位，做霸王交易，不透明收费、配件以次充好、服务态度差等，损害广大消费者的利益，甚至当车辆出现问题时，不少大品牌的售后服务并不能帮助消费者解决问题，而是找出众多借口和消费者打太极，或者车企与经销商互相推诿，车主维权又被"踢皮球"。处于劣势地位的消费者在面对强势的企业以及他们制订的霸王条款时，也只能自认倒霉。

尽管有不少汽车厂家以及销售商宣传自己的企业非常重视售后服务水平，但是当消费者在用车出现问题时，却并不那么容易解决，出现很多不尽如人意的处理方式，与承诺的标准相差甚远。

专家认为，售后服务的提高不仅局限于在维修环境的改善和服务流程的规范，更多则体现在服务人员与客户沟通中的细节处理。由于维修的许多环节都需要服务人员与客户进行沟通，沟通不顺畅，常常会引起客户的误解，从而产生投诉、抱怨。

在维修过程中，服务人员应努力做到提供的维修方案与客户需要相一致，这样才能让客户明明白白、高高兴兴消费，从而给客户留下专业、诚信的好印象。对服务重视，维护好了自己的购车客户，还吸引了更多其他店的购车客户。

如果有关企业和机构能将汽车售后服务做好、做细，让广大用户享受到满意的售后服务，不仅为车主可以带来实际利益，也有可能推动整个汽车行业的售后服务的升级，赢得未来的汽车市场。

另外，业内人士认为，我们的汽车售后服务市场想要真正实现和谐，公平地保障消费者、车企以及经销商的利益，还迫切需要权威声音和相关法律法规的完善。

案例思考：你认为我国汽车售后服务怎样才能做强？

任务实施

任务实施工单				
实训项目6　汽车售后接待流程训练				
姓名		班级	日期	
指导教师			成绩	

1.实训目标

（1）理解汽车4S店构架及售后部门的组成。

（2）熟悉售后接待的流程。

（3）掌握售后接待的技巧。

2.实训步骤

（1）通过引导文查阅售后接待的流程。

（2）通过角色扮演，进行售后服务接待的训练。

（3）通过录入数据进行跟踪调查。

3.查阅引导文与课件，观看视频，完成以下操作：

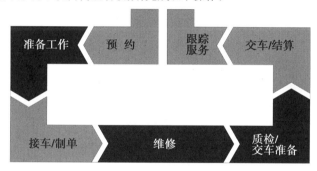

■经销商内部步骤　■与客户接触步骤

（1）列出售后服务的接待流程。

续表

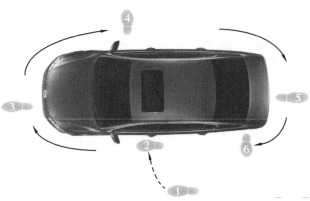

（2）运用角色扮演,进行售后接待的训练,训练后进行考核,相互评价。

（3）列出在售后接待中应注意的问题及需要训练的技巧。

任务评价

<table>
<tr><td colspan="6" align="center">实训考核评价表</td></tr>
<tr><td align="center">姓名</td><td></td><td align="center">班级</td><td></td><td align="center">小组</td><td></td></tr>
<tr><td align="center">指导教师</td><td colspan="3"></td><td align="center">总成绩</td><td></td></tr>
<tr><td colspan="6" align="center">实训项目6 汽车售后接待流程训练</td></tr>
<tr><td align="center">评价内容</td><td align="center">占比</td><td align="center">检验指标</td><td colspan="2" align="center">考核记录</td><td align="center">评分</td></tr>
<tr><td rowspan="4" align="center">任务完成
情况</td><td rowspan="4" align="center">30%</td><td>1.检查训练真实、完整、有效</td><td colspan="2"></td><td></td></tr>
<tr><td>2.完成任务过程情况</td><td colspan="2"></td><td></td></tr>
<tr><td>3.任务完成质量</td><td colspan="2"></td><td></td></tr>
<tr><td>4.任务完成贡献度</td><td colspan="2"></td><td></td></tr>
<tr><td rowspan="3" align="center">职业知识
与技能</td><td rowspan="3" align="center">40%</td><td>1.能描述汽车售后接待的流程</td><td colspan="2"></td><td></td></tr>
<tr><td>2.能描述汽车售后接待的技巧</td><td colspan="2"></td><td></td></tr>
<tr><td>3.能够解决汽车售后服务疑难问题</td><td colspan="2"></td><td></td></tr>
<tr><td rowspan="3" align="center">职业素养</td><td rowspan="3" align="center">30%</td><td>1.端正的服务态度</td><td colspan="2"></td><td></td></tr>
<tr><td>2.优良的服务意识</td><td colspan="2"></td><td></td></tr>
<tr><td>3.规范的服务行为</td><td colspan="2"></td><td></td></tr>
<tr><td align="center">综合评议
与建议</td><td colspan="5"></td></tr>
</table>

复习思考题

6.1 汽车售后服务由哪些构成？为什么？

6.2 你认为汽车售后服务中哪些元素是最重要的？为什么？

6.3 阐述汽车售后服务的内容。

6.4 阐述前台接待的重要性。

6.5 举例说明前台接待和回访的技巧。

6.6 中央电视台3·15晚会曝光大众汽车DSG变速器存在安全隐患后，一大众迈腾车主第二天就气愤地来到重庆大众4S店，叫嚷着要求将自己的汽车召回，你作为汽车售后服务人员，应该怎样处理？

项目 7
汽车维修服务

知识目标

1.掌握汽车维修服务的经营策略和方法。

2.掌握汽车维修服务的主要内容。

3.掌握汽车维修服务的规范及技巧。

4.掌握汽车维修服务的接待流程与技巧。

能力目标

1.掌握能够与客户流畅的交谈的能力。

2.能够解决常见的维修问题。

3.能够掌握汽车维修服务的技巧。

素质目标

1.培养维修作业中精益求精的工匠精神。

2.培养维修作业中发现问题、解决问题的能力。

3.培养良好的沟通交流能力与团队协作能力。

4.培养爱岗敬业、明礼守信、团结友善的精神。

5.培养规范管理、安全操作、质量意识、责任意识。

目标岗位

岗位名称	岗位描述	岗位能力要求	岗位能力训练目标
汽车服务顾问	1.负责组织、实施汽车的各级别维护保养； 2.负责组织、实施对故障车辆进行检测、诊断和维修； 3.与相关人员进行业务沟通和技术交流	1.具良好的班组内部协调能力,能较好地与部门领导、业务人员及客户进行沟通； 2.能够进行汽车各系统总成检测、诊断和维修； 3.会进行汽车电子控制系统的检测、诊断和维修； 4.熟悉汽车维修作业流程	1.能按汽车维修的流程进行操作； 2.能操作车辆零部件和系统的拆卸与安装； 3.能进行汽车进厂维修保养的接待和基本故障的诊断工作； 4.能够进行发动机故障诊断与维修； 5.能够进行底盘故障诊断与维修； 6.能够进行电气故障诊断与维修

在国外资金和技术不断涌入我国汽车制造业,汽车维修业所潜藏的巨大商机也没有被忽视。伴随着"有路大家行车,有水大家行船"政策的实行和大量资金的投入,大大加快了汽车维修业改革的进程,它日新月异的变化让人难以适应,汽车维修人员的从业环境也处在动态变化之中。

【课程内容】

案例导入

"帮您检查了一下,垫圈有些渗水,建议把阀门更换了。另外您说的转向有些异响的问题,估计是轴承老化,也换了吧。还有,计算机显示氧传感器有偶发的故障码,估计也快坏了,不如也一起换了。这些东西,加在一块儿××元,人工××元,总共××元。"我想,这些话对于每一位车主来说应该都不陌生,只要去一趟 4S 店,不管有事没事,临了总会收到诸如此类的一堆维修建议。而所谓的维修建议,其实就是换这个换那个,再加上维修人员的工时,难怪人们总抱怨车买得起养不起呢!

我朋友遇到一件怪事。他的爱车最近出现了好几次加速无力的现象,有两回路上开车因为速度提不上还吓出了几身冷汗。这种事情马虎不得,去了几次 4S 店。有怀疑是点火线圈故障的,有推测是氧传感器故障的,还有的说可能是离合器打滑。不过无论何种故障维修方法很简单,换件呗。偏偏这几样零件价格都不菲,再加上同样不菲的工时费,我朋友去了几次 4S 店,最后还是下不了决心。一是因为开销实在大,二是感觉 4S 店在确认故障的时候似乎自己都不是很有把握,有那么点先更换零件,不行了再说的意思。浪费时间陪他们练手也就算了,如果还要贴钱,那可真千百个不愿意了。

就这样,朋友爱车的故障就这么拖了下来,毕竟也不是一直出现,就掉以轻心了。麻痹大意的朋友前些天去了长途自驾游,在途中,早已抛到九霄云外去的故障偏偏就发生了,这下倒好,比平时还严重,发动机转速无论如何踩加速踏板也上不去,把我那朋友给急得呀。恰逢路边有个小修车铺,我朋友也只好死马当活马医了,把车开了进去。那修车师傅估计平时修的都是些拖拉机或者农用车什么的,绕着朋友的车子观察了几圈,听了听朋友的描述,估计大概是油路的问题。接着跑上跑下 10 多分钟,终于找到了汽油滤清器的位置(我朋友也是机械盲),折腾半天好容易拆下,要换件是不可能了,师傅掏出一把气枪,打开空气压缩机对着汽油滤清器就是一阵猛吹,倒是吹出来不少杂质油污。完了就装上,师傅搓搓手说再试试吧,我朋友半信半疑地拧动车钥匙,上路一跑,好了!

不知从什么时候开始,更换配件就成了 4S 店里维修的代名词,所谓的维修,就是把故障零件拆下,把新零件装上,这么一来 4S 店是赚钱了,不仅工时费一文不能少,零配件也赚你一笔不含糊,不过咱们车主这钱包就遭殃了。现在汽车维修行业管理严格,4S 店自不用说,很多专门的汽车维修企业也纷纷有向 4S 店看齐的趋势:车往计算机上一架,计算机说有啥故障就换啥零件。除了换零件时要拧几下螺钉之外,这所谓的维修过程几乎无须动脑。可是汽车维修难道是一项真的不需要动脑的工作吗?

过去厌恶那些满地油污的路边维修店,可现在倒是有些想念,想念师傅们围着车子望闻问切,想念师傅们蹲在地上敲敲打打,想念把几十块甚至是几块钱维修费交给老板娘时那声"多谢",听起来是那么的亲切——至少我的钱包是那么认为的。

　　有数据显示,投诉案例当中40%以上是投诉汽车本身的质量问题,58%是反映汽车维修和保养等售后服务的投诉。近几年,汽车的投诉快速上升,同比增长是百分之十几,其中,发动机、变速器、维修质量,夸大宣传,虚假承诺,欺诈消费者的问题比较突出。我认为,这和国内汽车发展非常快速,家用车、乘用车普及率很快提高有很大关系。

　　其实消费者所需要的就是全心全意真诚服务,但对于很多4S店,从经济角度来讲,在建店的时候需要很大的投入,它卖车的利润又很薄,作为一个公司来讲亏本是肯定不干的,公司需要从维修上多挣钱,大部分利润都会集中在维修、养护。由此消费者和4S店两个群体的出发点就是不一样的,因此,在很多时候会发生一些矛盾,也就是我们所说的信息不对称。一般的车主,特别是现在的车主,跟过去的老驾驶员不一样,以前的老驾驶员懂得一些维修知识和配件价格。现在的驾驶员、车主都不是专业的驾驶员,不懂得修理,对汽车的修理不太了解,是否需要更换配件也不太了解。

　　另外一方面确实有一些维修厂、维修单位因为信息不对称,不该换配件的要给车主换配件,有些需要小修的地方,4S店给车主大修,这难免会导致车主投诉的增加。其实,如果有些零件是应该换的,要跟车主讲清楚,定价也要公开透明,因为车主不了解,在具体的维修当中,服务要更人性化。

　　案例思考:面对目前纷繁复杂的汽车维修市场,作为一个汽车售后服务人员,你怎样说服你的顾客将他的爱车放心地交给你?

拓展阅读:汽车维修行业现状

任务 7.1　汽车维修服务的内容

任务描述

　　目前,汽车维修逐渐由重维修向重保养转变,逐渐由零件维修变为换件维修。

　　本任务学习的目标是帮助学习者理解汽车维修服务的主要内容,更好的从事汽车维修工作。

岗位能力训练目标

1.能说出汽车维修的岗位内容。
2.能够进行汽车底盘的维修。

3.能够进行汽车发动机的维修。

4.能够进行汽车电气与车身的维修。

5.能够完成汽车维修流程。

随着现代工业的不断进步,新技术、新材料、新工艺的广泛应用,汽车的性能和使用寿命都有了很大的提高。但是任何性能良好的汽车,随着使用寿命和行驶里程的增加,都会出现磨损,这是不可避免的。但是如果及时进行保养和维护,就会将磨损减小。如果驾驶合理,出现问题及时维修,那么汽车的使用寿命就会延长很长。

汽车维修与维护不仅节约了能源,减少了垃圾污染,并且能够消除汽车故障及隐患,能够恢复汽车工作能力和良好的技术状况,也为国家经济的发展加入了动力。

案例 7.1　汽车维修的误区

随着生活水平额提高,汽车的拥有量更是直线飙升,汽车维修工艺也在不断更新。有些维修误念看似正确,但具有很大的危害性,会使车辆受到损失,更大可能埋下事故的隐患。主要表现有以下 8 种:

①加机油愈多愈好。其实机油加多了对发动机照样造成危害,斜置式发动机和 V 型发动机尤甚。它即增加曲轴、连杆的转动阻力,又使其飞溅到缸壁上的机油增多,造成燃烧室积炭增加。所以机油加多了,会降低发动机功率,增加磨损,也会引起排放超标。

②点火提前角或喷油提前角宁大勿校点火提前角过大,易引爆燃。发动机产生爆燃,对活塞损害极大,严重影响其使用寿命,且发动机的起动阻力增大。

③滑动轴承的轴瓦必须刮削。而现代汽车,尤其是小型发动机,其曲轴轴承和连杆轴承上轴瓦的耐磨合金涂层很薄,绝不允许刮削,只能按相应的尺寸选配。如没有合适尺寸的曲轴承,则必要时可用基孔制的方法磨削曲轴,以求得合适的配合间隙。

④发动机水温怕高不怕低。其实现代汽车发动机水温偏低危害很大,会使混合气燃烧不充分,功率降低,油耗增加,并造成润滑不良,还会引起排放超标。

⑤气门间隙大点比小点有劲。其实气门间隙大,气门升程会开度不够,使进气量不足或排气不畅,恰恰降低了发动机功率。

⑥紧固螺栓宁紧勿松。其实汽车各部件的螺栓,根据直径、螺距及用途,其拧紧力矩大小均有相应的规定值。达不到规定值的螺栓会松脱固然不好,但盲目增大拧紧力矩会使被紧固的零部件变形,并造成螺杆伸长,螺纹变形甚至断裂。

⑦制动好坏看拖印。制动拖印说明车轮已经抱死,而现代汽车恰恰要求车轮不能抱死,为此专门安装了防抱死装置。车轮一旦抱死,汽车的转向失灵,车轮滑移,极易发生故障,所以并不是拖印越长越好。

⑧汽车维护时拆开检查才放心。随着制造水平的提高,现代的汽车零部件寿命已大大延长,随意拆检势必破坏已经磨合好的配合状态。在汽车故障不解体检测技术日臻完善的今天,如果没有发现部件或总成具有明显的故障时一般不要拆检。

7.1.1　汽车保养

我国现行的汽车维护制度即贯彻"预防为主,强制维护"的原则。"预防为主"的设备管理世界通行,只有做好事前的预防工作,才能使设备经常保持良好的技术状况,减少故障频率,降低消耗,延长使用寿命。

现行汽车维护制度,将过去的计划预防维护制度的"定期维护"改为"强制维护",这是进一步强调维护的重要性和必要性,使运输单位和个人更加重视车辆的维护,防止因追求眼前利益而不及时维护,从而导致车况下降,影响安全生产。

汽车常见保养时间如图7.1所示。

汽车常规保养周期表

保养项目		检查更换周期
油(液)	机油	六个月或5000公里或7500公里或10000公里更换(先到者为先)
	冷却液	两年更换
	制动液	两年或40000公里更换
	助力转向液	40000公里更换
	自动变速箱液	40000公里更换
	手动变速箱齿轮油	4万至6万公里更换
	空调制冷剂	制冷效果差时,检查管道压力,必要时添加或更换
四滤	机油滤清器	5000公里或7500公里或10000公里更换(先到者为先)
	空气滤清器	20000公里更换
	空调滤清器	20000公里更换
	燃油滤清器	40000公里更换
易损件	火花塞	普通：3万至5万公里更换 铱、铂金：8万公里更换
	刹车片	40000公里检查,必要时更换
	刹车盘	100000公里检查,必要时更换
	离合器片及分离轴承	100000公里检查,必要时更换
	雨刷片	100000公里检查,必要时更换
	正时链条	100000公里检查,必要时更换
	正时皮带、涨紧轮、惰轮	80000公里检查,必要时更换
	发动机附件皮带	80000公里检查,必要时更换
	蓄电池	两年或40000公里检查,必要时更换
	轮胎	胎纹深度低于1.6mm或达到磨损指示标记需更换
保养维护	清洗节气门	10000公里清洗
	清洗燃油系统	三年或90000公里以上的车需要清洗
	清洗润滑系统	三年或90000公里以上的车需要清洗
	轮胎充气气压	原厂规定气压
	四轮定位	方向不正、吃胎、跑偏、更换底盘件等
	轮胎动平衡	更换轮胎或补胎后,行驶时方向盘抖动
	轮胎换位	15000至20000公里应进行换位
	车灯、喇叭	定期检查

备注：以上车辆保养数据仅供参考,请以汽车实际使用情况为准

图7.1 汽车常规保养周期

（1）汽车保养的原则

国家标准《汽车维护、检测、诊断技术规范》《纯电动汽车维护、检测、诊断技术规范》自颁布实施以来,规范了我国在用汽车维护、检测、诊断作业,对于维持和恢复车辆技术状况,保障道路运输安全,发挥了重要作用。

营运车辆主要以客运、货运、危运、公交、出租等几种形式为社会提供服务,营运车辆的技术状况又是直接影响道路运输安全、节能、环保的重要因素,因此,对营运车辆定期进行维护和检测,既是确保车辆符合国家规定技术法规的重要保证,也是保障广大市民出行安全的重要措施。

随着我国道路运输业的发展,汽车维修检测行业也得到了快速发展,目前全国汽车综合性能检测站共 1 500 多家,检测能力也由原来单一项目检测发展为综合性能检测,汽车维护企业也配备了先进的维护与检测设备,特别是《汽车维修业开业条件第一部分:汽车整车维修企业》(GB/T 16739.1—2014)的颁布实施,规范了汽车维护企业的维护检测设备种类和数量,检测设备准确度不断提高,为二级维护质量检验提供了技术保证,可以检测以前因缺少仪器设备无法检测的参数和项目。随着我国高等级公路建设的高速发展,汽车使用环境发生变化,车辆行驶高速化对车辆的安全性能提出更高的要求,部分营运车行驶在人流、车流密集的城市大街小巷,对车辆的安全、环保也提出新的要求。

（2）汽车保养的内容

随着车辆的增多,除了传统修理厂、4S 店外,快修养护中心也成为街头一道风景。如同越来越多的人经常上美容院一样,越来越多的车主也开始关注车辆的日常养护问题,那些等到车辆无法使用了才"寻医问诊"的车主越来越少。

定期保养重要性

车辆养护分两大部分内容:一个是日常保养维护,因为关系到行车安全,需要车主时时注意留神,养成良好的行车习惯,才能保养好汽车,再就是有些项目可在汽车维修企业进行;另一个是车辆的定期保养内容,到了一定时限或行驶里程时,车辆就要进行相应项目的养护。不少 4S 店会对此进行提醒,但收费往往比一般的快修服务中心高。

汽车保养流程

1）日常养护

日常行车的注意点包括以下方面:

①汽车启动三部曲。

不管汽车的新旧程度,驾驶员在首次启动汽车时做到"一看、二查、三启动",对延长汽车的使用寿命会有很好的作用。

"一看"就是围绕汽车转一圈,主要看汽车的外表和环境为主,看看车前车后有没有障碍物,停车位置的地面有没有可疑的油渍或水渍,前后灯具总成是否有损坏,轮胎气压是否够气。

"二查"就是了解发动机的机油、冷却水是否够量,前后照明灯、信号灯和仪表是否工作正常,主要以检查汽车内部的技术状态为主。掀起发动机罩,抽出油尺查看机油高度位置是否正常,拧开散热器盖查看水位是否正常,因为机油和冷却水是发动机的"生命保护盾",它们出问题发动机就很容易出问题,经常检查油和水的状况是十分必要的。同时也不要忘记查看一下冷却液和制动液,这些液体的储液罐大多呈透明的,一目了然。然后将点火锁匙转到开的位置(并不是启动发动机),查看仪表板各个仪表和指示灯是否显示正常。依次开启关闭小灯、大灯、会车灯、雾灯、转向灯、故障灯、倒挡灯和刹车灯等,尤其要重视转向灯和刹车灯,不管白天黑夜,这两种信号灯是最关系到行车安全的,任何时候都要保持良好的状态。

"三启动"就是在前两项都正常的情况下转动点火锁匙启动发动机,每次启动时间不要超过十来秒,这里要注意冷启动时,压加速踏板要轻缓渐进,切忌一启动就立即加大加速踏板使发动机转速急剧提升,因为冷启动时曲轴转速瞬间急升,机油来不及输送到轴瓦位置,容易造成轴瓦损伤。发动机启动后,密切注意油压、水温、充电等仪表或仪表灯的变化,待仪表符合正常值或仪表灯熄灭时就可以开动汽车了。

②开车注意事项。

按照规范驾驶汽车,是行车安全的重要保障。特别是对新驾驶员来说,养成良好的驾驶习惯,可终身受益。开车时,如果有以下习惯请戒除掉:

a.转向掏轮。汽车拐弯时,左手或右手反握转向盘,这样做虽然使转向省力,但遇汽车颠时,极易将手腕打伤,特别是回轮时,极易将手腕打伤,特别是回轮速度慢,极易发生交通事故。

b.长时间踩踏离合器。有的老驾驶员为了省事,新驾驶员怕车辆熄火,左脚不离离合器,时间一长,便会造成离合器片烧糊、曲轴止推片、驱动桥齿轮损坏。

c.开车时系安全带。汽车启动后驾驶员才发现未系安全带,于是一手扶转向盘,一手抻拉安全带。此时因用力不均,车辆极易跑偏。

d.开车找挡位。有些新驾驶员在换挡时,怕找不准挡位便低头察看,这种动作极其危险。开车分散注意力,如揉眼睛、挠痒痒、拍打驾驶室内的蚊虫、到后座位上摸东西、点烟、打电话、捡拾物品等。这些都会使注意力转移而发生交通事故。

e.手不离挡把。驾驶员图舒服,往往一手握转向盘,一手搁置在挡把上,且不说遇有情况转向慢或汽车颠簸时握不住转向盘,身体的重量通过手臂、手掌传到挡把上,长此会造成闸箱齿轮咬合不稳,给车辆造成损失。

还有诸如并线、拐弯不开转向灯、熄火滑行、空挡滑行、猛踩加速踏板、不拉驻车制动或忘松驻车制动等都是非常不好的习惯。驾驶员朋友特别是新驾驶员,应该从一点一滴做起,养成好习惯。

③自动挡汽车的正确驾驶。

汽车改用自动变速器后,驾驶员的操作更加简便、驾驶更加平顺,因此装备自动变速器的新型轿车尤其受到了人们的青睐。不过,很多驾驶者初开自动挡车时,由于对自动变速器的结构和原理不是很了解,行车时经常是一个 D 挡走完全程,其间只会在停车时用 N 挡和 R,P 挡,至于其余的挡位则形同虚设,这对汽车的动力性和安全性都是不利的。因此,在驾驶自动挡汽车之前,若能了解它的正确使用方法对改善驾驶技术会大有帮助。

一般的自动变速器有 6~7 个挡位,它们从前到后依次排列。分别为 P(停车挡)、R(倒挡)、N(空挡)、D(前进挡),而有的前进挡中包括 D、3、2、1 挡。有的车型前进挡只有 3 个挡位(D、2、1),若装备四挡变速器,则另有一个超速选择开关(O/D)接通超速挡。

P 挡和 N 挡的作用都是使发动机和车轮传动系统脱离运转。所不同的是在发动机停止运转的时候,挂 N 挡可以随意推动车辆。挂 P 挡时,利用机械锁销把传动轴锁固在变速器壳上。因此,若在 P 挡状态下强行拖动车辆,必然造成自动变速器外壳的损坏,导致重大损失;同时,在上下坡停车时,也不要仅仅使用 P 挡制动车辆,而应该牢牢拉紧手制动,以免使 P 挡机械锁受力过大而损坏。

车辆只有在 P 挡时才能拔出点火开关钥匙;只有在 P 挡或 N 挡时,才能启动马达发动汽车。P 挡启动是经常使用的模式,N 挡启动用于行驶中灭车。若行驶中发动机突然停转,可在保证行驶安全的情况下小心将变速杆移至 N 挡,然后重新启动发动机,恢复正常运转。

一般情况下,自动变速器应在车辆停止时选择挡位,方法是:踏下制动踏板,选择所需要的挡位(要用眼睛确定,不要仅凭感觉),然后缓慢松开制动踏板,车辆就依选择方向慢慢启动。倒挡与前进挡的转换一定要在车辆停止状态下进行。需特别注意的是:绝对不能在车轮转动时挂入 P 挡。

有些轿车、SUV 增加了可供选择换挡模式的功能,如运动模式(SPORT)、冰雪路模式(ICE)等。相对于通常的舒适模式,选择运动模式会使车辆的加速响应性加强,但舒适性、经济性下降。冰雪路模式减小了车辆牵引力,防止车轮在冰雪路上启动时打滑。

④发动机加速踏板使用要点。

汽车发动机的加速踏板,一般是靠踏板来控制的,也称加速,是车用发动机控制供油的装置。加速踏板的操纵应以右脚跟踏放在驾驶室地板上作为支点,脚掌轻踏在加速踏板上,用踝关节的伸屈动作,踏下或放松。踏放加速踏板时,用力要柔和,做到轻踏缓抬。

启动发动机时,加速踏板不要踩到底,略高于怠速加速踏板为好。起步时,加油应略在离合器联动点之前为妥,加速踏板开度取中小程度为佳。放松离合器要与踩加速踏板密切配合,动作敏捷。运行中,应根据道路情况和实际需要增大或减小加加速踏板。选择的挡位要适当,使发动机大部分时间运行在中等转速和较大节气门,以节省燃料。换挡时加空油、踩离合器与踩加速踏板的配合要协调。

汽车上坡时不得踏死加速踏板,用低速挡时,加速踏板一般应踏下一半为宜。汽车冲坡时,也不得将加速踏板踏到底。汽车行驶中若加速踏板踏下 3/4 而发动机仍不能相应增加转速时,应换入低一级挡位,再踩下加速踏板进行加速。

⑤离合器正确使用要诀。

无事不要踩离合。汽车上的离合器在正常行车时是处在紧密接合状态,离合器应无滑转。在开车是时除汽车起步、换挡和低速刹车需要踩下离合器踏板外,其他时间都不要没事踩离合,或把脚放在离合器踏板上。

行车时把脚长时间放在离合器踏板上,很容易造成离合器打滑、离合器片烧蚀等现象发生,严重时甚至使离合器压盘、飞轮端面烧蚀拉伤,导致离合器压紧弹簧退火等故障。同时,还会导致费油、费车,增加行车费用。

起步时的正确操作。起步时离合器踏板的操作要领是一快、二慢、三联动。即在踏板抬起开始时快抬；当离合器出现半联动时(此时发动机的声音有变化)，踏板抬起的速度稍慢；由联动到完全结合的过程，将踏板慢慢抬起。在离合器踏板抬起的同时，根据发动机阻力大小逐渐踩下加速踏板，使汽车平稳起步。

换挡时的正确操作。在行车中换挡时，操纵离合器踏板应迅速踩下并抬起，不要出现半联动现象，否则，会加速离合器的磨损。另外，操作时要注意与加速踏板配合。为使换挡平顺，减轻变速器换挡机构和离合器的磨损，提倡使用两脚离合器换挡法。这种方法虽然操作较复杂，却是开车省车省钱的好方法。

在刹车时的正确使用。在汽车的行车中，除低速制动停车需要踩下离合器踏板外，其他情况下的制动都尽量不要踩下离合器踏板。低速行车中制动停车的操纵方法是先踩下制动踏板，然后再踩下离合器踏板，使汽车平稳地停下来。

⑥新能源汽车的使用。

目前新能源汽车也越来越普遍，其主要区别是增加了高压充放电系统，使用注意事项如下：

严禁任何时候用双手或金属、导线同时接触电池箱体的正负极，严禁私自拆解电池箱体和电池模块。动力电池在充电过程中，如果出现异味、异常声响，请立即停止充电。空调温度不要设置太低，尽量不要室外停车，不要极限耗电，会导致动力电池出现馈电，会损耗动力电池的寿命。充电时间不应该过长，最好选择白天充电，这样好掌握充电时间车辆存放场地应具备必要的消防设施，包括消防沙、消防水、灭火器等。

实训演练

动力电源系统的使用与维护和 BMS 故障分析

交流充电口异常故障诊断与排除

实训过程：

一辆吉利帝豪 EV450 纯电动汽车，客户反映车辆正常上电后，仪表显示正常，充电后，仪表显示充电线连接指示灯点亮、充电指示灯没有点亮，车辆无法充电，经技师充电后查看发现除了顾客说的故障现象以外，还发现充电口上灯光指示不亮，解码器读取故障码正常。经过技师诊断排除，确认是充电口出现故障，修复后故障现象消失，车辆可以正常充电。

修复过程：

①检查充电口 cc 至 BV10-39 针脚，用数字钳形万用表检查，发现充电口 cc 至 BV10-39 阻值小于 1 Ω，为正常阻值。

②检查充电口 cp 至 BV10-50 针脚，用数字钳形万用表检查，发现充电口 cp 至 BV10-50 阻值大于 1 Ω，为不正常阻值，确定故障 cp 信号线断路故障。

③查维修 cp 至 BV10-50 针脚，信号线后，用数字钳形万用表检查，测量充电口 cp 至 BV10-50 阻值小于 1 Ω，为正常值。

④A69 插接器，连接蓄电池负极。车辆上电，使用故障诊断仪对帝豪 EV450 进行故障码和数据流的读取，动力电池管理系统显示无故障码，确认故障已排除，如图 7.2 所示。

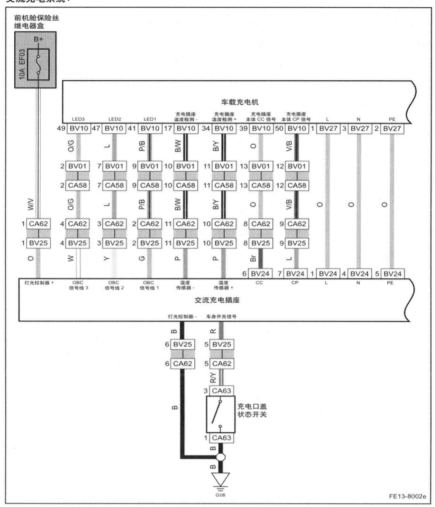

图 7.2　电路图示

案例 7.2　夏季行车十防

夏季天气炎热,气温高,不利于机车正常运行和驾驶员身体健康。为保证行车安全,驾驶员应注意做到以下十防:

(1) 防机体过热

夏季环境温度高,发动机容易过热。因此,夏季应加强对发动机冷却系统的检查、保养,及时清除散热器、水套中的水垢和散热器芯片间嵌入的杂物;认真检查节温器、水泵、风扇的工作性能,损坏的应及时修复,同时注意调整好风扇皮带的张紧度;及时加注冷却水。当水温超过 100 ℃时,应在荫凉处停车降温,让发动机怠速运转,并掀开发动机罩以利散热。当散热器开锅、发动机过热时,切勿将发动机熄火(电机驱动风扇的除外),也不可向发动机泼冷水,以防机体炸裂。

221

（2）防燃油气阻

温度越高，燃油（特别是汽油）蒸发越快，越容易在油路中形成气阻。因此，夏季应及时清洗燃油滤清器，保证油路畅通；行车中将一块湿布盖在燃油泵上，并定时淋水以保持湿润，减少气阻的产生。一旦燃油系产生气阻时，应立即停车降温，并扳动手油泵使油路中充满燃油。

（3）防蓄电池亏水

夏季气温高，蓄电池电解液中的水分蒸发快，液面下降快，甚至极板露出液面，造成蓄电池亏水而早期损坏。因此，夏季应经常检查蓄电池内液面高度，并及时添加蒸馏水，以保证正常的液面高度（一般为1 015 mm）和电解液密度（夏季一般为1.24），保证蓄电池处于良好的工作状态。

（4）防制动失灵

制动液在高温环境中易蒸发汽化，在制动管路中形成气阻，制动蹄片也容易烧蚀，造成制动失灵。因此，夏季应及时检查调整制动系统，及时添加或更换制动液，彻底排净液压制动系统中的空气，并保证制动皮碗、制动软管和制动蹄片的完好，行车中如发现制动踏板变软时，应及时排气；下长坡途中应注意停车晾刹，保证制动性能良好；若发现制动毂发烫，应停车降温，但不可浇泼冷水，以防制动毂破裂。

（5）防车胎爆裂

夏季机车轮胎内的气压会随着温度的升高而升高，容易产生爆胎事故。因此，出车前应适当降低车胎气压。若行车中胎温过高时，应及时将车停于荫凉处休息降温，切勿采用泼冷水的办法降温，否则易使胎层拉裂；也不得采用放气的方法降温降压，否则胎温胎压还会继续上升。

（6）防润滑不良

温度高时，机油黏度下降，抗氧化性变差，造成润滑不良。因此，夏季应及时换用高牌号机油（如ECA40），经常检查油量油质，并及时添加或更换；及时清洗保养机油滤清器、机油散热器，保证机油畅通、散热良好，并尽量避免发动机超负荷工作。

（7）防高热中暑

夏季日照强、气温高，驾驶员流汗多，精力消耗大，易发生中暑。为预防中暑，驾驶员在出车前和行车途中应避免食用辛辣油腻食物，多食用新鲜蔬菜，多饮用清凉饮料，并注意补充盐分。要随车携带水壶和毛巾，并备带人丹、十滴水等防暑药物；保持驾驶室内通风良好，途中注意休息。

（8）防发动机爆燃

发动机因过热而产生爆燃，会使气缸上部的磨损增强35倍。因此，进入夏季之前就要对燃烧室、气门头等部位的积炭进行一次彻底的清除，使之保持良好的散热和正常的压缩比。调整点火正时时间，适当减少点火提前角。调整化油器主油针，使混合气略稀，防止爆燃的产生。

（9）防疲劳瞌睡

夏季气温高，驾驶员睡眠不足，行车中容易疲劳瞌睡。因此，出车前应注意休息，保证充足的睡眠，尽量利用早晚时间行车，避开习惯睡眠时间行车。当行车中感到疲劳、打哈欠、手足无力等疲劳征兆时，应立即停车休息，或用冷水淋洗头面，活动四肢，待精力恢复、头脑清醒后再行车。

(10)防途中遇险

在炎热的天气里,路面上的灰尘较多,附着系数下降,沥青柏油路面在太阳暴晒下变软。制动时,表面的沥青黏在车轮上被揭起,降低了制动性能。驾驶员应谨慎驾驶。夜间还应注意路边、桥头乘凉露宿的人员,防止撞压。通过铺有农作物的路面时,应降低车速,不要轻易使用制动,以防侧滑;也不要去碰堆放的农作物和器具,谨防有人在其间休息;并注意预防有人从堆放的作物堆中突然横穿公路;通过后还应停车检查车油、排气管上是否缠有农作物。

2)保养技巧

车主毕竟不能天天将车开到服务站,因此也应掌握一些简单的保养技巧。

①机油油位检查技巧工序。

发动机在工作温度时,关闭发动机,用量油尺检查油位。

a.要得到准确的油位读数,将车辆停在平坦地面上,关闭发动机后数分钟,让机油汇集到发动机的底部。

b.拉出量油尺,用布擦干净。

c.重新插入量油尺——尽量把它插到底,否则读数就会不准确。

d.拉出量油尺,检查油尺端的油位。

如果油位低于或稍微高于低油位线时,则须在发动机中加注相同类型的机油。取下机油加油盖,每次加少量的机油,检查量油尺。需要加注的机油量,即达到量油尺上的低油位线和高油位线之间的近似机油量。当油位达到正确范围后,安装加油盖,并用手拧紧。一般机油量为 1.5 L。

注意事项:不要碰到高温的排气管。避免加油过多,否则发动机将受到损坏。加油完毕之后,再检查一次量油尺上的油位。

②机油的选择应使用 API 等级 SJ、SL、SF 或 SAE 多等级机油。

下次换油前的预测温度

18~38 ℃:可选择 10 W-30。

13~38 ℃:可选择 15 W-40。

7~38 ℃:可选择 20 W-50。

③添加发动机冷却剂液。

在发动机冷却的状态下,查看透明的冷却剂箱。冷却剂液位如果保持在贮液箱的"F"和"L"标记线之间,则符合要求,如果液位低,须加入乙二醇型冷却剂,以便使铝质部件得到适当的防腐保护。贮液箱中的冷却剂液位将随发动机的温度变化而变化。但是,如果液位在"L"线或以下,则须加注冷却剂,使液位达到"F"线。

在加注冷却剂之后,如果冷却剂液位在短时间内下降,则系统可能有泄漏。须目视检查散热器、软管、发动机冷却剂加注盖、散热器和放泄旋塞以及水泵。如果没有发现泄漏,则须由指定服务站试盖压以及检查冷却系统有无泄漏。

注意事项:为防止灼伤,当发动机还热的时候,不要取下散热器盖。

④添加清洁液。

如果发现清洁器不工作,则清洁器储液箱可能已经空了,须加清洁液。可使用清水作为清洁液。

注意事项：不要使用发动机抗冻剂或其他代用品，因为这将损坏车辆的油漆层。

⑤蓄电池由外看到内。

A.检查蓄电池外部。

检查蓄电池有无腐蚀或接头松弛、裂纹或压具松弛。

a.如果蓄电池已被腐蚀，须用温水和小苏打水的混合溶液进行清洗。在接头外部涂润滑脂以防止进一步的腐蚀。

b.如果接头连接松弛，须拧紧夹子的螺母——但不要太紧。

c.将压具拧紧至能够保持蓄电池固定在其位置上即可，过度拧紧将损坏蓄电池箱。

进行保养之前，须确认发动机和所有附属设备都已关闭。检查蓄电池时，须首先取下负接头（"-"标记）上的接地电缆并在最后将它安装。须注意，使用工具时不要引起短路。

清洗蓄电池时，注意不要让液体进入蓄电池中。如果蓄电池断开或变弱，在重新连接、更换蓄电池或将蓄电池充电后，月亮车顶可能不能操作，阻塞防止功能将不能正确发挥作用，不论发生任何一种上述情况，都要使月亮车顶恢复正常工作。

B.检查蓄电池内部。

根据指示器进行检查。再充电时，蓄电池将会放出氢气。因此，再充电之前：

a.取下孔口塞。

b.如果利用安装在车辆上的蓄电池进行再充电时，须确认解开接地电缆。

c.连接和解开蓄电池充电电缆时，须确认再充电电池上的电源开关处于关闭状态。

须在宽敞的地点进行充电，不要在车库或封闭的室内充电，因为那些地点的通风不够充分。再充电之前，须确认取下孔口塞。在发动机运转中，不要对蓄电池充电，同时也必须确认所有附属设备都被关闭。

注意事项：蓄电池产生可燃性和爆炸性的氢气。使用工具时，不要让蓄电池产生火花。不要在蓄电池附近抽烟和点火柴。电解液中含有毒性和腐蚀性的硫。防止电解液接触到眼睛、皮肤或衣服。不要误饮电解液。在蓄电池附近工作时，需戴安全护目镜。不要让小孩靠近蓄电池。根据指示器的颜色检查蓄电池状况（表7.1）。

表7.1　指示器颜色

A 型	B 型	状况
绿色	蓝色	良好
浅黑色	白色	需要充电，委托特约服务站
无色或淡黄色	红色	委托特约服务站检查蓄电池

⑥更换车灯。

更换灯泡时，须确认点火开关和灯开关处于关闭的状态下，使用与所更换灯泡的额定功率应相同。

当车辆在雨天行驶或是洗车后灯罩被弄湿时，诸如大灯之类的外部灯光的灯罩内侧会暂时起雾。就像在雨天风窗玻璃要起雾一样，这种起雾是由于灯罩内侧和外侧之间的温差而引起的，因而不是故障。但是，如果在灯罩的内侧有较大的水

制动灯开关更换

滴或是在灯的内侧有积水,则须与指定服务店联系。

注意事项:为了防止自己被烫伤,不要在灯泡还热的时候进行更换。卤素灯泡内部有加压的气体,需要进行特别处理,如果灯泡被擦伤或落地,可能发生爆炸或破裂。只能拿住灯泡的塑料部分或金属盒,不要光着手触摸灯泡的玻璃部分。

⑦检修新能源汽车高压系统。

维修作业前做好车间安全防护与个人防护,维修作业前必须先对车辆进行下电。所有橙色的线均带高压,可能危及生命,不准用水冲洗揩擦电气设备,雷雨天气,禁止室外对车辆充电和维修维护。发现有人触电,应立即切断电源进行抢救,在未脱离电源前不准直接接触触电者,发生火灾,正确选择灭火器进气灭火。

7.1.2 汽车维修

(1)汽车修理的原则

汽车修理应贯彻预防为主、视情修理的原则。所谓的视情修理,就是在加强监测诊断的基础上,根据车辆的实际情况和检测诊

新能源汽车　　　新能源汽车　　　新能源汽车空
DCDC 漏电　　　高压线束漏电　　调压缩机漏电

断结果,视情对某些易损总成按不同的作业范围和作业深度进行恢复性修理,从而提高汽车的整体使用寿命,减少停车损失。

视情修理是按技术文件规定对汽车技术状况进行检测与诊断后决定修理内容和实施时间的修理。视情修理的实质体现在以下 3 个方面:

①改定性判定为定量判定。确定修理作业的方式由以车辆行驶里程为基础改变为以车辆实际技术状况为基础。

②使用高科技手段。送修车辆的检测、转动和技术评定是实施视情修理的重要保证。

③体现技术、经济的原则,避免了拖延修理造成车况恶化,也防止了提前修理造成浪费。

近年来,汽车综合性能检测、诊断设备的普遍采用为视情修理创造了可观条件,但最终落实视情修理人需要依靠汽车运输、修理、检测企业认真执行相关管理规定和技术标准。视情修理制度是计划定期修理制度的进步,是建立在汽车定期检测制度和汽车状态检测维护制度基础上的一种制度。只有在认真进行汽车检测、强制维护的基础上才能达到目的。

案例 7.3　修车少花冤枉钱　车主要谨防四大骗招

一般车主都会产生疑问:每年花那么多钱在汽车维修上,其中有多少是被不老实的修车店滥收或骗取的? 有多少是花冤枉钱? 与修理厂打交道,如何才能做一个精明的客户呢?

(1)谨防四大骗招

1)把小毛病说大

在某些不诚实的修车店,修理工就会告诉你电脑坏了,需整台更换让你花大笔冤枉钱。业内人士认为,最好将车送往原出售的代理商处检验。另外,也可到别家修车店寻找参考意见。不同修车店的维修员就算是骗人的,说法也不致雷同,总会露出破绽。

2)零件以次充好

更换汽车的制动垫片最容易作假。日本出产的制动垫片售价每对约40.60美元,欧洲出产的则每对约125.18美元,而由东南亚地区出产的制动垫片可便宜达50%。车主最好要求修

车店出示购制动垫片的发票,这样就可以知道垫片产自何地。当然,消费者也可自己向代理商购买零件,交修车店代为更换。

3)以低价作诱惑

汽车行驶一定年限后,需在指定的验车中心检测及格,才可继续获发牌照。有些小修车店为吸引顾客,收费极低,检查时只是简单看看,处理掉几处容易被发现的毛病,以应付检车。对车主而言,选择修车店应全面考虑。大厂也许收费高,却提供完备检验,测试各项性能,确保车子安全。还有,车主应要求修车店提供检验项目清单,日后可根据清单追究责任。

4)换零件过分热心

例如,修理工会告诉你,车子的减震器暂时没有问题,但随时可能出毛病,建议你为安全着想换了它。其实,大多数情况下,部件如果出问题,待汽车上的警示系统发出信号再换是来得及的,不必浪费金钱。

(2)注意四个"不要"

1)不要隐瞒真实情况

真实介绍车辆情况,千万不要向修理人员隐瞒车的真实情况,如是否自己或他人已经进行修理,是否自己在车辆的驾驶过程中有过错误操作,因为这些情况对修理人员迅速找到故障原因有很大帮助。

2)不要不信任修理工

由于当前有一些修理厂采用不正当手段对待客户,以获取更高利润,因此使得很多客户对修理厂的信任度极低。但在实际中,对于一些有规模、管理规范的修理厂来说,它的可信程度还是很高的。另外,如果从您的车进入修理厂那一刻起,您就戒备森严地监视着业务员、修理工的一举一动,那样很容易引起工人的反感,修理效果自然会打折扣。

3)不要自作专家

除非真的对汽车修理很了解,否则你所需要做的事就是尽量多地提供车的情况,而不是去指导工人,因为在修车上,他们是专家。如果你遇到一位问你应该如何修车的工人,最好还是另请高明。

4)不要提不切实际的要求

修车是一项讲科学的工作,不能只从省钱、省时间的角度考虑问题。例如,车漆修补的工序很复杂,它包括修整、填补、底漆、面漆等多达十几道的工序,如果你不考虑工作量的大小,一味要求修理厂一天甚至半天完成工作,这样的做法显然不合情理,工作质量也难以保证。

(2)汽车维修的内容

汽车维修相关的内容很多,现只列汽车常见的检测维修项目,其常见项目如下:

①试车检查发动机整体工作情况。
②试车检查底盘、车身是否异响。
③试车检查转向系统工作情况。
④试车检查离合器工作情况。
⑤试车检查脚刹车和手刹车工作情况。
⑥检查点火正时、怠速和尾气 CO 含量,不合格调整。
⑦检查冷却液液面及冷却液防冻能力。

发动机正时调整

⑧检查正时皮带、空调皮带和发电机皮带张紧度。

⑨检查空调系是否渗漏。

⑩检查蓄电池电解液液面高度。

⑪检查蓄电池接线柱。

⑫检查润滑系、冷却系及燃油系是否泄漏。

⑬检查火花塞。

⑭检查正时皮带、空调皮带和发电机皮带是否损坏。

⑮检查制动液液面高度。

⑯检查风窗清洗液液面高度。

⑰检查自动变速器润滑油油位(ATF)。

⑱检查排气系统是否泄漏或损坏。

⑲检查变速器是否泄漏。

⑳检查内外球笼防尘套是否损坏。

㉑检查转向横拉杆球头间隙及其防尘套是否损坏。

㉒检查下球头节是否松动。

㉓检查三角架是否松动或变形。

㉔检查前后减震器是否漏油,缓冲块是否损坏。

㉕检查轮胎压力是否符合规定。

㉖检查轮胎花纹深度和磨损情况。

㉗检查车门把手是否开启费力,润滑门锁。

㉘检查安全带是否完好无损。

㉙检查喇叭、照明灯工作情况。

㉚检查风窗刮水器、洗涤器工作情况。

㉛检查前照灯光束、刹车灯、雾灯及转向灯是否正常工作。

(3)汽车常见的故障及原因

1)发动机不能启动

原因:

①冲洗过发动机,造成分电器、点火模块、火花塞、高压线等进水受潮。

②火花塞损坏。

③蓄电池电压不足。

④惯性开关断开。

预防和解决措施:

①避免直接冲洗发动机。

②定期检查、调整或更换火花塞。

③指定服务站检查、更换损坏件。

④给蓄电池充电。

⑤按下惯性开关,恢复电路。

2)换挡时发动机熄火

原因:

①怠速过低。

②怠速截止阀未拧紧。

③挡位过高。

④油气分离器被严重堵塞。

预防和解决措施:

①调整怠速到正常转速。

②检查怠速截止阀是否拧紧,插头是否插紧。

③换入较低挡位。

④到指定的服务站清洗油气分离器。

3)高速时转向盘发抖

原因:

①轮胎在拆装后未进行动平衡检测。

②轮毂上的平衡块脱落。

③车轮上沾有泥块。

④轮毂撞击变形。

预防和解决措施:

①进行轮胎动平衡检测。

②注意清洗车轮。

③更换轮毂。

4)转向沉重

原因:

①轮胎气压不够。

②助力转向液不够。

预防和解决措施:

①给轮胎充气。

②添加助力转向液。

5)行驶时跑偏

原因:

①左右轮胎气压不一致。

②前轮定位不准。

③某一制动器抱死。

预防和解决措施:

①检查并调整轮胎气压。

②到指定服务站检修。

6）动力系统充电异常

原因：

①车辆外部设备故障。

②车辆控制器故障。

③电池自身故障。

④充电通信故障。

7）电机系统不正常

原因：

①驱动板与控制系统通信中断。

②电子转子位置信号故障。

③驱动板损坏。

④温度信号故障。

⑤三相输出电流传感器故障。

⑥控制板损坏。

8）高压系统无法上电

①低压蓄电池电量过低。

②高压蓄电池电量过低。

③动力电池过热。

④绝缘故障。

⑤互锁回路故障。

⑥通信故障。

⑦控制器回路故障。

（4）汽车修理中常用的方法

1）预测车辆运行故障十法

目前，我国的交通事故有增无减，其原因是多方面的。但其中新驾驶员不懂得预测车辆运行故障，也是一个重要原因，有的车辆顺故障被迫在非停车路段停车，造成交通阻塞，有的因故障撞车压人，造成车毁人亡，等等。如何做到既迅速又准确地预测车辆运行故障，避免事故的发生有以下方法：

①仪表预测法。

汽车上各种仪表（电流表、机油压力表、水温表和气压表等）指示车辆有关部分的工作情况，如果其指示读数异常，就说明车辆有故障，应立即选好位置，停车检查排除。

②声响预测法。

通过声响的变化可以预测车辆的故障。如果汽车发出异响（指与汽车正常行驶时所产生的响声不一样），表明它的有些部件存在故障，应停车检查排除。

③温度预测法。

中途停车检查，驾驶员可通过用手摸的方法来判定车辆各部位温度是否正常，如触摸制动鼓、后桥壳，变速器外壳等，其温度使手无法忍受，表明温度异常，存在故障，应进行排除。

④气味预测法。

驾车时,如果嗅到不正常的气味(焦煳味、过浓的汽油味等),表明车辆已发生故障,应立即停车检查排除。

⑤耗油预测法。

汽车的各种油耗均有标准范围,驾驶员对自己所驾驶的汽车每百千米耗多少汽油,多少机油都是熟悉的。如果出现油耗量明显增加,表明隐存有故障,应查出其原因,进行排除。

⑥性能预测法。

车辆的各种使用性能随着行驶里程的增长虽会变坏,但很缓慢,一般不易感觉出来,若在行车中感到汽车使用性能突然变坏,则表明有了故障(如发动机动力迅速下降,汽车突然摆头严重、制动器不灵等),应立刻停车,检查排除。

⑦松紧预测法。

车辆紧固件有明显松动,感到操纵应灵活的机件发卡,都表明有了故障,应检查排除。

⑧外形预测法。

如果车辆停放在平坦的路面上有倾斜,直观可见轮胎有不正常的磨损、划裂,有零部件丢失等,可确定有了故障,应检修排除。

⑨渗漏预测法。

如果车辆某些部分的密封性能变坏,出现漏水、漏气、漏油、漏电现象,表明有了故障,应设法排除。

⑩间隙预测法。

各部位的间隙都有其标准数值,如果间隙过大或过小,都表明有了故障,应进行调整。

使用以上10种方法,只要驾驶员熟悉本车的性能,就可迅速准确地预测到车辆的故障,并及时设法检修排除,避免因故障而发生机件事故和行车事故。

温度预测中途停车检查,可通过用手摸的方法来判定车辆各部位温度是否正常,气味预测驾车时,如果嗅到不正常的气味(焦煳味、过浓的汽油味等),表明车辆已发生故障。

耗油预测汽车的各种油耗均有一定的标准范围,如果出现油耗量明显增加,表明隐存有故障。

性能预测车辆的各种使用性能随行驶里程而发生变化,但很缓慢,若在行车中感到汽车使用性能明显变坏(如汽车突然摆头严重、制动器不灵等),说明有了故障。

渗漏预测如果车辆某些部分的密封性能变坏,出现漏水、漏油、漏电等现象,表明有了故障。

间隙预测各部位的间隙都有其标准数值,如果间隙过大过小,都表明有了故障。

声响预测如汽车发生异响,表明有些部件存在故障。

2)排除电路故障的简便方法

①用试灯检查。

现代汽车使用硅整流发电机,蓄电池是负极搭铁,因此必须用试车来检查电器上是否有电。当你打开点火开关启动机不能启动时,就可用试灯来检查点火开关进线接线柱是否有电。这时,可将试灯一端接在该开关接线柱上,另一端搭铁,若灯发亮,再进一步检查启动继电器等。禁止用刮火花来测试火线是否有电,否则火花会将发电机硅整流元件烧坏,使发电机不能发电。

②听声音判断故障。

当打开点火开关,若从车外听到启动机吸铁开关发出"咯嗒、咯嗒"的异响,则说明吸铁开关只能在短时间里吸住接触盘,而启动机没有强电流来启动。这时,应检查蓄电池,看其电压是否正常、正负极接头是否发热、接触是否良好。若有此故障,应清洁电瓶接头并夹紧该线头。另外,若听到各类继电器发出"咯咯……"的异响,除了要检查电源电压外,还应检查继电器白金,看其是否接触良好。若是白金的问题,清洁白金后故障会排除。

③分段检查。

将汽车电路分两段或多段,然后先查电路中间,并找出故障段。这样做可以较快地找到故障所在部位。

④短路检查。

相继不断地停止某系统或某部件的工作,以观察故障的变化来判断故障产生的部位。如喇叭不响或启动机不启动,可不通过继电器直接接线,以观察故障是否排除,若故障消失,则说明故障出在继电器上。

⑤比较法。

用新的、相同部件替换所怀疑的部件,看故障是否还出现,以此判断故障。如判断机油感应塞好坏时,就可把一个新的感应塞装在发动机上去观察。当换上新感应塞并发动发动机后,加压力正常,则说明旧的感应塞已损坏。另外,当水温、汽油表出故障时,同样可以用此方法去判断。

⑥试探法。

根据初步分析判断对故障作试探性地排除,以查找故障。试探法对不易复原的器件,不宜使用。如检查硅整流发电机是否发电,某低压线路是否带电时,就可用试灯或万用针来测试。另外还可用手刮碰抚摸、用鼻闻来判断故障。如变压器等用手刮碰一下,就知其是否已发热烧坏。

任务7.2 汽车维修服务的流程规范及技巧

🖊 任务描述

本任务学习的目标是帮助学习者理解汽车维修服务的主要流程,规范化的服务流程有助于维修质量的提升,有助于获取客户的信任,有助于提升客户满意度。

📋 岗位能力训练目标

1.能够说明汽车售后维修中的话术与技巧。

2.能够说出汽车维修规范。

汽车维修是一项技术含量很高的工作,它要求从业人员不仅要有扎实的专业理论基础知识,对维修的感性认知和实践经验,更强调维修程序的规范性、有序性、系统性和科学性。

"一切以客户为中心"已成为汽车服务的重要原则,应贯彻到服务的全过程。怎样才能很好地实施和贯彻到服务中呢?制订流程化、标准化和规范化的管理制度,就能较好地解决这个问题。

7.2.1 汽车维修服务的流程

(1)接待

汽车维修服务的接待是接触顾客的第一步,因此,其成功与否直接影响到顾客对该服务企业的满意度,一定要把接待做好,接待可分为以下7步:

1)预约

①有主动预约和被动预约;客户来电预约为主动预约,公司致电给客户为被动预约。

维修预约

②预约时须用专用的预约单据记录好客户的要求,姓名,电话,车辆信息和进厂维修原因。

③告知客户进厂日期,时间,如有可能预计费用告知客户。

④感谢客户来电。

2)接待

确认顾客入厂:保安引导客户车辆整齐有序停放待修区,前台业务接待员第一时间对来店的顾客主动、礼貌热情问候,询问是否是预约的顾客,对于预约维修的顾客按相关的《预约维修管理制度》的规定执行。对不是预约维修的顾客按其他管理规定执行。在高峰时间段如不能及时接待客户,应告知客户原因并引导客户到休息室休息,不要让客户等太久,一般15 min内。

维修接待

3)查看维修履历

确认顾客上次来本店时间、千米数、维修内容,并对顾客信息进行再次确认,保证顾客信息及时更新。

4)倾听顾客需求

仔细倾听顾客需求,对于疑难问题使用《接车问诊表》进行记录。必要时请检验员陪同顾客进行路试。

5)接车前检查

对所有来店的顾客按《环车检查表》中的内容,客户代表(SA)应在接触客户的第一时间铺好3件套,并保证车辆在维修全过程中都使用三件套,车辆三件套每天由值日的客户代表叠好放置于维修接待台上,这样可使客户代表节省拿三件套时间,从而提高效率,如实填写《环车检查表》,把检查结果通知顾客,并请顾客在《环车检查表》上签字确认。应提醒客户车内不要放置贵重物品。

接车检查与诊断

接车后客户代表把钥匙牌套上,标明车号、车型,客户代表姓名。从工单→钥匙柜→钥匙及标牌→车辆,可快速找到客户车辆,每天每位客户代表接车应不要超过20台次。

6)定下修理要求

开具施工单,将顾客委托事项在施工单上详细记录,并将维修时间、维修所需配件、维修费用、交车时间、付款方式及旧件处理方式加以明确,请顾客在施工单上签字确认。询问客户是否在店等候,如等候,将顾客引往顾客休息区等待。并在施工单上盖上在厂等候的章提示车间主管合理派工。如是返工顾客或预约顾客,则在施工单上盖上相应的图章并在维修车辆车顶上放上一个带有标志的标识。

7)生产调度

生产调度的书面规程应包括:派工、控制以及监控维修工单在店内的整个流动过程,建立有效的沟通体系。前台客户代表用对讲机呼车间调度到前台开车并把施工单交与车间调度由其进行派工维修。从而使客户代表有更多的时间来接待客户,维修技师须按相关的规定进行规范作业。分派工时须考虑到维修技师的能力和经验,如在维修过程中须增加的项目由车间先出一份技术报告给 S 客户代表,后由客户代表通知客户征得客户同意后再维修。

如图 7.3 所示为某丰田店的维修车辆业务接待流程。

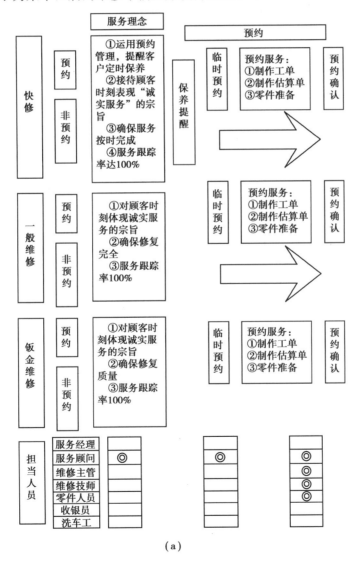

(a)

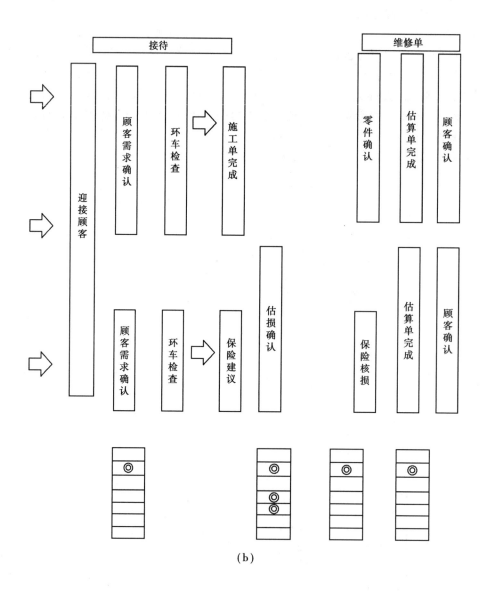

（b）

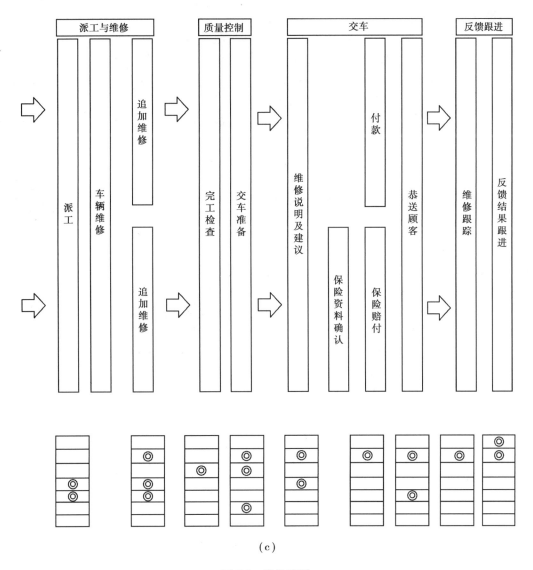

（c）

图7.3　维修流程

（2）派工

待修理的汽车进入车间后,就是修理工作,修理之前首先是派工。为了加强对车间的维修管理,使维修车辆达到最快、最好的效果,使车间生产保持平衡性,提高工作效率,因此派工有一定的原则。

1）派工的原则

由车间调度实施,检验员辅助完成包括派工、控制及监控维修工单在店内整个流动过程。要根据车辆维修的难易程度、技师的技术水平、预约的车辆、入厂的台次及车辆的交车时间来进行派工。

2）派工的规程

①车间调度必须掌握车间维修技师的技术水平程度、车辆的维修项目、每天的出勤情况

派工

来进行合理的派工安排。

②对车辆的维修项目要熟悉,确定维修完工时间,设立车辆动态看板,对车辆维修进度进行跟踪,方便查看哪些快要出厂车辆。

③对预约车辆、返修车辆要派给具有相应能力和经验丰富的技师,对维修车辆的开始时间和完工时间进行统计,分析维修技师的工作效率。

④负责在生产过程中的追加项目、配件供应、时间调整等问题,及时与前台和配件部门沟通。

⑤对于多工种的车辆要做好各班组之间的配合与沟通,确保在承诺的时间前完工并交给客户。

如图 7.4 所示为派工流程图,详细地说明了派工的整个过程在车间的调度。

维修过程

(3)交车

在派工后,维修完之后就是交车,把修好的车交到客户的手上。交车步骤如下:

1)确认作业完成情况

当一辆维修车辆车间维修质检完成后,质检员会再次陪同接车服务顾问一起检查是否完全按照施工单所委托项目及追加作业项目施工,确认车辆内外是否清洁干净,确认车内是否有维修时遗留物品。同时根据入厂时的标

维修质量检查

记,恢复座椅及后视镜位置,挂好下次保养提示卡。根据环车检查单,确认车辆是否有损坏,如有损坏在告之顾客且许可的情况后为其免费修复。

2)准备交车资料及物品并通知顾客

服务顾问整理好施工单、环车检查单、结算单,保修手册等单据资料,如果接车有注明保留旧件的要准备好更换下来的旧零件。通过透明车间管理系统刷条码单给顾客发送可取车短信,同时打电话提示。在店等候顾客可到顾客面前说明。

3)说明维修项目

①顾客到达后,服务顾问根据施工单及结算单向顾客说明已实施的全部工作内容及质检结果,包含工时费及零件费所要支付的费用。同时说明维修/保养的建议且进行估价,顾客如果愿意可以签署零件订单进行订货。

②服务顾问携带好上述单据陪同顾客一起到车旁实车再次确认作业项目,如有要求确认更换下来的旧零件。根据环车检查单,确认车内外情况,确认随车物品。跟顾客说明已根据入厂时情况设定好座椅及后视镜,且指出保养提示卡说明下次保养时间/里程数。

4)签字确认及确定回访

实车说明以后,陪同顾客回到接待座位上,询问顾客对所做工作是否清楚,是否有被遗忘的项目。如果没有,请顾客在结算单及环车检查单上签字确认,同时提醒预约维修服务,问询顾客是否愿意接受跟踪服务,确认最佳联系方式和时间。

5)引导结算

陪同顾客到收银处,向收银员介绍顾客,引导顾客进行结算服务。提示顾客保管好维修单据及发票,陪同顾客去取车。

维修结算

6）当面交车

　　服务顾问把顾客的维修完工车辆开至交车专用车位，当着顾客的面撤下3件套，如果是夏天则为顾客打开车辆空调。打开车门引导顾客进入车内，关好车门。

车辆交付

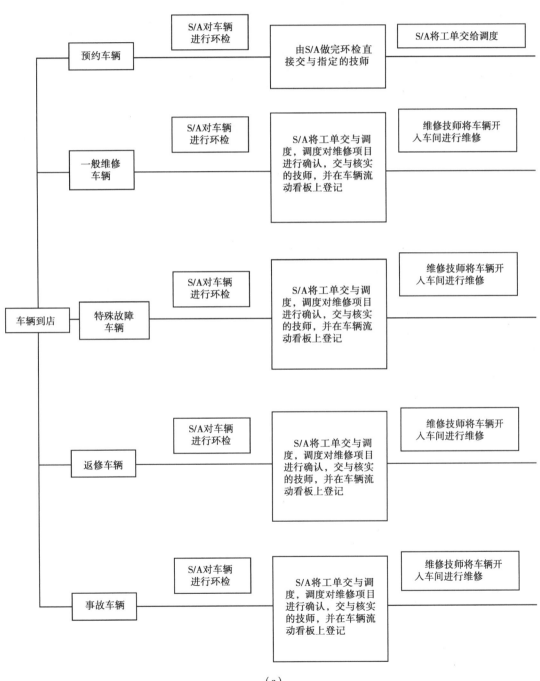

（a）

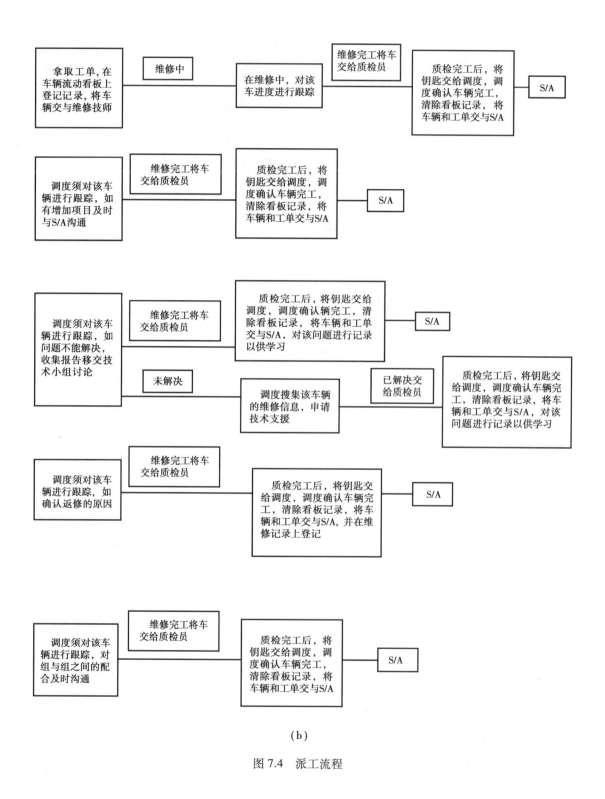

（b）

图7.4 派工流程

7) 送别顾客

服务顾问送顾客至店门口,把出门条交给保安人员,感谢顾客的光临。

7.2.2　汽车维修服务的规范

维修后
电话回访

维修的不透明使得汽修企业的诚信受到质疑。在利益的驱使下,这种不透明成为行业的潜规则,挑战着消费底线,不利于行业的发展,也给汽修企业带来越来越多的经营问题。目前市场上的维修企业良莠不齐,国内的汽车维修市场一直以来都存在着品牌的缺位。业内专家就此表示,汽配维修市场乱象的背后其实是行业监管和标准的缺失,而连锁经营的模式正可以弥补这样的缺憾。

为了规范汽车修理服务企业,对于企业本身要严格按照各种规章制度去接待、定价,严把质量关,而外在也需要政府出面制订严格的制度来规范汽车维修企业。建议采取以下方法:

(1)工时价格标准须有备案和明码标价

目前汽车维修行业竞争激烈,存在供大于求的局面,维修费标准由市场调节,即由各经营者自行调节收费标准,因此,工时费差价悬殊。

为保证工时费标准相对平衡,保障消费者的价格知情权,应立法规定工时费收取额度,以汽车生产厂家的标准为依据,参考当地消费水平制订,并将价格报行业管理部门备案。同时,工时费收费标准应在修理厂接待大厅公示,且工作人员必须主动将收费标准告知消费者。

(2)建立配件采购登记及明码标价制度

目前,市场上每款汽车一般都有好几种零配件,包括装车件、正厂件、厂家指定配套件、市场配套件等。因零配件质量不同和生产厂家不同,价格往往相差数倍。

为合理消除其中"暴利"现象,建议经营者建立配件采购登记制度,记录供应商品名称、产地名称、规格型号和价格等,并查验产品合格证等相关证明。同时,将原厂配件、副厂配件等各类配件分别标识,明码标价,供消费者自行选择。

(3)车辆维修应经检验合格并实行质量保证期

目前,汽车维修企业共有 3 类:一类是从事汽车大修和总成修理生产的企业;二类是从事汽车一级、二级维护和汽车小修的企业;三类是专门从事汽车车身美容、轮胎修理和小配件更换等专项修理的企业和个体户。

一类企业在维修完成出厂前须对车辆的维修效果进行检验,而二类、三类汽修厂出于成本考虑往往"省略"了这道工序。为保证维修质量,建议二类、三类汽修厂也施行汽车维修竣工质量检验合格制度,未经检验合格的车辆,不得交消费者使用或消费者可以拒付维修费用。同时,还可施行维修质量保证期制度,制订具体的保证期限,如在保证期限内出现同一故障,则由修理厂无偿返修。

(4)建议加大处罚力度

为保护消费者权益,杜绝修理厂的不轨行为,建议规定处罚措施。例如:机动车维修经营者以假冒真、以次充好地使用配件维修车辆,或擅自改装机动车的,或超资质维修车辆等,均设以不同数额的罚款,情节严重的吊销其《营业许可证》和《工商营业执照》。

案例7.4　涡轮增压发动机的保养与使用

涡轮增压器最直接的作用就是提高车辆的动力性能,与自然吸气发动机相比,带有涡轮的发动机可以使发动机的最大功率提高30%~40%,甚至更多,尤其是在高海拔空气稀薄的地区优势更加明显,同时它相对于自然吸气发动机还拥有更低的扭矩爆发点,以及更加宽泛的扭矩,这些特性使得它在日常使用时提速更快,动力性也就感觉更好。

它可让小排量车型拥有能够媲美更高排量车型的动力水平,同时在排放上也能够减少10%~20%的CO_2废气,对于环保有着巨大的贡献。

涡轮增压器属于高温部件,因为驱动它运行的气体直接来自气缸内排出的废气,温度高达900~1 000 ℃,而在全负荷状态下,涡轮的转速可达每分钟18万~20万转。很显然,涡轮在如此高温下还要做着如此的高速运转,那就需要特别高效稳定的润滑条件。

(1)机油一定要用好

以宝来、帕萨特为例,涡轮增压器的损坏通常是其与进气管之间的油封密封损坏,导致大规模烧机油,油封的损坏有很大一部分是因为车主没有按时更换机油,或者使用了劣质的机油,导致浮动的涡轮主转动轴不能正常润滑和散热,从而在高温下损坏油封造成漏油。

因此,我们建议涡轮增压发动机应该选择耐高温、抗氧化好的优质机油,并且还要注意适当缩短机油的更换周期。

(2)注意保持涡轮的清洁

涡轮增压器转轴与轴套之间的配合间隙很小,因此,如果使用的机油不干净或者由于机油滤清器不干净导致有杂质进入,那样就会造成涡轮增压器的过度磨损。另外,如果吸入的空气中含有大量杂质,这些灰尘颗粒一旦进入高速运转的增压器叶轮,就会使灰尘颗粒撞击增压器叶轮,从而造成涡轮运转不稳、轴套和密封件磨损,因此,使用涡轮的车型要特别注意及时更换机油滤清器和空气滤清器,保持涡轮的清洁。

(3)冷车启动要慢行、热车也要怠速一会再熄火

通过了以上的了解我们现在知道涡轮属于一种高速运转部件,所以需要润滑油的实时保护,而在冷车启动的初期,机油温度通常都比较低,也比较黏稠,润滑效果不佳,而待其升温到正常工作温度则需要有一个过程和时间,如果在这几分钟内你强迫涡轮以全负荷的状态工作,那么就会增大涡轮的磨损,缩短涡轮的寿命。

另外,现在有新款涡轮增压发动机已经通过增压额外的冷却系统水泵控制阀来解决停车后的涡轮散热的问题,不过需要注意的是当你关掉发动机后机油系统仍然不起作用,涡轮的润滑效果降低,所以我们建议使用涡轮发动机的车型最好都能先原地怠速一会再灭车。

(4)定期检查很关键

定期检查顾名思义就好像我们身体的定期检查一样,养成这个好喜欢可以帮助我们及时发现涡轮的毛病防患于未然。首先,我们应该经常检查涡轮增压器的外观,看各个密封环是否有损坏机油进油管和回油管接头是否有松动和渗油的迹象、增压器废气排出口是否残留有机油、压缩机进气直管壁内是否有机油以及涡轮增压器是否有异响或者不正常的震动。如果在你平时使用过程中发现有以上不正常现象,这时就需要尽早到 4S 店去检修了,以避免发生更严重的部件损伤。

涡轮增压发动机在平时使用时需要特别注意两点:一是要用好机油,而这点也导致了涡轮发动机在养护成本上比普通自然吸气发动机要高出很多;二是在日常使用时要注意先热车再走车,停车的时候也最好不要马上关掉发动机。只要注意了以上这两点,我们就能尽情享用涡轮增压发动机所带来的畅快动力了。

7.2.3　汽车维修服务中的技巧

(1)SA 的服务技巧

1)预约

此步骤最重要的是:要让预约客户享受到预约的待遇,要与直接入厂维修客户严格区分开。这是决定此客户下次是否再次预约的关键因素。公司开业先期,此步骤比较难做。主要是因为开始业务量较小,预约和直接入厂维修的客户从维修的时间来看区别不大。安排客户预约的方法如下:

①让客户知道预约服务的各种好处。

②在客户接待区和客户休息室放置告示牌,提醒客户预约。

③在对客户回访跟踪时,宣传预约业务,让更多的客户了解预约的好处。

④由 SA 经常向未经预约直接入厂的客户宣传预约的好处,增加预约维修量。

2)接待

客户将车辆停好后,由引导人员将其带入维修接待区域并根据公司要求介绍给某个 SA。此步骤其实就是一个 SA 与客户沟通的过程,也就是一个问诊的过程。此过程 SA 应注意以下几个问题:

①问诊时间最少 7 min,这样的好处是:

a.可以更多地准确地了解客户的需求。

b.可以为公司挖掘潜在的利润。

c.可以更多地了解客户性格,有利于后续的工作。

d.可以和客户奠定一定的感情基础,有利于后续的工作。

②技术方面的问题如果 SA 自己解决不了,必须向车间的技术支持求助,不可擅自做主。

③查验车辆要认真仔细,但是不可让客户感觉我们防他就像防贼一样。例如,查验车辆外观,可以说:"×先生,您看这里有块剐蹭,什么时候您有时间,咱走个保险,我帮您把它修了。"或者"您看这块伤,您要是从这里上的保险,都不用您费什么事,我们直接就帮您把它修了,手续特别简单"。这样说既可以解决客户对于 SA 查验车辆外观的抵触情绪;又可以间接地帮助公司创造利润。

④查验车辆的同时,要当着客户的面铺三件套。即使客户客气说不用等话语,也要坚持

这样做。

⑤明确向客户建议,取走车内的贵重物品,并为客户提供装物品的袋子。如果,有些物品,如导航仪、MP3等物品,客户不愿拿走,SA可以将物品收到前台的储物柜中,并记录于查车单上。如果是大件物品,可以记录于查车单上,并向调度室说明此情况。

⑥打印工单。工单是一个合同,要注意在客户签字之前,必须向客户说明以下几个问题:

a.工单中所做哪些服务项目。

b.工单中的服务项目工料合计约需要多少费用(估算值与实际值上下不能超过10%)。

c.工单中的服务项目所需的大概时间。对于客户,时间看得可能比钱还重要。

d.是否要保留更换下来的配件,放后备厢还是什么地方。

e.是否洗车。这就是"五项确认"。

另外,还应注意:

①所维修的项目如果不是常见的维修项目,先要向配件咨询是否有货,多长时间到货。

②将客户车辆的车钥匙拴上钥匙卡,记明车牌号;工单号;SA名字;车型;车辆颜色;车辆停放位置。

③如果客户有钥匙链,还要在工单明显处注明。

3)实时监控

此步骤就是监督工作的进程,主要体现在以下两方面:

①完工时间。对于完工时间,在部门间的协作规定中,应该有这样的规定:维修技师根据工单的完工时间推算,如果不能按时完工应及时提醒SA。当天取车的至少提前半小时,隔天取车的最好提前一天说明。作为服务顾问也应该根据工单表明的完工时间,及时向车间控制室询问工作进度。如不能按时交车,必须主动提前向客户说明原委并道歉。

②估价单。对于在车间检查出来的各种问题,服务顾问自己必须先搞清楚以下问题:

a.隐形故障发生的原因,即为什么这个配件会有问题,以及此故障现在的实际损害程度。

b.此隐性故障在现在或者将来可能会对客户本人或者客户车辆有什么样的损害。

c.维修此故障需要花费客户多长时间及费用。

d.如果估价单有很多隐性的故障,就需要SA本人来替客户甄别哪些故障是现在必须修理的;哪些是暂时不用修理的,最好把各个故障到底是怎么回事,以及损害的程度一一向客户说清楚,由客户定夺。

4)终检

即车辆维修完成后,由SA对照查车单检查车辆。包括:工单的服务项目是否都完成,车辆的千米数,车辆外观,等等。

5)交车说明

这是比较重要的一个步骤。我们应该有一个交车说明单,此单上半部分应说明此次所有服务项目对于客户在将来开车过程中应该注意什么。

电动汽车驱动
电机线束拔插

电动汽车冷却
液的更换

例如,此次更换了刹车片,那么SA应该在交车说明单上注明,"已更换刹车片,请保持车距,注意刹车片磨合"。交车说明单的下半部分应注明客户的车辆在达到多少千米后或者多长时间后,应该做什么服务项目,做这些服务项目需要多少时间及费用。例如,若车辆现在的千米数是 3.5 万 km,此车 4 万 km 时需要进行更换机油机滤、空滤、汽滤、空调滤;清洗喷油器;清洗节气门进气道;四轮定位等服务项目。总计的费用约为 8 千元,需要的时间约为 6 个小时。此外,还要向客户解释结算预览单,说明此次维修的服务项目及费用,并带领客户结账。

俗话说:"三分接车,七分交车。"交车做好了就是下一次的接车。

6)送人

此步骤 SA 务必要做到两点:

①要当着客户的面,撤掉三件套。

②引领客户车辆至公司大门口,送别客户。

7)信息反馈

针对回馈信息,及时改进流程,做到真正的"以人为本,持续改善"。

(2)回访中的技巧

与客户进行回访时,我们要注意使客户感觉出回访的亲切感和其重要性,具体注意事项见 6.4.2 小节。

(3)客户投诉的处理

在处理所有投诉过程中,必须树立一个正确的观念,只有自己的错,没有客户的错;即使是客户一时的误会,也是我们自己解释不够。基于这种观念,并能诚心诚意地去解决问题,感动客户,取得谅解,这样车主很可能成为连锁店的回头客户,而且还会带来新的客户。

处理的技巧是以礼貌的态度听取车主的意见,并单独请到房间,以免干扰其他车主,扩散影响。

1)基本的做法

①接待员去接待有意见的车主(必要时由店长出面)。

②态度要诚挚。

③接触之前要了解本次维修详细过程和车主的情况。

④让车主倾诉他的意见,这样才能使其恢复情绪,平静地说话。

2)处理原则

①对修理厂的过失,要详尽了解,向车主道歉。

②让车主觉得自己是个重要的客户。

③对车主的误会,应有礼貌地指出,让车主心服口服。

④解释的时候不能委曲求全。

⑤谢谢客户让你知道他的意见。

3)注意的问题

①注意心理换位,把自己置身于车主的处境来考虑问题。

②让车主倾诉自己的怨言。

③时间不能拖,要及时处理,否则问题会越变越严重。

4)具体处理方法

①车主打电话或来店投诉时,用平静的声音告诉客户:"谢谢你给我们提出了宝贵的意

见"，切忌与车主发生争执。

②仔细倾听客户的抱怨。

③确实属于我们的问题，除向客户诚挚道歉以外，马上根据客户的时间安排返修，并承担相关的费用。

④不属于服务方造成的问题，需要：

a.耐心向客户作出解释，解释时注意不要刺伤车主的感情。

b.建议对车辆存在的问题进行免费检查，并在征得客户同意的前提下，进行检修。

c.收费问题可以适当优惠或对工时费予以减免。

⑤再次对客户的投诉表示感谢。

篇末案例　小毛病修出大麻烦，修车很"晕菜"

打不着火，是汽车常见故障之一，也算不上是什么严重问题。但就是这个很常见的故障，4S店的维修人员不但没顺利解决反而越修毛病越多，一直修了半个多月也没能解决，真是技术"高明"。

姜先生购买了一辆2.0 L车型，起初也没什么大毛病，就是打不着火。于是姜先生就把车开到了4S店进行维修，哪知道，他的麻烦这就开始了。一开始4S店的维修人员进行检查后表示汽油泵坏了，于是姜先生就掏了600元钱换了一个新的汽油泵。换完之后姜先生发现油箱的密封圈都没封好，主泵和副泵都漏油。一箱油3 min就漏完了，而且油表也出现了问题。于是姜先生又找到了4S店，要求维修油表。

"换完浮纸后，算账的时候居然还把维修费记在我的头上，还是我找经理才抹掉这个费用。修时承认是他们的责任，完事又要我出钱，到现在为止我车上的油表还不好使。"姜先生气愤地表示，4S店的工作人员不但没修好，而且还把本应由他们负责的费用加在了自己身上。

经过了第二次维修后，刚过了半天姜先生的车就又出了毛病。这次还是油泵的问题，姜先生就把车再次开回了4S店维修。然后他被维修人员告知，油箱太脏了，要清洁一下，但是不能用水，要用汽油。于是姜先生又付了200元的汽油钱。

之后才过了两天，车再次出现故障，姜先生打电话给4S店，维修人员很干脆地带着一个新油泵过来。等到拆开车一看，姜先生愤怒了，"车上用的就是我以前的旧汽油泵，两天前说换新油泵其实根本没换，还收了我600多元的汽油泵钱，这次过来还要收200元车费，我当然没给。"原来上次姜先生花了600元买的新油泵居然没换上。

当时4S店的负责人表示，他们会马上追查此事。但半个多月过去了，这件事也没有出现任何下文，愤怒的姜先生表示对该品牌售后服务质量非常不满意。

这说明虽然国家相应的制定了一些法规，但是很多修理企业，为了追求利益不惜牺牲职业道德去做一些欺骗顾客，违法的事，规范汽车维修服务行业、严格按照标准流程维修，是当前最需要解决的。

BMS热管理系统的保温加热及热管应用

案例思考:讨论在日常汽车维修中遇到的疑难问题，你是怎样解决的?怎样应对客户?

任务实施

	任务实施工单				
		实训项目 7　汽车维修服务流程训练			
姓名		班级		日期	
指导教师				成绩	

1.实训目标

（1）理解汽车维修的服务流程。

（2）熟悉汽车维修的工作内容。

（3）掌握汽车维修的质量评价。

2.实训步骤

（1）通过引导文查阅汽车维修服务的流程和内容。

（2）通过角色扮演，进行售后维修服务训练。

（3）通过录入数据进行跟踪调查。

3.查阅引导文与课件，观看视频，完成以下操作：

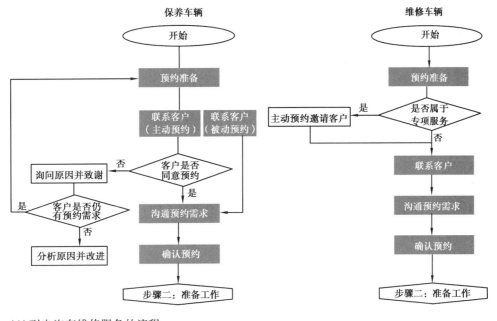

（1）列出汽车维修服务的流程。

续表

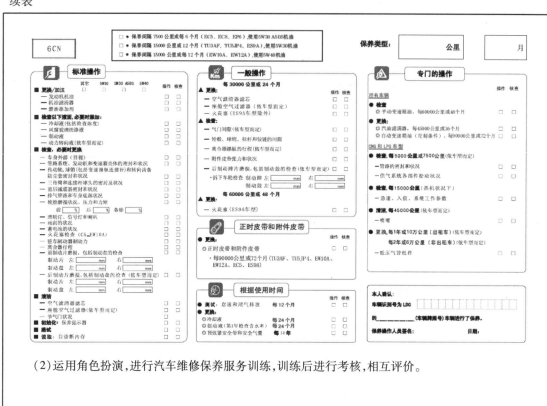

（2）运用角色扮演,进行汽车维修保养服务训练,训练后进行考核,相互评价。

（3）列出在汽车维修保养中应注意的问题及需要训练的技巧。

🎯 **任务评价**

<table>
<tr><td colspan="6" align="center">实训考核评价表</td></tr>
<tr><td align="center">姓名</td><td></td><td align="center">班级</td><td></td><td align="center">小组</td><td></td></tr>
<tr><td align="center">指导教师</td><td colspan="3"></td><td align="center">总成绩</td><td></td></tr>
<tr><td colspan="6" align="center">实训项目 7　汽车维修服务流程训练</td></tr>
<tr><td align="center">评价内容</td><td align="center">占比</td><td colspan="2" align="center">检验指标</td><td align="center">考核记录</td><td align="center">评分</td></tr>
<tr><td rowspan="4" align="center">任务完成
情况</td><td rowspan="4" align="center">30%</td><td colspan="2">1.检查训练真实、完整、有效</td><td></td><td></td></tr>
<tr><td colspan="2">2.完成任务过程情况</td><td></td><td></td></tr>
<tr><td colspan="2">3.任务完成质量</td><td></td><td></td></tr>
<tr><td colspan="2">4.任务完成贡献度</td><td></td><td></td></tr>
<tr><td rowspan="3" align="center">职业知识与
技能</td><td rowspan="3" align="center">40%</td><td colspan="2">1.能描述汽车维修服务的流程</td><td></td><td></td></tr>
<tr><td colspan="2">2.能实际应用汽车维修接待中的技巧</td><td></td><td></td></tr>
<tr><td colspan="2">3.能够解决汽车维修中的常见问题</td><td></td><td></td></tr>
<tr><td rowspan="3" align="center">职业素养</td><td rowspan="3" align="center">30%</td><td colspan="2">1.端正的服务态度</td><td></td><td></td></tr>
<tr><td colspan="2">2.优良的服务意识</td><td></td><td></td></tr>
<tr><td colspan="2">3.规范的服务行为</td><td></td><td></td></tr>
<tr><td align="center">综合评议与
建议</td><td colspan="5"></td></tr>
</table>

复习思考题

7.1　我国汽车修理的现状怎么样？发展趋势怎么样？

7.2　什么是汽车的保养？汽车保养具体包含哪些内容？

7.3　什么是汽车的维修？汽车维修具体包含哪些内容？

7.4　什么是视情修理？

7.5　对汽车维修接待人员的要求有哪些？在接待中需要注意些什么？

7.6　一辆大众途锐 1.8TSI,行驶里程为 26 295 km,做完保养两天后,车主反映车辆尾气排放灯点亮,试模拟维修接待人员整个接车,维修,轿车的全部过程,怎么能使顾客满意?

项目 **8**

汽车金融服务

知识目标

1.了解汽车金融服务的现状与发展趋势。

2.掌握汽车消费信贷服务。

3.掌握汽车理赔与保险服务。

4.掌握汽车租赁与置换服务。

5.掌握汽车金融服务中的流程与技巧。

能力目标

1.掌握能够与客户流畅交谈的能力及团队协作能力。

2.能够为客户提供金融咨询。

3.能够掌握汽车相关金融服务的技巧。

素质目标

1.树立规则意识、诚信意识。

2.强化细致、实事求是的工作态度。

3.建立专业自信,实践创新的工匠精神。

目标岗位

岗位名称	岗位描述	岗位能力要求	岗位能力训练目标
汽车金融专员	1.负责汽车融资相关业务受理、审核及各类金融产品的营销工作; 2.向客户收集申请资料、完成系统录入; 3.负责面签工作,确保各项融资要素的真实有效性; 4.负责与金融公司、银行等对接及后续方案跟进、落地执行; 5.负责汽车经销商在金融项目中的档案管理; 6.负责金融业务内容的合规风控; 7.负责金融业务内容中相关协议与公司的合作律所对接	1.能够讲解汽车金融服务的含义和作用; 2.掌握汽车金融服务主要内容; 3.具备良好的金融推荐能力; 4.具备良好的沟通协调能力; 5.具备区分客户群,准确进行客户产品匹配的能力	1.能够说出汽车金融常见产品及增值服务; 2.能够界定汽车金融服务的主要内容及特点; 3.能够叙述办理金融服务的业务流程; 4.能够根据实际情况向客户提供合理的金融方案

当今世界,整个汽车产业的价值链已经发生了根本性的变化,金融服务已经取代制造成为整个汽车产业中最有价值的环节。汽车金融服务本质上属于一种金融创新,即用现代金融原理创造性地解决经济生活中的问题,成功地化解了消费者即期消费即期收入不对称的矛盾,从而用消费者未来的预期收入来解决当前消费的难题。由于汽车金融服务的协助,经销商可以更加成功地销售汽车产品、回笼现金;银行也增加了利息收入,获得了未来相对稳定的收入来源;消费者用少量的钱和支付利息的代价满足了即期消费的需求,从而实现了效用最大化。

【课程内容】
案例导入

在英美大公司中,通用电气素有"长盛不衰"的称号。特别是20世纪80年代以来,一些世界著名的大公司(如IBM、通用汽车、AT&T、埃克森、西尔斯、福特等)都曾陷入严重的困境,但通用电气却一枝独秀,始终保持强劲的发展势头。不能不让人感到佩服,同时也促使人们去探究个中原因。

美国著名咨询公司美致咨询管理公司(Mercer Management Consulting)最近推出一本畅销书,叫作《利润区域》(Profit Zone),该书提出了一个"商业设计(Business Design)"的概念,所谓"商业设计",通俗讲就是公司为获取利润而制订的业务发展战略。作者认为,由于受市场变化的影响,利润区域是不断改变的,企业应当根据这一变化,不断改变自己的商业设计。一些公司之所以陷入困境,就是因为没有根据利润区域的变化,适时改变商业设计,仍固守原来的一套办法。该书在分析了通用电气的案例之后认为,通用电气长盛不衰的奥秘就在于他能根据客观环境的变化,不断更新自己的商业设计。

当韦尔奇1981年上任时,根据通用电气在许多行业处于领先地位的特点,提出了一个口号:不是第一,就是第二(Be No.1 or No.2),否则就退出(Get Out!)。韦尔奇当时的指导思想是通过市场份额领先来获取利润。韦尔奇带领一班人马,将通用电气的业务进行了大胆的整合,将没有前景的企业坚决卖掉,将资金集中到有竞争优势的业务上来。市场份额领先战略使通用电气在一些领域取得了霸主地位,同时也给公司带来了丰厚的利润。

但随着20世纪80年代中后期市场竞争的加剧,光靠市场份额领先已无法保证利润的来源。韦尔奇看到,员工的积极性对企业价值的增长发挥巨大作用,因此他提出了"群策群力(Work Out)"的口号,即让生产第一线的工人出主意、想办法,参与管理,从而调动了工人的积极性,提高了企业的劳动生产率,使企业利润大增。

进入20世纪90年代,客户的要求比以前大大提高,他们不仅要得到产品,还要得到服务,服务质量的好坏直接关系到企业产品能否卖得出去,韦尔奇看到,价值增长的潜力正在转移到产品下游服务和融资活动上。因此他提出了为客户提供全套解决方案(solution)的口号。所谓全套解决方案,就是要为客户提供产品以外的服务,其中最重要的是提供金融服务。事实证明,金融服务成为通用电气的新的"利润增长点"。在通用电气的利润构成中,金融服务占了40%,这对一个传统的以制造业为主的公司来说,似乎不可想象。但事实就是如此。

韦尔奇通过3次改变通用电气的商业设计,牢牢地占领了"利润区",使自己处于不败之地。通用电气的经验说明,企业要想在市场竞争中站稳脚跟,只有不断改变自己的"商业设计",固守老一套只能导致衰败和没落。

案例思考:汽车金融包含哪些方面? 怎么样开拓汽车金融市场?

拓展阅读:汽车金融服务的特点及发展

任务 8.1　汽车金融服务的内容

任务描述

随着金融市场的利润不断增加,汽车金融产品名目繁多。如何帮助顾问选择合适的金融产品,提升汽车金融产品的服务质量和水平,是汽车服务顾问,汽车金融从业者要重点解决的问题。

岗位能力训练目标

1.能够解释消费信贷的含义及主要方式。
2.能够说出汽车保险的职能、作用与特点。
3.能够说出常见险种的保险责任和承保内容。
4.能够说出汽车租赁、置换及旧车贸易服务的含义及作用。

汽车金融服务业概念的内涵随着汽车金融服务业务范围的拓展不断丰富。就现状而言,汽车金融服务业是指以商业银行、汽车金融公司、保险公司、信托联盟组织及其关联服务组织为经营主体,为消费者、汽车生产企业和汽车经销商提供金融服务的市场经营活动和业务。

8.1.1　汽车消费信贷服务

汽车市场竞争激烈,得渠道者得天下。汽车生产商希望通过建立高效的销售网络,加强对销售终端的控制。由于汽车经销商普遍资金实力有限,为了扩大销售,增加库存,汽车经销商往往需要银行的资金支持。但是,受国家信贷紧缩政策的影响,银行在选择贷款对象时非常谨慎,汽车经销商凭借自身力量获得银行融资比较困难。

如果长期依靠"赊账"方式进行销售,由于没有银行的参与而直接占用了大量的汽车生产商的生产资金,加重了汽车生产商的负担,影响了汽车生产商的良性发展。为了解决汽车经销商自有资金不足和库存偏低的问题,增强汽车经销商的盈利能力和整体运营能力,让汽车经销商把更多的资金和精力投入终端的促销方面,从而提高产品的销售量和市场占有率,汽车生产商利用其知名度和企业实力,推动相关金融机构为汽车经销商提供经营资金支持。这也就是由"汽车生产商、合作银行、汽车经销商"三方相互合作推出的为经销商提供融资服务的"商贷通"模式。

(1) 贷款模式

所谓"商贷通"业务,是指为促进汽车生产商产品的销售,提高汽车经销商经营能力及经营汽车生产商产品的积极性,利用汽车生产商的知名度和企业实力,汽车生产商、合作银行、汽车经销商三方相互合作推动相关金融机构为汽车经销商提供经营资金支持的信贷方式。简单地说,就是利用汽车生产商的知名度和企业实力推动各级银行为汽车经销商的库存提供融资服务。

开展"商贷通"业务,对于合作银行、汽车生产商、汽车经销商三方来说,都有着各自的需求和利益所在。如对汽车经销商而言,得到资金支持后,一方面能够增加库存数量、满足市场需求,另一方面能够增强汽车经销商的盈利能力和整体运营能力;对汽车生产商而言,能够促进汽车生产商产品的销售并扩大市场占有率,而且能够将库存商品转化为货币资金,加速资金回收,充分高效地利用资金,并且还能密切汽车生产商与汽车经销商的联系,并通过建立高效的销售网络,加强对销售终端的控制;对于合作银行而言,能够直接获得业务收益,开拓新业务品种以及增加稳固的客户,等等。

(2) 运作方式

目前,"商贷通"业务模式的运作主要采取合格证质押方式和提货单质押方式。两种方式只是抵押物不同,流程是相同的。现以合格证质押方式为例说明"商贷通"的具体操作流程。

①汽车经销商在合作银行开立基本账户或一般结算账户用于日常资金往来结算,同时经销商必须在合作银行开立保证金账户。

②汽车经销商向合作银行申请银行承兑汇票,并向合作银行存入承兑汇票金额一定比例(不低于 30%)的保证金。银行承兑汇票的出票人为汽车经销商,收款人为汽车生产商。

③合作银行、汽车生产商根据经销商的销售情况确定银行承兑汇票授信总额度,经销商可在确定的额度内向合作银行申请银行承兑汇票,该银行承兑汇票使用额度在协议期内可以滚动使用。银行承兑汇票的期限最长不超过 4 个月。

④银行承兑汇票开出后,由经销商送到汽车生产商,或由汽车生产商人员直接收取,合作银行开出银行承兑汇票后在规定的时间(3 个工作日)内,出具《资金确认单》,传真至汽车生产商。

⑤汽车生产商根据经销商的提车申请,经汽车生产商确认银行承兑汇票后,按照合作银行签发的银行承兑汇票金额发车。汽车生产商发车后,同时将《发车清单》传真至合作银行。《发车清单》应明确车型、单价、数量、金额、合格证号码等要素。

⑥上述车到后,经销商验货并在《车辆交接验收单》上签收,作为汽车生产商已交车的依据,并由经销商将《车辆交接验收单》复印件交给合作银行。随车的"车辆合格证"由汽车生产商交给合作银行保管,由合作银行签收《车辆合格证送达通知书》,将回执送交汽车生产商。

⑦汽车生产商产品在运抵经销商和合作银行双方指定地点并验车后,交由经销商保管并承担车辆安全、完好的全部责任,经销商应按银行财产抵押的相关规定,对库存车辆办理保险,该保险人以合作银行作为第一受益人。在保险期内,经销商不得以任何理由中断或撤销保险,一旦发生保险事故,保险人应将保险赔付金直接划付至合作银行指定的账户。经销商与银行签订车辆抵押合同。

⑧经销商每销售一辆汽车,必须将车款足额存入经销商在合作银行的保证金账户。为了便于经销商销售,以经销商在合作银行保证金账户银行承兑汇票保证金金额为上限,合作银行向经销商提供首批车辆合格证,并视经销商在合作银行的保证金账户中销售回款情况,分批次向经销商提供合格证。保证金账户资金余额多于已发放合格证车辆的部分作为经销商兑付经销商签发的银行承兑汇票的担保。

⑨银行承兑汇票到期前20天,若经销商在合作银行保证金账户的存款余额不足以偿付银行承兑汇票时,合作银行将通知经销商、汽车生产商核对账目,经销商有义务首先自筹资金补足银行承兑汇票所缺余额,如经销商无法补足,汽车生产商将需要做好回购车辆的准备。

⑩银行承兑汇票到期前10天,若经销商在合作银行保证金账户的存款余额仍不足偿付银行承兑汇票时,合作银行将及时通知汽车生产商,汽车生产商应在收到回购通知后,及时履行回购义务,回购价格以经销商发货时对该车辆的销售发票载明的价格为准。回购车辆由汽车生产商自提。

⑪回购后,经销商承担回购过程中发生的各项费用及回购车辆再次销售的差价损失。同时经销商将完好车辆、钥匙及其他随车单证交付汽车生产商,合作银行将合格证原件交付汽车生产商。在完成回购手续后,汽车生产商于银行承兑汇票到期日前将回购款汇入经销商在合作银行的账户。

⑫汽车生产商没有按上述约定对汽车经销商未售出车辆予以回购,汽车生产商应代汽车经销商支付银行承兑汇票的垫款及利息。汽车生产商回购车辆或代汽车经销商支付银行承兑汇票的垫付款后,汽车生产商有权从汽车经销商支付给汽车生产商的保证资金,购车余款或其他应付款中扣收。

(3)贷款的条件

申请汽车消费贷款除了必须在银行所认可的特约经销商处购买限定范围内的汽车外,申请汽车消费贷款的购车者还须具备以下条件:

①购车者必须年满18周岁,并且是具有完全民事行为能力的中国公民。

②购车者必须有一份较稳定的职业和比较稳定的经济收入或拥有易于变现的资产,这样才能按期偿还贷款本息。这里的易于变现的资产一般指有价证券和金银制品等。

③在申请贷款期间,购车者在经办银行储蓄专柜的账户内存入不低于银行规定的购车首期款。

④向银行提供银行认可的担保。如果购车者的个人户口不在本地的,还应提供连带责任保证,银行不接受购车者以贷款所购车辆设定的抵押。

⑤购车者愿意接受银行提出的认为必要的其他条件。

如果申请人是具有法人资格的企、事业单位,则应具备以下条件:

①具有偿还银行贷款的能力。

②在申请贷款期间有不低于银行规定的购车首期款存入银行的会计部门。

③向银行提供被认可的担保。

④愿意接受银行提出的其他必要条件。

贷款中所指的特约经销商是指在汽车生产厂家推荐的基础上,由银行各级分行根据经销商的资金实力、市场占有率和信誉度进行初选,然后报到总行,经总行确认后,与各分行签订《汽车消费贷款合作协议书》的汽车经销商。

（4）贷款的流程

1）客户申请

客户向银行提出申请，书面填写申请表，同时提交相关资料。

2）签订合同

银行对借款人提交的申请资料审核通过后，双方签订借款合同、担保合同，视情况办理相关公证、抵押登记手续等。

3）发放贷款

经银行审批同意发放的贷款，办妥所有手续后，银行按合同约定以转账方式直接划入汽车经销商的账户。

4）按期还款

借款人按借款合同约定的还款计划、还款方式偿还贷款本息。

5）贷款结清

贷款结清包括正常结清和提前结清两种：一是正常结清：在贷款到期日（一次性还本付息类）或贷款最后一期（分期偿还类）结清贷款；二是提前结清：在贷款到期日前，借款人如提前部分或全部结清贷款，须按借款合同约定，提前向银行提出申请，由银行审批后到指定会计柜台进行还款。

贷款结清后，借款人应持本人有效身份证件和银行出具的贷款结清凭证领回由银行收押的法律凭证和有关证明文件，并持贷款结清凭证到原抵押登记部门办理抵押登记注销手续。

案例 8.1　汽车消费贷款案例

2020 年 6 月 2 日，A 银行与 B 保险公司签订了《个人汽车消费贷款保证保险合作协议》，约定：为推动 A 银行贷款及 B 保险公司保险业务共同发展，双方合作开展个人汽车消费贷款及保证保险业务，由 B 保险公司负责向 A 银行提供有关借款人购车资料（包括购车合同、发票、购车完税凭证等）并确保真实；B 保险公司应当对借款人（即保证保险投保人）的资信状况进行认真审查，并对自己书面确认同意承保的有关借款承担保证保险责任。除协议规定的不可抗力、政策变动、投保人与银行恶意串通等免责范围外，不论何种原因造成保证保险投保人连续 3 个月未能按照贷款合同约定按期供款，即为保险事故发生，保险人（B 保险公司）承诺在收到被保险人（A 银行）的书面索赔申请及相关资料后 10 个工作日内确认保险责任并予以赔付。

协议签订后，根据 B 保险公司提供的购车资料及购车人身份和资信审查资料，以及 B 保险公司在 A 银行《个人汽车消费贷款审批表》上同意承保的签字盖章承诺，A 银行先后与借款人 C 等 20 人签订了《个人汽车消费贷款合同》并依约发放贷款共 500 万元，B 保险公司在收取投保人支付的有关保费后向 A 银行出具了以该 20 名借款人为投保人、以 A 银行为被保险人的个人汽车消费贷款保证保险保单正本。

2020 年 12 月，C 等 20 名借款人先后出现连续 3 个月以上未按期供款，A 银行即依照合作协议约定向 B 保险公司提出了书面索赔申请，但 B 保险公司以有关借款人涉嫌诈骗正被立案侦查，是否属于保险责任尚不清楚为由予以推脱。在多次索赔未果的情况下，A 银行以保证保险合同纠纷为由将 B 保险公司诉诸法院。

本案在审理过程中合议庭出现两种不同意见：一种意见认为，保证保险合同的实质属于保证合同，B 保险公司充当的是保证人的角色，所提供的保险责任实质上是以保险形式体现的有偿保证担保,B保险公司应承担的法律责任为保证担保责任,案件处理的法律依据应为《担保法》;另一种意见则认为,本案的保证保险合同合法有效,B保险公司既然已经收取保费,并签订保证保险合同,按照合同约定,当投保人无法按期还款时,保险事故发生,B保险公司应承担保证保险责任,应直接将赔款支付给贷款银行。保证保险合同并非保证担保合同,故案件处理的法律依据不应是《担保法》,而应是《保险法》。

保证保险是我国保险公司业务创新出来的新的保险品种,目前监管部门的有关规定比较原则,实际操作中比较混乱。保证保险究竟是一种有偿保证,还是一种保险?我国目前是否存在真正的保证保险?学者们对其认识并不统一,法律上对于保证保险的概念界定也不一致。笔者认为,保证保险是一个典型的保险品种。

所谓保证保险,是指保险公司(保险人)经过对保险事项(保险标的)和投保申请人资格的审查,在认为符合保险条件而同意承保的情况下,向投保人收取保证保险保费,同时向投保人指定的被保险人(受益人)做出承诺——若投保人未能按照约定履行义务或责任达到一定状态,即构成保险事故发生,保险人在赔付保险损失后获取向投保人继续追偿的权利。尽管保证保险也是对投保人信用和履约情况向第三人做出的一种保障承诺,但它是将投保人违约情形的出现确定为一种保险事故,通过对保险条件的确定、对保险事故和免责范围的限制以及对保险责任承担方式的约定来实现对第三人的保障。因此,保证保险是独立于保证担保之外的另一种市场保障方式,是保险公司利用本身信用优势进行产品创新的自然结果,具有自身的独立性、科学性,不能将其简单归入债务的保证担保体系。

保证保险合同属于财产保险合同,本质上归属于保险范畴。理由是:第一,就主体资格而言,保证保险是经过中国保监会批准的特许经营业务,根据《保险公司管理规定》第47条,财产保险公司经过中国保监会核定,可以经营信用保险和保证保险,因此保证保险业务只有保险公司才能经营;第二,从合同特点来看,保证保险合同是一种双务合同,保险公司在接受对价(保费)的基础上承担保险责任;第三,从合同成立的形式要件来看,保险合同的成立以保险公司出具正式的保单为前提;第四,从责任承担的前提来看,保证保险责任则以保险事故的发生为充分必要条件,只要双方约定的保险事故已确定发生,保险公司就应承担保险责任;第五,保证保险适用《保险法》进行调整。

本案中,B保险公司应当按照合作协议规定承担保证保险责任,而不是保证担保责任。

首先,本案保证保险合同合法有效。本案中,B保险公司不仅出具了书面的同意承保确认书,而且在收取保费后出具了正式的保证保险保单,保证保险保单不但形式完备而且内容合法,保证保险合同自保证保险保单正式签发时开始生效。B保险公司以投保人欺诈主张保险合同无效不能成立,原因在于保险法属于任意法,当事人的约定有优于保险法规定的效力,B保险公司在合作协议签订之初关于主动负担提供购车资料和借款人资信审查义务、对于自己书面确认同意承保的借款承担保险责任的承诺,表明其已经放弃了保险法赋予的权利,这种放弃权利的承诺直接造成了A银行的正当信任利益,保险公司不能再以自己已经放弃的权利来主张合同无效。

其次,本案保险条件已经成就。尽管有关购车资料虚假,借款人根本没有买车,但根据合作协议以及保证保险性质可以确定,保证保险是对借款人履行借款合同约定义务的不确定性予以承保,保险条件是否成就应以借款是否发生为标准,而不是以是否购车为标准,购车合同关系是借款合同和保证保险合同关系以外的另一法律关系,不属于本案审理范围。

再次，本案保险事故已经发生。本案中，双方关于保险事故和免责范围的约定十分明确，除合作协议规定免责范围外，不论何种原因造成投保人连续 3 个月未能按期还款，均视为保险事故发生，保险公司应当先承担保险责任，然后向借款人追偿。另外，保证保险本身就是对借款人可能出现违约情况的不确定性予以承保，承保的内容是借款人违约的不确定性，不是不确定性的原因，除非双方约定当某种原因导致借款人违约时保险人可以免除保险责任，保险人不得以该原因的出现来对抗保险责任的承担。投保人诈骗只是保险事故发生的原因，不属于约定免责范围，不构成保险公司主张免除保险责任的理由。

最后，B 保险公司违反双方合作协议规定义务的过错行为，虽是导致本案保险事故发生的直接原因，但该原因不能成为其承担保证担保责任的借口。根据双方《个人汽车消费贷款保证保险合作协议》规定，B 保险公司负责提供有关购车资料并确保真实，对借款人的资信情况进行认真审查，但从后来发生的事实来看，有关购车资料和借款人资信审查资料都是虚假的，B 保险公司并没有尽到合作协议规定的审查义务，这进一步说明 B 保险公司对本案保险事故的发生负有不可推卸的责任。

综上所述，保证保险是一个保险品种，保证保险合同不同于保证担保合同。法院在审理本案过程中合议庭的第二种意见是正确的，B 保险公司应当按照我国《保险法》承担保证保险责任，而不是按照《担保法》承担保证担保责任。

8.1.2　汽车保险与理赔服务

案例 8.2　汽车保险法的变化

2020 年 9 月，中国银保监会制定了《关于实施车险综合改革的指导意见》，本次改革对汽车保险作了如下新规：

(1) 提高交强险责任限额

将交强险总责任限额从 12.2 万元提高到 20 万元，其中死亡伤残赔偿限额从 11 万元提高到 18 万元，医疗费用赔偿限额从 1 万元提高到 1.8 万元，财产损失赔偿限额维持 0.2 万元不变。无责任赔偿限额按照相同比例进行调整，其中死亡伤残赔偿限额从 1.1 万元提高到 1.8 万元，医疗费用赔偿限额从 1 000 元提高到 1 800 元，财产损失赔偿限额维持 100 元不变。

(2) 优化交强险道路交通事故费率浮动系数

在提高交强险责任限额的基础上，结合各地区交强险综合赔付率水平，在道路交通事故费率调整系数中引入区域浮动因子，浮动比率中的上限保持 30% 不变，下浮由原来最低的 -30% 扩大到 -50%，提高对未发生赔付消费者的费率优惠幅度。对于轻微交通事故，鼓励当事人采取"互碰自赔"、在线处理等方式进行快速处理，并研究不纳入费率上调浮动因素。

(3) 理顺商车险主险和附加险责任

在基本不增加消费者保费支出的原则下，支持行业拓展商车险保障责任范围。引导行业将机动车示范产品的车损险主险条款在现有保险责任基础上，增加机动车全车盗抢、玻璃单独破碎、自燃、发动机涉水、不计免赔率、无法找到第三方特约等保险责任，为消费者提供更加全面完善的车险保障服务。支持行业开发车轮单独损失险、医保外用药责任险等附加险产品。

(4) 优化商车险保障服务

引导行业合理删减实践中容易引发理赔争议的免责条款，合理删减事故责任免赔率、无

银保监会调整交强险责任限额和费率浮动系数

255

法找到第三方免赔率等免赔约定。

(5) 丰富商车险产品

支持行业制定新能源车险、驾乘人员意外险、机动车延长保修险示范条款,探索在新能源汽车和具备条件的传统汽车中开发机动车里程保险(UBI)等创新产品。引导行业规范增值服务,制定包括代送检、道路救援、代驾服务、安全检测等增值服务的示范条款,为消费者提供更加规范和丰富的车险保障服务。

(6) 提升商车险责任限额

结合经济社会发展水平,支持行业将示范产品商业三责险责任限额从 5 万~500 万元档次提升到 10 万~1 000 万元档次,更加有利于满足消费者风险保障需求,更好发挥经济补偿和化解矛盾纠纷的功能作用。

(7) 合理下调附加费用率

引导行业将商车险产品设定附加费用率的上限由35%下调为25%,预期赔付率由65%提高到75%。适时支持财险公司报批报备附加费用率上限低于25%的网销、电销等渠道的商车险产品。

(1) 保险的概念

汽车保险简称车险,即机动车辆保险,是指对机动车辆由于自然灾害或意外事故所造成的人身伤亡或财产损失负赔偿责任的一种商业保险。机动车辆是指汽车、电车、电瓶车、摩托车、拖拉机、各种专用机械车、特种车。

汽车保险是财产保险的一种,在财产保险领域中,汽车保险属于一个相对年轻的险种,这是由于汽车保险是伴随着汽车的出现和普及而产生和发展的。同时,与现代机动车辆保险不同的是,在汽车保险的初期是以汽车的第三者责任险为主险的,并逐步扩展到车身的碰撞损失等风险。机动车辆保险为不定值保险,分为基本险和附加险,其中附加险不能独立保险。基本险包括交强险、车上人员责任险、第三者责任险(三责险)和车辆损失险(车损险)等;附加险包括车上责任险、无过失责任险、车载货物掉落责任险、玻璃单独破碎险、自燃损失险、新增设备损失险等。

实行交强险制度是通过国家法规强制机动车所有人或管理人购买相应的责任保险,以提高三责险的投保面,在最大限度上为交通事故受害人提供及时和基本的保障。

交强险负有更多的社会管理职能。建立机动车交通事故责任强制保险制度不仅有利于道路交通事故受害人获得及时有效的经济保障和医疗救治,而且有助于减轻交通事故肇事方的经济负担。而商业三责险则属于商业保险,保险公司经营该险种的目的便是盈利,这与交强险"不盈不亏"的经营理念显然相距甚远。

此外,交强险还具有一般责任保险所没有的强制性。只要是在中国境内道路上行驶的机动车的所有人或者管理人都应当投保交强险,未投保的机动车不得上路行驶。这种强制性不仅体现在强制投保上,也体现在强制承保上,具有经营机动车交通事故责任强制保险资格的保险公司不得拒绝承保,也不能随意解除合同。而商业三责险则属于民事合同,机动车主或者是管理人拥有是否选择购买的权利,保险公司也享有拒绝承保的权利。交强险的标志如图 8.1所示。

图 8.1　交强险的标志及票样

（2）保险中的基本原则

汽车保险过程中，要遵循的基本原则就是保险法的基本原则，即集中体现保险法本质和精神的基本准则，它既是保险立法的依据，又是保险活动中必须遵循的准则。保险法的基本原则是通过保险法的具体规定来实现的，而保险法的具体规定，必须符合以下基本原则的要求：

1）保险与防灾减损相结合的原则

保险从根本上说，是一种危险管理制度，目的是通过危险管理来防止或减少危险事故，把危险事故造成的损失缩小到最低程度，由此产生了保险与防灾减损相结合的原则。

①保险与防灾相结合的原则。

这一原则主要适用于保险事故发生前的事先预防。根据这一原则，保险方应对承保的危险责任进行管理，其具体内容包括：调查和分析保险标的的危险情况，据此向投保方提出合理建议，促使投保方采取防范措施，并进行监督检查；向投保方提供必要的技术支援，共同完善防范措施和设备；对不同的投保方采取差别费率制，以促使其加强对危险事故的管理，即对事故少、信誉好的投保方给予降低保费的优惠；相反，则提高保费等。遵循这一原则，投保方应遵守国家有关消防、安全、生产操作、劳动保护等方面的规定，主动维护保险标的的安全，履行所有人、管理人应尽的义务；同时，按照保险合同的规定，履行危险增加通知义务。

②保险与减损相结合的原则。

这一原则主要适用于保险事故发生后的事后减损。根据这一原则，如果发生保险事故，投保方应尽最大努力积极抢险，避免事故蔓延、损失扩大，并保护出险现场，及时向保险人报案。而保险方则通过承担施救及其他合理费用来履行义务。

2）最大诚信原则

由于保险关系的特殊性，人们在保险实务中越来越感到诚信原则的重要性，要求合同双方当事人最大限度地遵守这一原则，故称最大诚信原则。具体讲即要求双方当事人不隐瞒事实，不相互欺诈，以最大诚信全面履行各自的义务，以保证对方权利的实现。最大诚信原则是合同双方当事人都必须遵循的基本原则，其表现为以下几个方面：

①履行如实告知义务。

它是最大诚信原则对投保人的要求。由于保险人面对广大的投保人，不可能一一去了解保险标的的各种情况，因此，投保人在投保时，应当将足以影响保险人决定是否承保，足以影响保险人确定保险费率或增加特别条款的重要情况，向保险人如实告知。保险实务中一般以投保单为限,即投保单中询问的内容投保人必须如实填写,除此之外,投保人不承担任何告诉、告知义务。

投保人因故意或过失没有履行如实告知义务,将要承担相应的法律后果,包括保险人可以据此解除保险合同;如果发生保险事故,保险人有权拒绝赔付等。

②履行说明义务。

这是最大诚信原则对保险人的要求。由于保险合同由保险人事先制订,投保人只有表示接受与否的选择,通常投保人又缺乏保险知识和经验,因此,在订立保险合同时,保险人应当向投保人说明合同条款内容。对于保险合同的一般条款,保险人应当履行说明义务。对于保险合同的责任免除条款,保险人应当履行明确说明义务,未明确说明的,责任免除条款不发生效力。

③履行保证义务。

这里的保证,是指投保人向保险人作出承诺,保证在保险期间遵守作为或不作为的某些规则,或保证某一事项的真实性,因此,这也是最大诚信原则对投保人的要求。

保险上的保证有两种:一种是明示保证,即以保险合同条款的形式出现,是保险合同的内容之一,故为明示。如机动车辆保险中有遵守交通规则、安全驾驶、做好车辆维修和保养工作等条款,一旦合同生效,即构成投保人对保险人的保证,对投保人具有作为或不作为的约束力。另一种是默示保证,即这种保证在保险合同条款中并不出现,往往以社会上普遍存在或认可的某些行为规范为准则,并将此视作投保人保证作为或不作为的承诺,故为默示。如财产保险附加盗窃险合同中,虽然没有明文规定被保险人外出时应该关闭门窗,但这是一般常识下应该做的行为,这种社会公认的常识,即构成默示保证,也成为保险人之所以承保的基础,因此,因被保险人没有关闭门窗而招致的失窃,保险人不承担保险责任。

④弃权和禁止抗辩。

这是最大诚信原则对保险人的要求。所谓弃权,是指保险人放弃法律或保险合同中规定的某项权利,如拒绝承保的权利、解除保险合同的权利等。所谓禁止抗辩,与弃权有紧密联系,是指保险人既然放弃了该项权利,就不得向被保险人或受益人再主张这种权利。

3)保险利益原则

中国《保险法》第11条规定:"投保人对保险标的应当具有保险利益。投保人对保险标的不具有保险利益的,保险合同无效。保险利益是指投保人对保险标的具有的法律上承认的利益。"根据这条规定,保险利益原则主要有两层含义:其一,投保人在投保时,必须对保险标的具有保险利益,否则,保险就可能成为一种赌博,丧失其补偿经济损失、给予经济帮助的功能。其二,有否保险利益,是判断保险合同有效或无效的根本依据,缺乏保险利益要件的保险合同,自然不发生法律效力。

①财产保险利益。

财产保险的保险标的是财产及其相关利益,其保险利益是指投保人对保险标的具有法律上承认的经济利益。财产保险的保险利益应当具备3个要素:

a.必须是法律认可并予以保护的合法利益。

b.必须是经济上的利益。

c.必须是确定的经济利益。

②人身保险利益。

人身保险的保险标的是人的寿命和身体,其保险利益是指投保人对被保险人寿命和身体所具有的经济利害关系。以《保险法》第 52 条规定可以得出,人身保险的保险利益具有以下特点:

a.是法律认可并予以保护的人身关系。

b.人身关系中具有财产内容。

c.构成保险利益的是经济利害关系。

经济利害关系虽然无法用金钱估算,但投保人与保险人在订立保险合同时,可以通过约定保额来确定。

保险利益原则在保险合同的订立、履行过程中,有不同的适用要求。就财产保险而言,投保人应当在投保时对保险标的具有保险利益;合同成立后,被保险人可能因保险标的的买卖、转让、赠与、继承等情况而变更,因此,发生保险事故时,被保险人应当对保险标的具有保险利益,投保人是否具有保险利益至关重要。就人身保险而言,投保时,投保人必须对被保险人具有保险利益,至于发生保险事故时,投保人是否仍具有保险利益,则无关紧要。

4)损失赔偿原则

这是财产保险特有的原则,是指保险事故发生后,保险人在其责任范围内,对被保险人遭受的实际损失进行赔偿的原则。其内涵主要有以下 3 点:

①赔偿必须在保险人的责任范围内进行。

保险人只有在保险合同规定的期限内,以约定的保险金额为限,对合同中约定的危险事故所致损失进行赔偿。保险期限、保险金额和保险责任是构成保险人赔偿的不可或缺的要件。

②赔偿额应当等于实际损失额。

按照民事行为的准则,赔偿应当和损失等量,被保险人不能从保险上获得额外利益,因此,保险人赔偿的金额,只能是保险标的实际损失的金额。换言之,保险人的赔偿应当恰好使保险标的恢复到保险事故发生前的状态。

③损失赔偿是保险人的义务。

据此,被保险人提出索赔请求后,保险人应当按主动、迅速、准确、合理的原则,尽快核定损失,与索赔人达成协议并履行赔偿义务;保险人未及时履行赔偿义务时,除支付保险金外,应当赔偿被保险人因此受到的损失。

5)近因原则

近因原则的含义是:损害结果必须与危险事故的发生具有直接的因果关系,若危险事故属于保险人责任范围的,保险人就赔偿或给付。在实际生活中,损害结果可能由单因或多因造成。单因比较简单,多因则比较复杂,主要有以下 3 种情况:

①多因同时发生。

若同时发生的都是保险事故,则保险人承担责任;若其中既有保险事故,也有责任免除事项,保险人只承担保险事故造成的损失。

②多因连续发生。

两个以上灾害事故连续发生造成损害,一般以最近的(后因)、最有效的原因为近因,若其属于保险事故,则保险人承担赔付责任。但后果是前因直接自然的结果、合理连续或自然延续时,以前因为近因。

③多因间断发生。

即后因与前因之间没有必然因果关系,彼此独立。这种情况的处理与单因大致相同,即保险人视各种独立的危险事故是否属于保险事故,决定是否赔付。

(3)保险的特点

1)保险标的出险率较高

汽车是陆地的主要交通工具。由于其经常处于运动状态,总是载着人或货物不断地从一个地方开往另一个地方,很容易发生碰撞及其意外事故,造成人身伤亡或财产损失。由于车辆数量的迅速增加,一些国家交通设施及管理水平跟不上车辆的发展速度,再加上驾驶人的疏忽、过失等人为原因,交通事故发生频繁,汽车出险率较高。

2)业务量大,投保率高

由于汽车出险率较高,汽车的所有者需要以保险方式转嫁风险。各国政府在不断改善交通设施,严格制订交通规章的同时,为了保障受害人的利益,对第三者责任保险实施强制保险。保险人为适应投保人转嫁风险的不同需要,为被保险人提供了更全面的保障,在开展车辆损失险和第三者责任险的基础上,推出了一系列附加险,使汽车保险成为财产保险中业务量较大,投保率较高的一个险种。

3)扩大保险利益

汽车保险中,针对汽车的所有者与使用者不同的特点,汽车保险条款一般规定:不仅被保险人本人使用车辆时发生保险事故保险人要承担赔偿责任,而且凡是被保险人允许的驾驶人使用车辆时,也视为其对保险标的具有保险利益,如果发生保险单上约定的事故,保险人同样要承担事故造成的损失,保险人须说明汽车保险的规定以"从车"为主,凡经被保险人允许的驾驶人驾驶被保险人的汽车造成保险事故的损失,保险人须对被保险人负赔偿责任。

此规定是为了对被保险人提供更充分的保障,并非违背保险利益原则。但如果在保险合同有效期内,被保险人将保险车辆转卖、转让、赠送他人,被保险人应当书面通知保险人并申请办理批改。否则,保险事故发生时,保险人对被保险人不承担赔偿责任。

4)被保险人自负责任与无赔款优待

为了促使被保险人注意维护、养护车辆,使其保持安全行驶技术状态,并督促驾驶人注意安全行车,以减少交通事故,保险合同上一般规定:驾驶人在交通事故中所负责任,车辆损失险和第三者责任险在符合赔偿规定的金额内实行绝对免赔率;保险车辆在保险期限内无赔款,续保时可以按保险费的一定比例享受无赔款优待。

以上两项规定,虽然分别是对被保险人的惩罚和优待,但要达到目的的是一致的。

汽车保险具有广泛、差异性、保险标的可流动性、出险频率高等特点。

(4)保险的类别

车险种类按性质可分为强制保险与商业险,车险种类根据保障的责任范围还可分为基本险和附加险。基本险包括第三者责任险(三者险)、车辆损失险(车损险)、车上人员责任险(驾驶员责任险和乘客责任险)以及全车盗抢

暴雨天爱车被水淹了,保险怎赔?

险(盗抢险);投保人可以选择投保其中部分险种,也可以选择投保全部险种。

附加险包括玻璃单独破碎险、自燃损失险、无过失责任险、车载货物掉落责任险、车辆停驶损失险、新增设备损失险等。玻璃单独破碎险、自燃损失险、新增加设备损失险,是车身损失险的附加险,必须先投保车辆损失险后才能投保这几个附加险。车上责任险、无过错责任险、车载货物掉落责任险等,是第三者责任险的附加险,必须先投保第三者责任险后才能投保这几个附加险。

通常所说的交强险(即机动车交通事故责任强制保险)也属于广义的第三者责任险,是国家规定强制购买的保险,机动车必须购买才能够上路行驶、年检、挂牌,且在发生第三者损失需要理赔时,必须先赔付交强险再赔付其他险种。2020 年,中国银保监会发布《关于调整交强险责任限额和费率浮动系数的公告》,其明确,2020 年 9 月 19 日零时后发生道路交通事故的,新、老交强险保单均按照新的责任限额执行。

案例 8.3　由台风引起的汽车损失保险

2019 年台风"剑鱼"来袭,不少车主损失惨重。被台风刮歪的大榕树,连根倒地,当场压扁了停在树下的轿车和路过的的士。城市道路积水带长达两三百米,许多汽车熄火,甚至"爆缸"。

爱车伤痕累累,那么高昂的"医疗费",到底由谁来理赔?对此,咨询了中国人民财产保险公司和中国人寿财险公司的相关负责人,看看哪些受损可以赔,哪些不能赔。

(1)可理赔

情况一:台风刮倒大树车辆被压。

福州鼓楼区旗汛口车站旁 4 棵大树被台风刮倒,停靠在树下的一辆车刚好被"突袭",车头被压得面目全非。风窗玻璃全部被损坏,车子变了形。

依据险种:车损险。

赔偿理由:人保财险的陈先生说,台风刮倒大树,车辆被压,是由于自然灾害所造成的保险机动车的损失,属于车损险范畴的,一般的保险公司都会给予赔偿。具体的赔偿要依据现场情况确认,根据受损情况进行赔偿。例如,汽车的发动机盖被压,如果只是轻微受损,保险公司会承担其修复费用;如果受损很严重,则会对其进行更换,赔偿该部分的费用。

特别提示:车损险中含有一个附加条款——不计免赔特约,如果有投"不计免赔特约"这一款项,那么遇到车辆被大树压的情况,保险公司就会全额赔偿;反之,保险公司只会依据实际情况赔偿车主70%~80%的费用。

情况二:新增设备淋雨受损。

郑先生新加装的汽车音响,因为受潮而产生了质量问题,送去维修厂,被告知,音响要更换一些部件。

依据险种:新增设备损失险。

赔偿理由:投保了新增设备损失险的机动车辆在使用过程中,发生基本险第一条所列的保险事故,如遭遇雷击、暴风、暴雨等造成车上新增设备的直接损毁,保险人在保险单该项目所载明的保险金额内,按实际损失计算赔偿。

特别提示:车主新增的设备需要先跟保险公司报备,要列在保险合同范围内,这样保险公司才能根据车主所列的实际报价予以赔偿。如果车主没有将此列入,那么保险公司不负该责任。

（2）不理赔

情况：发动机进水熄火强行打火爆缸。

李女士开车外出。当她开车驶过一片积水区，汽车突然熄火，不明车理的她就强行打火，最后车不但没打着火，而且一点动静都没有了。车子拖去维修后才知道，是因为强行打火造成发动机"爆缸"，修理费用比较高。

不理赔原因：车辆在淹及排气筒的水中启动或被水淹及后因操作不当致使发动机损坏而造成的损失，中国人寿的陈先生解释，这是车主人为扩大损坏，并不在保险公司负责的范围以内，保险公司不会对此进行任何相关赔偿。

8.1.3　汽车租赁、置换及旧车贸易服务

庞大的中国汽车市场为汽车服务的增长提供了最基础的保障。随着而来的旧车交易、汽车置换、租赁市场潜力巨大，中国的刚性需求比较大，因此，汽车后服务市场将会创造很大的社会价值。

（1）汽车租赁服务

1）租赁简介

汽车租赁业被称为"朝阳产业"，它因为无须办理保险、无须年检维修、车型可随意更换等优点，以租车代替买车来控制企业成本，这种在外企中十分流行的管理方式，正慢慢受到国内企事业单位和个人用户的青睐。

将买车、养车的包袱全丢给汽车租赁公司，而把主要财力和精力放在自己的主业上，这是当今国际跨国公司流行的做法。据统计，一年下来，普通车购车要比租车多花费10 000元修理费，即以租车代替买车，成本就可以下降3成。另外，租车还为企业节省一笔管理成本，其根本原因在于对企业管理上"成本可控"理念认可——采用租赁，随时可以调整开支，风险小，灵活性强，是降低成本的最好办法。那些对中国地方性法规制度不熟悉的商家可以减少诸如汽车上牌、年检、缴费、违章事故的处理等一系列不必要的麻烦。客户们还可以自由地选择租赁汽车的品牌，从经济型车到高档车，所有汽车均有完备的手续。

2）汽车租赁发展

世界主要汽车租赁公司的运营车辆都保持在数十万辆左右，管理着多达数千个遍布全球的租赁站点，以美国通用汽车公司旗下的安飞士（AVIS）汽车租赁公司为例，AVIS已经发展成为引领汽车租赁业的全球性公司，在全球170多个国家和地区设立了超过1 700家分支机构，5 000多家营业网点，拥有19 000名员工，车队规模超过50万辆，年车辆预订量超过3 000万次电话，平均每年完成2 000万次租车交易，每月10万辆，每年120万辆的租赁车辆接受维护保养，有15万个客户因为每年至少在安飞士租15次车成为可以享受优惠服务的特别会员，年营业额超过40亿欧元。

我国汽车租赁起步晚，形成仅30多年的时间，但随着消费水平的提高，消费意识的转变，这种模式已逐渐被接受，具有良好的发展潜力和发展前景，属于新兴的"朝阳产业"。据数据统计，2007年至2017年，国内汽车租赁市场一直保持两位数以上的年增长率，规模从不到100亿元增长至近700亿元。我国汽车租赁业将继续保持高增长，2018年、2019年市场规模分别达到783亿元、899亿元，2020年中国汽车金融的渗透率达到50%。未来，汽车租赁市场

将成为人们实现汽车生活的重要方式,市场规模预计突破 2 万亿元。随着相关体制的完善,汽车租赁行业还将迎来更大发展。

3)汽车租赁的优势

①车型可随时更新。

随着人们消费水平的提高,对高档消费品有不断更新的欲望。在欧美人们平均 8 个月更换一次车型。假如现在花费 30 多万元购买一台轿车,因社会经济发展很快,一年后汽车的性能、外观改进很多,而价格却会大幅下降。一年后,如果想换新车型,老车可能 15 万元都很难卖出。这意味着,一年中车价损失接近 20 万元。但假如租赁一台 30 多万元的车,只需 10 余万元。而且,可随时租用最新车型。从目前人们经常更换手机的状况就能预料到几年后,经常换新车,将是人们的新时尚。

②解除车辆维修、年度检验的烦恼。

自购车辆后对车辆的维修和保养及一年一度的车辆年检要耗费很多财力和精力。但如果租车,就不存在这些烦恼,无论是车辆维修还是其他原因,车辆不能正常使用时,租赁公司都会及时提供替代车,保证用车。

③可充分提高资金利用率。

如果自购车辆要一次性支付 30 万元,消费者应具有一定经济实力。也就是说租车和买车相比至少可节省一次性投资 20 万元。消费者用这 20 万元去经营,可赚取一笔可观的利润。

④可保证你良好的财务状况。

自购车辆必然会造成固定资产增加、借款增加、流动资产减少使财务出现不良状况,而租赁车辆将有效回避上述风险。

⑤有利于提高成本观念,减少浪费。

自购车辆使用时随心所欲,特别是单位公车,私自用车现象较多,造成不必要的浪费,而如果租赁车,一是可根据业务需要随时调控用车数量,二是用车人知道自己的用车成本,可直接减少不必要的用车,有效地提高员工的成本观念。

⑥万一发生交通事故时,租赁公司能全力协助。

驾驶自购车辆,一旦发生事故,就要与保险公司交涉,因车主不熟悉报案理赔程序,往往会浪费许多时间和金钱。作为车辆管理的专业租赁公司,平时就与保险公司有良好的合作关系,在处理理赔过程中,必然有明显的优势。

汽车租赁公司将汽车制造商、汽车经销商和汽车用户有机的紧密结合在一起。在发达国家人们的租赁认识也很全面,汽车租赁的益处已被人们普遍接受。在中国,随着观念的变化和市场的培育,企业、个人"以租代买"的用车观念向量大面广、充满活力的趋势发展。

(2)汽车置换与二手车贸易服务

1)二手车评估

近年以来,国家积极鼓励二手车行业的流通,包括接触二手车限迁、减轻二手车企业税收负担、便利二手车转移登记等,使得国内二手车市场出现爆发式增长。2012 年小柠拍 CEO 宗明先生表示:我国二手车行业蕴藏巨大机会,是符合国家循环经济战略的朝阳行业。2021 年,宗明先生出席"2021 年中国汽车流通行业年会",表示国家政策积极鼓励二手车行业的流通,包括解

国五限迁令取消激活二手车市场

除二手车限迁、减轻二手车企业税收负担、便利二手车转移登记等,这使二手车市场大环境变得越来越好,也让行业的发展更加畅通、有活力。

①二手车评估的定义。

二手车评估是指专门的鉴定评估人员,按照特定的目的,遵循法定或者公允的标准和程序,运用科学的方法,对二手车进行手续检查、技术鉴定和价格估算的过程。

二手车交易中最重要的一环是价格评估。由于二手车价格构成有一定特殊性,需要有一套科学、统一的鉴定估价标准和方法来客观反映旧机动车的现时价格。按照国家相关部委规定,为提高旧机动车鉴定估价人员的素质,统一鉴定估价职业标准,规范旧机动车鉴定估价行为,将对旧机动车鉴定估价人员进行职业技能鉴定,实行职业资格证书制度。根据国家劳动法,从事资产价值鉴定职业的,必须持有国家劳动部门颁发的职业资格证书。

②二手车评估的方法。

我国对二手车评估还没有统一的标准,二手车估价方法主要参照资产评估的方法,主要按照以下5种方法进行:重置成本法、收益现值法、现行市价法、清算价格法、快速折旧法。

a.重置成本法。重置成本法是指在现时条件下重新购置一辆全新状态的被评估车辆所需的全部成本(即完全重置成本。简称重置全价),减去该被评估车辆的各种陈旧贬值后的差额作为被评估车辆现时价格的一种评估方法。

b.收益现值法。收益现值法是将被评估的车辆在剩余寿命期内预期收益,折现为评估基准日的现值,借此来确定车辆价值的一种评估方法。现值即为车辆的评估值,现值的确定依赖于未来预期收益。

从原理上讲,收益现值法是基于这样的事实,即人们之所以占有某车辆,主要是考虑这辆车能为自己带来一定的收益。如果某车辆的预期收益小,车辆的价格就不可能高;反之,车辆的价格肯定就高。投资者投资购买车辆时,一般要进行可行性分析,其预计的内部回报率只有在超过评估时的折现率时才肯支付货币额来购买车辆。应该注意的是,运用收益现值法进行评估时,是以车辆投入使用后连续获利为基础的。在机动车的交易中,人们购买的目的往往不是在于车辆本身,而是车辆获利的能力。

c.现行市价法。现行市价法又称市场法、市场价格比较法,是指通过比较被评估车辆与最近售出类似车辆的异同,并将类似车辆的市场价格进行调整,从而确定被评估车辆价值的一种评估方法。

现行市价法是最直接、最简单的一种评估方法。这种方法的基本思路是:通过市场调查选择一个或几个与评估车辆相同或类似的车辆作为参照物,分析参照物的构造、功能、性能、新旧程度、地区差别、交易条件及成交价格等,并与评估车辆一一对照比较,找出两者的差别及差别所反映的在价格上的差额,经过调整,计算出旧机动车辆的价格。

现行市价法的应用场合。现行市价法要求评估人员经验丰富,熟悉车辆的评估鉴定程序、鉴定方法和市场交易情况,那么采用现行市价法评估时间会很短,因此,特别适合应用于成批收购、鉴定和典当。

2）汽车置换服务

狭义的汽车置换，就是以旧换新，即经销商通过二手车的收购与新车的对换销售获取利益；广义的汽车置换，则是指在以旧换新业务的基础上同时还兼容二手车整新、跟踪服务、二手车再销售乃至折抵分期付款等方面的一系列业务组合，从而使之成为一种有机而独立的汽车金融服务方式。

车辆更新对于车主来说，是一个烦琐的过程，首先要到旧车市场把车卖掉，这其中要经历了解市场行情、咨询旧车价格、与旧车经纪公司讨价还价直至成交、办理各种手续和等待回款，至少要好几天，等拿到钱后再到新车市场买新车，又是一番周折。对于车主来说更新一部车比买新车麻烦得多。在生活节奏日益加快的今天，人们期盼能否有一种便捷的以旧换新业务，使他们在自由选择新车的同时，很方便地处理要更新的旧车。

我国汽车市场经过这几年的发展，逐渐进入良性的循环，车龄 5 年以上的车占到了一定比例，而对于有正常收入的车主来说，5 年以后已经有能力换一部新车，因此，这部分车到了更换高峰期。今年以来，大批新车上市，并纷纷降价，新车时尚的款式，先进的配置，低廉的价格，更是勾起了人们更新车辆的欲望。

3）二手车交易服务

①我国二手车交易的发展。

我国二手车市场是社会主义市场经济发展的产物，而且随着市场化程度不断提高显现出巨大的发展潜力。

最初的二手车交易市场多数是由国家职能部门与企业共同兴办的，具有很浓的官办企业色彩。在国家有关政企分离政策指导下，大多数企业已与政府职能部门脱钩，实现了自主经营。但由于历史原因，二手车一直被当作特殊商品进行管理，因此，二手车流通管理所涉及的政府管理部门也比较多，主要有：商务管理部门、工商管理部门、公安交通、治安管理部门、国家税务部门、地方税务部门、城管部门、交通部门、环保部门等。

这些政府职能部门多以监管方式为主，其主要职能是：确定交易双方的主体地位和合法性，验证交易合同，监督管理二手车经纪公司的经纪活动；对进行交易车辆的合法性进行确认，核查车辆的档案和车辆来源，防止非法车辆进入市场，并根据交易凭证办理车辆注册登记手续；根据交易凭证负责国税和地税税收的征稽工作；维护市场秩序，打击违法犯罪活动；确保市场、车辆的消防安全；维护市场周边环境；执行环保相关规定。

②我国二手车交易的特点。

我国二手车市场经过近 30 年的发展，已探索出了具有中国特色的发展道路，并已形成一定规模，具体有以下鲜明特点：

a.二手车地域性发展突出。在我国，二手车市场还凸显出地域性发展的特点，越发达地区，二手车交易量越大；较为落后的地区，二手车的成交量远不如经济发达地区。

b.二手车交易总量增长速度快，发展潜力巨大。随着近几年我国新车市场的火爆，二手车交易也随之兴旺。尽管我国二手车销量多年来都一直呈现两位数的增长态势，由于起点基数小，使得我国二手车的年销量目前还不到新车年销量的 1/3。根据发达国家汽车市场中二手车与新车销量比例来看,中国二手车市场还有很大的发展空间;同时,随着经济的发展及新车技术的不断进步,车主换车的频率将会相应增大,这将给我国二手车市场带来发展机遇。

c.二手车经营模式正在发生转变。当前我国二手车市场经营模式出现了一些新的变化,最显著的就是二手车经营主体出现了由单一模式向多元化的转变。在我国二手车交易行业发展初期,其交易方式主要为单一的车贩子与购车人之间的交易,此种方式具有多方面的局限性。如今,在已形成的二手车交易市场、二手车经营公司、二手车品牌经营公司和二手车经纪公司等多元化经营主体的同时,出现了二手车拍卖、置换、连锁经营等新型营销模式,如今,汽车经销商集团的二手车业务已经步入快车道,越来越多的经销商集团开启了二手车零售业务,实现新车与二手车的联动发展,二手车市场交易模式呈现向多元化方向发展的局面。

③二手车流通管理存在的主要问题。

近年来,我国二手车市场虽然取得了较快的发展,但作为新车流通的延伸,发展相对滞后,与汽车工业发达国家相比差距十分明显。主要表现在:交易行为不规范,鉴定评估随意性大;交易主体和交易市场功能单一,交易方式落后,不具备现代营销手段;缺乏完善的市场信息网络系统,交易量与新车销量比例明显偏低。二手车流通滞后已成为制约汽车市场发展的瓶颈。

a.二手车流通缺乏健全的法规与科学的管理体系。2005年年底颁布的《二手车流通管理办法》与原来执行的《旧机动车交易管理办法》相隔了整整7年多的时间。而这7年,正是我国汽车工业和汽车市场大发展的7年,也是二手车流通发展壮大的7年。在这7年里,二手车的市场交易量增长了六七倍,北京、成都、广东等经济发达地区的私人汽车保有量已占到当地汽车保有总量的50%以上,我国二手车市场在流通管理上的相对滞后与高速发展之间的矛盾仍很突出。虽然国家颁布了《二手车流通管理办法》和《二手车交易规范》,制订了统一发票,从宏观上解决了放开经营、搞活市场的问题,但是企业在具体操作过程中,还会遇到各种各样的问题。建立一个顺畅高效的二手车流通体系,健全比较完整的二手车流通管理的法规体系和比较科学的管理体系以及营造出一个健康的市场环境,还需要政府出台相关的法律法规来规范交易的各个环节。

b.二手车流通中的量变并没有带来质的飞跃。目前各地二手车交易市场的经营模式依然主要是代理交易,赢利模式依然延续着靠收取手续费生存的传统方式;二手车交易市场的功能仍比较单一,提供场所、办理手续、收取交易费等仍为主要内容;同时开展检测、评估、收购、寄售、租赁、拍卖、美容、修理、服务咨询等多种经营方式和服务内容的二手车流通企业仍不多。

c.诚信危机是困扰行业健康发展的重要原因。众所周知,目前我国的二手车市场还是一个信息不对称的市场,消费者很难获取购置二手车所必需的与车辆相关的信息,包括车辆的合法性信息、车辆的维修信息、车辆的技术状况信息等。问题在于,上述信息内容由于维修保养记录、保险记录分别由各自归属单位封存而没有共享,可能连经营者也无从查找。使得二手车市场表现为一个缺乏透明、缺乏诚信的市场,让广大消费者在面对这个市场时,却成了这个市场中的绝对弱势群体。他们必须面对量欺诈、价格欺诈、购买非法车辆等风险。

d.二手车交易市场信息化程度低制约二手车流通行业的整体快速发展。目前我国二手车市场发展不尽如人意的一个很重要原因就是信息化程度不高,主要表现在两个方面:一是虽然互联网、计算机管理已经被许多二手车企业广泛应用,但在很多地方,特别是在一些经济较落后地区,计算机普及程度还不高,有些企业还没将这些技术应用到交易管理中;二是汽车在使用过程中的基础信息,如车辆发生事故的记录、维修保养记录以及实际行驶里程等,还不属于公开信息,不能进入二手车流通信息中,从而导致了信息不对称,并使之成为制约消费者购买二手车的重要因素。

e.二手车鉴定评估缺乏统一的标准。到目前为止,全国还没有统一的二手车鉴定评估标准及全国性的政策法规,鉴定评估方法借鉴了国有资产评估方法。由于二手车交易具有其特殊性及灵活性,因此很多二手车交易市场和鉴定评估机构仅采用简单的平均年限折旧法进行价值的评估所得出的评估结果缺乏科学依据,也与现实的市场行情相背离。

可见,我国的二手车经营的潜在效益还远没有挖掘出来,其原因主要在于我国目前尚没有一套完整的二手车交易管理办法,没有二手车价值评估国家标准,缺乏二手车价格信息管理系统。另外,车源状况也存在问题,也缺少相应的法规,建立和完善二手车服务体系,培育和发展二手车市场势在必行。

总结与展示

以小组为单位撰写汽车金融服务学习总结,制作 PPT 演示文稿,选出代表分享展示,其他小组点评,教师进行总结评价。

任务 8.2　汽车金融服务的流程与方法技巧

任务描述

金融服务是对顾客综合水平进行评估和评价之后,根据顾客对金融产品的接受程度,为顾客推荐的一种增值服务。顾客通过金融产品,既可以实现较大增值,又可以享受为经济、生活带来的便利。目前,推荐金融产品,更重要的是服务方法和技巧。

岗位能力训练目标

1.能够叙述消费信贷的工作流程与工作职责。

2.能够根据客户要求办理汽车消费信贷手续。

3.能够叙述汽车保险与理赔的业务流程。

4.能根据客户要求提供合理的保险方案并办理汽车保险手续。

5.能够熟练运用汽车金融服务技巧接待客户。

汽车金融服务业是指以商业银行、汽车金融公司、保险公司、信托联盟组织及其关联服务组织为经营主体,为消费者、汽车生产企业和汽车经销商提供金融服务的市场经营活动和业务。汽车金融服务业既是汽车产业的主要赢利方式,也是金融业发展的新途径。

8.2.1　汽车金融服务的流程

(1) 消费信贷的流程

汽车消费信贷业务的主体主要涉及银行、汽车经销商、汽车集团财务公司以及其他非银行金融机构。按照各主体在信贷业务运作过程中所承担的职责不同以及与消费者的关联程度不同,可以将目前国内的汽车消费信贷运作模式分为 3 种,即以银行为主体的直客模式、以销售商为主体的直客模式和以非金融机构为主体的直客模式。

以银行为主体的银行直客模式。该模式是银行直接面对用户开展业务,是各个业务流程的运作中心。例如:银行委托律师进行用户资信调查,对用户资信进行最终评价,并直接与用户签订信贷协议等。其要求用户到银行指定的保险公司买保险,到银行指定的经销商处买车。与此对应,相关风险也主要由银行和保险公司承担。

此模式流程如下:

①用户在经销商处选定车型并填写贷款申请。

②经销商将用户贷款资料交金融机构审查。

③银行委托律师对用户进行信用评估。

④用户购买有关保险。

⑤银行在收到经销商合同文件后,向客户发放贷款。

⑥银行向经销商划拨贷款。

⑦经销商协助用户与金融机构签订信贷合同,在有关部门登记汽车抵押权。

⑧汽车经销商向用户交车。

⑨用户按合同规定向银行定期还贷。

该模式可充分发挥银行资金雄厚,网络广泛、资金成本较低的优势。但银行直接面对用户,工作量会大大增加,相应的人力、财务投入也会加大。

另一方面,开展汽车信贷业务还需要对汽车产品本身的性能、配置、价格、经销商、服务以及是否二手车等方面的情况有比较全面和及时的了解,也就是说,银行还要去做资金运作之外的其他事情。由于汽车市场变化很快,汽车生产企业或商业企业的竞争策略、市场策略也要不断调整,但是银行对于这种变化的反映则往往滞后,从而影响金融产品的适应性,影响服务质量。因此,在目前汽车消费信贷规模还不是很大的情况下,以这种模式运作还能够适应。

但是,随着汽车信贷业务量的不断增加,以这种模式为主的汽车信贷模式必然会发生根本性的转变。

以销售商为主体的经销商直客模式。该模式由经销商直接面对用户,与用户签订贷款协议。销售商通过收取车价 2%~4% 的手续费,完成对用户的信用调查与评价,办理有关保险和登记手续,并以经销商自身资产为用户承担连带保证责任,为用户办理贷款手续,代银行向用户收取还款。该模式最大的特点是可以方便用户,实现对用户的 One Step 服务。与此对应,信贷风险也主要由经销商和保险公司承担。

该模式主要业务流程如下:

①用户在经销商处选定车型并填写贷款申请。

②经销商自己或委托律师对用户进行信用评估。

③经销商替用户购买有关保险。

④经销商凭经销合同及有关保证文件向银行办理借贷手续。

⑤经销商与用户签订信贷合同,在有关部门登记汽车抵押权。

⑥汽车经销商向用户交车。

⑦用户按合同规定向经销商定期还贷。

⑧经销商向银行归还贷款。

由于经销商对市场了解最深,对汽车产品和服务反应最直接也最及时,因此,他们能够根据市场变化,推出更合适的金融服务。由于放贷标准上的差异,该模式更有利于扩大贷款范围,从而起到培育市场、稳定销售网络、锁定用户群体的作用。

(2)汽车保险与理赔的流程

1)投保

①保险的选择。

车辆保险的选择主要包括 3 方面的内容:一是对保险公司的选择;二是对投保险种的选择;三是对投保方式的选择。

A.对保险公司的选择。

a.投保的公司应该是在中国境内依法成立、守法经营、有车险业务经营权的保险公司。

b.投保的公司经营稳健、财务状况良好、偿付能力充足、信誉良好。

c.投保的公司应具有健全的组织机构、完善的服务体系,尤以机构网点遍布全国的大公司为佳。

d.投保的公司专业技术力量强大,服务内容丰富、质量好。

B.对投保险种的选择。

投保人一般可按照以下步骤来选择投保险种:

a.投保人首先应该搞清楚自己可能面临着哪些风险,可能导致什么不良后果,最终自己会承担多少风险等问题。

b.向保险公司或其代理人(机构)索要有关保险条款和费率表,仔细阅读保险条款。

c.再进一步了解、比较各保险公司的具体机动车辆保险产品,看看哪一种更适合自己的特殊需求。注意所选的机动车辆保险产品的保障范围,一定将容易发生的、相对可能性较大的风险包括进去。

C.对投保方式的选择。

a.上门投保;上门投保,即由保险公司派业务人员前往投保人处上门服务。

b.柜台投保;柜台投保,即投保人亲自到保险公司的营业网点办理投保等一系列手续。

c.电话投保。

d.网上投保。

e.通过保险代理人投保。

f.通过保险经纪人投保。

②机动车辆的投保。

机动车辆的投保就是投保人购买机动车辆保险产品,办理保险手续,与保险人正式签订机动车辆保险合同的过程。

机动车辆的投保准备:机动车辆的投保准备是根据机动车辆保险的投保条件以及要求所做的各项工作。包括准备好证件,保养好车辆,协助业务员验证、验车以及如实告知有关情况等。

A.机动车辆的投保条件。

a.有公安交通管理部门核发的车辆号牌。对于新车投保,在车辆上牌照的同时办理保险业务。

b.有公安交通管理部门填发的机动车辆行驶证。

c.有车辆检验合格证。新车需有出厂前的检验合格证;旧车行驶证上需有年检合格章。

B.备好证件。

投保人在投保前应备齐下列证件,以便投保时保险公司业务人员验证时使用。

a.被保险人为"法人或其他组织"的新保业务需要提供投保车辆行驶证、被保险人的组织机构代码复印件、投保经办人身份证明原件。

b.被保险人为"自然人"的新保业务需要提供投保车辆《机动车行驶证》、被保险人身份证明复印件、投保人身份证明原件。

c.被保险人与车主不一致时,应提供由车主出具的能够证明被保险人与投保车辆关系的证明或契约。

d.约定驾驶人员时,需要提供约定驾驶人员的《机动车驾驶证》复印件。

e.投保人为"自然人"且不是由投保人本人办理投保手续时,或投保人为"法人或其他组织"时,应由投保人出具《办理投保委托书》并载明"法人或其他组织"时,在委托书上加盖单位公章;投保人为"自然人"时,由投保人签名并提供身份证明原件。办理投保的经办人应同时提供本人身份证明原件。

C.保养好车辆。

③正确填写投保单。

投保单也称要保单,是投保人为订立保险合同向保险人进行要约的书面证明,是确定保险合同内容的依据。

A.投保单的填写方式。

a.投保人手工填写。

b.投保人利用保险公司提供的网上投保系统、触摸屏等工具自助录入,打印后由投保人签字。

c.投保人口述,由保险公司业务人员或代理人员录入业务处理系统,打印后由投保人签字。

B.投保单的填写内容及要求。

投保单的主要填写内容及要求如下:

a.投保人情况。

b.被保险人情况。

c.投保车辆情况。

d.投保主险条款名称。

e.保险期限。

f.投保险种。

g.保险金额/责任限额。保险金额主要是针对机动车辆损失险及其附加险而言的。

④核交保险费,领取保险单证。

投保单所有项目填写完毕,并经保险人审核,计算出保险费后,即可缮制签发保险单证,同时开具"保险费收据"。投保人接到保险费收据后,确认无误可据此办理交费手续。交费手续办完后,就可凭保险费收据领取机动车辆保险单(及保险单附表)、保险证。

2)理赔

出现交通事故后首先要做的是及时报案。出了交通事故除了向交通管理部门报案外,还要及时向保险公司报案。一方面让保险公司知道投保人出了交通事故,另一方面也可以向保险公司咨询如何处理、保护现场,保险公司会教车友如何向对方索要事故证明等。

车主在理赔时的基本流程:

①出示保险单证。

②出示行驶证。

③出示驾驶证。

④出示被保险人身份证。

⑤出示保险单。

⑥填写出险报案表。

⑦详细填写出险经过。

⑧详细填写报案人、驾驶员和联系电话。

⑨检查车辆外观,拍照定损。

⑩理赔员带领车主进行车辆外观检查。

⑪根据车主填写的报案内容拍照核损。

⑫理赔员提醒车主车辆上有无贵重物品。

⑬交付维修站修理。

⑭理赔员开具任务委托单确定维修项目及维修时间。

⑮车主签字认可。

⑯车主将车辆交于维修站维修。

汽车遭受损失后,报案理赔的顺序如图8.2所示。

(3)二手车置换的流程

二手车交易过程中最重要的有两点:验车和检查车辆档案。只有通过车管所的验车和查验档案后,该车才能顺利过户。为了方便大家能在市场里一次办完手续,一般由二手车交易市场的驻场民警、工商、税务等工作人员联合办公,现场办理。

1)车辆过户注意事项

大体分以下4种情况:

①单位对个人。

需要携带卖方单位组织机构代码证,买方个人身份证,机动车登记证书,机动车行驶证,机动车原始购置发票,机动车买卖合同。

②个人对单位。

需要携带卖方个人身份证,买房单位组织机构代码证,机动车登记证书,机动车行驶证,机动车原始购置发票,机动车买卖合同。

③单位对单位。

需要携带卖方单位组织机构代码证,买房单位组织机构代码证,机动车登记证书,机动车行驶证,机动车原始购置发票,机动车买卖合同。

④个人对个人。

需要携带卖方个人身份证,买方个人身份证,机动车登记证书,机动车行驶证,机动车原始购置发票,机动车买卖合同。原始发票:2002年后原始发票须有工商部门验证章。

外地个人购车需要提供身份证及有效期为一年的暂住证。

2)车辆过户注意事项

①行驶证的过户。

办理时需要详细填写机动车转移登记申请表和机动车所有人信息登记表,买方的需要提供身份证件的复印件(如是个人,需要居民身份证复印件,如是单位,需要组织机构代码证的复印件),一般规定,如果是个人购买二手车,需要本人到场,如果不能到场,需要有代理人持相应的证件,此外还需要携带机动车登记证书,机动车行驶证,机动车的数码照片,过户发票的第一、第二联,机动车验车单。带足这些单据证明,就可以到窗口办理行驶本过户了。

②转籍过户。

相比行驶证的过户要麻烦一些,携带并填写的有机动车转移登记申请表,机动车转籍代理委托书,买方的身份证件需要复印两份(个人是居民身份证,单位是组织机构代码),卖方则需提供与其住址相符的所有人的身份证复印件,机动车登记书,机动车行驶证及复印件,过户发票第一、二联及交费凭证。这里重点要提醒的是需要有机动车车架号拓印膜,如果是盗抢嫌疑车辆需要提交派查证明,以正清白,方可以正常交易。

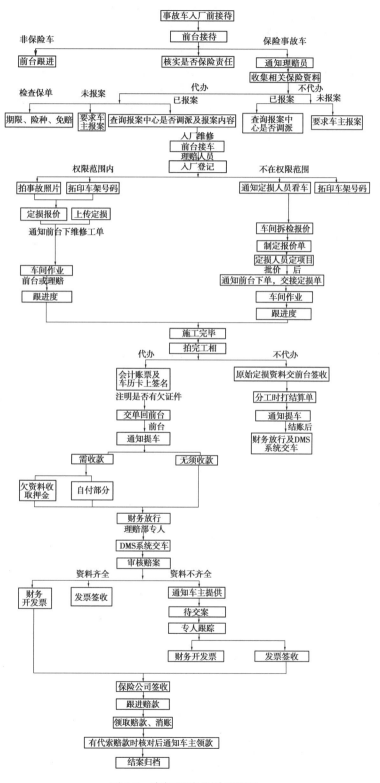

图 8.2　车辆理赔的详细流程

3）车辆过户注意事项

登记证的办理流程如图 8.3 所示。

4）车辆过户注意事项

其过户流程如图 8.4 所示。

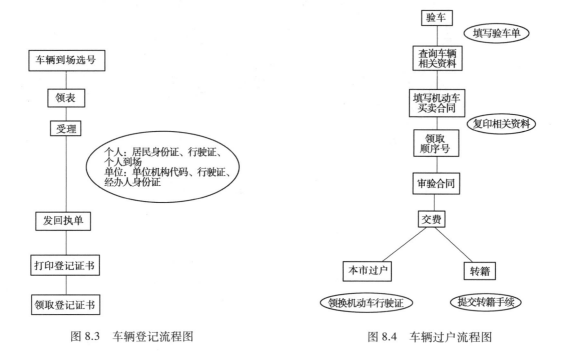

图 8.3　车辆登记流程图　　　　　　　　图 8.4　车辆过户流程图

8.2.2　汽车金融服务中的技巧

（1）与顾客相关的服务技巧

1）微笑服务

当前汽车销售市场的竞争到了白热化阶段,各汽车销售公司的竞争已不仅仅是产品质量和产品价格的竞争,更多的是服务质量的竞争。谁能够提供更优质的服务,谁就能获得更多的客户资源。

微笑服务贯穿于整个服务过程之中,是检验服务质量好坏的重要标准。我们必须积极推广微笑服务,把微笑变成是面对任何客户不变的习惯,在接待客户的过程中用发自内心的微笑真诚为客户服务,给客户留下美好的记忆,提升企业外在形象,为企业创造更多利润。

①如何训练微笑。

a.掌握笑的技巧:眼到、口到、心到、神到、情到。

b.训练微笑方法:试着对镜子说"E—";轻轻浅笑减弱"E—"的程度;重复练习前两个动作。

c.微笑的三结合:与眼睛的结合;与语言的结合;与身体的结合。练习"眼神笑"。

d.恰到好处的微笑的标准:表现谦恭,表现友好,表现真诚,表现适时,切忌表达过度。

②如何做好微笑服务。

a.首先解决对客户的感情的问题,只有有了真切的感情,才能用发自内心的微笑真诚为客户服务。

b.尊重每一个客户,一视同仁的服务态度,切忌差别待遇的行为。

c.调节自己的情绪,不要把不良的情绪带到工作中来。

d.提供超越客户期待的服务。

亲切以及热诚:给客户需要的;记住客户的姓名。

乐于助人:人有三急;多做不吃亏。

贴心的小事:关心客户的生意,帮助客户的业务。

③维持微笑服务的秘诀。

a.经常进行快乐的回忆,努力将自己的心情维持在最愉快状态。

b.在工作的前一天,尽量保证充足的睡眠时间。

c.受公司领导"笑容满面"的影响。

d.公司领导要时刻提醒自己"我的笑容对公司员工是否能够以愉快心情开展工作起决定作用",以此来督促自己总是"笑容满面"。

e.长时间的作业感到疲劳时,尤其应该提醒自己不要忘记微笑服务,可以抽空去洗手间用冷水洗脸,放松放松。

f.即使是在非常繁忙混杂时期,也要尽量使自己放松,只有这样才能使自己微笑看起来轻松自在。

④管理人员如何推广微笑服务。

a.以身作则,树立榜样。

b.严格按照规章制度,督促员工进行微笑服务。

c.提高员工对公司的忠诚度,使其热爱自己的团队,热爱公司,与公司荣辱与共。

d.把微笑服务作为企业文化建设的一部分,必须长期抓、不松懈。

2)如何处理客户的情绪

在客户有情绪的情况下,销售人员或者服务人员尤其要注意,为了防止"踢猫效应"的产生,服务人员要切实地让顾客感到被欢迎、被理解感到舒适。应注意以下 4 点:

①不要急于向身陷负面情绪中的客户推销商品。

通过博弈论,我们看到向身陷负面情绪中的客户销售商品的结果分别是:

结果 1:在销售的过程中,削减了客户的负面情绪,让客户觉得开心快乐,于是这个客户成为企业的满意客户,不断进行重复消费。

结果 2:客户进行单次购买,销售人员赚取单次利润。

结果 3:销售人员没有赚取利润,客户心情不好。也就是说,如果企业或销售人员希望与客户建立更长期的关系,赚取客户的终身客户价值时,就必须对客户的负面情绪投以关注。

②要急于对客户的负面情绪做出反应。

"大音希声,大象无形",真正的销售明星并不是总是口尖牙利的。真正的销售明星是懂得在恰当的时间,对适当的人用适当的方式说适当的话,最后把解决方案提供给真正需要它的人。

客户在焦灼、不安、痛苦、无助等情绪中时,销售人员需要给客户多一点时间,而不是急于对客户的负面情绪做出反应。这就像谈判中出现一个微妙的时刻。这个时间,可以为客户提供一个可能暂时抽离负面情绪的时间临界点,或者起码让客户在将自己现在进行的事情中的情绪与自己过去的负面情绪进行一个短暂的自我区分。越来越多的消费与购买发生在客户有限理性的情况下。客户从进入商场、接触到销售人员的第一时间开始,就在为自己的情绪发泄寻找泄洪口。如何服务好客户的情绪——尤其是客户的负面情绪?如何让客户有良好的情绪体验?关键取决于销售人员在最初这几秒钟形成的判断及决策、与客户的情绪互动的第一印象好坏。

③同理客户,聆听是最好的关注。

值得注意的是与我们平时认知所不同的是:情绪不能由一个人传染到另一个人,但是情绪可以共振。一个人的共情能力将决定一个人的影响能力,即一个人的领导力。领导力是让他人愿意敞开、处在高度接受建议的状态的能力。那么,针对负面情绪中的客人,销售人员如何表现出自己高超的共情能力,从而让客户更愿意接受销售建议呢?聆听。和普通的听不同,聆听是带着我们的心,而非似听非听,或只听自己想听的。也许有很多种沟通的技巧可以提供给我们假装听,或让客户以为我们听懂了。但是它们不会给销售带来真正的助益,也不能帮助客户从负面情绪中走出来,与积极正面的情绪建立链接与关系,那么真正的同理心也不会产生与存在。

④找到客户的正面的情绪热键按下去。

通过聆听,也许我们能找到并具体描绘出客户负面情绪。当我们做到这一点时,客户就会感觉到被关心,关系就开始建立。

如果销售仅仅做到这一步已经算是成功。聆听、高度的同理心已经可以帮助我们促成交易、赚取利润了。但是对于真正优秀的服务而言,这是不够的。真正成功的交易将会为客户创造愉悦感,这种体验对于客户而言将是无价之宝。它会让客户购物之后的感受就像去迪斯尼玩了一圈,或刚刚看了心理医生一样。——这也许就是购物狂产生的真正原因?——因此,我们还有一小步工作:找到客户的正面的情绪热键按下去。

服务人员首先需要认识的是,负面情绪背后往往有着正面积极的动机与目的。帮助客户认识到他的正面目的是什么,等于和客户一起经历了一起情绪的历险。最后,客户自己发现:哦,原来在我的焦灼、无助、痛苦、难过后面,还隐藏了这样或那样一些正面积极的动机或力量。

完成以上几步,你将与客户之间建立起一种不仅仅局限于商品交易的关系:情感关系。情感关系不仅仅有助于眼前销售的顺利进行,更为品牌含金量的提升提供了坚实的基础。

(2)汽车金融服务的技巧

1)电话销售汽车保险的技巧

汽车销售市场的快速壮大,使汽车保险行业得到了发展,市场容量不断扩大,使得各个保险公司加强了汽车保险业务的力度,如何提高汽车保险电话销售技巧就是其中主要的一块内容。

汽车保险电话销售人员第一个技巧就是要让自己先明白汽车保险可以为参保者提供什么,可以让参保者得到什么,这就需要销售人员熟练掌握自己的产品服务特点及功能。这也是汽车保险电话销售人员要与电话那头的人沟通讨论的问题。

接下来我们来看一下汽车保险电话销售的基本技能。

①认真倾听。

当向客户推荐汽车保险产品时,客户都会谈出自己的想法,在客户决定是否购买时,通常会从他们的话语中得到暗示,倾听水平的高低能决定销售人员成交的比例;另外,认真倾听客户所说的话,有目的地提出引导性问题,可发掘客户的真正需要;再有,认真的倾听同滔滔不绝的讲述相比,前者给客户的印象更好。

②充分的准备工作。

积极主动与充分的准备,是挖掘客户、达到成功的最佳动力。抛开对所售产品的内容准备不说,作为保险电话销售人员,在给客户打电话前必须做好这些准备工作,包括对所联系客户情况的了解、自我介绍、该说的话、该问的问题、客户可能会问到的问题等,另外就是对突发性事件的应对。因为电话销售人员是利用电话与客户进行交谈的,它不同于面对面式的交谈,如果当时正遇到客户心情不好,他们可能不会顾及面子,把怒火全部发泄在电话销售人员的身上,这就要求电话销售人员在每次与客户打电话之前,对可能预想到的事件做好心理准备和应急方案。

③正确认识失败。

保险电话营销中的客户拒绝率是很高的,成功率大致只有 5%~10%。因此,对保险电话销售人员来说,客户的拒绝属于正常现象,也就是说,销售人员要经常面对失败。这些失败不都是销售人员个人的原因所致,它是人们对于大环境——国内诚信度、小环境——保险行业内的问题等综合性的反映。作为保险电话销售人员,应该正确认识这种失败,同时站在客户的角度看待他们的拒绝,这些都会增加对于失败的心理承受力。

④分析事实的能力。

按照历史数据的统计,在 90%~95% 的拒绝客户中,有大约一半是客户在电话中一表示出拒绝,销售代表就会主动放弃。如何尽可能地挖掘这部分客户的购买潜力,使一次看似不可能达成任何交易的谈话变成一个切实的销售业绩,对保险电话销售人员来说,克服电话拒绝,提高对于事实的分析能力是非常关键的。保险电话销售人员在向客户推荐产品时,遭到的拒绝理由多种多样,如没有需要、没有钱、已经买过、不信任、不急迫、没有兴趣等,但是客户说的不一定都是实话,他们往往不会在一开始就告诉销售人员拒绝的真正理由,销售人员应该认识到,客户的拒绝并不代表他对所推荐的产品不感兴趣,因为有很多其他因素左右着客户的决定,例如对于你所代表公司的信任程度、服务情况、与竞争对手相比的优势等,这时需要电话销售人员要有一定的敏锐度,具备对于事实的分析能力,从客户的言谈中分析出客户是否存在需求和购买能力,从而利用一些技巧,说服客户购买产品。

⑤了解所销售产品的内容和特点。

多数情况下,客户听到汽车保险就已经对产品有大致的概念了。但涉及汽车保险的具体内容,还需要电话销售人员给予详细介绍,尤其是突出对所推荐产品特点的介绍,目的是吸引客户的购买。当然这些介绍必须是以事实为依据,既不能夸大客户购买后能够享有的好处,也不能通过打击同行业的其他产品来突出自己的产品,否则很可能会弄巧成拙,反而得不到客户的信任。

⑥具备不断学习的能力。

所有行业的所有人都要加强学习,有句话叫活到老学到老。作为汽车保险电话销售人员,不断加强学习更是非常重要的。学习的对象和内容包括3个方面:第一,从书本上学习。主要是一些理论知识,如:如何进行电话销售、销售技巧等;第二,在实践中学习。单位组织的培训,讨论等,都是大家学习的机会。另外,同事之间也要利用各种机会,相互学习;第三,从客户处学习。客户是我们很好的老师,客户的需求就是产品的卖点,同时销售人员也可能从客户处了解同行业的其他产品。汽车保险电话销售人员要珍惜每一次与客户交流的机会,尽可能获取更多的信息,补充更多的知识。

⑦随时关注和收集有关信息。

由于汽车保险是与大家生活息息相关的,作为此行业的从业人员,在平时应多注意与汽车保险相关的事件的发生。尤其对于汽车保险电话销售人员,在与客户进行交流的时候,一些负面消息的报道,极会使客户产生对此行业的坏印象,也是客户引发疑问最多的地方或者是客户拒绝我们的重要理由。这要求保险电话销售人员既要了解和分析这些负面新闻,同时也要收集正面的消息和有利的案例,必要时用事实说服客户,更会打消客户的疑问,从而达成购买意愿。关注更多免费采购流程、采购管理、合同范本、销售管理、销售技巧。

⑧及时总结的能力。

因为保险电话销售结果的失败属于正常现象,相反,成功销售的几率相对较少。电话销售人员要对每一次的成功案例给予及时总结,找出成功销售的原因,分析成功是偶然现象,还是由于销售人员的销售技巧、话语、真诚度等方面打动的客户。保证在以后的销售之中,避免导致失败的地方以获取更多的成功。

2)二手车评估的技巧

车辆的价格与它的具体车况密不可分,因此,评估二手车首先要了解车况。

①查找事故痕迹。

一些二手车是在出了大事故后才出手的,但也有例外。一般来说,车辆事故都会表现在车的前部,而前部又是发动机等关键部位所在,因此要特别仔细查找前部的状况。可以观察底盘的大梁是否对称,固定电子风扇、散热器的螺丝有否重新开眼;风窗玻璃橡胶密封条是否被重新装过等。通常来说,事故车最好别买,而车辆后部有事故痕迹对使用来说问题不大。

②细心检查车身状况。

不能被车的外表所迷惑,要围着车身耐心地多转几圈,仔细观察挡泥板及车门下缘的锈蚀情况。一般来说,这些地方的板材在使用的第四年才开始锈蚀,锈蚀越严重说明使用年限越久。

③检查发动机工况。

发动机是车辆的"心脏",车况的好坏大多是指发动机状况的优劣,即缸套及活塞、活塞环的磨损情况。一般来说,车况较好的发动机容易启动,怠速运转平稳,无不规则的抖动;油底壳、气缸垫、火花塞等处无漏油、漏水、漏气;如果排出的尾气呈黑色说明化油器、高压电路、燃烧系统都有些问题;排出的尾气呈蓝色,说明活塞环磨损严重,是机油窜入燃烧室所致。

④查看轮胎磨损程度。

车辆使用年限与行驶里程是成正比的,行驶里程越少车况越好。但出售旧车的人大多会将里程表调校到有限的数字,以表明车况优良。而 300~500 元一个的轮胎,原车主都不会花一大笔钱去更新。因此,看里程加轮胎的磨损情况大致可以判断出二手车的整体车况。

⑤体验车辆行驶性能。

判断二手车车况优劣的最直接感受是车辆行驶的平顺性。在试车时,行驶一段时间待发动机温度到正常时,仔细听听发动机的声音是否平稳,再频繁地换挡,看加速和减速时车辆的反应是否顺畅,变速器同步器是否灵活。在宽阔路面上暂时松开转向盘,看车是否会跑偏。如果你在试车时,一旦车辆高速就发生不正常的抖动,尤其是转向盘抖动,则说明这辆车存在严重综合问题,应该换一辆试试。

情景演练

国庆节促销活动上,刚开始工作的王小姐选购了一辆长安轿车,因为是第一次购车,她希望 4S 店为她介绍汽车消费信贷和汽车保险业务,并推荐合适的金融方案。如果你是长安汽车 4S 店的金融专员,如何完成此次任务?

_____

_____

篇末案例　车险改革后的注意点

新的车险改革方案实施后,有哪些明显的变化需要我们注意呢?

(1)三者险额度提升至最高 1 000 万

还记得之前的面包车撞库里南吗? 事后相关部门统计库里南维修所需仅零件费用就要 237 万,这还不算工时费,面包车的三者险是远远不够赔的。此次车险改革将第三者责任险限额从 5 万~500 万元提升到 10 万~1 000 万元,以后开车上路不用看到豪车就跟卖房子联系到一起了。

(2)车损险范围扩大

在此之前车损险只保车损,改革后车损险将盗抢险、自燃险、玻璃单独破碎险、不计免赔、发动机涉水险、无法找到第三方险、指定修理厂险统一纳入车损险范围。这对一部分原本就打算上附加险的车主来说是利好的。

(3)删除霸王条款、删除免赔率

新规中明确删除了事故责任比例免赔率、无法找到第三方免赔率、违反安全装载规定免赔率等不合理条款,最大限度地保护了车主的权益,保险公司一些不合理的苛刻条款废除。

(4)出险次数对续保费用影响更大

车主频繁出险,每次出险都会让次年保费上涨;但如果车主长期保持无出险记录,次年的车险保费则不会波动太大。

案例思考:在处理纠纷时,新的车险改革方案带来哪些变化?

任务实施

任务实施工单					
实训项目8　汽车金融服务内容					
姓名		班级		日期	
指导教师				成绩	
1.实训目标 　(1)理解汽车金融服务的重点难点。 　(2)熟悉汽车金融服务的工作内容。 　(3)掌握汽车金融服务技巧。					
2.实训步骤 　(1)通过引导文查阅汽车金融服务的内容。 　(2)通过角色扮演,进行售后金融服务训练。 　(3)通过录入数据进行跟踪调查。					
3.查阅引导文与课件,观看视频,完成以下操作: 　(1)列出汽车金融服务的流程和内容?					
(2)运用角色扮演,进行汽车金融服务训练,训练后进行考核,相互评价。					

续表

（3）列出在汽车金融服务应注意的问题及需要训练的技巧有哪些？

🎯 任务评价

实训考核评价表						
姓名		班级		小组		
指导教师				总成绩		
实训项目 8 汽车金融服务内容						
评价内容	占比	检验指标			考核记录	评分
任务完成情况	40%	1.检查训练真实、完整、有效				
		2.完成任务过程情况				
		3.任务完成质量				
		4.任务完成贡献度				
职业知识与技能	40%	1.能描述汽车金融服务的流程				
		2.能描述汽车金融服务的技巧				
		3.能够解决汽车金融服务的常见问题				
职业素养	20%	1.团队合作能力				
		2.现场管理能力				
综合评议与建议						

复习思考题

8.1　我国汽车金融服务的种类有哪些？是怎么定义的？

8.2　未来的金融服务的发展趋势是怎么样的？

8.3　汽车保险与理赔步骤是什么？

8.4　汽车二手车评估的方法有几种？

8.5　汽车金融服务人员的技巧有哪些？

8.6　某天，杨先生晚上回家，把新买的本田轿车停在了小区楼下。深夜11：00，正在值班的小区门卫被一阵声响惊动，门卫立刻冲出去巡查，发现杨先生爱车的发动机盖被一块砖砸坏。门卫对周边进行了仔细查找，并未发现任何人影。杨先生接到通知时已经很晚了，因此他决定第二天再找保险公司进行处理。

第二天一早，杨先生就与相关工作人员取得了联系。工作人员到现场查勘后，发现杨先生爱车的发动机盖、雨刮器以及前风窗玻璃损坏。

你作为保险公司的工作人员，你应该怎么处理？

项目 **9**
汽车美容与装饰服务

知识目标

1.了解汽车美容与装饰的行业现状。

2.了解汽车美容与装饰的发展趋势。

3.掌握汽车美容与装饰的内容和方法。

4.掌握汽车美容与装饰的流程与技巧。

能力目标

1.具备能够与客户流畅交谈的能力。

2.能够从客户交谈中准确获取信息的能力。

3.具备掌握汽车美容与装饰方法与技巧。

素质目标

1.建立安全意识、规范意识。

2.树立创新创业的精神和勇气。

3.强化爱岗敬业,热情服务顾客的工作态度。

目标岗位

岗位名称	岗位描述	岗位能力要求	岗位能力训练目标
汽车美容师	1.负责车辆美容施工项目; 2.负责车辆施工前后的检查工作; 3.负责客户信息的收集反馈; 4.负责对美容施工所需设备的保管及保养	1.能独立完成车辆抛光打蜡、镀膜、封釉、发动机清洗、室内清洁、车辆加装等精品项目操作; 2.在规定时间内保证质量按施工单完成施工任务; 3.对施工车辆按照规定完成自检,保证施工合格率	1.能够正确使用汽车美容项目的设备和工具; 2.能够按照规范流程操作汽车美容与装饰项目; 3.能够运用服务技巧接待客户

　　汽车装饰美容是工业经济高速发展、汽车文化日益深入人心和消费观念不断进步的必然产物。随着人们生活水平的提高以及消费观念的转变,汽车已经作为大众化消费品进入百姓生活,让自己的"座驾"整洁、舒适,美观,成为绝大多数车主的用车目标,通过汽车装饰与美容

可以达到这一目标。

【课程内容】
案例导入

一般来说,新车装饰的项目大致包括封釉美容、贴防爆太阳膜、安装汽车防盗器及倒车雷达、铺地胶,再加上车用的一些小饰件。完成这些项目总的来说有3个途径:一是购车处,包括汽车销售市场或汽车专卖店;二是汽车装饰市场及小规模服务商;三是具有一定品牌影响力的汽车美容装饰公司。

当消费者在汽车销售市场购车时,在车价不打折的前提下,大部分的销售人员往往会以赠送新车装饰作为优惠条件,并称赠送价值为几千元。笔者在采访了几位接受"馈赠"的车主后发现,他们大多把这种赠送的东西称之为"鸡肋"——"食之无味,弃之可惜"。因为是赠送的装饰项目,大多物品的原材料往往是以次充好,加上非专业人员施工,施工工艺很难达标,甚至有的没用几天"马脚"就露出来了。因此,专家建议消费者哪怕是让销售商在车价上稍微做些让利,也最好不要轻易接受此类"馈赠"。

据业内人士介绍,现今的汽车专卖店已不再仅仅从单纯的汽车销售中获取利润了。一位车行人员坦言,装饰一辆车的利润能达到上千元甚至更多。专卖店一般是把装饰项目的价格标得很高,然后利用车主买新车时心气高,不太在意花钱、容易冲动的心理,吓唬客户说,如果在别处装饰动这拆那的话,则不予保修等手段,劝说客户进行消费。而等客户冷静下来去市场上咨询时,才感觉到自己实际是吃了"哑巴亏"。不过实际上,专卖店对于所售车辆的结构状况还是比较熟悉的,装饰起来也能轻车熟路,基本上很少有后顾之忧。因此,在此类地方装饰汽车时,需要消费者根据自身情况权衡利弊,慎重选择。

以北京为例,目前该市有大大小小几百家小型"汽车配件、装饰店",服务价格便宜,但也有其美中不足的地方。因此专家指出,在此类地方消费时,最好是有所选择。如果是购买对车的性能不会造成影响的物件可以在"汽配城"选购;如果是想做技术含量稍高,或是花钱较多的项目时,最好是找一内行的朋友帮忙参考,若没有,最好干脆选择有一定品牌知名度的专业的装饰公司。这些公司诚信度好、专业性强,有相对成熟的管理制度和严格的质量体系。当然,这些大服务商还是各具特色、稍有差别的,有的是大卖场的风格,以饰品销售为主;有的则是以技术服务见长,车主可以根据自己的需要,在装饰之前做个简单的电话调查。

案例思考:你如何看待汽车美容市场,如果你作为创业者,怎么才能在汽车美容市场出奇制胜?

拓展阅读:汽车美容与装饰的发展现状

任务 9.1　汽车美容与装饰的内容

　任务描述

随着国民经济的高速发展、车辆保有量的急剧增加,汽车相关配套的服务行业也迅速地发展起来,汽车美容与装饰行业所开展的项目也越来越多。

本任务学习的目标是帮助学习者理解各种常见汽车美容与装饰项目的基本内容。

岗位能力训练目标

1.能够说出汽车美容与装饰服务项目及作用。
2.能够正确使用汽车美容项目的设备和工具。

"汽车美容"主要包括车表美容(汽车清洗、除去油性污渍、新车开蜡、旧车开蜡、镀件翻新和轮胎翻新)、车饰美容(车室美容护理、发动机美容护理和行李箱清洁)、漆面美容(漆面失光处理、漆面划痕处理和喷漆)、汽车防护(粘贴防爆太阳膜、安装防盗器、安装语音报警系统和安装静电放电器)及汽车精品(汽车香水、车室净化、装饰贴和各种垫套)5 个方面。汽车装饰是通过增加一些附属的物品,以提高汽车表面和内室的美观性,这种行为称为汽车装饰;所增加的附属物品,称为装饰品或者装饰件。

9.1.1　汽车清洗

汽车清洗是汽车美容的首要环节,同时也是一个重要环节。它既是一项基础性的工作,也是一种经常性的美容作业。汽车在使用过程中,其表面会受到风吹、日晒、雨淋等自然侵蚀,使表面逐渐沉积灰尘和各类污物。如果这些污垢不及时清除,不仅影响到汽车的外观,还会诱发锈蚀和损伤。因此,汽车清洗对保持车容美观,延长车辆使用寿命有着重要作用。

汽车清洗剂的
种类与选用

(1)汽车清洗发展史

回顾我国洗车行业的发展史,其发展成长过程大致可归结为 6 个阶段。其常用的汽车清洗工具如图 9.1 所示。

1)第一阶段:原始阶段

20 世纪 80 年代前,是在车主对自有车辆清洗的基础上发展而成,仅有简单的洗车工具如水桶、毛巾、自来水管等,对车辆进行简单的外表清洗,营业场所大多为路边临时建筑或露天作业,开展对社会车辆的清洗服务。

特征:设施简陋、人员素质低、服务场所和人员均流动性较大、服务项目单一,基本未纳入政府部门管理,有部分洗车仅为停车、餐饮招揽生意的附属服务。

2)第二阶段:成长阶段

20 世纪 90 年代初,使用基本的清洗工具及材料,如高压水枪、蓄水池、洗衣粉等,有相对

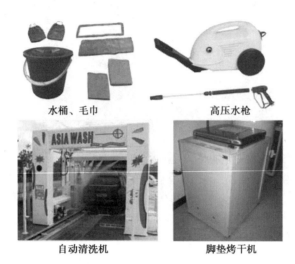

水桶、毛巾　　　　　　　　　　高压水枪

自动清洗机　　　　　　　　　　脚垫烤干机

图 9.1　汽车清洗常用工具设备

固定的营业场所和从业人员,作为服务点基本纳入了工商税务部门的管理。主要特征是:服务项目单一、技术要求无标准逐渐成长为一项社会所需要的服务业,接纳了较多的农村劳动力。

3)第三阶段:垄断阶段

1991—1993 年,各地政府部门为创建卫生城市提升城市综合形象而采取的一项强制措施,在城市要道口修建大型洗车场,拥有成套的专用设备,如清洗机、高泡机或大型自动洗车机进行流水线作业,并普遍使用洗车液,有专门的工作人员,但服务项目仍停留在外表的清洗。主要特征是:计划经济的产物,投入高、规模大,靠行政命令推行,因违背市场经济规律而很快消失。

4)第四阶段:发展阶段

1993—1996 年,开始接受国外汽车美容护理的基本理念,由简单的外观清洗进入车内的美容护理,有专业的汽车清洗设备,如高泡机、吸尘器、洗衣机、脚垫烤干机等,使用专业的洗车液;从业人员也具备了一定的专业汽车护理常识,并且在护理的时候,根据汽车的情况,开始进行汽车内部的护理,从业者在数量上和质量上都有一个较大的发展。主要特征是:同行之间的竞争不仅仅比价格,更主要的是服务质量,用优质服务去吸引顾客。赢取自己的经济收入。

5)第五阶段:专业阶段

1996—2003 年,其表现为进行全面防锈、护理、养护等方面的汽车美容,并开始研究顾客潜在的需求。这一代洗车场不仅仅深刻领会并具体落实了什么是专业洗车方式和科学美容的方法,统一进行汽车美容施工流程;从业人员专业素质较高,技术人员一般都是通过专业学校培训的。主要特征是:企业内部有较科学的管理,同行之间的竞争由硬性发展为软性,竭力为顾客提供享受式的服务,如在汽车美容店配上休闲茶楼,方便购物的精品店,供顾客活动的娱乐室等,并根据情况引导顾客消费,但这种配套的、专业的汽车美容服务店在中国只占1/5的比例。

6)第六阶段:现代化阶段

2003 年—2009 年,发展为品牌和规模化的汽车美容服务网络,表现为"绿色、环保、以人为本的个性化服务"。拥有专业的全套汽车美容技术和科学养护方式,使用绿色环保设备、绿色环保护理用品等统一专业的施工操作流程。

7)第七阶段:新模式阶段

从2009年开始到2015年,私家车成为市场经济发展的主力军,受资本与新技术的共同作用,汽车后市场不断出现新的商业模式,例如O2O、电商化、新零售等。从2016年至今,呈现出线上线下深度融合局面,消费者在消费过程变得日益理性,新模式新方向逐渐清晰。

(2)现代美容洗车与传统洗车的区别

汽车清洗是采用专用设备和清洗剂,对汽车车身及其附属部件进行清洁处理,使之保持或再现原有风采的最基本美容工序。现代美容洗车与传统洗车的区别是:

现代化洗车

1)目的不同

传统洗车无非是去除汽车表面的泥土、灰尘等,仅仅是洗去了汽车表面上的浮落物,而对黏附在车漆上具有较强氧化性的沥青、树胶、虫鸟粪便和嵌入车漆深处的铁粉等是无法去除的。

"美容洗车"则是在"传统洗车"的基础上,内涵扩大到漆面清除氧化物和车漆保养的范畴,不仅洗去了汽车表面的浮尘,还用专业技术将黏附在汽车表面上的有害物质统统除去,就连嵌入车漆深处的铁粉等有害物质也要彻底除去。因此,"美容洗车"正逐步代替"传统洗车"。

2)材料不同

"传统洗车"用的洗衣粉、肥皂水、洗洁精洗车。肥皂水、洗衣粉、洗涤剂虽能分解一些油垢,但会造成车漆氧化、失光,严重时还会腐蚀金属和加速密封胶条的老化。

"美容洗车"用洗车液所代替。专用洗车液呈中性,选用非离子表面活性剂制成,能使污渍分子分解、浮起而轻易被洗掉,其化学成分不会破坏车漆,对车漆还兼有保护作用。

3)技术不同

"传统洗车"大多由非专业人员组成,无法从技术上、程序上保证洗车的效果,而"美容洗车"的员工都经过正规严格的训练,能熟练地借助于现代化的设备和高性能的清洗用品进行洗车作业,在工作时间和洗车质量上都大大地超过"传统洗车"。

4)对环境影响不同

"传统洗车"作业场所一般不规范,即随时随地就可实施,甚至是"一人、一桶、一抹布",这样的洗车不但影响了城市形象,同时清洗的泥沙及废水还会造成城市的环境污染,也造成了水资源的浪费。专业的"美容洗车"作业场所固定,配套设备完善齐全,将洗车水经过多次沉淀、过滤、消毒和软化处理后反复利用,不仅节约了宝贵的水资源,保护了环境,而且还保证了洗车的效果。

(3)汽车清洗的作用

1)保持汽车外观整洁

汽车在行驶中经常置身于飞扬的尘土中,雨雪天气有时还要在泥泞道路上行驶,车身外表难免被泥土沾污,影响汽车外观整洁,为使汽车外观保持清洁亮丽,必须经常对汽车进行清洗。

2)清除大气污染的侵害

大气中有多种能对车身表面产生危害的污染物,尤其是酸雨的危害性最大,它附着于车身表面会使漆面形成有色斑点,如不及时清洗还会造成漆层老化。轻微的酸雨可以用专用去酸雨材料清除,对严重的酸雨需使用专业的设备和清洗剂才能彻底清除。为此,车主应定期将汽车送到专业汽车美容店进行清洗。

3)清除车身表面顽渍

车身表面如黏附树胶、鸟粪、虫尸、焦油、沥青等顽渍,如不及时清除就会腐蚀漆层,给护理增加难度。为此,车主要经常检查车身表面,一旦发现具有腐蚀性的顽渍应尽快清除,如已腐蚀漆层必须到专业汽车美容店进行处理。

(4)汽车清洗时机

依天气变化进行汽车清洗,遵循以下原则:

1)连续晴天时

只要用鸡毛掸子清除车身上的灰尘,再用湿毛巾或湿布擦拭前后玻璃及车窗与两旁的后视镜。一般先清除车顶,再清除前后风窗玻璃、左右车窗、车门,最后清除发动机盖及行李箱盖。如果一直为此种天气,大约一周做一次全车清洗工作即可。

2)连续雨天时

只要用清水先将全车喷洒,使车上的污物掉落。因为还会再下雨,接下来用湿布或湿毛巾擦拭全车所有的玻璃。但当放晴之后,就得全车清洗一遍。

3)忽晴忽雨时

如果遇到此种气候,就得常常清洗车身,虽然很累人,但为求车身清洁也是不得已。

9.1.2 漆面打蜡

(1)汽车蜡发展简史

1)固体石蜡

此蜡石油蒸馏物含量极高,附着力很差,无保护作用,闪干时间很长,约24 h,非专业人员使用出现亮度不均匀的现象。

漆面打蜡

2)蜡膏状石蜡

此蜡是液状石蜡的过渡性产品,石油蒸馏物含量很高,附着力较好,但闪干时间较长(约8 h),使用后容易出现油腻现象。

3)液状石蜡

此蜡是经稀释以后的复合型石蜡,渗透能力较强,附着力很好,闪干时间较长(约8 h),但仍然采用传统配方,使用后很难在第二次打蜡时清洗干净。

4)单种聚合蜡

此蜡是内含单种聚合物的保护性上光蜡,其中包括清洗型和非清洗型两种,清洗型上光蜡内含有柔和的研磨材料,上光同时能够去除漆面轻度氧化和细微划痕。非清洗型上光蜡只具有保护作用。

5)多种聚合蜡

此蜡是内含多种聚合物的保护性车蜡,能在漆面形成一层薄薄的膜,具有上光、防腐蚀、抗氧化等多种功能。适用于任何颜色的漆膜,保护时间长,耐候性极好,透明漆的使用效果尤佳。

6)纯天然原料蜡

此蜡属高科技产品,采用纯天然原料,更有利于对车漆的保护。纯天然原料蜡主要有以下6种特色:

①色蜡:按车的颜色用蜡,红色用红蜡,黑色用黑蜡。目前的流行色有 12 种之多。

②含釉成分:有的称为"太空釉",这类车蜡的特色是抗腐蚀、抗氧化,增加亮度。

③含特氟隆:特点是牢固、持久、防氧化,可渗入漆表层。

④含硅:渗透性好,对氧化引起的毛细孔裂纹起密封作用。

⑤含研磨剂:在打蜡的过程中起抛光作用。

⑥含天然原料(如棕蜡等):能产生极好的光泽和透明度,是美容产品中的极品,适用于高档车。

(2)汽车蜡的作用

汽车蜡的主要成分是聚乙烯乳液或硅酮类高分子化合物,并含有油脂和其他添加成分。这些物质涂覆在车身表面具有以下作用:

1)隔离

汽车属于室外用品,运行环境复杂,容易受到有害气体、有害灰尘及水分等具有腐蚀性物质的侵蚀。以水分为例,空气中的水蒸气冷凝后形成水滴存留在车身表面,在强烈阳光照射下,每个小水滴就是一个凸透镜,在它的聚焦作用下,焦点处温度达 800~1 000 ℃,造成漆面暗斑,极大影响了漆面的质量及使用寿命。另外,有害气体和有害灰尘会造成车漆变色和老化。

汽车蜡可在车漆与大气之间形成一层保护层,将车漆与有害气体、有害灰尘有效地隔离,起到一种"屏蔽"的作用。汽车蜡可使车身表面的水滴附着减少 60%~90%,高档车蜡还可使残留在漆面上的水滴进一步平展,呈扁平状,最大限度地减少水滴对阳光的聚集,大大降低了车身遭受侵蚀的可能性,使车漆得到保护。

2)美观

汽车的车身面漆等于汽车的外衣,一辆车看上去是新是旧,好不好看,很大程度上取决于它的车漆,因此对车漆的护理十分重要。汽车蜡是用来保护车漆,同时又可美观车漆的专用品。经过打蜡的汽车可以改善其表面的光亮程度,增添亮丽的光彩。

3)抗高温

汽车蜡可对来自不同方向的入射光产生有效反射,防止入射光使面漆或底色漆老化变色,延长漆面的使用寿命。

4)防紫外线

车蜡防紫外线作用与它的抗高温作用是并行的,只不过在日光中,由于紫外线的特性决定了紫外光较易于折射进入漆面,防紫外线车蜡充分地考虑了紫外线的特性,使其对车表的侵害得以最大限度地降低。

5)防静电

汽车在行驶过程中,车身表面与空气流发生相对摩擦,易产生静电,由于静电的作用,会使灰尘附着于车身外表。给汽车打蜡,在车身表面与空气流之间形成一层隔离层从而减小静电影响。有人曾做过试验,让一辆打过蜡的车与另一辆没有打蜡的车在同一路段行驶同样的距离,结果发现,两车外表吸附灰尘的程度明显不同。打过蜡的车身表面上的灰尘很少且容易被清除掉,而没有打蜡的车身表面上却覆盖着一层厚厚的灰尘且难以清扫,清扫之后还会有明显的痕迹。这个实验说明,车身打蜡对消除或减小静电影响,使车身保持整洁具有重要作用。

9.1.3 汽车涂漆

随着各国对环保的日益重视,21世纪汽车车漆的主要发展趋势是不仅要适应市场竞争的需要和追赶新潮流,努力提高汽车涂层的外观装饰性、耐擦性、抗石击性和耐环境对涂膜的污染性外,还必须具备环保、高涂装经济性和提高产品的附加值。

为满足上述几方面的需求,汽车车漆趋向水性化、高固体化、非异氰酸酯化方向发展。从汽车诞生百年以来,汽车漆料也已有70多年历史,特别在近20多年来得到了突飞猛进的发展。目前汽车涂层的各项性能,如装饰性、防腐蚀性、抗石击性、施工性以及耐候性等都有了很大程度的提高和改善,已达到一定的水平。

早在20世纪60年代中期,欧洲、北美的车用底漆就率先完成了水性化的历程,电泳底漆投入使用。80年代中后期又完成了底色漆的水性化工作。90年代初期水性罩光清漆也开始进入市场。具有代表性的应推 Herbests(贺伯兹)公司。目前该公司已有从底到面系列水性涂料供应汽车总装厂。

汽车修补漆的水性化速度相比之下就要缓慢得多,迄今只有少数几家公司有商品供应市场。目前汽车修补漆的水性化比较成功的品种是双组分聚氨酯系涂料的水性化。水性底色漆如图9.2所示。

图 9.2　水性底色漆

ICI公司推出 Aquabase 的水性底色漆,采用了先进的微胶合成技术,使该产品在很大程度上克服了以往水性涂料的种种固有缺点,从而赋予它极大的市场竞争潜力。Aquabase 底色漆可与溶剂型双组分中间涂料或水性中间涂料配套使用。至于罩光面漆,ICI公司建议最好采用溶剂型高固体分聚酯聚氨酯或丙烯酸聚氨酯系涂料。Aquabase 成功地克服了原有水性涂料对环境湿度要求严格给施工应用带来的不方便,因而为进入汽车修补漆市场铺平了道路。

(1)面漆的施工

施工前的准备:

1)检查

对待喷涂物面进行全面检查,如发现底漆层不平整、不光滑,应进行打磨,对残留原子灰和其他污物应清除干净。

2)遮盖

全涂装和局部修补涂装,对不需喷涂的部位都应遮盖起来。对于这种遮盖作业,所用的纸和粘贴带,都有定型产品,如图9.3所示。可以根据不同的场合灵活选用。

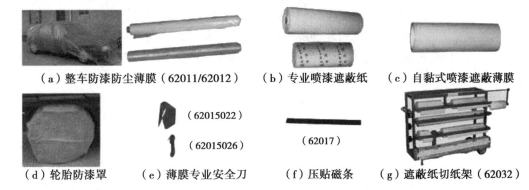

（a）整车防漆防尘薄膜（62011/62012）　（b）专业喷漆遮蔽纸　（c）自黏式喷漆遮蔽薄膜

（d）轮胎防漆罩　（e）薄膜专业安全刀　（f）压贴磁条　（g）遮蔽纸切纸架（62032）

图9.3　车身覆盖设备

3）调色

调色是利用一系列的调色设备,按原车颜色进行调配。在进行调配颜料时,要注意根据修补车的面积大小来估计用料,防止颜料不够或过多造成浪费。

4）喷枪的调整与实验

按照施工的要求对喷枪进行调整,喷枪的调整有空气压力的调整、喷雾扇形的调整和涂料流量的调节。调整后的喷枪要进行喷涂实验。

（2）喷涂工艺

金属色彩涂料喷涂工艺如下:

1）薄层预喷

要形成连片的一张涂膜,轻度薄薄地喷涂,确认有无缩孔,对小缩孔可用喷雾法喷涂修正,对大的缩孔部位,经干燥并采用600号砂纸打磨后,用喷雾法修正。

2）着色喷涂

为避免涂膜颜色产生不匀,每道喷幅应重叠3/4,均匀地喷涂,要注意保持适当的喷枪距离。

3）修整不匀部位

着色工序时无不匀,可省去这道工序。产生不匀时应充分间隔一段时间,降低涂料黏度,以小于着色工序喷涂量并以较快的速度(喷幅重叠3/4)均匀地喷涂。

4）清漆稳定涂层喷涂

涂层不要厚,均匀地进行喷涂,此工序中清漆使用量大约是为清漆总量的40%。

5）清漆罩光喷涂

注意涂面情况,均匀地喷涂,清漆使用量为清漆总量的60%。

9.1.4　漆面喷涂

（1）漆面喷涂的作用

漆面喷涂的作用如下:

1）延长使用寿命

车漆膜喷涂主要是防止车身腐蚀从而延长车身使用寿命。

2）提高装饰性和商品价值

汽车不仅应具有必需的使用功能,而且还是一个艺术品,在车身造型和装饰上体现出很高的艺术内涵。车身的艺术品位和装饰品味越高,越受人们的欢迎,越能激起人们的购车欲望。特别是在目前,市场竞争达到火热的程度,汽车商家们为提高产品的装饰性能,以其艳丽华贵的外表,达到提高商品的价值和市场竞争力的一个亮点。

3）作为市场竞争的一种手段

在世界汽车市场上,早已是产大于销,生产能力过剩,市场的竞争已达到"你死我活"的程度。为了争得一席之地,世界各国厂商均使出浑身解数,从产品性能、新奇结构、内外装饰均在不断创新。

目前,汽车以其艳丽华贵的外表,极大地提高了自身的商品价值,并以此作为市场竞争的一种手段,提高其市场的竞争能力。正因如此,厂商投入了极大的人力、物力对喷涂技术进行研究,尤其是将彩色画面等喷漆或印刷在汽车上的技术,恰恰符合了公众对强烈的"与众不同"要求的欲望,使多色花纹喷涂技术具有其强大的生命力和竞争力,展现其远大的"前途"。

（2）多色花纹喷漆技术

1）施工方法

主要施工方法有4种:

①粘贴胶片:制成彩色胶片贴在车身上。

②胶片转印复制:即将胶片在被涂装面上加热复制转印。

③气流涂装:采用气流喷漆直接进行涂装。

④喷射式印刷涂装:直接采用印刷喷漆。

上述4种方法的评价结果见表9.1。

表9.1　涂装的比较

评价项目 技术名称	商品力						成本 制造成本	环境 地球环境	备 注
	与曲面对应性	质量	涂膜性能	大面积适应性	多品种适应性	作业性			
粘贴胶片	○	◎	○	△	△	○	×	△	◎:多量多种
胶片转印复制	○	◎	△	×	○	△	△	△	△:少量多种
气流涂装	○	△	△	×	×	×	×	△	×:少量少种
喷射式印刷涂装	△	△	△	○	◎	○	◎	○	○:多量少种

最终结果表明,对于汽车车身外板这样的大面积涂装,从成本方面考虑,第4种方法为佳。

其基本条件:

①相应的曲面形状改造,即要求喷涂设备不仅能喷涂在平面上,而且还能在曲面上进行正常喷涂。

②进一步提高了表面质量,主要是提高了色彩的鲜明度。

③提高了漆膜性能、主要是提高了涂料的耐候性水平。

2)喷涂设备及方法

通过高压气流将涂料喷射到被涂物表面上。

喷涂设备将原画面(彩图、照片)用扫描仪读入并通过计算机进行记录和编辑,以达到与原画面一致的最完美的涂装画面,然后通过控制器将印刷执行指令传输到涂装装置中,涂装装置按指令程序进行4种颜色的气流喷射,通过水平方向和垂直方向的移动,在被涂物表面进行涂装。

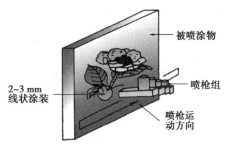

为保证汽车曲面部位涂装的鲜明度,使用了与曲面形状对应的装置。这种装置是在水平方向(x轴)与垂直方向(y轴)的基础上增设了(z轴)随动机构,以保证喷嘴与曲面对应的运动轨迹,这种三维涂装装置,可进行最大角度为30°曲面随动涂装,如图9.4所示为涂装系统示意图。

图9.4 涂装系统示意图

在宽幅为2~3 mm(呈线状)范围进行喷涂,为提高喷涂质量,防止粉尘和振幅的影响,必须选择适合的喷嘴口径和喷嘴前端的形状,以减少气流喷射枪在喷漆时特有的粉尘和振幅,可提高装饰质量。粉尘幅度与喷嘴距喷涂物距离和气流压力有着密切的关系。当气压为0.5 MPa、喷嘴距离为20 mm时,即能达到很高装饰质量水平。

9.1.5 太阳膜

(1)太阳膜的特性

1)透光性

必须选择具有单向透光性能的隔热防爆膜,透气率应大于70%,夜间行车时,都应当视野清晰而决不模糊,才不会影响行驶安全。

2)隔热性

隔热效果是衡量太阳膜质量的重要指标,优质车膜的隔热率应在46%~68%。

3)防爆性

优质的防爆车膜的结构中必须设有防爆基层,当挡风及车窗玻璃爆裂时应能有效地防止碎片飞散,防止司乘人员受到伤害。

4)耐磨性

优质车膜应具有高质量的耐磨层,膜面应有防划伤保护层,这对延长车膜使用寿命,确保施工时不留下任何划痕,保持车膜美观都有重要作用。

5)抗光线折射性

这是前挡隔热防爆膜一个很容易被忽视的重要指标。因为光线折射会产生镜面效应,导致玻璃上出现车内物品投影,影响视线,降低安全性能。

(2)太阳膜的作用

1)改变色调

五颜六色的车膜可以改变车窗玻璃全部是白色的单一色调,给汽车增添美感。

293

2）隔热降温

车膜可以减小光线照射强度，起到隔热效果，保持车厢凉爽。

3）防止爆裂

当汽车发生意外时，防爆车膜可以防止玻璃爆裂飞散，避免事故中玻璃碎片对司乘人员造成伤害，提高汽车安全性。

4）保护肌肤

阳光中的紫外线对人体肌肤具有一定的侵害力，长期受紫外线照射易造成皮肤疾病。车膜可有效地阻挡紫外线，对肌肤起到保护作用。

5）单向透视

车膜的单向透视性可以遮挡来自车外的视线，增强隐蔽性。

（3）太阳膜的种类

太阳膜按颜色不同有自然色、茶色、黑色、天蓝色、金墨色、浅绿色和变色等品种，按功能不同可分为普通膜、防晒太阳膜和防爆太阳膜等，按产地不同可分为进口和国产车膜，部分进口车膜的品种及特性见表9.2。

表9.2　太阳膜的比较

产品系统	产品代号	透光率/%	隔强光率/%	防紫外线率/%	防爆效果
美国 3M 系列	6330	35	60	98	
	7710	21	76	99	性能优良
	8383	35	58	98	
	9010	30	70	99	性能优良
美国 MADICO 系列	AL-21	21	85	99	性能优良
	AL-25	25	85	99	
	AL-28	30	75	99	
	AL-35	35	85	95	性能优良
	AL-320	35	85	99	性能优良
	AL-321	35	85	99	性能优良
	AL-300	30	70	99	
	自然色-336	30	75	99	
日本 FSK 系列	500S	35	82	99	性能优良
	600S	25	85	99	性能优良
	035S	35	80	99	性能优良
	035BL	35	75	99	性能优良
	835BR	35	78	99	性能优良

9.1.6　车身大包围装饰

(1)车身大包围装饰的特点

车身大包围装饰是在高水准的汽车文化中诞生的。随着人们生活水平的提高,对汽车的认识和需求也不断提高,对汽车的装饰、包装会更加讲究,追求时尚,讲究个性,这些就是车身大包围装饰产生的背景。

1)小批量多品种

车身大包围装饰件的制造特点是小批量、多品种。这就是人们讲究个性、追求时尚的结果,呈现出多样化。这也正如人们常说的那样"穿衣戴帽、各有所好"。

2)制作材料多样化

大包围制件在制作时,使用的材料主要是塑料、金属。塑料中以玻璃钢材料为最多。有的采用新型碳纤维材料和铝碳合金复合的制作方式以及蜂巢式铸造工艺相互配合制作。还有的采用铝合金、不锈钢等材质制作,各有其特性。

(2)大包围装饰施工

1)选择大包围装饰件

①按车型选择。

目前装饰件生产厂家生产的大包围总成件,基本上都是以特定的车型为准而设计制作的。在制作中,又根据制作的材质和工艺而分为标准型、豪华型;在为车型配套时,还要考虑车身的颜色,因此有多种类型和色泽可供选择。

②选择的标准。

选择大包围总成件的标准,主要是要达到装饰后好看、协调、总体平衡协调、外形美观大方、前后包围和侧包围融为一体以及简练赏心悦目等。

2)安装大包围

大包围由前包围、侧包围和后包围组成。

①安装前包围。

a.将安装前包围的部位进行擦拭,将油污、污垢等去除,使装饰部位达到清洁、干燥、做好安装准备。

b.准备好安装工具和材料。常用的安装工具有手电钻、锤子、旋具、活扳手、钳子等。准备好大包围总成的各种零件,按安装说明书要求做好相应准备。

c.按前包围安装位置的要求,在车的前端钻好安装孔,并去掉孔边周围的毛刺。

d.将前包围从保险杠下部插入,对准安装孔,用螺钉从侧面固定拧紧。

前包围零件如图9.5(a)所示。前包围零件安装后的状态如图9.5(b)所示。

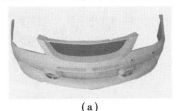
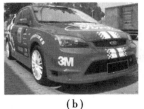

(a)　　　　　　　　　　　　　(b)

图9.5　车身大包围

②安装侧包围。

侧包围分左、右两部分。安装方法一样。

a.清洗安装部位,准备好安装用的工具和材料,做好安装前的一切准备工作。

b.按安装要求,钻好安装孔。把车门打开,将左侧围的包围件放在安装位置,钻好安装孔,并用螺钉固定好。

左侧围包围件安装后的状态,如图9.6(a)所示。

(a)

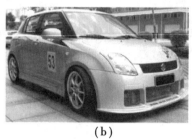
(b)

图9.6 车身侧包围

图9.7 车身后包围

右侧围包围件的安装,其安装方法同左侧围的一样。对此车而言,左右侧围是对称的,包围件也是对称的。安装右侧围包围件后的状态如图9.6(b)所示。

③安装后包围。

后部包围件的安装方法与前部一样。但后部包围件上有一个消声器的排气口,制作时将排气口变大了,显得更漂亮。

安装后包围件后的状态如图9.7所示。

9.1.7 汽车内饰

车内饰品种类很多,按照与车体连接形式的不同可分为吊饰、摆饰和贴饰3种。

(1)吊饰

如图9.8所示,吊饰是将饰品通过绳、链等连接件悬挂在车内的一种装饰。吊饰按饰品的不同可分为图9.8中4类。

汽车内饰
装潢案例

图9.8 吊饰

（2）摆饰

如图 9.9 所示,摆饰是将饰品摆放在汽车控制台上的一种装饰。主要的摆饰物品有地球仪、水平仪、报时器、国旗及精美的珍藏品等。

图 9.9　摆饰

（3）贴饰

如图 9.10 所示,贴饰是将图案和标语制在贴膜上,然后粘贴在车内/车外的装饰。图案主要有名车商标、明星照片及公益广告等,标语主要是对驾驶员及乘员的提醒或警告语,如"注意安全""车内严禁吸烟"等。

图 9.10　贴饰

9.1.8　汽车坐垫

（1）功能

1）提高舒适性

柔软的汽车坐垫使身体与座椅更服帖,可减缓汽车颠簸产生的振动,减轻旅途疲劳。

2）改善透气性

夏季使用的硬塑料或竹制品坐垫具有良好的透气性,给人以凉爽的感觉,有降温消汗功效。

3）增强保健性

汽车保健坐垫可通过振动按摩或磁场效应,改善乘员局部新陈代谢,促进血液循环,消除紧张疲劳,达到保健目的。

（2）坐垫的种类

1）柔式坐垫

如图 9.11 所示,主要由棉、麻毛及化纤等材料制成。棉麻混纺坐垫具有透气性能优良、韧性强、易于日常清洁护理等特点;棉毛混纺坐垫具有柔软、舒适、透气性能好等特点;化纤混纺坐垫透气性好、价格低,但易产生静电。

图 9.11　坐垫

2)帘式坐垫

主要由竹、石或硬塑料等材料制成小块单元体,然后将单元体串接成帘状制成坐垫,该坐垫具有极好的透气性,是高温季节防暑降温的佳品。

3)保健坐垫

该坐垫是根据人们保健需求制成的高科技产品,当乘员随汽车颠簸振动时可起到自动按摩效果。另外,坐垫的磁场效应对人体保健也大有益处。

9.1.9　汽车视听设备

人们在以车代步、乘坐舒适等需求满足之后,又进一步追求坐在车内听广播、欣赏音乐、看电视等享受。因此,汽车装饰项目中便增添了选配、安装或改装视听装置的内容。

在汽车里安装音响、电视等视听设备具有以下作用:

(1)减轻驾驶途中疲劳

在汽车行驶途中,听听音乐、相声、小品等文艺节目,既可提供优美的听觉享受,又可减轻驾驶途中的疲劳,使司乘人员感到轻松愉快。乘客还可通过汽车电视观看精彩的影视节目,消除途中寂寞。

(2)提供交通信息

一些大中城市的广播电台已相继开通交通信息节目,向驾驶员及时传播道路情况、交通情况、汽车使用、维修服务及安全行车知识等信息。还接受驾驶员的信息咨询和投诉,已成为驾驶员行车的顾问和向导。

(3)减少停车等待中的寂寞

停车等候乘客,这是客车驾驶员经常遇到的,此时打开视听设备,动听的音乐、诙谐的相声和小品可减少等待中的寂寞。

9.1.10　后视镜

按不同的分类方式,后视镜有不同的种类,主要有以下两类:

(1)按后视镜的安装位置分类

按后视镜的安装位置可分为外后视镜和内后视镜,如图 9.12 所示。外后视镜一般汽车左、右两侧都有,其功用主要是让驾驶员观察汽车左、右两侧的行人(包括上、下车人员)、车辆以及其他障碍物的情况,确保行车或倒车安全。内后视镜主要供驾驶员观察和注视车厢内乘员及物品的情况,内后视镜还具有在夜间防止后续车辆的前照灯光线所引起炫目的功能。

（a）外后视镜　　　　　　　　　　　　　　（b）内后视镜

图 9.12　后视镜

(2)按镜面角度调整方式分类

按镜面角度调整方式分为手动后视镜和电动后视镜,如图 9.13 所示。手动后视镜的镜面可绕镜框后的球形铰接转动,调整量为上下、左右各 20°~25°,通过人工进行调整。电动后视镜在镜片后部装有驱动部件,驾驶员可以在车内操纵按钮开关,对镜面的角度进行上下、左右的调节,调节范围为 20°~30°,无级变速,操作方便。

（a）手动后视镜　　　　　　　　　　　　（b）电动后视镜

图 9.13　旋转后视镜

案例 9.1　切忌盲目非法改装氙气大灯

"车灯发出电焊般的强光,刺得我睁不开眼,太危险了!"开了 40 多年车的曾先生说,走夜路的驾驶员最怕的就是氙气灯,这种灯在会车时会让驾驶员视觉出现盲区。同时,氙气灯改装却在一些改装发烧友中越来越盛行,氙气灯改装行业也越来越火爆。这一矛盾在车主中普遍存在,"晃人眼"的氙气大灯究竟有多么令人憎恶,其本身又存在着哪些弊端呢?

对夜晚开车的驾驶员而言,此类灯光晃得他们眼睛发花,虽只有几秒钟,却危机四伏,成为新的交通安全隐患。这是典型的光污染。据检测,氙气灯的亮度是一般卤素灯泡的 3 倍,且光色接近正午日光的颜色。这种刺眼的强光,容易使前方的车辆和行人产生视觉"盲区",酿成车祸。

氙气灯的大灯需要几秒钟的时间去用强大的电流将其激活。而在这一刹那间,车祸就随时可能发生。虽然氙气灯具有很多优点,但是从技术角度来讲,氙气灯的使用具有一定的局限性,而改装店对局限性闭口不谈,消费者对这些局限性更是知之甚少。

氙气灯发出强光后,对面的人都采取避让、减速的做法,并且感觉恐惧。这极大地满足了改装者的炫耀心理。再说得严重一点,是改装者的道德缺失。改装车灯也助长了道路交通的不正之风,即车主相互攀比,车灯越改越亮。

《道路交通安全法》第十六条规定,任何单位或者个人不得拼装机动车或者擅自改变机动车已登记的结构、构造或者特征。车主故意换装氙气灯,应属违法之举,给道路安全带来了威胁。如果因为改装氙气灯,影响迎面而来的车辆或行人的视线并造成事故,则很有可能要承担法律责任。

9.1.11　GSM 防盗系统加装

(1)安装前准备工作

安装前了解车型、车况。不同车型,有不同的功能和特点,根据车型具体情况不同,安装方法也有所不同。

①有无中控锁及中控锁的触发方式情况。

②车门开关是否良好及触发方式情况。

③有无芯片钥匙。

④有无自动升降窗器。

⑤有无电动行李箱锁。

⑥有无车前盖检测触发开关。

若以上有的功能车辆本来没有,且车主要加装此功能的必须另购配件,另购时要结合产品的工作方式(如:要加装一个自动升降窗器,必须买一个负触发方式的升降窗器,具体情况看如图 9.14 所示;同理,要加其他的也要注意这些问题)。

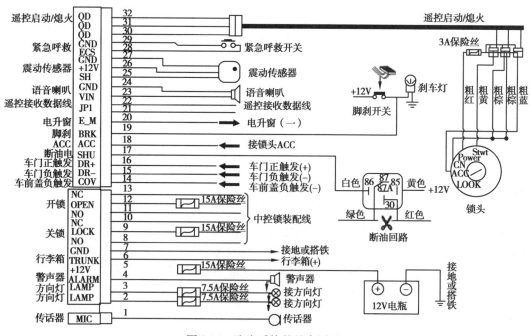

图 9.14　防盗系统的基本原理

（2）安装方法

确定安装条件、安装位置。以下的安装不需要判断控制线，只要布好线，选好位置固定安装好即可。

①确定汽车的蓄电池电压为 12 V，或低或高都不适合。

②确定产品放置位置，预测边线布置、走向。选择确定相对通风隐蔽容易固定的安放系统主机位置；主机外壳不能直接搭铁，排插连线布线时注意预留伸缩空间。

③确定放置主机位置。主机一般安装在转向盘下，小心拆下转向盘下的安装盖，集中放好螺钉以免丢失，然后先查找有空间能放下主机且远离干扰源的地方（如：远离继电器组等）作为放置主机的地方。

④解开遥控器天线。遥控器天线在震动传感器上，若不解开会影响遥控距离或遥控失灵。

⑤震动传感器的安装。不能靠近警声器或语音喇叭安装。震动检测灵敏度是可调的，可视实际使用情况的必要性作调节，同时确定震动传感器的安放位置（一般是安装在靠近左前轮的车厢内部范围）。

⑥紧急求救开关的安装。必须安装在既隐蔽、方便应急触发，但又不易被无意触发的位置。若安装得不够隐蔽，平时会误动到就报警。

⑦语音喇叭的安装。应远离主机和震动传感器，固定正面要有 10 cm 的传音空间。

⑧GSM 网络天线安装。天线（主机左侧边金色螺母的接口）单独引申到车外，使之接收良好，不能靠近遥控器天线布线。

⑨传话器（麦克风）的安装。装在驾驶员头上方位置最佳，布线不能受到电源线或其他的干扰，接插要良好。

案例收集与展示

以小组为单位查阅资料，收集典型的汽车美容与装饰案例，制作 PPT 演示文稿，选出代表分享展示，其他小组点评，教师进行总结评价。

任务9.2 汽车美容与装饰服务的方法与技巧

任务描述

汽车美容与装饰行业项目众多，不同层级的汽车美容店、汽车修理厂及汽车 4S 店的服务差别较大，标准也有所不同。掌握汽车美容与装饰服务的方法与技巧有助于提高客户满意度，提高顾客的"回头率"。

本任务学习的目标是帮助学习者学习不同汽车美容与装饰项目服务的方法与技巧。

岗位能力训练目标

1.能够按照规范流程操作汽车美容与装饰项目。
2.能够运用服务技巧接待客户。

给汽车做装饰与美容就如同给人做美容与美发,车在一定的程度上反响了车主的身份和地位,因此,随着我国汽车工业的蓬勃发展,汽车服务市场规模也在不断加大,汽车装饰与美容行业也得到了前所未有的发展,但目前汽车装饰与美容行业的发展总体上并不令人满意,如何提高汽车装饰美容实际操作人员的业务素质,如何提高业务员的水平已经是目前汽车服务行业发展的当务之急。

9.2.1 如何贴太阳膜

很多汽车装饰技师觉得汽车前后挡太阳膜最难粘贴,其实不然,除了极个别的车型需要技巧和经验外,大部分车型只要你掌握了的粘贴方法及步骤,你也可以做出让客户满意的水平。

(1)裁膜下料

选择膜的型号,在原车玻璃上量出玻璃下边的长度,从中间量出玻璃的宽度(加长 5~10 cm),注意膜的方向性,把玻璃的长度对应膜的长边,玻璃的宽度对应膜的宽边方向裁膜,膜长边有收缩性,而宽边没有。(这一点初级汽车装饰技工要牢记)

(2)玻璃清洗

在喷壶内加两三滴指头大小的柔性无杂质的清洁剂(主要起清洁和润滑的作用)加水摇匀。在需贴膜玻璃的外面喷上适量的水,用钢刮板或塑料刮板仔细把整块玻璃清洗一遍,去除玻璃上的脏东西,再喷上水,用前后挡专用刮水板再次清洗玻璃。如果在不干净的玻璃上烤膜,当膜加热发软后,用刮板刮膜,玻璃上的东西会在膜上留下印迹。这些印迹即使膜贴上去也无法消除,从而影响贴膜的质量和美观以及清晰度。

(3)确认反正

烤膜前的整形用牙咬开膜的边角,从而分清有保护膜的一面。把保护膜的一面朝上,并均衡的铺在玻璃上,裁掉多余的部分(以过玻璃黑边为标准)。从中间把膜向上下两边平均分开,两条宽边的气泡也向上下两边平均分开。用刮板把中间部分的水刮干,注意不要刮到气泡上,以防止把膜刮折,中间部分先刮水,作用在于定型,使太阳膜不会移动,且使膜的气泡平均向两长边分开,有利于烤膜。

(4)烤膜分折

烤膜把气泡分成大小差不多的等份。从易到难,从小气泡先烤,烤好小的气泡后,再把大的气泡分成小的来烤,烤膜时注意烤枪的温度及膜的受热程度,可用距离远近或速度快慢来调节温度。烤气泡时应使气泡受热均匀,膜边可适当把烤枪停留 1~2 s,使膜边也收缩,才可以刮平。一边烤膜一边注意膜的收缩程度,当膜出现皱纹状收缩时,用刮板一刮到底,如果气泡太大没有把握时,可用手把膜抚平,再用刮板刮平。烤膜时,不能在一个气泡上停留时间太长,以免温度过高。当温度过高时轻则把膜烤焦,重则烤爆玻璃。这时千万不能往车玻璃上喷水,防止玻璃承受不了刺激引发自爆。

(5)修边整边

修边烤好一块膜后要把多余的边裁掉,前风窗玻璃有后视镜,要割开离黑边 2 mm 不透光即可。玻璃裁边要求:直、平、齐。

9.2.2　汽车内部装饰应注意的事项

新车在考虑内部装饰时首先应从车窗的处理开始,给新车贴上窗膜既隔热又隔水防爆,与不贴膜和挂窗帘效果大不相同。车内饰品主要是一些车用香水、车用杂物袋、水杯架、手机架以及其他形形色色的精巧小饰品。

在布置车内饰品的时候,应遵循以下 5 个原则:

(1)安全

车内饰品绝不能有碍行车安全,如车内顶部吊物不宜过长、过大、过重,后风窗玻璃上的饰物不要影响倒车视线等。

(2)实用

在选择一些能充分体现个性的精巧、美观的饰品时,尽可能地根据车内空间的大小,选用实用的饰物,如茶杯架、香水瓶、储物盒等。

(3)整洁

饰品应干净、卫生,摆放有序,给人一种轻松、舒适的感觉。

(4)协调

饰品的颜色必须和汽车的颜色相协调,不可盲目追求高品位、高价位的东西,以免弄巧成拙。

(5)舒适

车内饰品的色彩和质感要符合车主的审美情趣,香水要清新,不宜太浓等。

9.2.3　新车改装

汽车改装的范围很大,但不管怎样改装,都不能影响其最基本的性能。在改装前必须想清楚"为什么要改装"和"到底改些什么",最好是彻底了解原车在各方面的表现,找到不足之处,衡量改装带来的利和弊后,再着手改装。

车展:体验改装

①选择适合自己实际使用需求和车身状况的改装项目,切忌盲目改装。

②汽车改装讲求"和谐"与"平衡",若要性能有很大的提高,那将是一个相当浩大的工程。除了最基本、最明显的部件外,还有其他不明显的部分同时也需要改装,如冷却系统、传动系统甚至是供油系统等都需要加强做相应的改装。

③即使不要求性能大大提高,而是做少量改善,也不是单一地更换某个加装改装件就能达到目的的。例如,要改善发动机的冷却效果,如果只是买个高压力的散热器盖但却沿用原装的散热器,当水温升高压力太大时,散热器盖就起不到泄压保护的作用,散热器就会因此而爆裂。

④有些车的基本设计并不适合做性能方面的提升改装。一辆车有着众多复杂的部件和各类系统,如果想让先天不足的汽车的所有部件的改装都达到"和谐"和"平衡"的效果,必然要花费大量的金钱和心思,结果往往是徒劳无功。

9.2.4 汽车内饰的日常保养

汽车就像一个流动的生活小屋,忙碌的车主每天总有几个小时在这个小屋中度过。明净清新、亮丽舒适的驾车环境,不仅能够改善驾驶心境,同时也能有效延长内饰的寿命。

①车内卫生应是车主每日必须亲力亲为的工作。清理烟灰缸,擦拭车窗,拾掇仪表台,打理脚垫、脚踏等。窗明几净,驾车心情也会不同。

②高级轿车多是真皮座椅,也有许多驾驶员自行加装真皮座椅,尽显舒适、豪华高贵,而且使用寿命也较长。真皮既是天然之物,保养起来自然不能轻而视之。化学清洗剂是不能随便喷上去的,应选用强碱性的清洗剂,像肥皂水之类,洗后用棉纸巾擦干。至于织物面料的座椅,处置起来相对简单一些。建议新车在买回时就予以保养清洗,并一定要立即干燥,使里面不留水迹。平时多用专业保护剂清洁保护,否则,花花绿绿的,非常难看。

③仪表板、车门饰板大部分都是塑胶材质,在阳光紫外线的照射和空气中臭氧的"关照"下,时间长了就会出现老化、脆化、龟裂等现象。平时要注意清洁或在仪表板、门饰板上涂一层清洁保护水蜡,也可以减少外界损伤。

9.2.5 车内除尘

车内如果积尘较多,行车时由于振动或气流冲击,车内尘土飞扬,不但有害驾乘人员身体健康,而且,如果风窗玻璃积尘较多,有碍驾驶员视线,影响行车安全。因此,必须做好车内除尘工作。

①首先应检查门、窗、玻璃的密封条是否密封良好,检查地毯是否遮盖严密,特别是制动器踏板、离合器踏板和加速踏板处,防止灰尘入内。

②经常用鸡毛掸子抹去前后风窗玻璃、仪表板及板台面和门、窗及玻璃、座椅等处灰尘和脏物。

③经常用毛巾或布(先湿后干)擦拭前后风窗玻璃、仪表板及板台面和门、窗等处灰尘及脏物,并定期换洗椅套。

④经常清除烟灰盒中的烟灰及脏物(最好不要在车内抽烟)。

⑤经常清扫地毯,必要时用水清洗并晒干。

⑥定期用吸尘器吸除车内各处灰尘。前风窗玻璃下、与仪表板台面连接处、后风窗玻璃下台面、椅子底下、门窗玻璃连接处、地毯拐角等处要重点吸尘。

案例9.2　汽车美容装饰市场中的注意点

现实生活中我们常见到的改装车是那种车身贴着各式彩色贴纸、头顶着一排大灯、前挂防撞杆、后背备用胎,个性张扬的"疯子"。目前入门级的改装车随处可见,多是在车身上贴上一大堆来历不明的LOGO。其实,真正的汽车改装不仅仅如此简单,它主要是通过对原厂车的配置进行更换和改动,从而使汽车的某些性能,如发动机的功率、扭力及整车的舒适性、操控性和安全性得到全面或部分提升。外在的"酷"仅是表象,性能的提升才是关键。我们这就来介绍一些改装的注意事项和一些小技巧。

陷阱1:"鱼目混珠"

个别汽车装潢店在提供服务或销售的商品存在问题:堂而皇之假冒名牌,如假冒汽车防爆膜、音箱、汽车座椅等。欲盖弥彰仿冒名牌,一些经营户利用消费者对汽车美容产品相对生疏的弱点,以名牌假冒太多为由推销仿冒品误导消费;个别经营户向消费者展示时用真品,而在安装时偷梁换柱用上了次货等行为屡见不鲜。

陷阱2:"暗度陈仓"

改装店存在无照经营、超越经营范围等违规行为。有的经营范围界定为汽车美容企业却提供修车服务,更有甚者一些汽车装潢业主还兼营二手车中介服务,坑害消费者。

陷阱3:"漫天要价"

汽车美容店内的商品没有明码标价,即使标了价格也都成了摆设。由于消费者对于汽车产品相对陌生,类似情况较为普遍:如一套国产喇叭进价几十元,喊到几百元售价比比皆是。一些汽车用品更是标注全英文,一句中文都没有,业主便以进口产品成本昂贵为由以高价销售给消费者。但当问及能否提供报关证明时就东拉西扯,顾左右而言他或哑口无言。

以下4个改装项目的价格可作为参考:

(1)**换真皮座椅**

如果想让内饰变得更加豪华,可以把座椅全包上真皮,一般重新包座椅真皮的话价格在一万元左右,当然如果你选择高级皮革价格会增加。

(2)**换宽胎**

普通轿车的轮胎直径为38~40 cm,更大的轮胎多数为吉普车所采用。时下,将轮胎升级也成为私车主的新时尚。一些大众帕萨特、广州本田的用户争相将轮胎升级到42 cm,看上去比较酷,行驶稳定性也大为增加。换42 cm宽胎的费用在8 000元左右。

(3)**车载DVD**

车载DVD实际上是"汽车影院"的升级,虽然装一台车载DVD需花费2万元左右,但很多音响发烧友还是不惜血本。业内人士透露,杭城已装的最豪华的一套"汽车影院"为12万元,和车价接近。

(4)**360 全景影像**

现在有不少人会给汽车加装全景摄像头。加装全景摄像头就是分别在车头和车身侧边增加了多个摄像头,通过车载显示屏可查看汽车周围的环境,视角比一般的摄像头更宽,能看的范围更广,可以更好地了解车辆周边视线盲区,还具有很好的夜视功能,能帮助我们在夜间更为直观、更为安全地停泊车辆。加装360全景影像的价格由产品的品牌和质量来决定,一般价格在2 000~5 000元不等。

9.2.6　清洁车厢

全部清洁车厢过程并不复杂,也可以根据车的情况有选择地确定重点清洗部位。应准备一套清洁用具和清洁剂,包括海绵、水桶、大小刷子、专用牙刷、吸尘器、玻璃清洁剂、坐垫及地毯清洗剂,抹布等。但最好去专业用品店购买汽车专用清洁剂。

(1)脚垫和出风口

脚垫可能是车上最脏的东西,小心取出,拍打,并用刷子配合,清洁一通,放在一边。然后处理空调出风口。这个部位也是藏污纳垢之地,不好对付,但别放过它。可用一把小软刷,边刷边用吸尘器吸,效果很好。

(2)行李厢

这也是一个旅途垃圾的聚集地,先用吸尘器吸去浮土,然后用地毯清洗剂清洁底部垫板,待其干透,再将东西放回行李厢。别忘了清理行李厢盖、坐垫和地毯。用干洗清洁剂,喷上后稍等片刻,待其渗入纤维再轻刷,然后用吸尘器吸。如采用湿清洁剂就不用等了,马上用干布擦。特别注意:完后要在一段时间内让车厢保持通风,使坐垫干透。

(3)车内其他部位

其他看得见的大块垃圾很好处理:用吸尘器就行,最好用大功率(1 000 W以上)的吸尘器。驻车制动和换挡杆周围也是垃圾们的藏身之处,仪表台不能将清洁剂直接往仪表台上喷,而应将它喷在抹布上再擦。这样各种污渍很快就擦掉了,擦洗时尽量别让手指接触板面,因为手上分泌的油脂会吸附尘土。如果是防静电型塑料专用清洁剂效果会好一些。

(4)门侧靠手凹槽处

它往往被顺手用作垃圾槽,拿一块硬海绵,再蘸上万能清洁剂来擦。角落部位用牙刷帮一下忙。然后等其干透。注意,劣质清洁剂会使塑料褪色。

(5)安全带

只许用水、海绵和抹布,而且不能用力过度。尽量不用清洁剂,否则一旦伤及带纤维,安全带可能就不安全了。安全带插口也用吸尘器吸一下。

(6)前风挡内侧

烟雾、灰尘会在风挡玻璃内侧形成一层薄雾,一般用软布就能擦掉。但如果很久没擦了,请用一点玻璃清洗液喷上,用抹布擦,等待干透。

(7)烟灰缸

烟灰缸的污渍往往很顽固难除。先用玻璃清洗剂喷一遍,然后稍等片刻,接着用一把小牙刷逐块处理。往回装时注意一定要安装到位。

9.2.7　发动机外表的护理

首先在清洗前将汽车电器用塑料薄膜遮罩,然后用半湿性毛巾压盖于薄膜上侧,以防高压水冲进电器设备,致使汽车难以启动。

其次使用高压水枪时由发动机侧面按从上到下的顺序将发动机室内侧及发动机外表的附着污物冲净;直接将发动机外部清洗剂均匀喷洒于淋湿后的发动机及发动机室周边;用纤

维毛刷清洗发动机室内所能触及的所有部件;用高压水枪快速冲净刷洗掉的污物;然后再将发动机外部清洗剂喷洒于发动机表面,操作步骤同上。

周而复始,直至将发动机外表清洗干净;将冲洗干净的发动机用半湿性毛巾擦干,并用吸尘吸水风干机将手不易触及的地方吸干,然后风干;用塑料橡胶保护剂对发动机室内侧的塑料橡胶部件进行上光,然后再将金属部件镀膜。

9.2.8　汽车美容中的油漆层保养

油漆层与金属不同,硬度很低,很容易被损伤,因此,在清洗或打磨时一定要用柔软的麂皮、棉布或羊毛刷等,否则,反而会刮出划痕,弄巧成拙。

令车主十分恼火的一件事就是车身被划出道来,有些是驾驶时不小心刮花的,有些则是无缘无故被顽童或路人用硬物随手刮出来的。那些难看的划痕往往就要车主大破费了。因为要补上这条线,需要把整个一大片都打磨掉重喷。否则补痕在日光下就会全部暴露出来。为了解决这一问题,开发商也研制出了各种补色笔,补色笔的出现在某种程度上减轻了车主的负担。但是最好的办法还是小心驾驶并选择好停车地点。

汽车用久了,油漆总难免或多或少有褪色、泛白、发暗等现象。这是由于油漆的主要成分是有机化学物质,在紫外线的长期照射下会氧化变质。一般清洗可减轻褪色的现象;轻度褪色可以打蜡抛光,中度的就要研磨,严重时就只能重新喷漆。

时下,很多人喜欢金属漆,看起来熠熠生辉,视觉效果很好。但是金属漆中闪光的成分主要是铝粉,它更易氧化,而且较易龟裂。因此,对金属漆更需要呵护,经常抛光打蜡。

抛光、打蜡不是一件很难的事,如果你愿意动手,完全可自己解决。市面上有各式各样的上光蜡,有液体的,也有蜡状的,可以各取所好。清洗车身后,倒一些在车身上,然后用柔软的羊毛绒、棉布或麂皮等轻而均匀地打圈涂抹在车身上,不需要很使劲。薄薄的一层,不要很厚,但要平整、均匀。操作时不要在太阳光下进行,周围环境要干净。上完蜡后,稍等待 1 ~ 2 h 再出车,这是为了使蜡层有一个附着凝固的时间。

技能训练

王女士对自己的新车呵护备至,经常对自己的爱车进行除尘护理。一次偶然的机会了解到有专业的人士对汽车进行美容。于是,王女士迫不及待的找到专业汽车美容店进行汽车内饰件的清洗与消毒作业。你作为专业的汽车清洗人员,请按照正确的流程和要求,完成清洁作业,使客户满意。

篇末案例 车主淡定消费 汽车美容防被忽悠

陷阱1:经营范围不清

经典案例:在一家高挂"汽车美容"招牌的店面内,经营业户在三间相连大屋中公然经营洗车、轮胎检测和维修、汽车饰品销售、汽车装潢等业务。

专家提醒:由于经营门槛低、缺乏规范,目前汽车美容店规模参差不齐,一些街边规模较小、档次较低的摊点尽管没有达到条件,仍然盲目上马经营。春节期间汽车美容市场生意火爆,个别小店铺打起"擦边球",超范围经营,其实并无该项业务经营资格。

陷阱2:"来历不明"产品混迹市场

经典案例:部分汽车美容店内销售的汽车倒车装置、汽车音响系统均没有中文厂址,店家说是进口产品,并向消费者索要高价,事实上,经营者往往不能提供报关手续。

专家提醒:没有中文标志的产品肯定不能在市场销售。消费者一定要选择获批汽车饰品和配件零售经营资格的商家购买产品,购买产品时,要检查产品有没有合格证。

陷阱3:偷梁换柱以次充好现象多

经典案例:春节前,市民胡先生花千元高价买了品牌汽车防爆膜,但一场大雪后,产品严重褪色,检测后他才知道自己购买的是仿冒产品,成本不过数十元钱。

专家提醒:给汽车美容要警惕"挂羊头卖狗肉"现象。汽车美容装修的利润主要来自原料差价及工时费,为了赚钱,不法业主常常以次充好,用劣质产品降低成本,或在现场测试时用的产品质量上乘,但最后安装到汽车上的却不是工作间里测试过的,而是私下里进行了偷梁换柱。

陷阱4:技术不专业花钱"毁面子"

经典案例:市民王先生花了几百元为爱车做了封釉,但光鲜可人的形象仅保持了一个多月便光彩不再,与店家承诺的一年效果不变相差甚远。

专家提醒:一些店铺挂着美容中心招牌,主要目的却是为了推销汽车养护用品,根本不拥有专业技术工人。个别不负责任的店家用过硬的抛磨轮和含金刚砂的粗蜡进行打磨,虽然车身马上有了亮的感觉,但由于工具和粗蜡的切削力强,容易将车漆打薄甚至打穿,露出底色,车主可能花钱却让爱车"毁面子"。

陷阱5:装饰价格没有"谱"

经典案例:美国最新科技、韩国获奖项目、各种看不懂的深奥说明、难查来源的证书,在一些汽车美容用品店,小到几十元一根的车载电话天线,大到数千元的真皮座椅和上万元一套的音响设备,都名目繁多。

专家提醒:汽车美容装饰市场价格弹性很大。目前装修项目和用品繁多,价格悬殊,有些物品看上去一样,内在品质完全不同。消费者对汽车装饰应该保持冷静消费,不要盲目追求高价。

案例思考:在当前汽车服务市场的环境下,我们怎样才能做好这个行业?

任务实施

<table>
<tr><td colspan="6" align="center">任务实施工单</td></tr>
<tr><td colspan="6" align="center">实训项目9　汽车美容与装饰服务企业走访实训</td></tr>
<tr><td align="center">姓名</td><td></td><td align="center">班级</td><td></td><td align="center">日期</td><td></td></tr>
<tr><td align="center">指导教师</td><td colspan="3"></td><td align="center">成绩</td><td></td></tr>
<tr><td colspan="6">1.实训目标
（1）了解国内外汽车美容与装饰行业的发展情况。
（2）通过走访当地汽车美容店、汽车修理厂及汽车4S店了解其汽车美容与装饰项目的开展情况。
（3）能够分析不同层级的汽车美容与装饰机构服务的差别。</td></tr>
<tr><td colspan="6">2.实训步骤
（1）通过教材及网络等方式查询对比国内外汽车美容与装饰行业的发展情况。
（2）以小组为单位走访当地3~5家汽车美容店、汽车修理厂及汽车4S店。
（3）讨论对比不同层级的汽车美容与装饰机构服务的差别。</td></tr>
<tr><td colspan="6">3.讨论并回答
（1）所走访的汽车美容店、汽车修理厂及汽车4S店分别开展了哪些汽车美容与装饰项目？

</td></tr>
<tr><td colspan="6">（2）所走访的不同层级的汽车美容与装饰机构服务存在哪些差别？

</td></tr>
<tr><td colspan="6">（3）讨论分析如何提高汽车美容与装饰服务的客户服务满意度？

</td></tr>
</table>

任务评价

<table>
<tr><td colspan="6" align="center">实训考核评价表</td></tr>
<tr><td align="center">姓名</td><td></td><td align="center">班级</td><td></td><td align="center">小组</td><td></td></tr>
<tr><td align="center">指导教师</td><td colspan="3"></td><td align="center">总成绩</td><td></td></tr>
<tr><td colspan="6" align="center">实训项目9 汽车美容与装饰服务企业走访实训</td></tr>
<tr><td align="center">评价内容</td><td align="center">占比</td><td colspan="2" align="center">检验指标</td><td align="center">考核记录</td><td align="center">评分</td></tr>
<tr><td align="center" rowspan="4">任务完成情况</td><td align="center" rowspan="4">40%</td><td colspan="2">1.检查训练真实、完整、有效</td><td></td><td></td></tr>
<tr><td colspan="2">2.完成任务过程情况</td><td></td><td></td></tr>
<tr><td colspan="2">3.任务完成质量</td><td></td><td></td></tr>
<tr><td colspan="2">4.任务完成贡献度</td><td></td><td></td></tr>
<tr><td align="center" rowspan="3">职业知识与技能</td><td align="center" rowspan="3">40%</td><td colspan="2">1.能描述不同层级汽车美容与装饰机构开展的项目</td><td></td><td></td></tr>
<tr><td colspan="2">2.能描述汽车4S店美容与装饰项目的优势及劣势</td><td></td><td></td></tr>
<tr><td colspan="2">3.能分析如何提高汽车美容与装饰服务的客户服务满意度</td><td></td><td></td></tr>
<tr><td align="center" rowspan="2">职业素养</td><td align="center" rowspan="2">20%</td><td colspan="2">1.团队合作能力</td><td></td><td></td></tr>
<tr><td colspan="2">2.现场管理能力</td><td></td><td></td></tr>
<tr><td align="center">综合评议与建议</td><td colspan="5"></td></tr>
</table>

复习思考题

9.1 汽车美容与装饰的发展现状是怎么样的?

9.2 汽车美容与装饰行业存在哪些问题?

9.3 汽车美容与装饰有哪些内容?

9.4 如何进行汽车打蜡?

9.5 汽车美容与装饰有哪些技巧?

9.6 你现有资金10万元,你如何计划开一家汽车装饰美容店?

附录
汽车服务相关法律法规目录

序号	法律法规名称	修订/实施时间
1	《中华人民共和国保险法》	2014 年 8 月 31 日修订
2	《中华人民共和国道路交通安全法》	2021 年 4 月 29 日修订
3	《中华人民共和国道路交通安全法实施条例》	2017 年 10 月 7 日修订
4	《机动车交通事故责任强制保险条例》	2019 年 3 月 2 日修订
5	《最高人民法院关于确定民事侵权精神损害赔偿责任若干问题解释》	2001 年 3 月 1 日
6	《机动车驾驶证申领和使用规定》	2016 年 1 月 29 日签署
7	《保险术语》	2009 年 4 月 1 日
8	《机动车交通事故责任强制保险条款》	2006 年 7 月 1 日
9	《机动车维修管理规定》	2005 年 6 月 24 日
10	《汽车维护、检测、诊断技术规范》	2017 年 7 月 1 日
11	《机动车运行安全技术条件》	2018 年 1 月 1 日
12	《整车大修竣工出厂技术条件》	2008 年 5 月 23 日
13	《营运车辆综合性能要求和检验方法》	2002 年 4 月 1 日
14	《点燃式发动机汽车排放污染物限值及测量方法（双怠速法及简易工况法）》	2009 年 11 月 6 日
15	《二手车流通管理办法》	2005 年 10 月 1 日
16	《二手车交易规范》	2006 年 4 月 4 日
17	《家用汽车产品修理、更换、退货责任规定》	2013 年 10 月 1 日

参考文献

[1] 戚叔林,沈锦. 汽车综合服务管理[M]. 重庆:重庆大学出版社,2008.

[2] 叶芳. 汽车销售实务[M]. 重庆:重庆大学出版社,2020.

[3] 刘军. 汽车维修企业经营与管理实操手册[M]. 北京:化学工业出版社,2019.

[4] 刘国柱,王振林. 现代商务礼仪[M]. 北京:电子工业出版社,2009.

[5] 王亚维. 汽车服务礼仪［M］. 2 版. 北京:电子工业出版社,2020.

[6] 杨立君. 汽车营销［M］. 3 版. 北京:机械工业出版社,2019.

[7] 刘军. 汽车销售与售后服务全案[M]. 北京:化学工业出版社,2016.

[8] 宓亚光. 汽车售后服务管理[M]. 北京:机械工业出版社,2018.

[9] 朱升高. 汽车售后服务与运营管理[M]. 北京:机械工业出版社,2020.

[10] 王意东. 汽车保险与理赔[M]. 北京:机械工业出版社,2021.

[11] 张晓华. 汽车信贷与保险[M]. 北京:机械工业出版社,2017.

[12] 张一兵. 汽车租赁业务与管理[M]. 2 版. 北京:机械工业出版社,2020.

[13] 吴东盛. 高级维修工考评教程[M]. 2 版. 北京:机械工业出版社,2019.

[14] 徐广琳. 汽车维修企业管理［M］. 2 版. 北京:机械工业出版社,2021.

[15] 袁家旺. 汽车维护与保养[M]. 北京:北京理工大学出版社,2017.

[16] 陈哲和. 汽车美容技能［M］. 2 版. 北京:中国劳动社会保障出版社,2020.